KB156274

다시 쓰는
여성학

다시 쓰는
여성학

기획 숙명여자대학교
아시아여성연구원
엮음 장민선·강인화

한국문화사

다시 쓰는 여성학

1판 1쇄 발행 2021년 3월 1일

기   획 ㅣ숙명여자대학교 아시아여성연구원
엮 은 이 ㅣ장민선·강인화
펴 낸 이 ㅣ김진수
펴 낸 곳 ㅣ한국문화사
등   록 ㅣ제1994-9호
주   소 ㅣ서울특별시 성동구 아차산로49, 서울숲코오롱디지털타워3차 404호
전   화 ㅣ02-464-7708
팩   스 ㅣ02-499-0846
이 메 일 ㅣhkm7708@hanmail.net
홈페이지 ㅣhttp://hph.co.kr

ISBN   979-11-6685-009-7 93330

들어가며

　숙명여자대학교는 한국의 근·현대 시기 대한제국 황실이 설립한 최초의 민족여성사학으로 여성 교육의 역사를 대표한다. 그중에서도 아시아여성연구원은 여성 교육과 여성연구의 정체성을 대표하는 가장 역사 깊은 기관이다. 숙명여대 아시아여성연구원은 1960년 9월에 설립된 '아세아여성문제연구소'에서 출발하였다. 아세아여성문제연구소는 설립 직후인 1962년 「아세아여성연구」를 창간하고, 여성연구의 성과를 축적해왔다. 1960년대 여성의 대졸 이상 학력 비율이 1.5%가 채 되지 않고 여성 관련 연구가 제대로 이루어지지 않는 한국사회에서 아시아여성연구원은 여성의 리더십이 사회를 바꾼다는 기조 아래 관련 기초 연구를 수행해 왔다. 그 결과로 다양한 여성 관련 정책을 제안하고, 국내뿐 아니라 국외에서 활약하고 있는 다수의 여성인재를 양성할 수 있었다.

　2000년대 이후 아시아여성연구원은 변화하는 시대상에 맞추어 여성을 중심으로 한 다양한 이슈들에 대해 국내 및 국제 학술대회를 정기적으로 주최하여왔다. 여성과 인권, 페미니즘과 정치사상, 한국 이주여성의 사회문화적 적응실태와 이주정책, 현대 아시아 여성의 지위변천과 21세기의 과제, 여성과 미디어, 환경과 인권, 과학기술 분야의 젠더혁신 등이 그간 학술대회에서 다룬 주제들이다. 빠르게 변화하는 사회·문화적 변모와 더불어 부상하는 주요 이슈를 선제적으로 발굴하고, 해당 분야의 전문가를 초청하는 비정기적 강좌를 통해 여성 연구가 나아갈 바를 제시하고, 학문후속세대를 양성하는 일에 아시아여성연구원은 노력을 다해왔다.

　이러한 성과를 바탕으로 숙명여대 아시아여성연구원은 『다시 쓰는 여성학』을 기획하였다. 책의 제목을 두고 여러 논의가 있었다. 그중에서도 '여성학'과 '젠더학'

을 두고 씨름했다. 결국 '젠더학'이 아닌 '여성학'으로 기운 이유가 이 책이 가지는 특징이자 시대의 반영이라고 생각한다. 이 책은 크게 두 부로 이루어져 있다. 1부와 2부가 아주 명확하게 구별되는 것은 아니지만 '젠더화된 질서를 질문하다'라는 제목의 1부에서는 역사와 사회 속에서 만들어진 젠더 질서를 다양한 분야와 연계하여 반추하고 분석하는 내용을 담고자 하였다. 2부 '젠더 관점으로 세상을 상상하다'에서는 젠더 관점에서 새로운 사회를 구상하고 기획하는 내용을 담으려 하였다.

1부 '젠더화된 질서를 질문하다'에서는 젠더 관점에서 인간의 역사와 사회를 돌아보며 근대 가부장제 사회가 지니는 특징을 살펴보고(장민선·강인화) 페미니즘 법이론과 성평등에 관한 페미니즘 법학의 다양한 시각을 논하였다(장다혜). 이어서 여성의 몸과 관련하여 젠더에 기반한 폭력(변혜정)의 문제와 여성의 인권과 몸/건강(박민주)에 대한 논의를 이어갔다. 그리고 여성의 삶이 미디어와 한국문학의 장에서 어떻게 재현되었는지 TV 드라마를 중심으로 미디어의 젠더 재현(김필애)과 한국 여성 작가 및 이들의 글쓰기(장미영)를 통해 살펴보았다.

2부 '젠더 관점으로 세상을 상상하다'에서는 여성이 처한 현실을 바탕으로 나이 듦과 돌봄의 문제를 젠더 관점에서 살펴보고(김영옥), 가족을 구성할 권리와 존엄하게 살아갈 권리를 논하였다(김순남). 이어서 여성 노동의 현실을 진단하고 성평등한 노동권을 위한 전망을 모색하며(박옥주), 여성의 리더십이 지닌 영향력과 가능성을 탐색하였다(이화영). 그리고 4차산업혁명 시대의 핵심 분야인 과학기술과 연관하여 젠더 관점에서 기존의 과학기술을 혁신할 수 있는 방안을 고민하고(임소연), 페미니스트 과학소설 속에 드러난 젠더상상력을 분석하며(김경옥), 지속가능한 발전을 위해 여성주의 관점에서 생태적 장을 새롭게 모색하였다(김신효정).

2020년 아시아여성연구원은 설립 60주년을 맞았다. 또한 아시아여성연구원은 지난 1981년 6월에 『여성학』 책을 출간한 바 있다. 이번에 새롭게 출간하는 『다시 쓰는 여성학』은 그로부터 정확히 30년, 한 세대가 바뀐 시점에서 발간된다는 점에서 역사적 의미가 적지 않다. 세계사적으로 전례 없는 위기를 겪고 있는 지금 시기에 젠더 관점에서 인간 사회의 역사를 되돌아보는 작업은 인류의 평화로운 공존과 지속 가능한 미래를 위해 시급하다. 한국사회에서는 특히 젊은 세대를 중심으로 젠더 논쟁이 뜨겁다. '페미니즘 리부트' 이후에 발간되는 이 책이 여성학에 대한 '새로운' 이해에 큰 도움이 되기를 바란다.

끝으로 이 책이 나오기까지 많은 분의 노고가 있었다는 점을 언급하지 않을 수 없다. 기존의 기획을 재조정하고, 저자들과 출판사를 오가며 엮은이의 역할을 톡톡히 해준 아시아여성연구원의 강인화 연구교수와 교정·교열을 비롯하여 다양한 방면에 힘을 보태준 고은정, 권정현, 권준이, 장미영 연구교수, 박송은, 신혜순, 양은지, 이은미 연구원, 김소현 조교에게 감사드린다. 그리고 묵묵하고 성실하게 작업해주신 한국문화사의 진나경 편집자에게도 고맙다는 인사를 드린다. 무엇보다 애초의 약속보다 출간 일정이 많이 늦어졌음에도 기꺼이 작업에 동참해주시고, 오랜 고민을 토대로 좋은 글을 써주신 저자분들께 이 자리를 빌려 감사의 마음을 전한다.

2021년 2월
저자들을 대표하여 장민선

차례

들어가며 · 5

1부
젠더화된 질서를 질문하다

▎젠더 관점에서 본 역사와 사회_장민선·강인화

1. 인간의 역사와 젠더: 가부장제를 역사화하기 _15

2. 근대 사회와 젠더: 타고난 신분에서 성차에 기초한 사회로 _17

3. 근대 정치학과 젠더: 여성주의 이론들 _23

4. 젠더 개념의 역사: 섹스/젠더 이분법에서 혁신의 도구까지 _27

▎젠더를 경유하여 법을 바라보기_장다혜

1. 젠더 관점으로 법을 바라보기 _35

2. 페미니즘 법이론의 기초 _37

3. 성평등에 대한 페미니즘 법학의 다양한 시각들 _45

▎공중화장실에 갈 때 긴장한다면, 당신은 누구인가?_변혜정

1. '여성'으로 보이고, 불리고, 산다는 것 _57

2. 이름 있는 폭력들과 이름 없는 폭력들 _58

3. 저항하기 쉽지 않은 젠더구조 _64

4. 다양한 피해자 _68

5. 변화가능성 _71

▌몸/건강과 여성의 인권_박민주

1. 젠더 편향적 의학지식과 그에 대한 비판 _82

2. 임신중지를 둘러싼 블랙코미디: 국가적 가족계획과 낙태죄의 공존 _87

3. 또 다른 재생산권 의제들: 여성의 재생산권 알고, 지키고, 실천하기 _95

▌미디어와 젠더 재현 TV드라마를 중심으로_김필애

1. 미디어 콘텐츠에서 재현의 문제 _99

2. 초기 페미니스트 미디어 연구에서의 주요 개념과 중점 현안 _101

3. 포스트페미니즘과 젠더 재현 _108

4. TV 드라마와 젠더 재현에서의 변화 _110

5. 새로운 젠더 담론 창조를 위한 실천 _118

▌여성의 삶과 글쓰기_장미영

1. '여성' 작가·독자·인물의 이야기 _123

2. 여류·여성·페미니즘 '문학'의 시작 _125

3. 역사의 경계에 선 여성들 _128

4. 페미니즘과 문학 사이 _144

2부
젠더 관점으로 세상을 상상하다

▌ 젠더 관점으로 살피는 나이 듦과 돌봄_김영옥

　1. 나이 듦과 정상성 규범 _153

　2. 여성주의와 노화/노년의 문제 _156

　3. 페미니스트 할머니들, 무엇을 남길 것인가 _165

▌ 가족구성권과 존엄하게 살아갈 권리_김순남

　1. 내가 선택하는 관계와 가족구성권 _169

　2. 이성애규범적인 젠더되기와 가족제도의 불평등 _174

　3. 고립된 가족책임을 넘어 삶의 안전망 구축하기 _176

　4. 새로운 친밀한 유대와 다양한 방식으로 삶을 살아갈 권리 _178

　5. 보호나 차별이 아니라 권리의 주체로 _184

▌ 여성 노동의 현실과 평등노동권_박옥주

　1. 근대사회와 여성의 일 _189

　2. 여성 노동의 현실 _192

　3. 성별화된 여성 노동 _211

　4. 성평등 노동을 위한 정책 제언 _218

▌ 여성의 리더십, 그 가능성에 대한 탐색_이화영

　1. 젠더와 리더십 _225

　2. 여성이 경험하는 리더십 공간의 젠더 _229

　3. 여성이 경험하는 리더십 공간의 남성중심성 _235

　4. 여성이 경험하는 리더십 공간에서 리더십 평가 _237

　5. 변화를 위한 새로운 영향력 _240

▌ 젠더와 과학기술, 무엇이 문제인가?_임소연

1. 과학기술에서의 젠더, 무엇이 문제인가? _250

2. 여성을 배제해 온 과학기술의 역사 _258

3. 과학기술의 남성중심성을 넘어, 페미니스트 과학기술학 _262

4. 젠더혁신, 젠더로 과학기술을 혁신하라 _265

5. 과학기술의 변화를 기대하며 _268

▌ 페미니스트 과학소설의 젠더상상력 _김경옥

1. 페미니스트 과학소설의 탄생 _277

2. 여자가 될 것인가 또는 남자가 될 것인가 _284

3. 차이의 여성(들) _288

4. 몸, 과학기술, 글쓰기 _292

5. 나와 타자, 혼종의 시대 _296

▌ 기후위기 시대, 페미니즘과 생태를 사유하기_김신효정

1. 왜 젠더와 환경인가? _305

2. 젠더와 환경에 관한 페미니즘 연구 _307

3. 여성과 환경 관련 주요 쟁점과 실천방안 _319

4. 페미니즘과 생태적 장의 새로운 모색 _330

참고문헌 · 335 / 찾아보기 · 362 / 저자소개 · 371

1부

젠더화된
질서를 질문하다

젠더 관점에서 본 역사와 사회

장민선·강인화

1. 인간의 역사와 젠더: 가부장제를 역사화하기

가부장제란 흔히 가족 내에서 이루어지는 여성과 아이들에 대한 남성 (가장)의 지배를 뜻한다. 이성과 합리성을 강조하는 근대 사회가 등장하면서 가족을 매개로 유지되는 부계혈통중심의 가부장제 질서는 '전근대적'인 것으로 간주되기 시작하였다. 한편, 가부장제라는 용어는 특정 시기에만 운영되었던 제도가 아니라, 남성의 권력화와 여성 배제·주변화에 기초한 젠더위계질서 일반을 지칭하는 개념이기도 하다. 첫 번째와 두 번째 측면 모두에서 가부장제는 전근대를 넘어 근대 사회에 이르기까지, 인간의 역사에 뿌리 깊게 작동하고 있다.

페미니스트 여성사 학자인 거다 러너(Gerda Lerner)는 "인류의 역사와 함께 최소 3천5백 년 이상 동안 가부장제가 지속되어 왔다"고 이야기한다. 하지만 그 역사가 오래되었다고 해서 앞으로도 영구히 계속된다는 의미는 아니다. 이와 반대로 가부장제는 "역사 속에서 시작되었"기에 "역사적 과정에 의해 끝날 수 있다"(Lerner, 2004: 20). 다시 말해서 가부장제를 종식시키는 방법은 이를 역사화하여, 그 낡음을 드러내는 것이다.

지금까지 기록된 대문자 역사(History)에 있어 여성은 수적으로 다수를 차지함에도 소수의 예외로 기록되거나 아예 기입되지 않았다. 때문에 기존 질서를 역사화하기 위해서는 비가시화되어 온 여성의 경험과 입장을 드러내는 작업이 우선이다. 그런데 그 방식에 있어서 보다 조심스러운 태도가 요구된다. 남성 우위의 질서 속에서 여성들은 오랫동안 사회적 약자의 위치에 있었다. 하지만 여성의 위치를 피해자로만 개념화하는 것은 방법론적인 오류다. 여성의 경험을 피해로 한정할 경우, 여성들이 인류의 역사를 만드는 과정으로부터 그리고 그러한 역사를 해석하는 과정으로부터 체계적으로 배제되어 왔음에도 불구하고, 역사 속에서 행위하면서 역사를 만들어 왔다는 점에 주목하기 어렵기 때문이다(Lerner, 2004: 18)

> ### 여성역사의 변증법(The Dalect of Women's History)
> 거다 러너(2004: 18)는 여성의 실질적인 역사적 경험과 그러한 경험에 대한 해석으로부터의 배제 사이의 긴장을 "여성역사의 변증법"이라고 부른다. 여성들은 '역사를 만들었지만' 자신의 대문자 역사를 알지 못하도록 방해받았으며, 이에 더하여 자신 또는 남성의 소문자 역사에 대한 해석을 방해받았다. 사회를 만드는 데 있어 여성들이 보인 중심적이고도 적극적인 역할과 달리 역사의 해석과 의미화 과정으로부터의 여성 소외라는 '괴리'와 '모순'은 여성들이 자신의 상황에 맞서 투쟁하도록 하는 역동적 힘이었다.

따라서 여성의 경험을 피해로 환원하거나 여성의 위치를 피해자로 영속시키지 않으면서 여성의 역사를 발굴·복원하고, 가부장제와 젠더 질서의 역사를 다시 쓰는 작업이 필요하다. 여성들은 가부장제의 피해자로 존재한 것만이 아니라, 이에 다양한 방법으로 저항하거나 때로는 협력하면서 체제의 공모자로 기능해왔다. 이러한 여성의 행위성을 삭제하지 않으면서 역사를 서술하기 위해서는, 피해의 역사만이 아니라 젠더 위계질서에 대한 저항, 협력, 공모의 과정을 담아낼 수 있어야 한다. 이를 통해 다양한 위치들의 교차 속에서 (남성들뿐만 아니라) 여성들이 가부장제 질서와 연루(連累)되어 온 과정이 입체적으로 드러날 것이다.

이와 더불어 인류의 역사에 있어서 가부장제가 단일하게 작동하지 않았다는 점을 주목해야 한다. 단일 체계로서의 가부장제 또는 젠더위계질서는 존재하지 않기에, 당대의 사회구조와 연동되어 움직이는 가부장제의 작동 방식과 그 변화를 살펴보는 작업이 요구된다. 이에 다음 절에서는 인간·이성을 중심에 두는 계몽주의 사조가 등장하고 자본주의적 산업화가 진전된 근대 사회에서 작동하는 가부장적 젠더 질서를 탐색한다.

2. 근대 사회와 젠더: 타고난 신분에서 성차에 기초한 사회로

근대 세계에서 인간의 자유와 평등이 선언되었다. 인간 이성에 대한 무한 신뢰와 함께 자유·평등·박애(형제애)의 정신을 낳은 근대 계몽주의는 타고난 신분에 따른 위계·차별을 정당화하는 신분제 사회로부터 민주주의에 기초한 사회 질서로의 변혁을 가져왔다. 이러한 변화의 과정은 지금까지 인간 범주에서 제외되었던 이들의 계몽 또한 야기하였다.

인간과 시민의 권리가 선언되었지만 '인간'과 '시민'은 유색인이 아닌 백인 중간계급의 이성애자 남성을 의미했다. 여성들은 평등함의 대상이 되는 인간 범주에 여성은 포함되지 않는지, 그렇다면 그러한 인간과 시민이란 무엇에 기초한 정의(定義)인지, 여성은 인간인지를 질문하기 시작하였다. 이와 같은 질문을 제기한 대표적인 인물로 올랭프 드 구주 (Olympe de Gouges)가 있다. 1789년 프랑스 혁명으로 만들어진 〈인간과 시민에 관한 권리 선언〉에서 제시한 인간과 시민 개념이 여성을 배제하고 있다면서 이에 대한 대응으로 구주는 1791년 〈여성과 여성시민의 권리 선언〉을 발표하였다. 그러나 여성의 '단두대에 오를 권리'와 함께 '연단에 오를 권리'를 주장했던 구주는 결국 단두대에 올라 사형에 처해지고 만다. 여성의 입장에서 기존 질서에 내재한 모순을 질문하고 사회 질서에 도전하는 태도는 이처럼 위험하고도 불온한 것으로 취급되었다.

하지만 여성들의 위험하고 불온한 시도는 올랭프 드 구주 이전에도 그리고 이후에도 지속되었다. 19세기 말과 20세기 초 서구의 여성 참정권 운동은 여성의 (정치적) 시민권을 주장하면서 남성중심적인 인간과 시민 개념에 의문을 제기했다. 이와 같이 여성주의는 금기를 깨고 사회에 내재한 모순들에 질문하면서 등장하였다. 인간, 자유, 평등 모두가 물음의 대상이었다. 여성의 위치에서 볼 때 기존 지식은 절반의 반쪽짜리 진실이다. 그렇다고 해서 여성의 입장을 추가하여 절반의 진실을 보태는 방식으로는 지금까지의 앎이 지닌 편향을 완전히 극복할 수 없다. 여성의 눈으로 세상을 본다는 것은 기존의 질서와 세계, 기존의 지식체계와 앎에 대한 근본적인 도전을 의미한다.

여성과 여성시민의 권리 선언(올랭프 드 구주, 1791년)[1]

제1조 모든 여성은 자유롭고 평등한 권리를 갖고 태어난다. 사회적 차별은 오직 공익에 입각하는 경우에만 허용될 수 있다.

제2조 모든 정치적 결사의 목적은 여성과 남성의 소멸될 수 없는 자연권을 보전하는 데 있다. 이 자연권이란 자유권, 소유권, 안전권, 그리고 무엇보다 억압에

저항할 권리다.

제3조 모든 주권의 원칙은 본질적으로 국민에게 있으며, 국민은 여성과 남성의 집합과 다름없다. 어떤 단체나 개인도 명백히 국민으로부터 나오지 않는 권력을 행사할 수 없다.

제4조 자유와 정의는 타인에게 속하는 모든 것을 돌려주는 데 있다. 여성의 천부적권리 행사를 가로막는 제약은 남성이 여성에게 행사하는 항구적인 폭정뿐이다. 이 제약은 자연과 이성의 법으로 개혁되어야 한다.

제5조 자연과 이성의 법은 사회에 해로운 모든 행위를 금한다. 이 현명하고 신성한법률로 금지되지 않은 모든 것은 방해받을 수 없으며, 누구도 이 법률이 명하지 않는 것을 하도록 강요받을 수 없다.

제6조 법은 일반의지의 표현이어야 한다. 모든 여성 시민과 남성 시민들은 직접적으로 또는 대표를 통해 법 제정에 참여해야 한다. 법은 만인에게 동일한 것이어야 한다. 모든 여성 시민과 남성 시민들은 법 앞에 평등하며, 또한 덕성과 재능 이외의 어떠한 차별도 없이 자신의 능력에 따라 모든 명예를 동등하게 누릴 뿐 아니라 모든 공적인 직위와 직무를 맡을 수 있어야 한다.

제7조 어떤 여성도 예외 없이 법으로 규정된 경우에 한해 고소되고, 체포되고, 수감된다. 여성도 남성도 마찬가지로 이 엄격한 법에 복종한다.

제8조 법은 엄격하고 명백하게 필요한 처벌에 관한 조항을 규정해두어야 하며, 누구라도 범법행위 이전에 제정되고 공포된, 여성에게 합법적으로 적용되는법에 의거하지 않고는 처벌받을 수 없다.

제9조 유죄로 선언된 모든 여성은 법에 따라 준엄하게 심판받는다.

제10조 근본적인 견해까지 포함해서 누구도 자신의 견해 때문에 위협을 받아서는안 된다. 여성은 단두대에 오를 권리가 있다. 마찬가지로 그 의사 표현이법이 규정한 공공질서를 흐리지 않는 한 연단에 오를 권리도 가져야 한다.

제11조 사상과 견해의 자유로운 소통은 여성의 소중한 권리 중 하나다. 이 자유가아이들에 대한 아버지의 적법성을 보장하는 것이기 때문이다. 따라서 야만적인 편견이 진실을 감추도록 강요하는 일 없이 모든 여성 시민은 자신에게 속한 아이의 어머니임을 자유롭게 말할 수 있다. 다만 법으로 규정된 경우에는 이 자유 남용에 대한 책임을 져야 한다.

제12조 여성과 여성 시민의 권리들을 보장하는 일에는 중대한 효용성이 요구된다.

이 권리 보장은 그것을 위임받은 사람들의 개별적 효용을 위해서가 아니라 모두의 이득을 위해 설정되어야 한다.

제13조 공권력을 유지하고 행정 비용을 조달하는 데 여성과 남성의 기여는 평등하다. 여성은 모든 부역에, 모든 힘든 노역에 기여한다. 따라서 지위, 고용, 책임, 관직, 일의 분배에도 동일한 몫을 가져야 한다.

제14조 여성 시민과 남성 시민은 직접, 또는 대표들을 통해 조세의 필요성을 확인할 권리가 있다. 여성 시민은 재산에서뿐만 아니라 공공 행정에서도 동등한 분배를 인정하고, 또한 조세 부과율과 산출 방식, 징수 방법과 징수 기간을 결정할 권리를 가진다.

제15조 대다수 남성들의 조세 분담금을 위해 단결한 대다수 여성들은 모든 공직자에게 그 행정에 대한 해명을 요구할 권리가 있다.

제16조 권리 보장이 되지 않고, 권력 분립이 확실히 규정되지 않은 모든 사회는 결코 헌법을 갖추지 못한다. 국민을 구성하는 개인들 대다수가 헌법 작성에 동참하지 않았다면 그 헌법은 무효하다.

제17조 소유권은 함께하건 헤어졌건 모든 성의 것이다. 소유권은 각 개인의 침해할 수 없는 성스러운 권리다. 이 권리는 자연으로부터 받은 세습 자산과도 같아 합법적으로 확인되는 공적 필요성에 의해 명백히 요구되고 공정한 보상이 선결된다는 조건이 아니라면 누구도 그것을 박탈당할 수 없다.

여성이여, 깨어나라. 이성의 경종이 온 세상에 울리고 있다. 그대의 권리들을 인지하라. 자연의 강력한 제국은 더 이상 편견과 맹신, 미신과 거짓에 에워싸여 있지 않다. 진실의 횃불이 어리석음과 침탈의 모든 구름을 몰아냈다. 노예였던 남성은 제 힘을 길렀고, 사슬을 끊는 데 그대의 힘에 도움을 청해야 했다. 자유로워진 남성은 이제 제 동반자에게 불공정해졌다. 오, 여성들이여! 여성들이여, 언제쯤이면 감은 눈을 뜨려는가? 그대들이 혁명에서 거둔 이득이 무엇인가? 멸시는 더 명백해졌고, 무시는 더 도드라졌다. 부패의 세기에 그대들은 남자들의 나약함 위에 군림했을 뿐이다. 그대들의 제국은 파괴되었다. 그대들에게 남은 것은 무엇인가? 남성의 부당함에 대한 확신뿐이다. 자연의 현명한 법령들에 토대한 그대들의 유산을 주장하라. 이 멋진 시도를 하는 데 두려울 것이 무엇인가? (이하 생략)

한편, 질문을 억압하고 질문자를 단두대에 올리는 방법만으로는 기존 질서를 유지하는 것이 불가능하다. 그렇다면 인간의 타고난 평등을 진리로 주장하는 근대 사회에서 가부장제는 어떻게 작동할 수 있을까? 젠더위계질서의 작동은 바로 여성과 남성의 태생적인 차이, 본질적이고 생물학적인 차이의 '발견'에 의해 가능하였다.

여성과 남성의 생식기 해부도의 역사를 분석한 토머스 라커(Thomas Laqueur, 2000)에 의하면, 근대 이전 시기에 여성은 남성보다 열등하지만 비슷한 존재로 인식되었던 반면 17-18세기에 이르러 여성은 남성과 완전히 다른 '성적 차이'를 지닌 것으로 여겨졌다. 이렇게 성별 간에 본질적인 차이가 있다는 인식은 성차에 관한 과학적 지식을 생산하면서 젠더 질서를 정당화하는 근간으로 작동하였다.

여성이 근대적 인간·시민의 기본 자질로 간주되는 이성과 합리성을 결여하고 있다는 가정을 과학적으로 입증하려는 다양한 시도가 이어졌다. 여성의 '정신적 결함'에 대한 추정 결과는 시기별로 조금씩 달랐는데, 18세기 후반 "여성은 두개골 내부가 너무 작아서 강한 뇌를 담을 수 없다"고 이야기되었고, 19세기 후반에는 "여성의 뇌가 활발하게 기능하면 난소가 제 역할을 못한다"고 여겨졌으며, 오늘날에는 "우뇌의 특성 때문에 여성은 공간지각 능력이 떨어진다"고 말한다(Schiebinger, 2007: 13).

근대 자본주의의 발달과 함께 공적 영역과 사적 영역의 분화가 일어났다. 산업화·공업화 과정에서 일터와 삶터, 노동시장과 가정 영역이 전면적으로 분리되었다. 이는 젠더질서에 기초한 위계화된 분리였다. 남성들은 노동시장을 비롯한 공적 영역에서의 활동을 주요한 역할로 부여받고, 여성들은 가정이라는 사적 영역의 전담자로 위치되었다. 군사안보와 관련하여, 남성은 군사 활동의 전담자이자 보호자로 위치되었던 반면 여성은 남성의 보호를 요구하는 피보호자로 여겨졌다. 여성과 남성 사이에 존재하는 것으로 가정된 차이가 중립적이지 않고 위계적인 것처럼, 이에 기초한 성역할과 성별분업 구조는 젠더화된 위계에 놓여 있었다. 무엇보다 생계부양자·보호자와 가정주부·피보호자라는 남성과 여성의 성역할에 따른 젠더화된 질서는 이성애 핵가족주의를 낭만화하면서 가속화되었다.

캐럴 페이트먼(Carole Pateman, 2001)은 근대 민주주의와 시민사회를 설명하는 사회계약론이 '성적 계약(sexual contract)'을 자연화하고 있음을 지적한다. '원초적 계약'에 기초하여 근대 사회가 성립되었다는 계약론에서 시민적 자유는 사실상 여성에 관한 남성의 '성적 권리'에 기초한 가부장적인 권리라는 점이 은폐되어 있다는 것이다. 이에 따르면 근대 사회는 '봉건적' 가부장제로부터는 벗어났을지 모르나, 남성에 대한 여성의 종속과 사적 영역에 대한 공적 영역의 우위에 기초한 젠더화된 질서에 따라 움직이는 '근대적' 가부장제 사회이다.

여성과 남성의 차이가 성불평등을 정당화하는 주요 근거로 제시되면서 여성들이 남성과 같아지기 위해 투쟁해야 하는지, 아니면 남성들과 차이가 있다고 인정·주장해야 하는지에 관한 평등-차이 논쟁이 지속되었다. 제인 프리드먼(Jane Freedman)은 복잡한 이 논의를 다음과 같은 질문으로 요약한다. "만일 여성들이 남성과 평등하다고 주장한다면, 여성들은 어떤 남성과 평등하다고 주장해야 하는가? 그리고 어떤 문제에 있어 평등을 주장해야 하는가? 여성들은 기회의 평등을 주장해야 하는가, 아니면 결과의 평등을 주장해야 하는가?" 또한 "만일 여성들이 차이를 인정하고자 한다면", 이러한 "차이들은 자연적, 생물학적 차이인가, 아니면 특별한 사회적, 경제적 조건의 결과인 차이인가?"(Freedman, 2002: 29-

30). 이러한 질문들은 '누가 여성과 남성의 차이를 규정하는가.'라는 물음으로 이어진다. 다음 절에서는 논쟁의 과정에서 성장한 근대 여성주의 이론들을 간략하게 살펴본다.

3. 근대 정치학과 젠더: 여성주의 이론들

근대 사회의 젠더위계질서가 어떻게 작동하는지 그리고 성차별을 해소하고 평등을 지향하기 위한 방안은 무엇인지를 고민하는 다양한 논의들 속에서 여성주의 이론이 등장하고 발전해왔다. 20세기의 이론들 다수는 근대적·진보적 시간관과 인식론을 공유하며 억압의 기원 또는 원인을 밝혀 해방을 이루려는 시도 위에 놓여 있었다. 불확실성이 일상화된 후기 근대를 살아가는 오늘날, 억압의 기원들은 먼 과거가 아닌 현재에, 한 지점이 아닌 도처에 존재한다. 때문에 문제의 뿌리를 캐내어 이를 일순간에 제거하는 일은 불가능하지만, 앞선 고민의 결과를 되돌아보는 작업은 현재를 위해 계속될 필요가 있다.

이에 아래에서는 자유주의, 마르크스주의-사회주의, 급진주의로 이어지는 여성주의 이론들을 간략하게 검토한다. 물론 이하의 분류가 서구의 경험과 역사적 맥락에 기초해있다는 점과 함께 다양한 여성주의 이론들과 실천들을 기존 이론과 정치학 뒤에 묶어 '하이픈 페미니즘'으로 설명하는 한계를 언급하지 않을 수 없다. 여성주의 이론은 기존의 남성중심적 이론 내부로 수렴될 수 없으며, 그것이 발현된 역사·사회적 맥락과 분리되기 어렵기 때문이다. 그럼에도 로즈마리 통(Rosemarie Tong, 2000: 2)의 설명처럼, 이와 같은 시도가 페미니즘이 "닫힌 이데올로기가 아니고, 페미니스트들이 모두 똑같은 생각을 하는 것이 아니며, 다른 모든 유서 깊은 사상과 마찬가지로 페미니즘 사상도 현재와 미래는 물론 과거도 있다는 사실을" 전달하는 데 아직은 유효하다고 본다.

1) 자유주의 페미니즘

자유주의 페미니즘 이론의 근간은 근대 계몽주의 또는 자유주의 정치학이다. 자유주의 페미니즘은 타고난 성별이 아닌 개인의 능력에 따른 대우가 이루어지는 사회를 평등하다고 여기며, 여성 또한 남성과 마찬가지로 자유와 평등을 누릴 자격이 있음을 주장한다. 근대 초기 새롭게 들어선 질서는 이성과 감정을 이분법적으로 분리하여 이를 차별적으로 이해하고, 여성을 이성이 결핍된 존재로 바라보면서 배제를 정당화하였다. 이에 자유주의 페미니즘은 여성 또한 근대 사회의 인간 능력을 대표하는 자질, 즉 이성을 가진 존재라는 것을 주장·증명하여, 평등으로 나아가고자 하였다. 여성 교육 기회의 평등 및 정치·사회·경제 제반 영역에서 여성의 참여를 제약하는 요인을 제거하라는 요구와 함께 서구 페미니즘의 제1물결이라고 불리는 19세기 말 20세기 초반의 여성참정권 운동이 자유주의 페미니즘 운동의 대표 사례이다.

자유주의 페미니즘의 태도를 거칠게 요약하면, 여성의 능력(이성)이 남성과 같음을 증명하여 평등에 도달하고자 한다고 볼 수 있다. 그런데 공적 영역과 사적 영역이라는 젠더화된 질서와 기존 사회가 인간의 능력과 가치를 정의내리고 평가하는 기준이 남성중심적이라는 점에 대해서는 도전하지 않는다는 점에서, 이에 따른 평등의 성취가 제한적일 수 있다는 한계가 있다. 하지만 '여성 또한 인간'이라는 자유주의 페미니즘의 주장은 결국 근대 사회의 남성중심적 인간 개념에 대한 근원적인 질문과 연결된다는 점에서 '급진성'을 내재하고 있다.

2) 마르크스주의-사회주의 페미니즘

칼 마르크스(Karl Marx)는 역사 유물론적 관점에 따라 계급이 인간의 역사를 구조화해왔다고 설명한다. 이에 따르면 (성불평등을 포함하여) 인간 불평등을 야기한 가장 주요한 모순은 바로 계급에 있다. 그는 잉여의 축적으로 계급이 발생하였으며, 인간 사회가 원시공산제 사회로부터 고대의 노예제, 중세의 봉건제, 근대의 자본주의 사회로 변동해왔다고 본다(Marx·Engels, 1991). 한편, 『가족, 사유재산, 국가의 기원』에서 프리드리히 엥겔스(Friedrich Engels, 2012)는 모계제에 기초한 수평적인 원시공산제 사회가 부권제에 의해 대체되면서 불평등이 야기되었다고 주장한다. 하지만 가부장제와 계급 질서를 연결시켜 설명했던 엥겔스는 재생산과 관련된 일을 공적 영역에 포함시키는 것을 문제 해결 방안으로 제시한다. '젠더 문제'를 '계급 모순'으로 환원하고, 공/사 분리·위계를 문제 삼지 못하는 이 같은 인식은 뒤에서 살펴볼 급진주의 페미니즘의 비판을 낳았다.

마르크스주의 페미니즘과 사회주의 페미니즘은 역사유물론적 인식에 기초하여 성불평등의 원인을 가부장제와 자본주의 사회의 분업체계에서 찾는다. 마르크스주의 페미니즘은 재생산 영역에서 이루어지는 가사노동이 생산 영역에 기여하는 바를 분석하면서, 가사노동에 대한 임금 지불을 주장하기도 하였다. 사회주의 페미니즘은 급진주의 페미니즘의 문제의식을 받아들여, 젠더를 계급에 완전히 통합되지 않는 범주로 인식하고, 자본주의와 가부장제가 어떻게 교차하여 작동하면서 여성 억압을 양산하고 성불평등을 지속시키는지 분석한다.

3) 급진주의 페미니즘

급진주의 페미니즘은 여성의 억압을 가장 근원적인 모순으로 보면서 남성계급에 의한 여성계급의 지배라는 성계급체계로 사회 질서를 이해한다. 이를 마르크스주의-사회주의 페미니즘과 비교하여 서술하면, 급진주의 페미니즘에서는 자본주의 또는 자본주의와 가부장제의 교차가 아니라 가부장제 그 자체가 여성의 종속과 억압의 근원이다. 급진주의 페미니즘을 단 하나의 조류라고 할 수는 없지만 다음과 같은 인식이 주요한 특징이라고 할 수 있다. '여성들은 역사상 최초의 피지배집단이다. 여성억압은 가장 널리 퍼져 있고, 지금까지 우리가 알고 있는 모든 사회에 존재한다. 여성억압은 무엇보다도 뿌리 깊은 것으로 가장 근절되기 어렵고, 계급사회의 폐지와 같은 다른 사회적 변동에 의해 제거될 수 없다. 여성억압은 그 피해자에게 극심한 고통을 야기하지만 성차별적 편견 때문에 인식되지 못한 채로 진행될 수 있다. 여성억압은 다른 모든 억압의 형태를 이해할 수 있는 개념적 모형을 제시한다'(Jaggar·Rothenberg, 1983: 159).

급진주의 페미니즘은 1960년대 후반부터 1970년대까지의 페미니즘 제2물결 시기에 본격화되었다. 조세핀 도노번(Josephine Donovan, 1993: 261-262)에 따르면, 인종차별 폐지와 베트남전쟁 반대 등을 주장했던 신좌파 운동 내부의 가부장성에 대한 직접적인 반발로부터 급진주의 페미니즘이 촉발되었다. 급진주의 페미니즘은 당대 마르크스주의 운동이 기초하고 있는 '근본 모순'에 대한 이해와 결별하고, 계급이 아닌 젠더가 사회 질서를 만드는 주요한 범주라고 보았다. 또한, '개인적인 것이 정치적인 것이다'라는 선언처럼, 남성중심적 시각에서 설정된 기존의 문제 틀 자체에 급진적으로 도전하였다. 지금까지 정치와 관련이 없는 것으로 여겨지던 사적 영역이 공적 영역과 어떻게 연결되어 있는지를 제시하고, 공/사 분리·위계의 재설정과 함께 정치가 재개념화될 필요성을 제기하였다. 이에 따라, 이성애주의, 결혼과 가족, 섹슈얼리티, 신체 등에서의 권력 작동이 중요한 정치적 이슈로 등장하였다. 1970년에 출판된 케이트 밀레트(Kate Millett)의 『성의 정치학』과 슐라미스 파이어스톤(Shulamith Firestone)의 『성의 변증법』이 급진주의 페미니즘의 대표적인 고전으로 손꼽힌다.

4. 젠더 개념의 역사: 섹스/젠더 이분법에서 혁신의 도구까지

섹스(sex)란 생식기 및 호르몬 등과 같은 생물학적 특성에 따라 구분되는 성을 지칭하는 용어다. 이에 의하면, 남성(male)의 성기와 여성(female)의 성기라는 생식기의 구분과 호르몬 등의 차이에 따라 여성과 남성 또는 양성의 생물학적인 특징을 모두 가진 간성(intersex)이 정의된다. 반면에 젠더(gender)란 사회·문화적인 성을 의미하는 용어로, 사회구조의 영향과 교육 및 사회화 과정을 통해서 각자가 남성과 여성이 된다는 사회구성주의 관점을 반영한 개념이다.

시몬 드 보부아르(Simone de Beauvoir, 1993)는 1949년에 출판된 『제2의 성』에서 여성으로 '태어나는 것이 아니라' 여성으로 '만들어진다'고 이야기하였다. 보부아르는 당대 사회가 여성성을 부정적으로 평가하는 데에는 비록 인식을 같이 했지만 여성을 타자(the other)로 구성하는 사회적 과정은 부조리로 여겼다. '여성으로 태어나는 것이 아니라, 여성으로 만들어진다'는 서술을 따라가면 결국 현 사회가 비하·차별·혐오에 기초한 여성성의 내용과 차등적인 지위를 여성에게 할당하였음을 알 수 있다. 이에 따라, 기존 사회가 부정적으로 평가하는 속성을 여성의 타고난 본질로 간주하면서, 차별을 정당화하려는 태도가 질문의 대상이 된다.

차별의 원인을 차별받는 대상의 근원적인 속성으로 환원하면서 사회적 차별이 자연화된다. 또는 차별을 정당화하려는 시도가 지속된다. 사회적 약자를 대상으로 이루어지는 낙인과 배제의 이유를 대상의 열등함의 문제로 전환하려는 시도는 과학과 지식, 특히 생물학의 이름으로 자행되어왔다. 그리고 이는 비단 여성에게만 국한하여 일어나지 않았다. 근대 사회에서 '인간 권리'의 신장과 함께 제국주의적 영토 확장과 노예제도 유지가 가능할 수 있었던 것은 다른 인종·민족·종족 등에 대한 차별적인 시선과 인종주의에 기초하여 생산된 지식 덕분이었다. 이는 과거 아시아의 식민지에서도 행해졌는데, 가령 일본은 식민지 조선에 대한 차별을 정당화하기 위하여 조선인의 열등함을 입증하는 인종주의적 지식 생산을 시도했다.

서구 사회의 1968년 혁명을 정점으로 1960년대와 1970년대에 급격해진 사회구성주의 사조 속에서, 불평등 발생의 원인을 대상 내부에서 기인하는 것으로 바라보는 '책임 전가'의 태도가 전복의 대상이 되었다. 사회구성주의 관점은 기존의 문제 설정 방향을 되돌려 차별의 대상이 아닌 차별을 만들어내는 구조에서 그 원인을 찾았다. 이러한 흐름 속에서 가부장적 젠더 질서와 성차별의 근거로 사용되는 생물학적인 성(sex)과 구분되는, 사회적으로 구성되는 성(gender)이라는 젠더 개념의 '발명'이 이루어졌다.

그런데 생물학적인 성과 사회문화적인 성이라는 섹스와 젠더 개념의 구분은 사회구조의 산물인 젠더는 문제 삼으면서도 여전히 타고난 본성의 자리에 있는 섹스에 대해서는 질문할 수 없게 만든다. 이에 더하여,

사회구성주의 관점을 보다 적극적으로 적용한다면 생물학적인 지식 또한 사회구조의 영향을 받으면서 만들어진 산물이라는 점에서, 다시 말해서 결과적으로 섹스 또한 젠더라는 점에서, 이 둘을 구별하는 것은 불가능하다. 이에 주디스 버틀러(Judith Butler, 2008)는 섹스/젠더 이분법의 해체를 주장하는 동시에 수행으로서의 젠더 개념을 제시하였다. 존재 또는 본질이 아닌 행위 또는 행위의 귀결로서의 젠더라는 버틀러의 젠더 수행성(gender performativity) 개념은 젠더가 변화를 향해 끊임없이 열려있다는 점을 시사한다.

한편 조운 스콧(Joan Scott, 1986)은 '분석 범주로서의 젠더'라는 개념을 통해 역사를 분석하는 중요한 도구로 젠더를 활용할 것을 제안한다. 젠더는 역사와 사회 속에서 계급, 인종, 민족, 연령 등과 교차하여 작동하면서 성차와 관련된 지식을 생산하고, 특정한 영역에 특정한 성별을 할당하는 방식으로 사회 질서를 구조화해왔다. 최근 들어 젠더는 성별을 의미하는 중립적인 용어로 사용되거나 성인지적 관점(gender perspective) 그 자체로 이해되어 혁신의 도구로 호명되기도 한다. 과학기술 분야의 젠더혁신(gendered innovation) 논의는 후자의 대표 사례이다. 이처럼 젠더는 이를 사용하는 맥락과 발화자의 의도 등에 따라 다양한 방식으로 해석되거나 다르게 기능하고 있다. 이 글을 읽으면서 그리고 뒤에 이어지는 저자들의 글을 통해 독자 스스로 젠더 개념의 다양한 용례를 되짚어보면서, '젠더 논쟁'을 벌이기 바란다.

- 여성과 남성의 차이, 여성의 역할과 남성의 역할에 관해 어떠한 사회적 통념이 존재하는지 토론해보자.
- 자신이 성장하면서 성차에 관한 지식과 담론 또는 이에 기초한 제도가 여성이 되거나 남성이 되는 데 어떠한 영향을 미쳤는지 생각해보자.
- 성차에 관한 지식이 사회 질서 속에서 발휘하는 기능은 무엇인지 생각해보자.
- 역사 속에서 성별/젠더 질서는 어떠한 방식으로 작동해왔는가 고민해보자.
- 유엔이 1975년을 '세계 여성의 해'로 지정하자 이를 계기로 한국의 크리스챤 아카데미는 <여성인간선언 초안>을 작성하였다. 1974년에 작성된 아래의 글을 읽고, 한국 사회의 역사와 젠더 질서에 대해 고민해보고, 여성이 인간이기 위해서 여전히 필요한 사회·정치·문화 등의 변화는 무엇인지 생각해보자. 또한 기존의 인간 개념은 어떻게 재정의되어야 하는지 고민해보자.

여성인간선언 초안(크리스챤 아카데미, 1974년)[2]

모든 인간은 태어날 때부터 자유롭고 동등한 존엄과 권리를 가지며 누구든지 성에 따른 차별을 포함한 어떠한 차별도 없이 자유와 권리를 부여받는다고 선포한 세계인권선언과 우리나라 제헌 이래 헌법이 채택해온 원리에도 불구하고, 여전히 수천 년간 지배해온 주종의 전통, 인습, 생활양식은 지배문화, 정복착취의 문화인 가부장제적 사회체제와 이념을 그대로 유지하고 있다.

이 속에서 여성은 개체로서의 독립적 인격이 부정되고 우남비녀(優男卑女)사상의 사슬에 얽매어 남성과 그들로서 형성된 남성의 사회, 남성의 역사를 의의 있도록 뒷바라지하는 것을 전 존재의의로 생각하는 노예적 생애를 운명으로 감수하여 왔다. 이러한 성지배 형태는 인류의 위기를 초래한 모든 지배사상 중에서도 가장 오래되고 가장 원초적·지속적인 행태로서 진정한 인간회복으로 인간진보의 역사를 창조하는 데 있어 최악의 장애요인이 되고 있다.

우리는 특별히 인류양심의 노력의 일편인 유엔이 "세계여성의 해"로 정한 1975

년을 계기로 이 땅 위에서도 이 치욕의 인류사를 극복하고 새 문화의 움을 틔우려는 인간애의 열정을 가지고 역사의 장벽에 도전하려는 것이다. 가부장제 전제문화는 동서양을 불문하고 그 생활의 외형이나 표현 방법 등의 차이가 있어도 본질적으로는 동일한 것이며, 특히 유교문화권 속에 있는 우리나라의 경우에는 더욱더 그 장벽이 두터운 것이어서 여기에 도전하는 우리는 배가의 쟁취 의욕과 지속적인 분투가 요청된다.

이에 우리는 다음과 같은 사항을 선언함으로써 우리의 결속을 다지고 운동의 목표를 분명히 한다.

1. 우리의 운동은 문화개혁, 인간해방의 운동이다. 남성들의 정치적 배려에서의 "은혜"에 불과한 약간의 권리개선을 의미하는 단순한 "지위향상 운동"이 아닌 일체의 주종사상, 억압제도를 거부하고 여성의 인간화와 인간 전체가 해방된 공동체사회를 지향하는 운동의 일환이다.
2. 남성우위 문화에 길들여진 의식구조의 개혁에 전력을 기울인다. 현재의 여성의 모습은 후천적·문화적인 소산이므로 이는 인간회복의 의식화 확대로 개혁이 가능한 것이다. 남녀는 각각 죄악적인 종속제도의 당사자의 자리에서 나와 천부적 우열의 거짓사상을 거부하고 누구나 스스로의 능력으로 자기의 생을 누리고 인간으로서의 역사에 참여하고 기여하여야 한다. 특히 여성은 노예적 의식에 사로잡혀 남녀의 사유물로서 한 남편의 성욕대상으로서 가정에 예속된 이제까지의 위치를 거부하고 자아실현의 주체자로서 원천적 평등권을 회복하여야 한다.
3. 남아존중, 부계가 계승의 관념, 관습에서 해방하기 위하여 기존의 성윤리와 가족제도의 전면적 개혁을 시도한다. 성을 남성의 특권으로 인정하고 여성에게만 일방적으로 기대 요구해 온 정조와 순결성을 거부한다. 남녀 간의 형식적 순결성을 강요하기보다는 남녀 간의 상호책임 아래 인격적·평등적·개방적 관계에서 성윤리가 새롭게 모색되어야 한다. 부계 가족제도의 탈피를 위하여 이제까지의 혈연적 가족에 집착하지 않고 지연, 직연을 기반으로 여

러 가족이 서로 협동하는 공동조직을 개발하는 한편 공동이념이나 생활목표를 지닌 동지들로서 구성된 대가족을 창조하는 융통성 있고 다각적인 가족구조 개혁운동이 바람직하게 생각된다.

4. 이상의 목표에 도달하기 위한 과정의 노력으로

 1) 교육에 있어, 실질적 남녀교육 균등 실현을 위하여 모든 교과서상의 성차별적 언어, 상징, 사상표현을 제거하고, 태어나면서부터 성을 차별하는 심리적 영향을 주는 일체의 요소를 제거해야 하며

 2) 경제 면에 있어, 결혼퇴직계약제도의 폐지, 동일노동 동일임금제, 국가배상금, 재해보상금의 지불에 있어 차별철폐, 불공평한 고용, 승진 등의 관행시정 등을 촉구하며, 특히 저소득층 여성근로자와 농어촌 여성의 착취적 이중노동에 대항하는 구체적이고 강력한 방안을 모색하며

 3) 법제 면에 있어, 가족법, 국가배상법, 재해보상법, 형법 등의 남녀차별적 법제 개혁으로 "합리적 차별"의 구실을 시정하고

 4) 정치 면에 있어, 정치문제, 정책결정과정에 여성도 동등하게 참여할 수 있는 구조로 기존의 질서를 거부하고 새로운 질서를 형성해야 한다.

 5) 종교 면에 있어, 이제까지의 종교에 있어서의 남녀관의 재해석과 여성을 종교적 집전, 사제의식 등에서 소외하는 문제의 수정을 요청한다.

 6) 매스컴은 여론을 교화시켜 모든 프로그램에서 여성은 열등하다는 관념에 뿌리박고 있는 관습과 관행을 지양하도록 적절한 노력을 하여야 한다.

이러한 우리의 입장은 노예가 아닌 인간으로 살려는 당연한 인간적 요구이며 자연적 발로이다. 뿐만 아니라 여성해방의 진정한 목표는 인간해방이므로 여성만의 노력으로 이룰 수 없는 전체 인간의 과제인 것이다. 따라서 우리는 남성우위문화에 대항하는 여성계층의식의 개발과 본의 아닌 압박자로서 남성의 의식화에 총 집중하여 노예의 윤리를 거부하고 새로운 인류사를 향한 힘찬 걸음으로 일보 전진할 것이다.

더 읽어볼 거리

· 거다 러너(2004), 『가부장제의 창조』, 강세영(역), 서울: 당대.

· 권명아(2005), 『역사적 파시즘: 제국의 판타지와 젠더 정치』, 서울: 책세상.

· 낸시 홈스트롬 외(2019), 『사회주의 페미니즘: 여성의 경제적이고 정치적인 완전한 자유』, 유강은(역), 서울: 따비.

· 루스 밀크맨(2001), 『젠더와 노동: 제2차 세계 대전기 성별 직무 분리의 역학』, 전방지·정영애(역), 서울: 이화여자대학교 출판부.

· 베티 리어든(2020), 『성차별주의는 전쟁을 불러온다: 페미니즘 국제정치학 입문』, 황미요조(역), 서울: 나무연필.

· 벨 훅스(2017), 『모두를 위한 페미니즘』, 이경아(역), 파주: 문학동네.

· 수전 팔루디(2017), 『백래시: 누가 페미니즘을 두려워하는가?』, 황성원(역), 파주: 아르테.

· 실비아 페데리치(2011), 『캘리번과 마녀: 여성, 신체 그리고 시초축적』, 황성원·김민철(역), 서울: 갈무리.

· 이임하(2004), 『계집은 어떻게 여성이 되었나: 한국 근현대사 속의 여성 이야기』, 서울: 서해문집.

· 정희진(2013), 『페미니즘의 도전: 한국 사회 일상의 성정치학』, 서울: 교양인.

· 조앤 월라치 스콧(2017), 『페미니즘 위대한 역사』, 공임순·이화진·최영석(역), 서울: 앨피.

· 조주은(2004), 『현대 가족 이야기: <현대자동차> 노동자가족의 삶을 통해 들여다본 한국 가족의 현실』, 서울: 이가서.

· 주디스 버틀러(2008), 『젠더 트러블: 페미니즘과 정체성의 전복』, 조현준(역), 파주: 문학동네.

· 캐롤 타브리스(1999), 『여성과 남성이 다르지도 똑같지도 않은 이유』, 히스테리아(역), 서울: 또하나의문화.

· 캐롤 페이트먼(2001), 『남과 여, 은폐된 성적 계약』, 이충훈·유영근(역), 서울: 이후.

추천 영상

- <가족의 탄생(Family Ties)>, 김태용, 2006
- <매드맥스: 분노의 도로(Mad Max: Fury Road)>, 조지 밀러, 2015
- <바그다드 카페(Bagdad Cafe)>, 퍼시 애들론, 1987
- <안토니아스 라인(Antonia's Line)>, 마를렌 고리스, 1995
- <올란도(Orlando)>, 샐리 포터, 1992
- <와즈다(Wadjda)>, 하이파 알 만수르, 2012
- <작은 아씨들(Little Women)>, 그레타 거윅, 2019
- <천하장사 마돈나(Like a Virgin)>, 이해영·이해준, 2006
- <페르세폴리스(Persepolis)>, 뱅상 파로노드·마르잔 사트라피, 2007

1   Groult(2014, 144-151)
2   오혜진(2020, 80-81)

젠더를 경유하여 법을 바라보기

장다혜

1. 젠더 관점으로 법을 바라보기

법은 현대사회의 가장 강제력 있는 사회 규범이자, 사회운영의 기본 원칙이다. 법은 사회구성원들의 권리와 의무, 지위와 행위기준을 규정하여, 사회 내 인간관계를 규율하는 데에 영향을 미친다. 일반적으로 법은 보편적인 객관성을 바탕으로 성중립적이고 합리적인 삶의 원리를 제공하는 것처럼 여겨진다. 그러나 몇백 년 전 "모든 인간은 법 앞에서 평등하다"며 보편적인 평등과 자유의 원리를 외쳤던 때로부터 20세기에 들어오기까지만 해도 여성은 법적인 주체가 아니었다. 법적 주체가 아닌 어린아이와 마찬가지로 재산을 소유할 수 없었으며, 오히려 그녀가 누군가(아버지, 남편, 아들)에 의해 소유되는 소유물이었다. 여성이 현재의 법적인 지위를 가지고 공적 영역으로 진출하게 된 것은 그리 오래된 일은 아니며, 법을 만들고 집행하고 해석하는 영역에서 여전히 여성들은 소수이다. 2000년대 초반 한국 국회의원 중 남성은 94.1%(지방의회 96.1%), 남성변호사 비율은 전체 변호사의 94.5%(2003년), 남성검사는 97.6%(2000년), 남성판사는 전체의 92.6%(2000년)였다. 2019년 현재 20대 국회의원 중 남성은 83%, 전체 법조인 중 남성은 72.3%로, 남성의 비율은 줄어들고 있으나 여전히 절대적 다수를 차지하고 있다.[1] 법 규정을 만들고 그 언어를 해석하는 권한이 남성들에게 주어져 있는 상황에서 법의 합리성과 객관성은 남성의 경험과 관점을 중심으로 구성될 수밖에 없다.

　　남성들의 생리기능이 스포츠 대부분을 정의하고, 남성들의 건강상 필요가 보험 적용 범위를 주로 정의하며, 남성들의 일대기가 노동에서의 기대와 성공적인 경력 패턴을 정의하고, 남성들의 시각과 관심이 학문적 자질을 정의하며, 남성들의 경험과 집념이 장점을 정의하고, 남성들의 군사적 서비스가 시민권을 정의하며, 남성들의 존재가 가족을 정의하고, 서로 공존하는 데 있어서 남성들의 무능함, 즉 그들의 전쟁과 지배가 역사를 정의하며, 남성들의 이미지가 신을 정의하고, 남성들의 생식기가 성(sex)을 정의한다(MacKinnon, 1989: 224).

　페미니스트 법학자 캐서린 맥키논의 이러한 성찰은 보편적이며 성중립적일 것 같은 가치와 언어들이 남성 편향적임을 보여준다. 남성의 경험과 관점이 중심이 되는 기준에서 여성들의 경험은 특수한 것으로 여겨지거나 대상화된다. 노동의 영역에서 여성들이 경험하는 임신과 출산은 '모성보호'라는 이름으로 특수한 보호의 대상으로 포섭된다. 법의 영역에서 여성의 성적 자기결정권은 오직 남성의 성적 접근에 대한 '동의' 혹은 '거부'의 언어로만 등장할 뿐이다.

　일견 객관적이고 중립적으로 보이는 기존의 법이론과 입법, 법해석을 젠더 관점에서 분석하고 법의 남성중심성을 드러냄으로써 평등과 정의라는 법의 일반원리를 실현하려는 노력이 전개되고 있다. 여기에서 젠더(gender)란 분류와 차별화, 명명을 통해 사회를 구성하는 방식에 영향을 미치는 요소로서, 생물학적 차이인 성(sex)과 연동되어 구성되는 사회적이고 문화적인 성별구조를 의미한다. 현재 국내 법학계에서 여성의 관점에서 법의 젠더화된 작동을 분석하고 남성중심성을 극복하고 양성평등을 실현하기 위한 법이론과 법정책에 관한 법학 연구의 흐름은 법여성학, 젠더법학, 여성주의 법학, 페미니즘 법학 등으로 불린다. 비록 각각의 명칭들이 '여성의 관점'에 대한 해석적인 차이를 반영하고 있긴 하지만, 젠더 범주를 법학 연구의 주된 분석틀로 가져간다는 점에서는 공통점을 가진다. 여기에서는 '여성'의 관점에 기초한 고유의 인식론과 방법론을 가진 페미니즘 사상에 기초한 법학 연구라는 점을 강조하기 위해 '페미니즘 법학'이라 부르고자 한다.

2. 페미니즘 법이론의 기초

페미니즘 법학 이론은 주류 법이론에 대한 비판적이고 이론적인 논의에서 출발한다. 여기에서 문제시하는 주류 법학의 핵심 이론은 현대 법체계의 근간인 자유주의 법이론이다.

1) 자유주의 법이론

자유주의 법이론은 모든 인간은 자유로우며 자유 안에서 동등하다는 전제하에 개인이 존엄과 자유를 동등하게 누리기 위한 국가와 법에 관한 자유주의 정치사상에서 출발한 이론이다. 자유주의 법이론의 핵심 개념은 자유와 평등이다. 이 중 자유는 우선적 가치를 가지며, 여기에서의 자유란 타인이나 국가의 부당한 정치적, 법적, 경제적 구속으로부터 개인의 자유를 의미한다. 그러나 개인의 자유를 제한하는 최소한의 원칙이 있는데, 그것이 타인에 대한 해악의 방지 원칙이다. 존 스튜어트 밀은 『자유론』(John Stuart Mill, 2006)에서 "인간이 개별적으로든 집합적으로든 그 구성원 중 어떤 이의 행동의 자유를 간섭하는 데 있어 유일하게 인정되는 목적은 자기 보호(self-protection)라는 것이다. 즉, 권력이 시민화된 공동체의 어떤 구성원에 대하여, 그의 의사에 반하여, 정당하게 사용될 수 있는 유일한 목적은 다른 사람을 해하는 것을 방지한다는 것"이라고 선언한다. 개인의 자유를 제한할 수 있는 국가 권력은 타인을 해하는 것을 방지하기 위해서 작동하며, 이러한 권력의 통치 작용은 시민들이 합의한 법에 의해 이루어진다. 이것이 법치주의(the rule of law) 원칙이다. 이에 따라 어느 누구도 타인의 자유를 제한하는 방식으로 특권을 가질 수 없으며, 모두가 법에 의해서 통치된다는 점에서 평등하다.

이렇게 자유주의 법이론은 법을 시민인 개인에게 타인과 조화되는 한 최대한의 자유 영역을 부여하는 사회적 뼈대로 설정한다. 자유주의 사상에서는 개인의 자유와 권리를 우선적인 가치로 보고 개인의 삶의 영역으로부터 국가의 간섭을 제한하기 위한 개념적인 설정으로 개인의 삶의 영역을 사적 영역과 공적 영역으로 구분한다. 여기에서 공적 영역은 고용, 경제, 정치, 민주주의 절차 등으로 대표되는 영역이며, 개인의 친밀성과 가족 생활은 사적 영역이자 개인의 프라이버시에 해당된다. 고전적인 자유주의 사상은 국가나 타인의 제한 없이 스스로의 명령에 따라 살 수 있는 프라이버시 영역인 사적 영역을 국가가 법에 의해서도 간섭할 수 없는 영역으로 설정한다. 국가가 법에 의해 개인의 삶의 영역에 개입할 수 있는 것은 타인과의 이해의 상충이나 갈등상황 등이 발생하는 공적 영역에 한정된다. 공적 영역은 평등과 자율성, 공평성, 보편성 등 사회의 기본구조에 적용되는 정의(justice)의 원리에 따라 개인들의 자유와 권리를 조정하는 영역인데, 이러한 정의의 기본원칙은 롤즈에 따르면 이성을 가진 시민들의 보편적인 사회계약에 따라 합의된 것이다.

2) 자유주의 법이론에 대한 페미니즘 비판

자유주의 법이론의 출발이 된 고전적 자유주의 사상에서 여성을 이성을 가진 시민의 범주에서 배제하고 있었기 때문에, 자유주의 사상에 대한 페미니즘 비판은 이미 오래전부터 제기되어 왔다. 메리 울스턴크래프트는 1792년 발표한 〈여성인권 옹호론〉에서 여성도 남성과 동등한 이성을 가지고 있음을 천명하였으며(Wollstonecraft, 1792), 올랭프 드 구주 등은 프랑스 혁명 당시부터 여성들도 남성들과 마찬가지로 동등한 인간으로서 자유와 권리를 누릴 수 있어야 한다고 주장하였다. 20세기 초부터 전개된 여성참정권 운동은 정치라는 공적 영역에서 여성 역시 시민적인 주체가 될 수 있으며, 남성에게 허용된 시민의 권리를 동등하게 인정하라는 성평등의 요구를 담고 있었다.

자유주의에 대한 페미니즘의 비판은 이성적인 시민 범주에 여성을 포함시키라는 요구만이 아니라 보편적 사회계약론에 입각한 정의의 원칙의 보편성에 대한 문제제기까지 확장된다. 페미니스트 정치학자인 캐럴 페이트먼(Carole Pateman, 2001)은 그의 저서 『성적 계약』에서 고전적 자유주의 사상이 남성과 여성의 이원론에 기반하고 있다고 지적한다. 시민적인 공적 영역과 사적인 가정 영역을 분리하고 '미성숙한' 여성을 사적 영역에 위치시킴으로써 자유주의적 사회에 통합하였다는 것이다. 자유주의 사회의 사회계약은 남성들의 계약이며, 여성은 남성과의 혼인계약을 통해 사적 영역에 포섭되고, 남성이 공적 영역에서 가족을 대표하게 된다. 페이트먼은 이를 성적 계약으로 새로이 명명하는데, 이러한 작업을 통해 근대적 사회계약이라는 보편성의 언어 속에서 은폐되어 왔던 여성의 불평등한 계약을 드러낸다. 페미니스트 법학자인 캐서린 오도노반(Katherine O'Donovan, 1985)은 "공적이라는 개념이 국가의 행위, 시장의 가치, 일, 남성의 영역, 법에 의해 규율되는 활동의 영역을 의미하며, 사적이라는 개념이 시민 사회, 가족의 가치, 친밀함, 사적인 삶, 가정, 여성의 영역, 법에 의해 규율되지 않는 행동을 의미"하는 방식으로 쓰이고 있다는 점에 주목한다. 사적 영역을 규율하지 않는다는 불간섭 원칙에 이미 가치판단이 내재되어 있으며, 그것이 바로 여성의 영역을 사회적으로 인정하지 않겠다는 강력한 이데올로기라는 것이다.

실제 국가의 사적 영역에 대한 개입은 선택적으로 이루어져왔다. 아동학대나 혼인의 성립과 종결 조건, 성적 행위에 대한 동의의 연령, 낙태에 대한 규제 등 이미 국가는 사적 영역에 대한 규제를 하고 있다. 그러나 여성들은 오랫동안 남편으로부터의 강간, 가정 내 폭력으로부터 보호받지 못했으며, 자녀양육이나 돌봄과 관련된 여성의 무급 가사노동은 사회적인 노동으로 인정되지 않았다.

자유주의 사상과 법이론에 전제되어 있는 여성과 남성의 이원론은 근대적인 이성과 비이성의 대립되는 이원론적 체계에 기대어 있다. 이성/감성, 문명/자연, 객관/주관, 정신/육체, 도시/시골, 보편/특수, 근대/전통, 생각하기/돌보기 등 일련의 대립쌍들은 근대적 인식론에서 전자는 우월적인 것으로, 후자는 열등한 것으로 위계화되어 있는데, 이러한 이분법은 전자는 남성적인 것으로, 후자는 여성적인 것으로 성별화(gendered)되어 있다.

페미니즘 인식론은 여성 범주를 이성의 영역으로 옮겨오는 것을 넘어 이러한 이원론적 체계 자체에 대한 근본적인 질문을 던진다. 하나는 사회 실재를 인식하고 지식을 생산하는 과학적 방법으로서의 근대적인 객관성에 대한 질문이다. 객관성을 확보하기 위해 주관은 배제되고 통제되어야 하는 것으로 이야기되지만, 이러한 객관성에 대한 설정은 주체가 관찰하는 실재가 단 하나이며 어떤 주체가 봐도 똑같다는 가정에 기초하고 있다. 그러나 페미니즘 인식론은 세계는 단일하지 않으며 관찰하는 주체의 사회적 위치와 맥락에 따라 다르게 경험한다는 점에 주목한다. '가정'은 누군가에게 이해관계에서 벗어나 애정과 친밀성을 경험하는 공간일 수 있으나, 매맞는 아내에게는 사회보다 적나라한 폭력의 공간일 수 있다. 어두운 밤거리는 남성에게는 시간의 변화로만 인식될 수 있으나 여성에게는 막연한 공포와 두려움의 공간일 수 있다. 인식주체의 주관과 경험, 관점은 객관성을 해치는 요소가 아니라 세계의 다양한 측면을 드러냄으로써 객관성을 강화하는 도구가 될 수 있다. 여성들이 공통적으로 경험하는 사회적 위치와 맥락에서 형성된 관점은 사회의 성별화된 구조로 인해 인식되지 못했던 사회의 실재를 드러낼 수 있는 것이다.

페미니즘 인식론이 제기하는 이원론 체계에 대한 또 다른 질문은 열등한 것으로 범주화되었던 사회적 가치들이 진정 열등한 것인가에 관한 것이다. 페미니스트 교육학자인 캐롤 길리건(Carol Gilligan, 1997)은 그의 저서 『다른 목소리로』에서 기존 교육학의 도덕발달 단계에 대한 이론적 논의에서 추상적인 법칙성이나 권리 중심적인 사고를 우월적인 것으로, 인간관계에 대한 고려를 열등한 것으로 인식해왔던 기준이 남성중심적이며, 여성의 도덕적 사고를 평가하지 못한다는 점을 지적한다. 다른 사람의 필요에 반응하며 감수성이나 보살핌을 고려한 관계적인 사고방식은 전통적으로 여성의 덕성으로 규정되어 왔지만, 전통적인 도덕적 발달기준에서는 이를 열등한 것으로 분류해왔다. 길리건은 여성의 도덕적 사유인 관계적 추론, 공감의 능력, 배려의 윤리가 미성숙하거나 열등한 것이 아니라 다른 윤리이자 도덕이며, 이를 돌봄의 윤리로 명명한다. 이렇게 정의의 원리는 자율성이나 공평, 평등을 넘어 돌봄과 공감으로 확장될 수 있는 것이다.

3) 페미니즘 법학의 방향과 방법

페미니즘 법학은 여성의 입장과 관점에서 바라보는 법학 이론이자 방법론이다. 페미니즘 법학은 기존의 입법과 법해석이 가지고 있는 남성중심성을 지적하면서 양성평등을 실현하기 위한 논의를 지속해왔다. 페미니스트 학자나 법학자들이 국가와 법질서에 내재하고 있는 남성중심성이나 성별불평등의 역사적 원인, 불평등의 형태와 정도, 여성의 다양한 신체적, 정신적 능력이나 인종적·민족적 정체성, 계급, 성적 취향을 가로지르는 젠더 억압의 경험, 그리고 변화를 위한 전략 등에 대해 다양한 이론적 논의를 전개하였다.[2] 페미니즘 법학은 남성의 시각과 관점에 의해 법이 제정, 해석, 집행되는 문제를 드러내고, 법을 분석·비판·재구성하는 기준으로 '여성의 관점'을 구축하고자 하는 공통된 지향을 가지고 있다(양현아, 2004: 82).

이러한 페미니즘 법학의 핵심적인 쟁점에는 법의 중립성을 새롭게 구성하는 동시에 젠더의 특수성에 대해 고민하는 두 가지 방향이 존재하고 있다. 한 축은 '중립성의 재구성'으로, 기존의 남성중심적인 형식적 법체계를 젠더중립적으로 재구성하려는 방향성을 가진다. 예를 들어 남성노동자를 기준으로 한 노동법제가 임신, 자녀 양육, 부양의 문제를 예외적인 것으로 설정해왔던 것을 문제제기하고 이를 포함한 성중립적인 법체계를 재구축하려는 논의들이 여기에 해당한다. 중립적으로 보이는 법의 제정과 해석, 집행을 젠더의 관점에서 분석하여 성별에 따라 불평등하게 작동하고 있음을 드러내고, 감추어진 성의 특수성이 차별받지 않도록 법학을 재해석함으로써 성중립성을 실질적으로 추구하려는 시도들이다.

다른 한 축은 '특수성의 재구성'으로, 여성적인 법적 주체의 동등한 가치를 구축하려는 방향이다. 남성을 기준으로 한 법의 원리와 정의를 극복하고 여성의 관점에서 정의와 평등의 법이론적 논의를 재구성하는 것이다. 돌봄이나 공감 등 여성적인 정의와 가치를 법적 정의의 원리로 재구축하려는 작업이 여기에 해당된다. 예를 들어 페미니즘 법학자인 프란시스 하이덴손(Frances Heidensohn, 1986)은 범죄에 대한 응보적 책임으로서 처벌을 중심으로 한 형사법체계의 목적과 이념이 공평이나 공정성이라는 남성중심적 단일한 정의개념으로 구성되어 있다고 비판하며, 배려의 가치와 협력의 정의로 형사적 정의를 재구성하는 방안을 모색한다.

그러나 여성적 정의와 추론방식을 통해 법적 정의를 재구성하려는 시도들은 본질주의의 함정에 빠질 위험이 있다는 점에서 비판받기도 한다. 여성적 가치라는 개념은 남성중심적 규범이 지배적인 가부장적 사회에서 여성의 것으로 인정된 가치라는 점에서 한계가 있는데, 예를 들면 용서와 화해라는 가치를 여성적 윤리로 강요하게 되는 부정적 효과를 가질 수 있다. 더 큰 위험은 여성적 가치의 재구성이 기존의 성별화된 위계를 전복시키기보다는 그러한 위계적 관계에 대한 가정을 깨지 못하고 오히려 재생산하는 결과를 초래할 수 있다는 점이다.

하지만 이러한 본질주의의 함정은 성별위계와 지배구조에 대해 논할 때에도 여전히 존재한다. 예를 들어 남성 권력과 지배구조에 대한 중요한 분석을 제공한 맥키논의 논의에 대해서도 여성 정체성을 성적으로 대상화된 타자로 또는 피해자로 본질화한다는 비판이 제기된다.

결국 여성의 관점과 경험을 통해 법을 재구성하려는 페미니즘 법학은 여성을 본질화하지 않으면서도 여성의 관점과 경험을 통해 법의 구성과 실천을 재해석해야 하는 과제를 가지고 있다. 이를 위해서는 구체적인 여성들의 다양한 상호주체성과 위치성을 이해할 수 있는 방법론이 요청된다. 페미니스트 법학자인 캐더린 바틀렛(Katharine Bartlett, 2019)은 페미니즘 법학의 방법론을 고민하면서, 여성문제에 대해 질문하면서 어떤 여성을 의미하는지를 구체화하고 젠더 편향의 문제를 넘어서 또 다른 배제의 문제로 전환할 것을 제안한다. 이를 위해서 바틀렛은 구체적인 현실 문제에서 출발하여 실천적이며 실용적인 추론방법을 통해 다중적인 관점으로 문제에 접근하길 요청한다. 예를 들어 미성년자가 임신중절을 하기 전에 부모의 동의를 요건으로 두는 법률에 대해 이러한 추론방식을 사용하여 검토한다면, 미성년자의 법적 능력과 부모의 책임에 대한 추상적인 법원칙을 중심으로 접근하는 것이 아니라 미성년자들이 부모에게 임신사실과 임신중절의 결심을 알리길 꺼려한다는 현상에서부터 출발하게 된다. 임신한 미성년자가 직면하고 있는 구체적 현실을 통해 많은 미성년자들이 임신을 이유로 부모에게 신체적·정서적 학대에 직면하고 있다거나 원치 않는 출산을 강요당하기도 한다는 또 다른 쟁점에도 접근할 수 있다. 이렇게 구체적인 여성의 경험을 통해 현실에서부터 문제를 출발하고, 현실의 구체적인 지점에서 법의 변화를 사고하는 것이 페미니즘 법학이다(박은정, 1996a; 1996b). 이를 통해 여성의 경험을 보충하는 것을 넘어 여성의 시각과 언어를 통해 기존의 법 언어와 법체계를 새롭게 구성하고자 하는 것이다.

3. 성평등에 대한 페미니즘 법학의 다양한 시각들

성평등은 페미니즘 법학의 중요한 지향이지만, 남성과 여성의 차이와 그로 인한 불평등의 문제를 어떻게 설정하고 의미화하는가에 따라 성평등에 대한 법적 관점과 차별에 대한 법해석이 달라진다. 여기에서는 자유주의 페미니즘 법학과 차이 페미니즘 법학, 그리고 급진주의 페미니즘 법학 등 다양한 페미니즘 법학의 조류에 따라 차이가 있는 성평등에 대한 방향성과 차별판단의 기준을 동등대우 접근법, 특별대우 접근법, 지배/종속 접근법을 중심으로 살펴보고자 한다.[3]

1) 남성과 동등한 여성, 동등대우 접근법

자유주의 이데올로기의 장점과 강점을 받아들이면서도 모든 개인이 평등하다는 주장을 통하여 젠더에 따른 불평등을 교정하고자 하는 자유주의 페미니즘 법학은 성평등을 여성과 남성에게 동등한 권리를 인정하는 동등대우로 접근한다. 자유주의 페미니즘 법학은 여성과 남성이 모두 합리적인 인간이라는 측면에서 동일하다는 절대적 명제하에 여성과 남성의 생물학적인 차이가 공적 영역에 참여하는 데에 무관한 요소여야 한다고 주장한다.

전통적인 자유주의 여권론은 여성들이 공적 영역에 접근하는 것을 부정하며 여성을 가정과 가족이라는 사적 영역으로 유배시키는 법과 관행을 문제시하고 이러한 장벽을 제거하기 위해 노력해왔다. 여성 참정권 운동, 평등한 교육을 받을 권리, 본래 가지고 있었던 자신의 고유재산을 소유할 권리, 전문직이나 직장에 진입할 권리, 동등한 임금과 동등한 작업환경의 권리 등이 여성에게도 동등하게 보장되어야 한다고 주장해 왔으며, 이러한 동등대우 접근에 따라 성차별금지에 관한 국제조약들과 국내법들이 마련되었다.

그러나 이러한 동등대우를 통한 성평등 실현의 성과에도 불구하고, 남성을 중심으로 짜인 공적 영역의 기준 자체를 변화시키지 못했다는 비판을 받기도 한다. 동등대우 접근법을 따르면 결국 여성은 남성과 똑같을 때에만 평등을 인정받을 수 있다. 그러나 현실에서 남성과 여성의 차이는 무수히 존재한다. 여성의 출산 및 모성 기능과 관련된 생물학적 차이, 남성과 다른 사회화 과정을 통해 습득된 심리적 차이, 가정 내에서 여성에게 부여되는 역할 차이가 여성의 삶과 경험을 남성과는 다르게 만들기 때문이다.

이러한 한계를 극복하기 위해 자유주의 페미니즘 법학은 성평등의 기준을 양성적 속성을 모두 포함하는 것으로 새롭게 구성하도록 제안한다. 페미니스트 법학자인 웬디 윌리암스(Wendy W. Williams, 2019)는 인간의 전형을 남성이 아니라 여성과 남성의 속성을 모두 포함한 양성적 인간으로 설정하고, 생물학적인 성차를 제외한 남성다움이나 여성다움에 대한 사회적 특성을 모두 포함한 양성적 기준을 제시한다. 예를 들어, 임신과 출산과 양육 등 부모로서의 필요와 의무를 담당하는 양성적 인간을 노동자로 설정하게 되면 직장에서는 아이를 가진 근로자를 상정한 기본적인 고용조건과 환경을 구성하는 것이 기본적인 원칙이 될 수 있다.

동등대우 접근법에 따라 현재 법체계에서는 여성 고유의 기능인 임신과 출산을 양육과 분리하고, 임신, 출산을 제외한 나머지 영역에서 여성과 남성에게 동동한 권리와 의무를 부과하는 제도를 설계하고 있다. 생물학적인 차이로 인해 임신과 출산은 여성의 기능이지만, 양육은 성별에 관계없이 부모 모두가 책임을 질 수 있다. 그렇기 때문에 육아휴직을 여성에게만 보장하는 제도는 남성에 대한 차별이자 양육을 여성의 역할로 상정하는 전통적인 성역할 분업과 여성에 대한 고정관념을 강화하는 젠더불평등이 된다. 양성적 속성을 모두 포함하는 성평등 기준에 따라, 한국에서도 1990년대 이후 '노동법' 영역에서 모성보호의 범위를 임신과 출산에 한정하고, 육아휴직제도의 적용대상을 남성으로 확대하는 제도적인 정비를 추진했다.

현재 법체계에서 성차별(직접차별)의 판단은 동일한 조건의 여성과 남성을 달리 대우했는지 여부를 심사하기 때문에, 동일한 조건의 여성과 남성이 없다면 성차별 여부를 판단하기 어렵다. 예를 들어 청소노동자에 대한 성차별 판단을 하기 위해서 동일한 청소 노동을 하는 여성과 남성을 비교해야 하지만, 거의 대부분의 청소 노동자가 여성인 상황에서는 성차별 판단은 불가능해진다. 그러나 성평등의 기준을 양성의 속성을 모두 고려하는 것으로 전환하게 되면 남성과 여성의 모든 속성이 동등하다고 상정하므로 성차별의 판단을 위한 비교의 대상을 유사한 결과를 초래하는 다른 조건의 여성과 남성으로 설정하는 것이 가능해진다.

임신한 여성에 대한 차별 사례를 적용해보자. 현재의 법체계에서는 직장에서 임신한 여성에 대한 차별 여부를 심사할 때에 임신한 남성과 비교할 수 없기 때문에 이에 대해 성차별 판단은 할 수 없다. 이를 해결하기 위해서는 성차별이 아닌 임신으로 인한 차별을 금지하는 법규정을 신설해야만 한다. 그러나 양성적인 속성을 모두 성차별 판단대상으로 포함시키는 방식으로 기준을 전환하게 되면, 유사한 결과에 직면하고 있는 여성과 남성을 대상으로 이들을 회사가 어떻게 대우하는지를 비교하여 성차별 여부를 판단할 수 있다. 예를 들어 임신으로 인해 노동능력에 제한이 생긴 여성에 대한 대우를 질병으로 인해 노동능력에 제한이 생기는 남성에 대한 경우와 비교하는 것이 가능해지는 것이다. 둘 다 노동능력에 제한이 있는 유사한 상황이므로, 이들에 대해 해고나 불리한 배치 등 인사상의 조치가 성에 따른 차별에 해당하는지를 비교하여 심사할 수 있다. 동시에 임신한 근로자에 대해서 다른 근로자에게 적합하게 제공되는 혜택을 확장해야 한다는 주장도 할 수 있게 된다.

앞서 살펴보았던 윌리엄스와는 다른 방식으로 접근하는 자유주의 페미니즘 법학자도 있다. 허마 힐 케이(Herma Hill Kay, 2019)는 평소 여성에 대한 성차별 심사는 동등대우 접근을 통해 해결하고, 임신 상태의 여성 신체가 가지는 고유성에 대해서는 차별에 대한 일반 법리를 확장하는 것이 아니라 그 고유성을 인정하고 여성을 남성과 다르게 대우하는 것이 필요하다고 주장한다. 즉, 임신한 여성근로자에 대해서는 그에 부합하는 고유한 특별조치를 취해야 하며 이러한 것이 정당성을 가질 수 있다고 본 것이다. 이러한 접근은 현재 차별법제에도 반영되어 있는데, 여성의 고유한 임신, 출산, 수유, 생리와 같은 모성기능에 대해서 특별한 보호를 하는 조치는 성차별의 예외로 보고 있다.[4]

성평등의 동등대우 접근법은 자유주의적 법체계가 가지는 기본적인 전제를 유지하고 있기 때문에 성차별에 대한 판단을 위해서는 여전히 남성과의 비교를 통해 판단해야 하는 한계를 가진다. 그렇기 때문에 여성과 남성이 유사한 상황에 있지 않은 경우에 차별에 대해 판단하기가 어려워진다. 임신과 같은 생물학적인 차이로 인한 차별 이외에도 남성다움과 여성다움에 대한 성역할 고정관념에 기초하여 남성의 직무와 여성의 직무로 분리하여 업무를 배치하는 성차별적인 관행 역시 문제될 수 있으나, 이러한 경우에는 비교할 수 있는 적절한 대상자를 선정하는 것이 어렵기 때문에 차별에 대한 심사를 하기 어렵다. 결국 동등대우 접근법은 오랜기간 축적된 차별적 관행으로 인한 불평등의 문제를 교정시킬 수 있는 법적 논리를 제시하기 어려운 한계가 있다.

2) 남성과 다른 여성, 특별대우 접근법

차이 페미니즘* 법학은 차이 페미니즘의 이론적 자원에 기초하여 페미니즘 법이론을 전개한다. 차이 페미니즘 법학은 여성을 남성과 동등하게 대우하는 것이 성평등이라는 주장이 여성의 고유한 특성을 고려하지 못하고 남성을 기준으로 권리를 구성하는 한계를 가진다는 점에 주목하며, 남성과 다른 여성의 육체적, 정신적, 사회적 특성을 충분히 발현하고 그에 따른 고유한 권리를 인정하는 것이 성평등이라고 본다. 여성의 고유성을 강조하는 차이 페미니즘 법학에서는 자유주의 페미니즘 법학에서 여성과 남성 모두에게 적용될 수 있는 단일한 인간상을 가정한 것과 달리 남성과는 다른 여성적 인간상을 전제한다. 여기에서 추구하는 평등은 실질적 평등이자 결과적 평등이다.

페미니스트 법학자 엘리자베스 월개스트(Elizabeth Wolgast, 1980)는 현재 여성과 남성의 실질적인 차이가 존재하며, 그렇기 때문에 남성과 여성의 생물학적인 차이와 문화적 차이를 구분함으로써 평등에 접근하기보다는 성적 차이를 존중하고 공정하게 다루는 결과적 평등을 허용하는 제도를 통해 성평등이 실현 가능하다고 본다. 따라서 궁극적으로 동등하게 대우받을 수 있는 권리 실현을 위해 남성과 같은 권리를 보장하는 것이 아니라 여성에게 특별한 권리가 보장되어야 하는 것이다. 공공건물에 동등하게 접근할 수 있는 권리를 보장하기 위해서는 휠체어를 타는 장애인에게는 경사로 설치를 요구할 특별한 권리가 있는 것과 마찬가지이다. 여기에서 특별한 권리는 평등이라는 결과를 실현하기 위한 사회제도적 조치에 대한 요구이며, 특정 집단에 대한 특별대우가 된다.

---

*차이 페미니즘

차이 페미니즘은 여성과 남성은 다르며, 남성과 다른 여성의 육체적, 정신적, 사회적 차이를 강조하고 가치부여를 해야 한다고 주장한다. 캐롤 길리건 (Carol Gilligan)의 『다른 목소리로』(1982)에서 제시된 보살핌의 윤리 및 관계지향적인 새로운 정의에 대한 관념이나, 여성의 차이와 여성적 가치에 관한 프랑스 페미니즘을 바탕으로 발전한 차이 페미니즘 법학에서는 이미 확립된 가부장적 질서 안에서 평등하기를 요구하는 것은 이미 비교를 전제 조건으로 한다는 점에서 틀렸다고 지적한다. 무엇에 대한 평등인가? 여성은 무엇에 대해 평등하기를 원하는가? 남성? 임금? 공적 지위? 무엇에 대해? 왜 그들 자신에 대해서가 아닌가?

뤼스 이리가레(Luce Irigaray, 1993)는 여성이 타자의 지위를 넘어서기 위해 반드시 여성적인 목소리를 찾아야 한다고 지적한다. 담론의 언어가 남성적이고 여성은 담론 속으로 들어갈 수 없기 때문에, 권리 담론 역시 여성적 목소리로 재구축되어야 한다는 것이다. 이리가레는 평등한 정치적, 사회적, 경제적 권리의 쟁취는 여성의 성취의 종점이 될 수 없다고 강조하며, 새로운 권리로서 성별화된 권리(sexuate rights)를 주장한다. 여성성에 기초한 성별화된 권리로는 여성의 신체적 통합성과 여성의 처녀성을 존중받을 권리('우리 문화 속의 남성 사이에서 교환되거나', '돈과 교환되지' 않을 수 있는 인간 존엄성에 대한 권리), 모성에 대한 권리가 있다.

이러한 특별대우 접근법은 집단의 차이를 고려하여 특별한 권리를 부여한다는 점에서 실질적인 평등에 접근할 수 있는 가능성을 높여주지만, 다른 한편으로는 특별대우를 받아야 하는 집단에 대한 특별한 부담을 지우고 이들 집단에 대한 사회적인 고정관념(보호대상, 취약집단 등)을 강화

할 위험도 존재한다. 실제 기업들은 특별조치를 해야 하는 비용의 부담 때문에 임신한 여성이나 장애인의 고용을 회피하기도 한다. 페미니스트 법학자 앤 스케일스(Ann C. Scales, 1981)는 이러한 위험을 줄이기 위해 윌개스트의 원칙을 받아들이되 특별한 권리가 적용되는 영역을 제한적으로 적용하고 그 외의 영역에서는 동등한 권리를 적용하는 방식을 제안한다. 예를 들어 임신과 수유와 같이 여성에게 특수한 차이에만 특별한 권리를 인정하는 것으로 한정해야 하며, 규범적인 성역할에 기초하여 특별한 권리를 부여하는 것은 거부해야 한다는 것이다.

특별대우 접근법은 여성의 차이와 고유한 특성을 권리의 영역으로 포섭한다는 강점이 있으나 개별적인 차별의 사안을 심사할 수 있는 기준을 제시하지는 못한다. 사실 특별대우는 평등을 실질적으로 실현하기 위한 제도적이고 정책적인 변화를 촉구하는 접근방법이다. 페미니스트 법학자 메리 베커(Becker et al., 2001)는 불평등하게 대우받는 사람들이 동일한 상황하에 있을 수 없기 때문에 실제 사회적 불평등을 제거하기 위해서는 배려와 돌봄의 정의와 공감에 기반한 평등주의의 재구성이 필요하다고 이야기한다. 이러한 접근방식은 동등대우가 전제하고 있는 평등 개념을 재구축하는 동시에 실질적 평등을 통한 동등대우의 실현을 위해서는 적극적 조치와 같은 제도적인 개선책을 제시한다는 강점이 있다.

3) 불평등한 성별위계구조에 대한 인식, 지배/종속 접근법

급진주의 페미니즘 법학의 중요한 논자인 캐서린 맥키논(Catharine A. MacKinnon, 1989)은 자유주의 법체계하에서 성차별에 관한 이론적 접근은 남성과 여성 간의 동일성/차이를 전제로 성립될 수밖에 없다는 한계가 있다고 지적한다. 기존의 성평등에 대한 논의가 평등의 문제를 여성이 남성과 다른가 아니면 같은가로 이해하고 있기 때문에 결국 동일성/차이에 대한 논쟁으로 귀결될 수밖에 없다는 것이다. 멕키논은 동등대우와 특별대우 모두 성적 차이의 문제에 귀착된다는 점에서 차이접근법이라고 분류하고, 이러한 차이접근법은 결국 남성을 기준으로 삼고 여성을 이등시민으로 만드는 지배와 종속의 구조를 강화하는 데에 복무한다고 비판한다.

멕키논에게 성차별의 주요한 쟁점은 동일성/차이가 아니라 남성 권력과 지배(male power and dominance)이다. 권력이 성별에 따라 불평등하게 구성되어 구축된 불평등한 성별위계구조 속에서 여성은 타자(the other)이자 객체이며 이등시민일 뿐이다. 성차별의 결과로 여성의 물질적 궁핍과 여성에 대한 폭력이 발생하게 되며, 성매매나 포르노그래피, 성폭력은 여성의 독특한 경험으로서 남성 권력에 대한 여성의 종속을 보여준다. 여성할례, 전족, 남편 장례를 위해 여성을 함께 태우는 순장제도와 같은 전통들은 남성 권력을 지속시키기 위해 고안된 것이다. 재산권이나 이혼의 자유 제한, 친권 및 양육권의 제한, 낙태 권리의 부인 등과 같은 여성에 대한 차별적 법제도 역시 남성지배의 사회구조를 보여준다. 강간은 남성의 성적 권력과 지배에 대한 고유한 표상을 의미하며, 지배와 공격이라는 정치적 행동을 통해 공포를 일으키고, 여성 피해자들을 배제하는 결과를 낳는다. 이러한 폭력을 방치하거나 사소화하는 법은 남성 권력과 지배를 정당화하고 지속한다. 법체계는 강간죄의 법정에서 남성의 공격을 문제 삼기보다는, 여성이 성교에 대하여 동의하였는지 여부에만 집중할 뿐이다.

맥키논은 남성의 지배와 여성의 종속에 대한 인식을 기반으로 권력을 가진 자(남성)와 가지지 못한 자(여성)라는 토대 속에서 성차별의 문제가 성별불평등으로 재개념화될 때 사회구조적인 질서를 더 잘 이해할 수 있다고 주장한다. 권력관계 및 권력 불평등, 그리고 이것이 법과 법적 관행으로 옮겨지는 방식을 이해함으로써, 여성은 성차별, 성희롱, 재생산권(reproductive rights)의 박탈, 성폭력 및 기타의 신체적 폭력, 임금과 고용기회의 불평등 등의 변화를 끈질기게 거부하는, 여성에게만 특유한 해악(harms)에 투쟁하기 위하여 법을 이용할 수 있다.

지배/종속에 따른 불평등의 관점으로 성차별의 문제에 접근할 때 성차별 판단의 기준은 유사한 조건의 남성과의 비교가 아니라 문제되는 법이나 관행이 여성의 불평등과 종속의 효과를 심화시키는가 여부가 된다. 페미니스트 법학자 루스 콜커(Ruth Colker, 1986)는 맥키논의 지배/종속 접근법에 더해 반종속 원리를 사법적 판단기준으로 제안하는데, 성차별 및 인종차별에 대한 심사에서 행위자의 의도가 아니라 여성이나 흑인에 대한 종속 메커니즘으로서 차별의 결과를 판단기준으로 삼아야 한다고 제시했다. 그에 따르면 해당 차별행위가 여성과 흑인의 종속에 어떻게 기여했는가가 핵심적인 문제이며, 이에 대해서는 엄격한 심사기준을 적용해야 한다.

이러한 성차별에 대한 지배/종속 접근법은 성희롱의 문제가 성차별이라는 관점을 제공하였다. 성희롱은 업무나 고용관계에서 상대방이 원치 않는 성적 접근을 하거나 성적 언동으로 근로 환경을 위협적이거나 적대적으로 만드는 행위를 의미하는데, 현행 법체계에서는 성희롱을 성폭력을 다루는 형사법제가 아니라 노동법제(남녀고용평등법) 내지 차별법제(국가인권위원회법)에서 규정하고 있다. 직장 내 여성에게 가해지는 남성 상사나 동료의 성적인 말과 행동이 여성에게 적대적인 직장 환경을 구성함으로써 여성을 배제시키는 차별적인 효과를 가져오기 때문이다. 성희롱 법제에서는 행위자의 의도보다는 해당 행위가 피해자에게 미친 영향과 결과를 중요하게 고려한다.

그런데 맥키논의 논의가 여성 억압과 성별불평등의 구조에 대한 체계적 접근을 제공했다는 큰 강점을 지니지만 이러한 접근에 대해서는 다음과 같은 비판이 제기된다. 핵심적인 비판 중 하나는 여성에 대한 피해자화이다. 캐서린 맥키논의 저작에서 여성은 명백히 성적 객체 이외에 아무것도 아닌 존재로 환원(reduction)되고 있다는 것이다. 결국 여성의 정체성을 남성 우위의 언어에 의해 정의된 섹슈얼리티로 '바라봄'으로써, 사실상 남성의 관점에서 벗어나지 못하는 한계에 부딪힐 수밖에 없다. 또한 여성들 간의 차이에 대해서는 고려하지 못한다는 비판을 받기도 한다. 남성에 의한 여성 억압이라는 이분법적인 지배구조를 상정할 때에 여기에는 어떤 여성이라도 나이, 인종, 국적, 사회적 계급과 무관하게 여성으로 대표될 수 있다는 가정이 전제되어 있기 때문이다.

더 생각할 거리

· 성평등과 '여성' 범주에 대해 생각해보자.

· 여성에 대한 불평등과 차별의 공통된 경험은 무엇일까?

· 남성과 다른 여성의 공통된 특성이 존재하는가?

· 여성의 고유한 특성을 고려하는 것이 성차별인가?

· 여성의 관점과 경험을 통해 법을 재해석하고 재구성한다고 할 때, 여성들 간의 차이는 어떻게 고려되어야 할 것인가?

더 읽어볼 거리

· 김엘림(2015), 「여성차별에 관한 사법의 동향」, 『Justice』 (146-3), 539-578.

· 김태선 외(2011), 『법여성학』. 서울: 세창출판사.

· 양현아(2002), 「서구의 여성주의 법학」, 『법사학연구』 26, 229-267.

· 양현아 엮음(2004), 『가지 않은 길, 법여성학을 위하여』, 서울: 사람생각.

· 양현아 편역(2019), 『평등, 차이, 정의를 그리다: 페미니즘 법이론』, 서울: 서울대학교출판문화원.

· 오정진(2010), 「여성주의 법학의 지형」, 『법과 사회』 38, 395-410.

· 오정진(2010), 「여성주의 평등 개념: 자기다움의 동등권」, 『젠더법학』 2(1), 81-98.

· 이진옥(2018), 「성평등」, 『여/성이론』 38, 188-205.

· 이현경(2017), 「수용으로서의 평등: 리틀톤의 성평등 재구성과 대안 이론의 가능성」, 『법학연구』 25(2), 169-195.

· 조형 엮음(1996), 『양성평등과 한국 법체계』, 서울: 이화여자대학 출판부.

1 여성가족부가 발표하는 <통계로 보는 여성의 삶>에서 상세한 내용을 확인할 수 있다. 통계청 홈페이지를 통해 매해 <통계로 보는 여성의 삶>이 공개된다. http://kostat.go.kr/portal/korea/kor_nw/1/1/index.board?bmode=read&aSeq=384858 참조.

2 페미니즘 법학의 평등에 관한 연구를 자유주의 페미니즘, 문화적 또는 차이의 페미니즘, 사회주의 페미니즘, 마르크스주의 페미니즘, 급진주의 페미니즘, 인종적 페미니즘으로 구분하는 설명은 Hilaire Barnett(1998)을 참조.

3 여기에서 다루는 내용은 양현아 편역(2019)과 박주영(2006)을 참조하여 재구성한 것이다.

4 UN 여성차별철폐협약 제4조 제2항은 "당사국이 모성을 보호할 목적으로 본 협약에 수록된 제 조치를 포함한 특별조치를 채택하는 것을 차별적인 것으로 보아선 안 된다"고 규정하고 있으며, 남녀고용평등 및 일-가정양립을 위한 법률 제2조 제1호에서는 "여성근로자의 임신, 출산, 수유 등 모성보호를 위한 조치를 하는 경우"를 차별의 예외로 규정하고 있다.

공중화장실에 갈 때 긴장한다면,

당신은 누구인가?[1]

변혜정

1. '여성'으로 보이고, 불리고, 산다는 것

제목부터 쉽지 않다. 아니 쉽다. 화장실에 갈 때 주변을 살피고 긴장하다니 말이다. 공중화장실을 이용하면서 한 번이라도 주위를 살펴보면서 서둘러 다녀오거나 불법촬영을 가능하게 하는 카메라가 있는지 확인한 적이 있는가? 만약 그렇다면 대체로 이들은 '여성'이라는 성별일 경우가 많다. 물론 어떤 여성에 따라서는 '아니오'라고 말할 수도 있다. 하지만 대다수의 경우 여성들은 집 밖에서 남녀 공용화장실을 이용하거나 특히 외부에 있는 화장실에 갈 일이 있을 때 '잠깐' 멈추거나, 미루거나, 아니면 동행을 찾는다.

무엇이 여성인 당신을 '잠깐' 멈추게 하는가? 때로는 공포에 이르기까지 만드는 '잠깐'의 긴장은 2016년 강남역 인근 화장실에서의 여성살

해사건으로 증폭되었다. 왜 살인(피해) 대상은 여성인가? 왜 익명의 범죄자는 여성이 아닌 자가 많은가? 물론 이러한 질문이 모든 여성을 폭력의 피해자로 규정하고, 여성을 실제보다 더 약한 존재로 가정하는 것일 수 있다. 모든 여성들이 항상 비슷한 방식으로 반응하는 것은 아니며, (생물학적) 여성이 아니더라도 사회적 약자로 간주되어 '여성처럼' 피해의 대상이 될 수도 있다.

이 글은 '여성'으로 산다는 것을 중심으로 폭력 피해자일 가능성과 그 가능성을 벗어난 사례, 그리고 폭력 피해로부터 벗어날 수 있는 전략을 논하면서 여성을 대상으로 하는 폭력의 진실과 폭력방지 논의에 조금이라도 가깝게 다가서려 한다. 이러한 시도는 이 글을 읽는 당신들의 지속적인 질문을 통해 더욱 구체화 될 것이다. 당신에 대한, 그리고 당신이 마주하는 사회에 대한 질문 말이다.

2. 이름 있는 폭력들과 이름 없는 폭력들

부모와 병원, 동사무소 등의 사회제도에 의해 나는 주민번호 2로 시작하는 여자로 지칭되어 살아왔다. 언제부터 여자임을 의식했는지는 정확하게 기억나지 않는다. 여자임을 강조하지 않는 부모 덕분에 그리고 다행히 학교 성적이 좋았다는 이유 등으로 인해 여자라고 차별받았던 기억은 없다. 단 선생님들이 나의 '굵은 목소리'에 대해 '주의하라'면서, '여자답게 처신하라'고 언급했던 기억은 있다. 그 당시 내 목소리가 왜 '여자답지 않은' 것인지, '여자답다'는 것이 무엇인지 궁금했지만 크게 신경 쓰지 않았다.

오히려 내가 여성임을 인식하게 된 것은 대학생이 되어서이다. 버스나 극장에서의 성기노출 행위(일명 바바리맨), 여성을 함부로 만지는 성추행을 목격하고 경험하면서 여성과 남성의 다름에 대해 의문이 들었다. 남성들이 왜 여성을 함부로 만지고 말하고 마음대로 하는지, 여성들은 왜 그 대상이 되어야 하는지 이해가 되지 않았다. 여자가 조심하면 마치 함부로 대하는 일이 일어나지 않을 것처럼, 나는 그 행위의 피해대상자가 되지 않도록 더 조심스럽게 행동했다. 밤에도 일찍 들어가려고 노력했으며 옷차림 등의 행실도 주의했다. 튀지 않게 하는 것은 물론이며 '선머슴'처럼 바지나 티셔츠를 입으며 나의 여성성을 굳이 드러내지 않았다.

그런데 시간이 지날수록 그냥 무심코 지나갔던 일들이 더 이상 편하지 않았다. 남자 선배들이 여자 후배들을 다르게 대우했을 때도 '여자니까'라면서 당연하게 여겨지던 것들이 언제부터인가 왜 당연하게 생각했는지 스스로 의심이 들기 시작했다. 남자 선배들이 여자들을 보호하는 것처럼 보였지만 술자리에서 여성은 사실 '안주거리'라는 생각도 들었다. 또 그들은 여자를 (성적으로) 정복하는 것이 자랑인 것처럼 떠벌렸다. 존경했던 선배들의 '예쁜 여자'에 대한 농담은 정도 차는 있었지만 결론이 항상 같았다.

그 당시에는 남자 선배들의 이야기에 끼어들거나 궁금한 점을 물어보면 안 될 것 같아 그냥 모른 척했다. 그들이 언급하는 '그런' 여자와는 다르다고 생각해서일까 아니면 성적인 이야기는 남자들이나 하는 것이라고 치부해서인지 관심 있는 척도 하지 않았다. 그냥 그렇게 살아왔다. 대학 시절 내내 성찰적인 책을 읽으면서 자아비판도 많이 했지만 남자와 여자에 대한 것은 그냥 태어나는 대로 정해지는, '자연적'인 것으로 이해했다. 그러나 여자라는 이유만으로 수용하기에는 무엇인지 마음에 걸렸다.

내가 대학교를 다녔던 1980년 초반에는, 구타 등의 물리적 폭력이 아닌 여성들을 함부로 대하는 '성폭력'에 대해서는 어떠한 인식도, 언어도 없었다. 이름 없는, 불쾌한 그 행위는 나를 부끄럽게 하는 무엇이었고, 침묵만이 유일한 대응책이었다. 그러나 1980년대 말 유흥업소 여성이 강제 추행하려는 상대방의 혀를 깨문 사건의 재판에 직접 참관하면서 나의 인식은 변화하기 시작했다. 여성에 관한 폭력에 대해 배우고 생각하면서 여성들의 일상에 폭력이 자연스럽게 스며들어 있다는 것도 알게 되었다.

성폭력의 개념과 범위는 피해자 여성의 저항운동과 변화를 수용하거나 거부하는 사회적 인식 그리고 법과 제도 등에 따라 변화한다. 2019년 안○○ 지사의 대법원 유죄판결은 폭행과 협박이 없어도 위력에 의해 강간이 가능할 수 있다는 법적·사회적 인정이다. 이처럼 법과 제도가 여성을 함부로 하는 폭력 행위에 이름을 붙이며, 지금까지 묵인되어 왔던 어떤 행위를 문제화하기 시작했다.

그러나 여성폭력관련 피해자 '통합' 지원과 가해자 처벌 및 방지체계에 대한 관심은 다른 차원의 고민을 가져왔다. 하나는 섹슈얼리티와 관련하여, 성적(sexual) 폭력과 젠더(gender)/여성폭력에 대한 중첩지점에 대한 고민을 통해 여성을 대상으로 하는 폭력 규제의 보호법익이 무엇인가이다. 성폭력에서 '성'이란 무엇이고, '성(적인 영역)에 폭력을 가한다는 것'은 어떤 의미인가? 질문을 바꾸어, 폭력의 대상이 여성일 때 왜 '성적인' 폭력이 동반되는가? 이러한 질문에 있어, 분명한 것은 폭력의 양상이 성적일 때 그 약자가 더 취약해진다는 것이다. 성폭력은 어쩌면 약자를 취약하게 만드는 가장 최악의 방법이며, 따라서 약자의 위치에 있는 여성은 이러한 성적인 공격에 무력해지도록 교육받는다.

여성·성·젠더 폭력 방지법 제정의 역사

1983년 '여성의 전화'에서 규정한 성폭력의 범위는 아주 넓었다. 강간, 아내구타, 매춘, 인신매매 등으로 성폭력은 여성의 문제 전반을 대변하는 용어(violence against women)였다. 그러나 1991년 '한국성폭력상담소'는 성적인 언동에 기반한 성폭력(sexual violence)으로 그 개념을 심화시킨다. 한국성폭력상담소는 가정폭력도 포함시키는 '광의의 성폭력'과는 다른 차원에서, 섹슈얼(sexual) 폭력의 의미를 강조하여 강간, 성희롱, 강제추행 등의 용어를 사회에 확산시켰다. 이후 물리적 폭력 이후의 불쾌감, 공포, 두려움을 포함하여, 폭력 피해자를 비난하고 의심하는 사회·심리적 폭력 등도 '2차 피해'라는 용어로 설명, 전파되었다. 물론 여성의 '정조'를 귀히 여기는 사회적 분위기에 힘입어 '성폭력특별법'(1994)은 비록 '반쪽자리 법'이라는 비판이 있었지만 예상보다 빨리 제정되었다. 이후 여성운동으로 성희롱, 가정폭력, 성매매 관련 법제정은 가해자 처벌 및 폭력방지, 그리고 피해자 지원을 가능하게 하였다. '가정폭력처벌및보호에관한특례법'(1997), '남녀차별금지및규제에관한법'(1999), '성매매방지법'(2004) 등이 제정되었으며 이후 여러 차례 개정되었다. 그러나 개별법들의 제정과 개정이 지속적으로 진행되는 한편으로 폭력 피해자 대다수인 여성들의 피해 양태는 더 빨리 변화되었다. 법제도보다 더 빠르게 가해 행위들이 변화되기 때문이다. 그렇다고 데이트폭력, 스토킹, 디지털 성폭력 등 각 사안이 생길 때마다 개별법을 만드는 것은 문제일 수 있다. 결국 미투의 열기에 힘입어 일명 '미투법', 즉 '여성폭력방지법'(2019)이 제정되어 시행되는 성과를 갖게 된다.

여성 대상 폭력이 성적인 폭력을 동반한 결과, 여성폭력방지는 '성적인' 언동을 규제하는 성적 보수주의[2]와 만나게 된다. 예를 들어 직장 내 성희롱 관련법은 직장 내의 성'차별'을 규제하기 위해 제도화되었지만 의도하지 않게 직장 내의 '성'적인 행위 등을 규율하는 데 사용되기 쉽다. 직장 내 성희롱 관련법의 적용 결과 성차별을 문제 삼기보다 오히려 성적인 행위들을 규제하면서 문제를 일으킨다고 간주되는 여성을 피하는, 펜스룰(Pence rule)을 강화하는 경향이 있다. 그렇다면 과연 여성 약자에게 성은 무엇인가? 성폭력 피해자는 다른 피해자보다 왜 더 취약한가 (아니 왜 더 취약하다고 여겨지는가)?

또한 성적 폭력을 당하는 자는 누구인가? 생물학적 요인이 폭력을 '유발'하는가? 역으로 가해 행위자는 생물학적으로 폭력 요소를 품고 있는가? 만약 생물학이 문제라면 모든 여성은 모든 남성의 성폭력의 대상이어야 하지만 현실은 그렇지 않다. 또 여성으로 보이지만 여성이 아니라고 생각하는 자들 또는 생물학적으로 여성이 아니지만 여성으로 보이는 이들에 대한 폭력의 문제는 어떻게 해석할 것인가? 만약 나이, 성별에 관계없이 여자라는 이유만으로 성폭력의 피해자가 된다면 신중하게 고려해야 할 것은 바로 '여자'로 보여지는 그 자체이다. 따라서, 그 이유를 밝혀야 한다.

이러한 문제의식에서 본 글은 여성이 폭력의 피해 대상으로 자주 등장하는 현실에 주목하여, 피해를 만들고 침묵하게 하며 그로 인해 해결을 더 어렵게 만드는 사회 구조에 주목한다. 여성과 남성을 다른 존재로 규정·인식하고, 성별에 따라 다른 가치와 제도를 양산하는 젠더구조말이다. 여자라는 집단의 특성을 규정하는 젠더구조에 대한 인식은 고정적·자연적·생물학적 성별로서의 여성에 대한 폭력 피해가 여성으로 태어나기 때문이라는 생물학이나 여성 개인의 문제가 아니라 여성과 남성의 차이를 만들어내는 '권력관계'에 집중하게 한다. 따라서 본 글에서는 '여성폭력'이라는 용어 대신에 이러한 구조와 권력관계를 고찰할 수 있는 '젠더폭력'이라는 개념을 사용한다. '여성폭력'이라는 용어는 권력관계와 젠더구조를 분석하기보다는 폭력의 피해자로서 보호(protection)를 받아야 하는 여성이라는, 약자로서 타자화된 여성에 대한 보호 논리로 귀결되기에 그 의도와 관계 없이 오해를 불러올 소지가 많다. 이는 궁극적으로 폭력방지를 더 어렵게 만든다. 더불어 본 글에서 '젠더폭력' 개념을 사용하는 이유는, 생물학적인 여성이 위험에 처할 수 있기에 트랜스 여성과는 함께 지낼 수 없다거나 다른 지역 출신인 남성(난민 등)은 더 위험하다고 인식하는 경우와 같이 기존의 차별에서 기인한 통념에 반대하기 때문이다.

유엔여성기구(UN Women)는 젠더기반 폭력(gender-based violence; GBV)이란 남성중심적인 문화에서 여성과 여아에 대한 차별의 결과로서 나타난 행위라고 본다. 따라서 젠더기반 폭력이란, 남성과 여성이라는 사회적으로 귀속된(만들어진) 젠더 차이에 근거하여, 인간의 의지에 반해 관통하는 유해한 행동을 통합하는 포괄적인 용어이다. 유엔여성기구는 성폭력, 성착취 이외에 아래와 같은 행위를 젠더기반 폭력으로 본다. 주로 여성(으로 보이는 자)을 대상으로 한 차별과 억압행위를 젠더기반 폭력으로 정의하며, 젠더구조에서 그 발생 원인을 찾는다.

젠더기반 폭력(유엔여성기구)

- 가정폭력
- 조기 결혼 및 강제 결혼
- 정서적 학대
- 성기절단과 같은 유해한 전통적 관습
- 남성 선호
- 태아 성별에 기반한 임신중절

한편 젠더기반 폭력(GBV)이라는 명명은 남성, 소년, 성적 소수자들에 대한 폭력을 포함하면서 폭력 피해의 대상을 여성피해자 그 이상으로 넓히고 있다. 젠더구조에서 발생하는 여성폭력(violence against women; VAW)

외에 소수자에 대한 폭력을 포함함으로써 여성폭력은 젠더기반 폭력 (GBV)의 한 유형으로 위치된다. 본 글 역시 젠더폭력의 범위에 여성이 피해 대상이 되는 폭력, 그 이상을 포함할 수 있다고 본다. 그럼에도 젠더는 곧 여성으로 이해되는 한국사회에서 젠더폭력은 여성폭력과 등치되며 그 외의 소수자 폭력을 (인권감수성에 의해) 추가하여 인식하고 있기도 하다.

본 글은 '젠더'가 곧 '여성'은 아니라는 전제에서 성별, 계급, 인종 등의 교차지점에 있는 피해자들의 다층성을 강조한다. 젠더구조가 여성이라는 집단을 만들어내지만 그 집단이 다 동일하지 않기 때문이다. 또한 여성 피해는 젠더구조가 만든 결과이기에, 피해 규명이나 방지를 위한 지원 제도 등이 (의도하지는 않았지만) 다시 이분법적인 젠더구조를 반복하지 않도록 주의해야 한다. 따라서 본 글에서는 약자 위치에서의 '여성(으로 보여지는 자, 상대적으로 약자, 이하 여성)'이 피해가 되는 사례를 살펴봄에 있어, 생물학보다는 젠더구조에서 그 이유를 찾는 동시에 기존의 젠더구조를 재생산하지 않도록 주의를 기울인다. 그래서 소개되는 사례의 여성피해자 대신 다른 정체성을 가진 피해자로 변경하여 읽어도 좋다.

3. 저항하기 쉽지 않은 젠더구조[3]

일반적으로 성폭력 범죄 통계를 보면 가해 행위자의 성별은 여성보다 남성이 더 많다. 특히 가까운 남성에 의한 여성 살해나 위협 비율이 생각보다 높다.[4] 전체 범죄 피해자는 남성이 많은 데 비하여 성범죄의 경우에는 여성이 더 많고 피해도 심각하다.

폭력피해의 대상이 된다는 것은 여성이든 남성이든 누구에게나 싫고,

무섭고, 피하고 싶은 일이다. 그러나 개인의 의지로 피할 수 있는 것은 아니다. 하지만 피해자를 지원하고 가해자를 처벌하며, 폭력 발생 구조의 변화를 야기할 수 있다. 당장 폭력 발생 건수를 '제로'로 만들 수는 없다고 할지라도 예방교육을 통해 폭력 발생의 가능성을 줄이고, 폭력의 피해자에게는 대처 및 신고방법을 알려줄 수 있다.

최근 들어 여성들이 피해에 대처하는 태도, 저항방식 등이 달라지고 있다는 점에 주목할 필요가 있다. 1990년 이후에 태어난 밀레니얼 세대나 디지털 세대의 섹슈얼리티 인식과 폭력대처 방식은 분명 그 전 세대와 다르다. 이처럼 여성이라고 해서 모두가 같은 인식을 공유하지는 않으며, 여성의식과 사회의식이 변화하고 있음을 알 수 있다. 그런데 20-30대의 성과 연애에 대한 생각이 달라지고 있는 것과는 달리, 아직까지 나이든 세대에서는 큰 변화가 관찰되지 않는다. 특히 직장에서 권력자에 의해 발생하는 성관련 폭력에 대한 저항은 쉽지 않다. 이는 권력자의 인식이 변화되지 않는 현실에서 여성의 성적 자기결정권 실행이 얼마나 어려운지를 말해준다. 더 정확하게 말하면, 여성/약자의 직장 생활에 있어 성적 결정권 실현은 최우선적인 고려 대상이 아니다. 이는 직장이라는 조직의 특성과 그 안에서 살아남기 위한 여성/약자의 노동권 수호와 연관된다.

여성들이 직장에서 '살아남는다는 것'이 무슨 의미인지, 특히 이를 위해서 여성들이 직장 내에서 발생하는 성폭력·성희롱 사건에 어떻게 대처하는지를 살펴보기 위해서 필자가 만난 성희롱 피해자 이야기를 소개하고 싶다. 그녀는 앞으로 직장에서 어떻게 지내야 하는지를 깊이 고민하고 있다. 특히 다 알고 있는 '뻔한' 자신의 이야기를 그냥 소비하지 말고 힘있는 사람들이 들어주기를 강력하게 원했다.

저는 안지사 사건 피해자가 너무 이해가 돼요. 그러다가 멈추겠지 생각했겠죠. 저도 10년 이상 직장인인데……. 상대방(성희롱행위자)이 대리에서 부장까지 승진하는 것을 쭉 지켜보면서 숨이 멎는 것 같은 적이 한두 번이 아니었어요. 처음에 너무도 답답하고 화났지만……. 지금은 그 사람의 못된 버릇을 알아요. 되도록 부딪히지 않는 것이 상책이죠. […] 사람은 쉽게 변하지 않아요. 그런데 요즘은 저도 가해자가 아닌가 생각해요. 시간이 흐를수록 같이 웃고, 비위 맞추고, 동조하고……. […] 만약에 제가 지금 그 부장을 신고하면 믿지 않을 것 같아요. 너도 같이 좋아했잖아……. […] 그런데 내가 왜 똑똑하게 대응 안 했는지 알아요? (침묵) 그냥 튀지 않게 직장 오래 다니고 싶었거든요. 그런데 제가 말했어야 했나요? 그러나 말했다면 사람들이 나를 도와주었을까요? 절대로 도와주지 않았을 것……. 전 지금 백수로 놀고 있으려나…….

위 여성은 소규모의 홍보기획사에서 과장으로 일하고 있다. 그녀는 직장이란 본인이 사장이 아닌 한 마음대로 할 수 없는 공간이라고 생각하며 말도 안 되는 상사들의 갑질을 견디면서 지금 과장의 자리에 있다. 나도 신입한테 갑질을 하는 건 아닌지 가끔 돌아보지만 직장 내 갑질에 대한 규정은 자신이 하는 것이 아니라 부하직원이 결정하는 것이라며 웃었다. 그러나 "안○○ 지사 위력에 의한 강간 사건은 정도가 심하다"면서 더 빨리 신고했으면 하는 아쉬움을 갖는다고 했다. 그러면서도 "그 권력이니 참았겠죠. 혹 대통령이 될 수 있잖아요."라고 말한다.

위 여성이 모든 사례를 대표하는 것은 아니지만 직장 내 성폭력·성희롱에 있어 여성들은 전반적으로 다음과 같은 태도를 보여준다. ①조직에서 살아남기 위해서는 그동안의 직장문화를 거스르기 어렵다(순응). ②별 것 아닌 것 같지만 성적 괴롭힘은 여성에게 더 취약하며 저항한다는 것은 쉽지 않다(취약성). ③나도 행위자와 동조한 느낌이다(자괴감). ④신고를 해도 아무도 나를 도와주지 않을 것이다(불신). ⑤강간이라면 신고해야 하지만 상대방 권력이 크면 쉽지 않다(체념).

일반적으로 여성들은 성적으로 취약하고 성적인 주체성을 갖기 어렵다. 직장에서는 '무성적(asexual)'으로 살아가는 것이 더 '편하다.' 상사나 동료의 성적 괴롭힘에 대해서 즉각적으로 저항하기 어려운 이유는 피해 상황에서 부끄러움을 느끼기 때문이라고 알려져 있지만 실질적으로는 그 상황을 그냥 넘기는 것이 더 '이익'이기 때문이다. 특히 '이상한' 상사 아래서 일한다면 피해 발생의 순간을 넘기기만 하면 다행이라고 생각하기 쉽다. 그런데 이처럼, 어떤 특정 성이 성희롱·성폭력 피해에 취약한 이유는 여성이라는 생물학 차이가 아니라 여성이라는 '위치'에서 살아가고 있는 사회구조의 작동방식 때문이다. 직장에서의 상하위계, 생존 전략 등의 이유로 피해를 당하지만 저항을 하지 않기도 한다. 그 결과 그 피해는 은폐되고 젠더구조는 유지·지속된다.

직장에는 성적인 괴롭힘, 성희롱보다 더 큰 어려움이 있을 수 있다. 정해진 근무시간에 경쟁적으로 성과 내기, 상사나 동료 등과 잘 지내기, 승진 누락이나 업무 적성도 관련 스트레스를 견디는 일 등이 있다. 그렇다면 성희롱을 포함하여 수많은 어려움을 견디고 침묵하면서 살아남는 것이 나을까? 아니면 본인이 경험한 어려움을 말하는 것이 좋을까? 또 성희롱이 더 큰 어려움일까, 아니면 나를 교묘하게 괴롭히는 상사의 '못됨'이 더 큰 어려움일까?

그런데 최근 여성의 직장생활에 있어, 그 어떠한 어려움보다도 성희롱·성폭력의 고통이 더 '쉽게' 호소되며, 가장 '잘' 들리고 있다. 특히, 이러한 고통은 누구에게나 의심 없이 믿어지는 피해일 때 공감을 받고, 그 고통이 더 잘 설득된다. 그러다 보니 '가장 여성적인, 약한 여성'이 피해를 입은 경우일 때 그 피해자의 말을 신뢰하게 된다. 아동이나 장애인피해처럼 저항할 수 없다고 보이거나 가장 '정숙(純真)'하다고 간주되는 여성의 피해일 때 피해로 설득되다보니 본의 아니게 피해는 그 '피해자다움'을 두고 경쟁하게 된다. 이것은 법정에서 양정(量定), 양형(量刑)을 고려할 때 영향을 주기도 한다. 그러나 성희롱 피해를 호소할 경우 '피해자다움'을 요구하면서 2차 피해 등이 발생할 수 있는 상황에서 결국에는 '말하는 것'이 '말하지 않는 것'보다 더 큰 피해를 야기할 수 있다. 그리고 성폭력·성희롱 피해 호소의 결과 (민감하다고 여겨지는) 여성을 배제하는 방식, 일명 펜스룰만 강화될 수도 있다. 그래서 어려움을 '말하지 않는 것'이 개별적인 차원에서는 직장 생활을 더 쉽게 할 수 있는 방법으로 여겨지기도 한다.

이러한 사정으로 인하여 일반적으로 성희롱 신고는 그 직장을 그만두겠다는 '죽음'의 각오가 아니면 쉽지 않다. 그래서 정규직보다는 계약 연장이 안 된 비정규직에서 직장 내 성희롱 신고가 많다. 직장문화의 관성을 잘 알고 있는 정규직은 관습과 위력 때문에 아주 '특별한 경우'가 아니라면 성희롱을 문제화하기보다 체념·포기하거나 그 문화에 동조하는 것을 선택하기도 한다.

4. 다양한 피해자

직장 내 성희롱을 포함하여 성관련 폭력(이하 성폭력)의 피해자에 관한 고정관념이 있다. 힘들어하고, 화를 내며, 우울하다는 등과 같은 흔히 떠올리는 피해자에 관한 이미지는 일정 부분 맞기도 하고, 틀리기도 하다. 고정관념과 달리, 실제 피해자의 반응과 상태는 정말로 다양하다. 성폭력 피해자에 대한 특정한 고정관념은 그것이 사실과 부합하지 않는다는 점에서도 문제이지만, 고정관념에 따른 '피해자화'가 성관련 사건을 잘못 판단하도록 만들 수 있다는 점에서도 문제다.

성폭력 관련 사건의 판단에 있어서 중요한 증거는 피해자의 진술이다. 그 진술을 누가 어떻게 판단할 것인가에 있어 성인지 감수성은 중요한 조건이 된다. 성인지 감수성을 성폭력 관련 사건의 판단에 적용한다는 의미는 피해자의 진술이 그 자체로 사실이라고 말하는 것이 아니라 피해자의 맥락에서 그 진술이 사실일 수 있음을 공감하는 것이다. 따라서 성폭력이라고 주장하는 그 내용과 맥락을 분석해야 한다. 공감에 기초하여, 왜 그 언동을 성폭력이라고 생각하는지, 피해 발생 그 당시의 시점이 아니라 그 이후에 발화하게 된 계기는 무엇인지를 물어야 한다. 이처럼 피해자가 발화하는 그 과정을 공감·인정하는 질문의 과정에서 그 피해를 언어화할 수 있다(변혜정, 2020).

이하에서 ①성폭력·성희롱 현장에 있기까지 ②현장에서 ③이후, 3단계로 피해자의 맥락을 분석해보자. 데이트 관계인지, 업무 관계인지, 가족 관계인지, 그냥 아는 관계인지, 전혀 모르는 관계인지 등과 같은 관계성도 중요한 분석 지점이지만 그 관계의 특성이나 정도도 중요하다. 즉 헤어지려고 하는 관계인지, 처음 만난 관계인지, 오해를 풀려고 하는 관계인지 또는 직장 내 동료인지 아니면 상하관계인지 등 관계의 정도와 함께 이러한 행위가 과거에도 있었는지 등 친밀성, 지속성, 상습성의 정도를 분석해야 한다. 이를 위해서는 피해자가 그 자리에 있게 된 맥락뿐 아니라 그 자리에서 어떠한 일이 발생했는지 그리고 그때 어떻게 대처했는지도 파악해야 한다.

많은 경우에 피해자들은 '그 현장에서 그러한 일이 발생할 줄 몰랐다.'라고 진술한다. 이러한 진술은 생각보다 많다. 즉 납치, 감금, 폭행

등 의사에 반해 피해가 발생하게 된 장소에 가기도 하지만(항거불능 강제[5]) 술에 취해 데려다준다고 해서 또는 업무상 그쪽으로 오라고 해서 아무런 의심없이 믿고 해당 장소로 갔는데 '의사에 반한 행동'이 발생했다는 것이다. 반면 사람들은 만일 어떤 행위가 의사에 반해 이루어졌다면 당장 그 자리를 뿌리치고 나와야 한다고 본다. 폭행이나 협박이 동반된 경우가 아니라면 (제대로 된) 성인 여성이, 특히 술도 안 마신 상태에서는 더욱 그 장소를 빠져나오지 않은 그 의도를 의심한다.

이처럼 사회 통념상 성폭력·성희롱 여부를 판단할 때 가장 중요한 지점은 피해자가 그 자리에 '자발적으로' 갔는지가 핵심이다. 일단 납치나 감금이 아니라 피해자가 자발적으로 '그 자리에 있었다면' 신뢰를 얻기가 어렵다. 이는 피해자가 그 현장에 가는 것에 더하여, 현장에서 발생한 행위에 동의했음에도 자신이 원하는 바가 이루어지지 않아서 성폭력·성희롱으로 고소를 했다는, 이른바 '무고'를 의심하기 때문이다. 그러나 피해자가 자발적으로 그 장소에 갔거나 계속해서 머물러 있었다고 하더라도 이와 같은 '사실'이 상대방의 폭력 행위가 발생하지 않았다는 근거가 될 수 없다.

피해자가 그 장소에 있었던 이유, 또는 피해가 발생했음에도 같은 장소에 여러 번 갔던 맥락 등을 알기 위해서는 여성/약자의 현실에 대한 이해가 필요하다. 다시 말해서, 권력이 젠더화되는 그 관계를 이해해야 한다. 피해자가 자발적으로 동의한 것처럼 보이는[6] 그 권력관계를 분석해야 한다. 비가시화된 힘의 강제(force)나 특정한 피해의 두려움 때문에 그 자리에 남아 있기로 '동의'했을 수 있다. 그것이 한시적이더라도 권력 작동으로 기울어진 관계에서 약자의 선택권은 제한적이다. 그런데 지금까지 강자는 권력을 가진 남성일 때가 많았다. 그렇다면 기울어진 권력

관계에서 여성이 그 자리에 있을 수밖에 없었던 위치, 무권력으로 인한 '노동권'의 문제를 가시화시켜야 한다.

5. 변화가능성[7]

여성들의 강력한 목소리, 특히 미투(me too)에 대한 남성들의 저항이 심각하다. 여러 가지 분석이 있지만 여기에서는 저항이 어디서부터 시작되는지에 대해 간단하게 살펴본다. 어쩌면 이러한 저항이 폭력을 지속하는 요인이 될 수 있기 때문이다.

> 이 판결(○○○ 사건을 구체적으로 들면서)은 너무 불공평해요. 솔직히 본인도 응했고, 위력이라 할지라도 응했다는 사실, 더 정확하게 말하면 그 관계 진행 시에는 가만히 있다가 왜 갑자기? [...] 앞으로 위력있는 자와의 성관계는 그 일이 끝나면 다 폭력이라 해도······. [...] 전 판례가 인용되는 상황에서 도덕적인 판단과 법적인 판단을 구분하면 좋겠어요. 어떠한 자리에 있는 자의 이러한 짓들은 분명 도덕적으로 문제이지만 그동안의 (둘 간의) 관계를 다 무시한 결과로 보여요. 남자들만 ○새끼로 만들고 남자들이 뭐 그리 잘못을 했는지? 여자도 그 순간 동의해놓고 이후 딴 소리하면 우리만 억울하잖아요.

위의 사례에서 드러나듯이 많은 경우 남성들은 모든 남성을 가해자라고 지목하지 않았음에도 폭력 발생의 구조와 '남성(지배) 문화'를 연관시키는 것 자체를 불편해한다. 특히 '잠재적 가해자'로 지목되는 것에 대해 강한 거부감을 호소한다. '나'는 '그들'과 다르다고 여기기 때문이다. 또한 폭력의 발생은 범죄자 한 개인의 문제이지 남성 전체를 대표하거나 남성집단의 문화와 이를 연관시킬 수 없다고 본다. 동시에 여성에 대한 불신이 심각하다. 남성들은 여성들이 '정확하게 표현하지 않고 좋아하는 척하다 이후에 강간이라고 신고하면 당할 도리가 없다.'고 생각하면서 강한 억울함을 느끼고 있다.

폭력의 문제에 있어서 물론 모든 남성이 범죄자는 아니다. 이는 특정 개인의 문제이기도 하다. 그러나 통계적으로 볼 때 지금까지 특정 성별의 가해자가 많았으며 그 가해자들이 살아왔던 어떤 공통의 문화(지배 문화)가 있었다. 또 그들이 권력의 중심에 있기도 했다. 혹 특정 개인들이 개별적으로 성범죄에 가담하지 않는다 할지라도 자신들이 당연하게 생각하고 실천하는 일상문화를 구체적으로 성찰할 필요는 있다. 평소 상대방(약자)을 어떻게 생각하고 있는지, 원래 약자는 예뻐야 하고, 강자의 비위를 맞춰야 하고, '데리고 놀 수 있는' 존재라고 생각하지는 않았는지를 돌아봐야 한다. 개별적인 차원에서 약자를 대할 때는 기존 통념에 따라 행동하지 않더라도 본인이 약자를 대상화하는 집단적인 문화에 속해 있다는 것, 그리고 자신의 근거 집단에서 관행화된 문화를 따르지 않을 경우 그 집단에 계속 소속되는 것이 쉽지 않다는 점을 강자들 스스로 질문하고 되돌아봐야 한다.

이와 달리 현재까지 다수의 강자들은 이 사회에서 강자들이 병역의무를 포함하여 결혼이나 데이트 비용 등과 같은 더 많은 부담을 짊어지고 있다는 점을 강조하며, 강자의 역사, 역할, 의무, 책임에 대해 약자들이 얼마나 알고 있는지를 반문한다.

그런데 일부이기는 하지만 약자들 스스로 인정하는 것도 있다. 강자들이 불평하는 것처럼 약자들 집단에서 강자와의 연애에 대한 가르침(통념)은 소위 말해 '밀당 연애'이다. 썸도 데이트도 아닌 그러한 만남을 지탱하면서 지속되는 비가시적 폭력에 대해 저항하기 어려운 그 무엇이 있지만 동시에 약자들도 강자들을 '이용'한다는 것이다. 문제는 강자/약자 상호가 상대방을 대하고 기대하는 방식이 다르다는 것이다. 그 방식이 성별화, 제도화되어 있다는 인식이 필요하다. 안타깝게도 역사적으로 강자가 특정 성별이었다는 것은 생각해 볼 필요가 있다. 최근 필자가 만난 20대 여성은 이렇게 말했다.

지금과 같은 분위기에서 남성들이 함부로 하지는 않지요. 했다가는 바로 112로 가니까 어쩌면 여자들이 (과거보다) 유리할 수 있지요. 여자들이 남성들에게 하는 심리적 폭력도 크다는 것 인정해요. 일명 '못된 나쁜 여자'도 있어요. […] 근데 그들 나름의 살기 위한 선택이에요. 그런데 그렇게 그 환경을 찌질하게 만드는 것은 남자들이거든요. 분위기 파악 못하고 들이대는 남자들부터 조금 잘 해주면 자기를 사랑하는 것으로 오해하는 자들까지 참 한심해요. […] 사랑하지 않아도 잘해줄 수 있고……. 한번 잤다고 사랑하는 것도 아니에요. 그리고 계속 갈 필요도 없어요. 나는 내 방식대로 사랑해요(23세 여성).

여성들이 과거와 달라지고 있다. 어쩌면 남성들보다 여성들의 변화 속도가 더 빠르다. 과거와 달리 여성들이 경제권을 가질 수 있고 형식적인 평등도 부여되고 있다. 법과 제도적인 지원도 있다. 물론 여전히 제도적 성별로 구분했을 때, 비정규직 여성이 남성보다 많고, 여성의 임금이 남성의 60% 정도라는 차별적인 현실은 존재한다. 하지만 그 안에서도 틈새를 찾아 다른 삶을 구사하는 여성들이 많아지고 있다는 점이 최근의 변화하는 현실이다.

그러나 상대 행위자들이 이러한 변화를 따라가지 못하고 있다. 즉 강자(남성 행위자)들의 성인식이 그만큼 변화하지 못하고 있기 때문에 성폭력 문제에 있어서 그들이 억울함을 느끼는 것으로 보인다. 그 억울함과 분노는 결국 약자를 괴롭히는 혐오문화, 남성성의 위기로 표현된다. 자신은 여전히 과거의 성역할을 해야 하는데 약자(피해자)들은 과거의 성역할을 하지 않거나 오히려 이용하는 현실, 과거에는 괜찮았던 성적 실행들이 문제로 여겨지고 때로는 범죄로 비판받는 지점에서 강자들은 혼란을 느끼는 것이다.

따라서 젠더폭력 문제를 해결하기 위해서는 생명권이 존중되는 평등한 사회를 지향하는 법·제도적인 변화와 함께 폭력을 양산하는 성문화에 대한 철저한 질문과 토론을 통한 이 사회와 개인들에 대한 성찰이 필수적이다. 또 이제까지 당연했던 구조 변화는 때로는 개인들의 실천 그리고 관계 구축을 통한 연대를 통해 가능할 수 있다. 물론 당연하게 성적 주체로서 자신의 성적 결정권을 협상, 유예, 실행, 책임질 수 있는 임파워링이 필요하다. 이는 사회문화적인 장치로서의 섹슈얼리티, 젠더체계에 대한 지속적인 공부와 토론, 그리고 다양한 사람들과의 만남과 연대에 의해 가능할 것이다.

이 글에서는 '남성성'[8]의 변화를 위해 '진정한' 의사 결정 능력을 제안하면서 마무리하려 한다(단 남성성의 변화란 남성만의 변화를 뜻하는 것이 아니라 여성의 변화, 젠더구조의 변화 또한 의미한다). 가장 손쉽지만 가장 어려운 변화를 위해 No가 No로 받아들여지는 평등한 사회를 만들기 위한 노력부터 시작해보기를 제안한다. 또 조력자의 역할도 제안한다. 혼자 결정하기 어려울 때는 주변이나 전문가 도움을 통해 해결 방법을 찾아갈 수 있다. 예를 들어 연애를 하면서 상대와 갈등이 생기거나 신체에 변화가 생겼을 때, 혼자 고민하기보다 경험자의 도움을 받는다면 그 원인과 해결 방법을 효과적으로 찾아낼 수 있다. 또, 내가 원하지 않는 성적 행동을 누군가 강요하거나 성적인 폭력이 일어날 가능성이 있을 때, 바로 주변 사람들과 그 문제에 대해 논의할 수 있어야 한다. 이것은 직장에서도 마찬가지이다.

특히 '친밀한 관계에서의 폭력' 방지를 위해 가장 쉽고도 어려운 방법을 제시하면, '관계라는 것은 영원하지도 고정적이지도 않다'는 점을 기억하는 것이다. 그리고 안전하고 평등한 관계를 유지하기 위해서는 반드시 서로 동의를 해야 한다. '동의'란 적극적으로 그 행위를 할 의사가 있음을 표시하는 것이다. 그러므로 상대방의 의사를 자의적으로 해석하거나 상대가 무조건 빠르게 결정하기를 강요해서는 안 된다. 또한 적극적인 동의의 표시가 아닌 침묵은, 동의가 아닐 수 있다는 점을 항상 의심해야 한다. 한국사회에서는 많은 경우 민망해하거나 불쾌하게 여길 것을 염려하여 적극적으로 거절하지 않은 채 거절을 침묵으로 표현하는 경향이 있기 때문이다. 물론 저항의 의미로 침묵할 수도 있으며 때로는 동의와 거절 사이에서 자신의 의사를 명확히 결정하지 못해 침묵할 수도 있다.

나의 YES가 YES로, 나의 NO가 NO로 되기 위한 몇 가지 체크포인트를 던진다.

첫째, 의도적으로 폭력 행위가 만들어지기도 하지만 나도 모르게 재미나 의례로 만들어지기도 한다. 이러한 모든 행위는 상대방과 충분한 동의과정을 거쳤는가? 나 스스로 동의라고 간주하는 것은 아닌가? 또 상대방이 동의한 것처럼 보였지만 진정한 동의인지 지속적으로 확인해야 한다.

둘째, 모든 것은 관계적이다. 내 몸이 내 것으로 보이지만 사회적 관계 안에서 성적인 선택마저도 내 마음대로 되는 것이 아니다. 결정권은 결코 자유의지에 의해 실행되는 것이 아니라 조건과 맥락의 변화 속에서 나와 너 그리고 사회를 알 때 가능하다. 나는 얼마나 사회관계를 파악하고 있는가? 젠더라는 렌즈를 통해 읽어보면 나는 어떠할까? 물론 내 마음대로 생각하고 판단하고 결정하는 습관이 혹시 있는지 자문해라.

셋째, 지인, 대중매체, 인터넷 등을 통해 얻는 성/폭력에 대한 지식이 왜곡되고 부정확할 수 있다. 특히 주변이나 언론을 통해 말해지는/알고 있는 성/폭력 지식에 대해 비판적 성찰이 필요하다. 또 지금 전달받은 지식이 영구불멸의 답이 아니라 변화되어야 하는 가능성일 수 있다는 것을 얼마나 인지하고 있는가?

넷째, 연애/소통의 다양한 방식, 관계 맺기 훈련 그리고 피임 부재 시 발생할 수 있는 임신, 출산 등 행위 결과를 예측하고 어떻게 책임을 질 것인지 미리 예측하고 준비하는 훈련을 해야 한다. 그렇지 않을 경우 폭력 가해자라는 이름으로 소환될 수도 있다는 것을 아는가?

다섯째, 성적인 행동을 하기 전후에 생길 수 있는 사건을 상상해보고, 그 결과를 자신이 책임지는 것에 대해 예측하는 것이 필요하다. 책임을 질 일은 책임지고, 책임질 수 없는 일은 행동하지 말라. 이처럼 성적인 실천과 폭력 언동은 경계가 모호할 수 있으며 이 모호한 회색 지대에 대한 지속적인 점검이 필요하다.

여섯째, 연애관계뿐만 아니라 위계적인 직장에서도 스스로의 결정, 자기표현이 힘을 얻기 위해 어떻게 해야 할지 많은 토론이 필요하다.

더 생각할 거리

· 젠더폭력 관련 기사를 어떻게 읽고 있는가? 관심있게 찾은 젠더폭력 관련 기사에서 폭력 가해자, 폭력 상황과 원인 등을 분석한 후 만일 나라면 어떻게 대중에게 알릴지 새롭게 기사를 작성해보시오.

· 내 친구가 성폭력 처리 관련 도움을 요청하면 나는 어떻게 할 것인가? 특히 지목된 행위자가 내가 잘 아는 사람일 경우 나는 어떻게 할 것인지 토론해보시오.

· 협박과 폭행이 없는, 원하지 않는 성적 언동을 성폭력이라고 말하기는 쉽지 않다. '원하지 않는 성적 언동'은 성폭력인지 아닌지, 특히 진술 말고는 다른 증거가 없을 때 당신은 어떻게 생각하는지 토론해보시오.

· 2019년 <리얼돌 수입 허용판결 규탄시위>에 함께 연대하자는 웹자보에 '본 시위는 생물학적 여성만 참여 가능합니다'는 문구가 있다(https://cafe.daum.net/realdollout 참조). 생물학적 여성만 요청하는 이유는 무엇인지, 그 요청이 갖는 정치적 함의에 대해 토론해보시오.

· 내가 알고 있는 폭력 사례를 통해 방지 전략을 수준별로 토론해보자. 아래의 4가지 수준에서 앞서 고민한 체크리스트를 직접 만들어보시오.

개인적 수준	학습된 폭력, 체념, 무시, 보상과 협상 ↔ 폭력 중독(재미)

관계적 수준	체념 및 순응, 저항과 도전 ↔ 남성성 연대 및 규범 준수

조직적 수준	관계 유지 및 생존권, 행복추구권 수호, 연대와 저항

정책적 수준	체계적인 폭력방지 및 인권교육, 성찰적 성교육

더 읽어볼 거리

· 권김현영 (2018), 「성폭력 2차가해와 피해자중심주의의 문제」, 권김현영(엮음), 『피해와 가해의 페미니즘』, 서울: 교양인.

· 김보화(2018), 「부추겨지는 성폭력 역고소와 가해자 연대」, 『여성학논집』, 35(2), 113-153.

· 김수아(2018), 「남성 중심 온라인 공간의 미투운동에 관한 담론 분석」, 『여성학논집』 35(2), 3-35.

· 루인(2019), 「젠더 개념과 젠더 폭력」, 정희진(엮음), 『미투의 정치학』, 서울: 교양인.

· 박정훈(2019), 『친절하게 웃어주면 결혼까지 생각하는 남자들』, 서울: 내인생의책.

· 변혜정(2020), 『누구나 다 아는 비밀은 비밀이 아니다: 성희롱에 관한 열한 가지 오해와 진실』, 서울: HadA.

추천영상

· <단지 그대가 여자라는 이유만으로(Only Because You Are a Woman)>, 김유진, 1990

: 대구지방법원의 재판에서 드러났던 성폭력 사건 영화.

· <도희야(A Girl at My Door)>, 정주리, 2014

: 엄마가 도망간 후 의붓아빠와 할머니로부터 학대를 받던 10대 여성 도희와 또 다른 상처를 가진 영남의 이야기. 영남을 구하기 위한 도희의 어떠한 행위는 성폭력일까 아닐까? 성폭력 피해, 피해자 중심주의를 고민할 수 있는 영화.

· <소년은 울지 않는다(Boys Don't Cry)>, 킴벌리 피어스, 1999

: 남장을 한 여성(?) 티나 브랜던에 대한 성폭력의 다양한 의미, 인격권 침해를 고민할 수 있는 영화.

· <한공주(Han Gong-ju)>, 이수진, 2013

: 성폭력 2차 피해의 끔찍함을 아주 잘 그린 성폭력 통념에 관한 교과서 같은 영화.

1 본 글은 졸저(2020), 『누구나 다 아는 비밀은 비밀이 아니다: 성희롱에 관한 열한 가지 오해와 진실』과 같은 문제의식에서 쓰였다.

2 성적 보수주의라는 개념어는 명확하게 규정되어 있지 않지만 일반적으로 개인의 성적 자유를 표현하고 행사하는 입장에 대해 보수적일 때 통칭하여 사용한다. 성적 보수주의가 항상 비판받는 것은 아니지만 개인의 성적 자유를 억압하는 것은 사실이다. 물론 여성을 피해자로 만드는 특정성의 성적 자유는 비판받아야 하나 그렇다고 성적 실천 관련 사회 규범이 영원한 것도 아니다. 성적 자유와 여성 피해 관계는 논쟁의 역사를 가지고 있지만 초기 성희롱의 보호법익이 성적 언동을 무조건 규제하는 성적 보수주의 입장에 있는 것은 아니었다.

3 이 부분은 필자의 졸고, <직장 내 성희롱 '피해자'에 대해 궁금해하는 자들에게>(2019) 칼럼의 일부분을 옮겼음을 밝힌다.

4 한국여성의전화(2019)는 2013-2018년 언론에 보도된 사건 중 배우자나 애인 등 친밀한 관계의 이성에게 살해된 여성이 558명, 살인 미수가 598명으로 6년간 총 1,156명이 생명을 잃거나 위협받았다고 발표했다(부산여성신문, 2019). 한국여성의전화는 2009년부터 언론에 보도된 사건분석을 통해 혼인이나 데이트 관계 등 친밀한 관계의 남성에 의한 여성 살해 통계를 발표하여 여성에 대한 폭력의 심각성을 사회적으로 알리는 활동을 하고 있다. 한국여성의전화 '분노의 게이지' 보고서는 한국여성의전화 홈페이지에 올라와 있다(www.hotline.or.kr).

5 항거불능 강제는 잠을 자고 있거나, 무의식적인 상태, 술이나 또다른 약물에 의해 영향을 받은 상황에서 전혀 인지가 안 된 상태 또는 행위의 성적 속성(nature)에 대한 이해가 없는 상황, 성적 행위가 어떤 의미인지 모르는 상황, 아동이나 장애인의 경우 또는 이것이 사랑하는 것이라고 행위의 성적 속성에 대해 잘못 이해되는 미성년/친족의 경우처럼 다양하다. 또한 의학과 위생 목적으로 한 행동인 것으로 잘못 이해될 수도 있다.

6 가스라이팅(gas-lighting)도 한몫을 한다. 가스라이팅이란 타인의 심리나 상황을 교묘하게 조작해 거부, 반박, 전환, 망각, 부인 등으로 그 상황을 스스로를 의심하게 만듦으로써 타인에 대한 지배력을 강화하는 행위로 <가스등>(연극, 1938; 영화, 1948)에서 유래했다.

7 이 부분은 필자가 준비하고 있는 『문어연애』(가제, 근간 출간 예정)의 일부분이라는 것을 밝힌다.

8 남성성의 변화를 이해하기 위해 이 사회를 직조하는 남성성/여성성 관련 가치체계를 아래 표로 제시한다. 남성성/여성성은 인간의 성역할 고정관념 등으로 이해되지만 그 이상의 과학, 이성, 문명 등의 사회 역사를 설명할 수 있는 인식체계이다. 이처럼 사회를 조직하고 개념화하는 이분법적인 인식체계는 '젠더(gender)'라는 용어로 분석되는데 계급과 인종처럼 젠더(성별)는 한국사회를 설명하는 중요한 범주이다. 젠더는 남성과 여성의 관계뿐 아니라 다양한 비인간동물과 인간동물 등 다양한 종들의 위계 관계에 대해서도 설명할 수 있다. 이처럼 남성성은 권력을 상징하며 이 사회의 근간, 긍정적인 가치를 구성한다. 따라서 남성성이 남성을 설명하고 여성성이 여성을 설명한다는 도식적 이해는 잘못이다. 근력이 중요한 시절에 근력을 가졌다고 표상되는 남성은 위 표의 왼쪽 항과 연동되나 그렇다고 모든 남성들이 왼쪽 항과 일치하는 것은 아니기 때문이다. 또한 생물학적으로 인정하는

주민번호 1번과 3번의 남성들이 위의 남성성을 다 재현하고 있는 것도 아니다(오독을 막기 위해 '남성', '여성' 등으로 ' '를 표기하거나 강자, 약자 또는 ( )로 강조, 설명했다). 단 남성성을 의미하는 왼쪽 항이 지배가치로 구조화되어 있을 때 그 구조의 변화를 위해 각각의 위치에서 지배문화, 권력의 균열을 내는 것은 필요하다.

남성성(과 연관되는 것)=권력	여성성(과 연관되는 것)=무권력
인간동물	비인간동물
강한/남자	약한/여자
보호하는	보호받는
거친/딱딱하고	부드러운
공격적	수동적
지배적인	종속적인
과학	예술
지성	감각
문명	자연
사회학	생물학
고기/동물	채소/식물
근육	지방
조리(가공)	날 것
비싸다	싸다

자료: 변혜정(2021), <미나리와 삼계탕>

몸/건강과 여성의 인권

박민주

'재생산권(reproductive right)'은 1995년 북경세계여성대회에서 정의된 개념으로, 임신·출산·섹슈얼리티와 관련한 인권이다. 그러나 국제 규범상 반드시 보장받아야 하는 권리임에도 불구하고 임신(피임)과 출산(임신중단)이 직접 이루지는 여성의 몸은, 다른 몸(들)보다 재생산권의 각축전이 훨씬 치열하게 벌어지고 있다. 오랜 기간 생물학적 성차(여성의 임신/출산 기능)는 젠더불평등의 "과학적 근거"로 소비되어 왔다.[1] 때문에 재생산권을 둘러싼 카르텔은 법률, 의료, 종교, 문화 등 사회 다방면에 걸쳐 있고 또 매우 강력하게 결집되어 있다.

> **재생산권이란? (건강과 대안 젠더건강팀, 2016)**
> ① 임신/출산의 여부, 시기, 빈도 등을 자율적으로 결정할 권리
> ② ①에서의 "자율적 결정"을 위해 보건서비스에 접근할 권리
> ③ 안전하고, 효과적이고, 쉽게 구할 수 있는 가족계획에 대한 정보 및 서비스에 접근할 권리
> ④ 안전한 성생활을 누릴 권리
> ⑤ 건강할 권리

이 글에서는 의학지식과 '형법' '낙태죄'를 중심으로 재생산 건강과 재생산권이 어떻게 젠더 편향적인 방식으로 다루어져 왔으며, 또한 어떻게 개선되어가고 있는지 살펴보고자 한다.

1. 젠더 편향적 의학지식과 그에 대한 비판

토마스 쿤, 미셸 푸코 등이 제시한 '과학기술 지식의 탈신비화' 작업은 여성 신체에 관한 의학지식 비판으로 이어졌다. 루스 허바드(Ruth Hubbard, 1994)는 과학기술 자체가 정치적이고 사회적인 것이며 "사실 만들기"에 지나지 않기 때문에 여성에 관한 의학지식 또한 시대적 세계관에 부합해야만 인정받을 수 있다고 주장했다. 캐롤린 머천트(Carolyn Merchant, 2005)는 16-17세기 유럽에서 유행했던 경제 질서(중상주의)와 17세기 "근대 과학의 아버지"[2] 들의 기계론적 사고가 중첩하면서, 여성 신체를 비이성적이거나 비규범인 것으로 왜곡하고 여성 신체를 통제/정복하기 위한 지식이 만들어지기 시작했다고 지적하였다.

1) 인체의 모델을 성인 남성으로 한정하는 의학

기계론적 사고에서 출발한 근대 의학은 천편일률적 '법칙'에 천착하면서, 인체의 단일표준을 상정하고 그에 맞는 지식과 기술을 생산해냈다. 그러한 인체의 표준은 객관적이지 않으며 비장애 성인 남성의 신체에 한정되어 있다(Wajcman, 2001). 레오나르도 다 빈치의 인체 비례도부터 오늘날 병원 벽에 걸린 남성의 인체해부도까지, 근대 의학의 신체 개념은 분명한 젠더편향 속에서 구성되어왔다.

남성중심적 시각에서 만들어진 의료기술은 다양한 범위에 걸쳐 부작

<그림 1> 레오나르도
다빈치의 인체비례도

용을 빚어내고 있다. 성별의 차이가 없는데도 남성의 관상동맥 유병률을 더 높게 판단하거나 반대로 협심증 전조증세의 성별 차이를 간과하여 여성의 질병 조기발견을 어렵게 만들기도 한다(김승섭, 2018: 15-16; Shulman et al., 1999). 쥐를 대상으로 한 실험결과 성별이 뼈의 질량 등 양적 형질에 대해 최대 56.6%까지 영향을 미치는 것으로 나타났다(University College London News, 2017). 김승섭(2018: 19-20)은 성별 차이가 기관의 유무뿐만 아니라 모든 세포가 성염색체를 갖고 있다는 것을 간과했기 때문이라고 지적한다. 인체를 구성하는 가장 기본 단위인 세포가 성별에 따라 달라질 수 있다는 뜻이다. 성인 남성을 의학적 기준으로 삼음으로써 피부, 혈관, 대사율, 조직 두께 등의 성별 차이를 고려하지 못한 것이다.[3]

성별 피임법을 대조해보면, 피임을 연구하는 의/약학 전문가들의 관점에 '피임이 여성의 몫'이라는 인식이 내재해 있음이 드러난다. 여성을 대상으로 하는 피임 방법은 경구피임약, 피임주사(사야나 등), 임플라논(피하이식장치), 호르몬 루프, 구리 루프, 난관수술 등 대략 6가지 방법이 존재한다. 그러나 남성을 대상으로 하는 피임법은 콘돔과 정관수술의 2가지밖에 없다. 여성의 피임은 생화학적/물리적, 가역적/비가역적 방법을 모두 포함하지만 남성의 피임은 물리적 방법만 존재할 따름이다.

HPV 백신(자궁경부암 예방접종) 또한 마찬가지 사례이다. 남성은 HPV에 감염 되어도 특별한 증상이 없고 1~2년 내로 자연치유된다. 그러나 여성이 HPV에 감염되면 자궁경부암이 유발되기 쉽다(JTBC, 2018). 자궁경부암은 예방율이 높지만 성관계를 통해 바이러스가 감염되기 때문에 여성의 자궁경부암 예방을 위해서는 반드시 남성도 백신을 접종해야만 한다. 그러나 그간 HPV 백신접종은 여성만을 대상으로 홍보되어왔다. 최근에는 젠더 구분 없이 예방접종을 권장하는 내용의 언론보도와 드라마가 등장했지만, 여전히 사회적으로 큰 변화는 없다. "HPV 백신"보다는 "자궁경부암 백신"으로 불리며, HPV가 여성에게만 해당하는 일로 여겨지는 경우도 적지 않다.

이처럼 의학은 젠더와 매우 밀접하다. 이러한 경향을 반영하여 미국 국립보건원 NIH(National Institutes of Health)는 1993년부터 국가지원 연구에 반드시 여성과 소수인종을 포함시키도록 규정하였다. 캐나다에서는 정부 지원금을 신청하기 위한 필수요건으로 과학기술연구에 젠더 관점을 반영하도록 제도화하였다(한겨레 신문, 2018).

2) 성별/성역할 고정관념에 기반한, 왜곡된 의학 지식/기술

정자와 난자의 수정 과정에 대한 서술은 생명과학기술의 '객관성, 중립성'신화를 보여주는 대표적 사례이다. 에밀리 마틴(Emily Martin)은 성역할 고정관념이 과학기술지식에 반영되어 있음을 지적하면서, '잠자는 숲속의 공주'를 방불케 하는 수동적 여성-능동적 남성의 낭만적 로맨스 서사가 정자와 난자의 수정과정을 왜곡한다고 분석하였다. 그간 미국 생물교과서에서 정자와 난자의 수정과정은 "힘 있고 능동적인 정자가 경쟁을 뚫고 수동적으로 가만히 있는 난자의 막을 뚫고 진입" 하는 것으로 설명되었다는 것이다(1991: 485-501).

그러나 1970년대에 미국을 중심으로 여성운동이 활발하게 전개되면서 생물학 연구결과가 달라졌다. 1980년대 생물학 교과서에서는 수정을 다음과 같이 설명하기 시작했다. '난자가 화학유도물질을 분비하여 정자의 접근을 돕고 하나의 정자가 들어오면 스스로 명령을 내려 다른 정자가 들어올 수 없도록 조치한다. 자기 당질에 명령을 내려 분화하고 성장하여 투명대에 더 이상의 정자가 들어오지 못하게 막는다.' 마틴과 같은 지적은 이미 1921년에 등장했지만 당시 받아들여지지 못했고 성평등 이슈가 사회적으로 논의된 1980년대에서야 수용될 수 있었다(박진희, 2014: 160).

생리에 관한 "의학적" 설명은 여성 신체에 대한 차별과 격하를 날 것 그대로 보여준다. 여성의 거절·자기표현 등을 생리와 연결하여 동시에 문제적인 것으로 격하하는 표현은 사실상 1930년대 의학에서 시작된 것이다. 여성의 생리는 질병으로 "규명"되었을 뿐만 아니라 여성과 그 몸 또한 '열등하고, 병/히스테리적인 존재'로 설명되었다(Tavris, 1999). 생리를 "임신 실패" 혹은 "자궁이 아기를 갖지 못해 흘리는 눈물"로 서술하기도 한다. 이렇게 성차별과 비과학은 미국 의학 교과서에 '과학지식'으로 존재하였다(Martin, 2001). 이러한 카르텔에 저항하기 위해 우리나라에서는 1999년부터 월경페스티벌을 진행하면서 '여자로서 끝'이라는 의미의 "폐경"을 '여자로서의 완성'이라는 "완경"으로 변경하는 캠페인을 진행하였다.[4]

3) 자본주의-의학기술-젠더의 중첩: 의학지식, 없거나 혹은 잘못되었거나

성차별에 기반한 자본주의와 의료시장이 결탁하면서, 남성 엘리트들이 장악한 의료/의학은 여성의 신체를 약하고 무기력하며 비정상적인 것으로 의미화하고 여성의 생애를 임신과 출산을 기준으로 재단해버렸다. 여성의 건강에 대해서는 관심이 없고, 의학이 모르는 여성의 질병에 대해서는 모두 '스트레스' 혹은 '여성의 과민함'만을 탓한다(Dusenbery,

2019). 아이러니하게도 일련의 '비과학적' 논리는 "전문성, 지성, 과학"으로 칭송받으면서, 그간 여성들 사이에서 수많은 경험(임상)에 의해 전수된 효과적 건강관리 방법이나 산파제도 등을 모두 비과학적이며 위험한 것으로 치부해버렸다. 또한 월경, 불임, 임신, 수유, 출산, 폐경 등 생식의 모든 영역에서 여성의 권리는 의사와 병원에 귀속되었다(조영미, 2007; Merchant, 2005; Wajcman , 2001; Hubbard, 1994).

재생산권에는 여성 스스로 자신의 몸에 대해 다양한 정보를 찾고 알 권리가 포함되지만, 실제로 이 권리는 보장받기 어렵다. 여성의 몸은 신비화되고 대상화되어 있으며 부정적으로 서술되기 마련이다. 무지는 선택권을 상실하게 만들고 자기 주권을 의료시장과 가부장제의 시선에 의지하도록 한다. 여성주의 재생산권 보장 활동에 참여하는 산부인과 의사 박슬기는 다음과 같이 서술했다.

> 여성의 몸에 대한 인식에는 유독 공포가 짙다. "'그런 거' 안 할래요. 그냥 안 좋을 것 같아요." 경구피임약, 자궁 내 피임장치, 호르몬 보충요법 등 꼭 필요한 치료적 선택을 설명해도 아예 듣지 않으려 하는 경우도 많다. 여기엔 유난히 온갖 금기가 많은데, 그저 '여자 몸에 안 좋다'는 말은 어떤 부연도 필요 없이 모든 팩트를 이기는 힘을 가진다. 그 힘의 정체는 두려움이며, 공포는 힘이 세다. 그리고 이 공포가 공고히 유지되길 바라는 사람들이 있다. 여성의 몸에 대한 금기로 단단히 여성의 삶을 통제하고, 또 다른 한편에서는 이를 산업화하여 여성을 갈취하는 세력. 안팎으로 여성의 몸을 옭아맨 이들은, 여성이 자신의 몸을 알고 선택하고 긍정하기를 결코 바라지 않으며 끊임없이 공포의 씨앗을 심는다 (일다, 2019).

출산에 대한 신비화 작업도 마찬가지다. 출산 과정은 사회적으로 "엄청난 고통을 수반하지만 자녀를 얻는 기쁨은 그에 비견하지 못하는 것"

으로 풀이된다. 물론 그것도 맞는 말이나 임신과 출산과정에서 어떻게 신체가 변하며 어떻게 행위해야 하는지 아무도 사전에 이야기해주지 않는다. 모성 서사는 고통이나 괴로움을 무조건 덮고 여성 혼자 감당하도록 한다(송해나, 2019).

극심한 생리통은 질병이고 삶의 질을 저하시키는 요인이지만, "여자 몸에 장치하는 것"에 대한 두려움은 여성 스스로 치료에 접근하지 못하도록 한다. 부작용부터 염려하고 시도조차 하지 않거나 입증이 된 안전성에도 불구하고 여전히 두려움에 매이기도 한다. 생리대는 여성에게 기초생필품이지만 정부는 그 가격이나 기준을 통제하지 않는다. 저소득 계층 여성 청소년의 "깔창 생리대" 사건은 자본주의 시장과 여성에게 무지한 가부장제 사회가 여성의 재생산권을 보호하지 못하고 있음을 보여준다.

그러나 여성이 이러한 무지와 편견에 수동적으로 위치한 존재만은 아니다. 최근에는 '고민 끝에' 스스로 생리 중단/조절을 선택하는 여성도 나타난다(경향신문, 2019). 또한 여성의 관점에서 임신과 출산에 대해 상세하게 쓴 컨텐츠들이 SNS와 웹에서 시작하여 출판물로도 등장하여 임신 과정과 신체와 정서영역의 세밀한 변화, 출산의 통증, "굴욕 3종세트" 등의 상세한 내용을 전달하고 있다.[5] 이러한 흐름은 가부장제 사회의 주류담론이나 공적인 성교육에서는 가르쳐 주지 않는 현실적 지식을 여성 스스로 이야기하고 공유한다는 점에서 큰 의미가 있다.

2. 임신중지를 둘러싼 블랙코미디: 국가적 가족계획과 낙태죄의 공존

가부장제는 집단의 '번영과 발전'을 위해 여성의 신체를 관리하고 통제해왔다. 이 장에서는 '낙태죄'를 중심으로, 여성의 재생산 능력을 관리하고 통제하는 가부장제가 국가의 인구정책, 생명과학기술, 신자유주의 시대 의료시장과 접합하여 어떠한 양상을 빚어내는지 살펴본다.

낙태죄 폐지를 둘러싼 찬반논쟁은 2010년대를 관통하여 한국사회를 뜨겁게 달구었다. 낙태죄는 1953년 신설된 '형법'상 조항으로, 임신중단 당사자인 여성과 임신중단수술을 집도한 의사를 처벌하는 내용으로 구성되었다.[6] 그러나 1960년대 초반부터 정부가 인구감소정책을 추진하면서 이 법의 사문화를 주도하였고 오랜 기간 사실상 폐지된 법이나 마찬가지였다. 2000년 초반부터 "저출산 위기" 담론이 등장하면서 2010년부터는 임신중지 반대론(pro-life)측에 의해 이슈화되기 시작했다. 지난한 논쟁과 투쟁을 거쳐 2019년 4월 11일, 헌법재판소는 낙태죄를 '헌법불합치'로 판결하였다.[7] 당시 여론조사 결과 또한 낙태죄 폐지 찬성 58.3%, 반대 30.4%로 나타났다(여성신문, 2019).

1) 국가주도의 임신중지가 권장되던 시절, 소외된 여성의 몸

1960년대 초반 박정희 독재와 함께 여성의 재생산권 통제가 국가정책의 화두로 떠올랐다. 강압통치를 정당화하는 논리는 경제발전이었고 경제발전을 위해서는 인구조절이 필요하다는 명분 아래 피임과 임신중절에 대해 국가의 적극적·강압적 개입이 시작되었다. 1961년 등장한 '대한가족계획협회'를 중심으로 보건복지부(당시 보건사회부)를 비롯한 각종 중앙 및 지방 정부, 유관기관, 계획협회가 적극적으로 출산율 저하 작업에 동참하였다(조은주, 2018).

'형법'상 범죄인 임신중지를 합법화하기 위해 유신정권은 1973년, 1953년의 '형법'과 상충하는 "모자보건법"을 제정하여 낙태를 명목상

<그림 2> "둘도 많다"
대한가족계획협회
산아제한 홍보 포스터
(1983년, 행정안전부
국가기록원 소장)

'조건부' 허용하였다. 이는 법치국가의 규범에도 부합하지 않는 것으로, 낙태죄를 폐지하지 않은 상태에서 낙태죄를 사실상 합법화 하는 두 법률을 공존시킨 것이다. 법률이 제정된 직후인 1974년부터 대한가족계획협회의 주도 아래 수동음압임신중절 기구를 사용하여 "월경조절술"이라는 '우회적' 명칭의 임신중절수술이 전국에서 시행되기 시작했다(지승경, 2019). "낙태버스"로 알려진 것처럼, 각 기관과 지자체는 '할당량'을 채우기 위해 이동식 차량에서 임상시험이 끝나지 않은 피임기구를 자궁에 이식하거나 임신중절수술을 적극 시행하였다. 결과적으로 여성 대상 시술 및 수술의 연평균 횟수는 남성 대비 5배를 상회하는 것으로 나타난다.

<표 1> 1960년대-1990년대 기간 출산억제 수술의 성별 시행횟수 비교

해당성별	여성		남성
시·수술종류	음압수동중절수술	난관(불임)수술	정관(불임)수술
시행기간	1972-1990년	1962-1990년	1962-1990년
횟수	1,789,442회	2,795,799회	1,242,738회
연평균	241,328회		42,853회

자료: 지승경(2019: 131)의 자료를 사용 및 재가공함

　문제는 출산억제정책이 올바른 피임법, 남녀동등의 피임의무 등을 제대로 알려주기보다 무조건적으로 여성의 신체에 시술 혹은 수술을 가하는 방식으로 이루어졌다는 점이다(지승경, 2019). 시술·수술 후 처치나 회복기간에 대한 안내도 부재하였다. 다만 남성이 정관수술을 받으면 예비군 훈련을 면제시켜주거나 아파트 청약 우선권을 주기도 했다. 남성

의 피임은 보상받을만한 것이었다. 국가가 적극적으로 여성의 몸에 임신중단수술을, 그것도 위험한 방식으로 시행하면서도 낙태에 대한 사회적 낙인을 제거하려거나 건강한 피임에 대한 사회적 책임 또는 남녀공동의 책임에 대해서는 전혀 언급하지 않았다. 이처럼 인구조절 정책은 성별화되어 이루어졌다. 여성에게 피임과 임신중단에 대한 보상이 없는 것은 물론 건강의 위험까지 더하였지만, 남성에게는 보상이 주어진 것이다.

2) 국가의 필요에 따른 선택적 임신중지 처벌, 위협받는 여성의 목숨

2000년대 이후 저출생 문제가 수면 위로 떠오르면서 국가 인구정책의 목표가 억제에서 증가로 전환되었다. 2001년부터 합계출산율이 인구대체율인 2.1에 근접하자 세수가 감소할 것이라는 "국가 경제성장 위기" 담론이 부상한 것이다. 임신중단을 금지하는 '형법'과 허용하는 '모자보건법'의 모순적 공존은, 국가와 남성의 책임은 단 한 번도 묻지 않았다. 대신 여성과 그를 도운 산부인과 의사에게 모든 책임과 모순을 전가하였다. 임신중지를 둘러싼 국가·의료계·가부장제의 "생명윤리·프로라이프(낙태반대)" 논리는 여성의 목숨을 앗아가는 데 크게 일조하였다. 2010년에는 임신중지에 반대하는 프로라이프 의사회가 태아의 생명권이 모체의 선택권에 선행한다는 논리로, 낙태수술을 시행한 병원과 의사를 고발하면서 사회적 찬반논쟁이 시작되었다. 2012년 8월 23일 헌법재판소는 낙태죄가 합헌이라는 판정을 내렸다. 1960년대 초반부터 40여 년간 사실상 합법적이었던 임신중지가 하루 아침에 불법이 된 것이다.

임신중단 불법화조치의 폐해는 오롯이 여성의 몫으로 남겨졌다. 낙태수술을 받지 못한 여성들을 대상으로 경구용 임신중단약(일명 '미프진')의 모조품을 판매하거나 프로초이스(여성의 선택이 우선이라는 뜻, 임신중단 권리 보호를 의미) NGO단체를 도용한 사기행각도 나타났다. 법적 보호를 받을 수 없다는 점을 악용한 것이었다. 복용 과정에서 의사의 도움이나 상담이 필요한 경우에도 제대로 된 의료서비스를 제공받지 못해 후유증을 앓는 사례도 등장하였다.

> **"미프진" 이란?**
> 미프진이란 임신중지 효능을 지닌 약의 상표명으로, 약학적으로는 미페프리스톤과 미소프로스톨을 통칭한다. 미페프리스톤은 프로게스테론 호르몬을 막아 자궁벽을 허물고, 미소프로스톨은 자궁을 확장해 임신을 중지시킨다. 임신 9주까지 복용할 수 있으며 일정간격을 두고 복용한다. 후유증이 있을 수 있기 때문의 의사의 복용지도 받기를 권장한다(Millar, 2019).

낙태죄 처벌 때문에 적절한 의료 처치를 받지 못해 사망사고도 발생했다. 2012년 수능을 끝낸 고3 학생이 낙태수술을 받다가 과다출혈 상태에서 적절한 응급조치를 받지 못하고 사망하는 사건이 발생하였다. 해당 산부인과가 '불법' 수술의 대가로 학생에게 650만 원을 요구했다는 사실도 밝혀졌다. 비용과 시간을 들여 힘들게 해외로 임신중지 수술을 받으러가는 여성도 등장했다.

낙태죄를 악용한 사례도 적지 않았다. 여성의 현실을 이해하고 돕는 산부인과 의사들이 있는 반면, 적지않은 의사들이 임신중단을 원하는 여성을 비난하며 폭언을 가하거나 고가의 수술비, 수술과 관련 없는 개인정보 서류를 요구하는 등의 폭력적 '갑질'을 자행하기도 하였다. 이별 후 앙심을 품고 여성의 임신중단수술을 고발하는 사례도 적지 않게 나타났다. 임신의 원인행위에 "가담"한 남성이 비윤리적 복수를 위해 낙태죄를 악용한 것이다. 이는 실제로 2019년 낙태죄 위헌 판결의 주요 근거로 인정받기도 했다.

현행 '모자보건법'에 의거하여 합법적으로 낙태수술을 받을 수 있는 경우는 크게 두 가지이다. 첫째, 성폭력에 의한 임신, 여성의 신체에 임신을 유지하지 못할 정도의 중병이 있는 경우 등이다. 이 경우 문제는 피해와 질병에 대한 입증이 쉽지 않고 그 또한 여성이 해야 한다. 입증한다 해도 수술비는 산부인과에서 부르는 가격에 따라야 한다.

둘째, 다태아 일부나 장애아(기형아, 유전적 질병아 등)에 대한 임신중단은 허용된다. 여성의 인권보다 태아의 생명권을 우선시하는 낙태'죄'의 논리가 우생학과 공리주의 앞에서 자취를 슬그머니 감추는 것이다. 장애아에게는 생명권이 없는가? 셋 이상의 쌍둥이 중에서 한 명을 선택적으로 희생시킬 경우, 무슨 근거로 누가 어떤 태아의 생명권을 침해할 수 있는가?

좀 더 본질적인 질문을 던져보자. 임신이 여성 혼자만으로 불가하다는 것은 상식인데도, 왜 정자를 제공한 남성의 윤리는 묻지 않는가? 부모 누구도 출생한 태아를 책임질 수 없는 상황에서, 무조건 낳는 것이 최선의 선택일까? 이러한 질문 앞에서, 낙태죄가 정의(justice)에 부합하는 법이라고 말하기는 매우 어렵다.

3) 헌법불합치 판결 이후, 여전히 갈 길은 멀지만 가능성도 열려 있다

낙태죄 위헌 판결을 받기까지 재생산권 운동은 지난한 시간을 거쳤다. 2016년 가을 소위 '검은 시위'로 불리는 낙태합법화 시위가 열렸고 2017년 가을 청와대에 '낙태죄 폐지와 자연유산 유도약(미프진) 합법화 및 도입' 국민 청원이 진행되었다. 이에 당시 조국 민정수석은 동영상을 통해 법률이 여성에게만 책임을 묻는다는 점, 낙태허용이 세계적 추세라는 점 등을 인정하고 국가와 남성의 책임을 제고하고 헌법소원의 추이를 지켜보아 임신중절의 보완책을 마련하겠다고 답변하였다(대한민국청와대, 2017).

청와대의 이런 답변에도 불구하고 2018년 보건복지부는 낙태수술을 시행한 의사에게 자격정지 1개월 처분을 내리겠다는 내용의 '의료관계 행정처분 규칙'을 공포했다. 보건복지부의 조치에 저항하여, 대한산부인과의사회는 인공임신중절수술을 전면거부하겠다고 대응했고 결국 보건복지부는 해당 규칙의 시행을 보류하였다.

헌법재판소는 낙태죄 위헌 결정을 내리면서 2019년 12월 31일까지 개정 시한을 두었다. 2020년 10월 7일, 정부는 '형법'상 낙태죄를 유지하면서 ①14주 이하는 허용, ②15주 이상 24주 이하는 사회경제적 사유에 따라 조건부 허용, ③미프진 합법화의 법개정을 입법예고 하였다. 이는 이전에 비해 다소 진일보했지만 사실상 헌법재판소의 판결에 불복하는 내용이다. 또한 15주 이상의 경우 일단 "상담"부터 받아야 하며 가능여부의 결정은 국가가 한다는 점에서 여성의 재생산권을 심각하게 침해할 소지가 있다. 일각에서는, 차라리 연말까지 입법예고를 하지 않는 것이 나았다는 비판도 등장하였다. 입법예고를 하지 않았으면 자동적으로 낙태죄가 폐지되었을 것이기 때문이다. 정부의 입법예고 직후인 10월 12일, 권인숙 의원 외 10인은 다음의 두 문장만으로 구성된 '형법' 일부개정법률안을 발의하였다.

형법 일부를 다음과 같이 개정한다. 제2편 제27장(제269조 및 제270조)을 삭제한다(권인숙 외, 2020).[8]

교리상 임신중단을 반대하는 가톨릭, 개신교에서도 낙태죄 폐지 찬성운동이 하나 둘씩 전개되었다(중앙일보, 2020). "임신중단을 가볍게 선택하는 여성은 아무도 없다"는 프랑스 전 장관 시몬 베유(Simone Veil, 1974)의 말처럼, 낙태를 윤리적 방종으로 '단죄'하던 여론은 다소 사그라들었다.

그러나 헌법재판소가 2020년 12월 31일까지 요구한 법률개정은 이루어지지 못하였다. 2021년 1월 초까지도 낙태죄 개정안이 계류되면서, 낙태죄의 효력은 사라졌지만 법적으로는 사실상 아노미 상태가 되었다. 기준이 부재한 상황에서 임신중단을 원하는 여성과 의사 사이에서는 갈등이 나타나고, 의료계 일부는 '선별적 낙태거부'를 선언하였다. 일각에서는, 선거를 앞두고 민감한 사안 맡기를 꺼려한 입법부의 태도를 지적하였다(MBN, 2021).

주의해야할 것은, 이전보다는 진일보한 상황이지만 언제든 후퇴할 수 있다는 점이다. 다시 1960년대와 같은 독재체제가 등장하지 않더라도, 근본적으로 여성의 재생산권을 전유하고 수단화하는 가부장제가 해소되지 않는다면 언제든 낙태는 '죄'가 될 수 있다. 2012년부터 촉발된 낙태죄 논쟁이 어떠한 방식으로 귀결되더라도, 재생산권 보장을 위해서는 지속적인 노력이 필요하다. 미국과 폴란드 사례는 재생산권이 얼마나 '정치적' 사안인지 잘 보여준다. 임신중단이 불법이 아니었던 미국의 경우 트럼프 집권 이후 낙태 제한 법률 다수가 채택되는 역행을 보였다. 폴란드는 2016년 극우파 정권이 등장하면서 낙태죄가 더욱 강화되었다. 성폭행, 여성의 생명이 위태로운 경우 등 그 어떤 상황에서도 임신중단을 허용하지 않는 낙태전면금지법안이 발의되면서, 여전히 폴란드 여성들은 '검은 시위'로 투쟁 중이다.

3. 또 다른 재생산권 의제들: 여성의 재생산권 알고, 지키고, 실천하기

재생산권의 양상은 과학기술의 발달과 함께 더욱 복잡해지고 있다. 특히 자궁과 난자를 반드시 필요로 하는 생명과학기술이 발전하고 산업화되면서 신자유주의적 경제논리, 의료시장, 건강, 자녀출산에 관한 욕구가 뒤엉켜 여성의 몸을 잠식하고 있다. 국내에서는 난임 시술을 위해 적지 않은 여성이 난자를 채취하고 있으며 그 과정에서 여성이 느끼는 심리적, 정서적, 육체적 고통은 결코 작지 않다. 세계적으로 대리모와 난자 매매가 산업으로 발전하고 있으며 키, 외모, 피부, 지능지수 등 개인적 조건에 따라 대리모와 난자제공 여성이 마치 상품처럼 서열화 되고 있다.

> **구글 베이비(Google Baby, 2009)**
> 북미와 서유럽 국가 백인 커플이 수정란을 중앙아시아(인도) 대리모 여성에게 이식하여 출산하기까지의 과정을 다룬 다큐멘터리다. IT 회사 구글처럼, 아기 또한 개발도상국에 하청을 주는 다국적 기업에 의해 만들어지고 있음을 지적하였다.

연구와 난임시술을 위한 난자 공여/채취가 부득이 필요하다면, 그 전체 과정이 재생산권과 인권을 침해하지 않도록 어떤 방법으로 보장할 것인가? 여성의 몸에 직접적으로 이루어지는 다양한 재생산 시술/수술의 안전과 윤리를 위해 기술·정책은 어떻게 개선되어야 하는가? 반드시 혈연자녀가 있어야만 하는가? 우리 사회는 이러한 질문에 대한 답을 부단히 찾아가야 할 것이다.

이 책을 읽는 우리 개인의 삶에서 가장 중요한 주제는, 어떻게 자신의 재생산을 주도적으로 결정하고 권리를 실천할 것인가 하는 문제일 것이다. 재생산권 보장을 위한 사회운동에 참여할 수도 있고, 자신의 전문영역에서 재생산권 보장을 위해 힘을 보탤 수도 있다. 그러나 무엇보다 자신의 재생산권을 충분히 발휘할 수 있도록 삶에서 실천하는 것이 필요할 것이다. "노콘노섹(no condom, no sex)" 등 자신의 원칙을 정하거나 파트너와 서로의 재생산 건강을 위해 사전에 분명하게 질병예방법과 피임법 등을 합의하기를 권한다. 합의가 쉽지 않을 수도 있고 때로 피임 없는 '사랑'을 고민하게 만드는 상황도 있을 수 있다. 분명한 것은, 나에게 승낙할 권리가 있다면 거부할 권리도 있다. 그리고 그 권리는 내가 행사해야만 한다.

또한 재생산 권리에 관한 의식이 있는, 믿을만한 산부인과/비뇨기과 의사를 찾아가 자신의 재생산 건강과 관련하여 조언을 구하고 의논하기를 권한다. 내 몸의 건강이나 재생산 건강에 대해 회피하거나 부끄러워하지 말고 제대로 된 지식을 얻을 수 있도록 적극적으로 노력해야 할 것이다. '아는 만큼 본다(tantum vemus quantum scimus)'는 말처럼, 내 몸에 대해 늘 깨어서 배우고, 실천하는 것이 자기 몸의 주인으로서 그 권리를 지켜나가는 첫 걸음일 것이다.

더 생각할 거리

· 나의 재생산권을 지키기고 누리기 위해 구체적으로 어떤 실천을 해야 할까?

· 나의 재생산 건강을 위해 믿고 상담할 수 있는 전문가, 연대할 수 있는 친구가 있는가?

· 나와 파트너는 재생산 건강에 대해(이성애 파트너의 경우 특별히 피임지식, 건강한 섹슈얼리티 실천 등)에 대해 얼마나 바르게 알고 있으며 실천하는가?

· 1970년대에 임신중단이 합법화 된 프랑스, 2010년대 역행하는 미국과 폴란드, 그리고 혼란을 겪고 있는 대한민국 사례를 살펴볼 때, 민주주의와 여성의 재생산권은 어떠한 관계에 있는가?

· 임신중단 합법화 이후, 우리는 무엇을 해야 하는가?

· 나에게 월경은 어떤 의미인가?

· 인공포궁(자궁)이 등장하면 임신의 문제에서 여성이 자유로워질 수 있을까?

더 읽어볼 거리

· 건강과 대안 젠더건강팀(2016), 「우리가 만드는 피임사전」, 서울: 연구공동체 건강과 대안.

· 김보람(2018), 『생리 공감: 우리가 나누지 못한 빨간 날 이야기』, 파주: 행성B.

· 박이은실(2015), 『월경의 정치학: 아주 평범한 몸의 일을 금기로 만든 인류의 역사』, 파주: 동녘.

· 우유니게·이두루·이민경·정혜윤(2018), 『유럽 낙태 여행』, 서울: 봄알람.

· 추혜인(2020), 『왕진 가방 속의 페미니즘: 동네 주치의의 명랑 뭉클 에세이』, 파주: 심플라이프.

1 이 글에서는 발화자를 특정하기 어렵거나 일상적으로 사용되는 타인의 의견을 큰 따옴표 " " 안에 두기로 한다. '소위, 이른바' 등을 붙여쓰는 경우인데, 한 편의 글에서 해당 단어들을 자주 반복하고 싶지 않아 부득이 생략하였다. 이런 경우 저자가 동의하지 않는 의견이거나, 저자의 동의와 관계 없이 통용되는 바를 강조하는 것임을 독자들께서 양해해주시길 바란다.

2 Merchant(2005)에 따르면, 윌리엄 하비, 르네 데카르트, 토마스 홉스, 프란시스 베이컨 등을 일컫는다.

3 젠더뿐만 아니라 장애나 질병을 지닌 몸 또한 "정상이 아닌 신체"로 규정되고 연구/치료 행위에서 배제됨으로써 부작용과 소외를 겪는다. Epstein(2012) 참조.

4 월경에 대한 무조건적 긍정, 무조건적 부정 모두 올바른 것은 아니라는 견해도 존재한다. 박이은실(2015) 참조.

5 언급한 송해나의 책 외에도 쇼쇼(2018) 참조.

6 형법상 낙태죄는 낙태 당사자에게 296조(자기낙태죄)를 적용하여 1년 이하의 징역 또는 200만 원 이하의 벌금, 집도의에게는 형법 270조(의사낙태죄)에 따라 2년 이하의 징역을 선고할 수 있다.

7 헌법불합치란 사실상 위헌임을 인정하지만, 해당 사안의 급격한 위헌 결정이 사회에 미칠 혼란을 최소화하기 위해 위헌결정까지 유예기간을 두는 판결이다. 헌법불합치 판결에 따라 결국 폐지됨.

8 형법 일부개정법률안은 「모자보건법 일부개정법률안」(의안번호 제4484호)을 전제하는 것이다.

미디어와 젠더 재현 TV드라마를 중심으로

김필애

1. 미디어 콘텐츠에서 재현의 문제

미디어 연구에서 재현(representation)의 문제는 가장 핵심적이면서 오랜 역사를 지닌 연구주제 중 하나이다. 사전적 의미로 재현은 어떤 것을 '묘사하다', 또는 '상징적으로 나타내다'를 뜻하며, 표상이라는 말로도 표현한다. 재현은 근본적으로 인간의 의사소통에서 의미전달을 하기 위한 행위로 우리가 사람, 사물, 관념을 묘사 또는 표상하고자 할 때 언어나 시청각 매체를 통해 자신의 의미를 전달하는 것을 말한다. 넓은 의미에서 보면, 재현은 문자, 이미지 또는 음성 텍스트가 전달하고자 하는 의미, 또는 그 의미를 전달하는 방식을 일컫는다. 미디어에서 재현의 문제는 텔레비전, 영화, 뮤직비디오와 같은 다양한 대중매체에서 이미지나 소리, 서사와 같은 기호체계를 통해 어떻게 의미화가 일어나고 있는가를 살펴보는 것이라 할 수 있다.

미디어를 통한 재현은 한 사회에서 개인이나 개인이 속한 특정 집단에게 매우 중요한 문제인데 이 때문에 재현은 다분히 정치적 성격을 띤다(Beltrán, 2018: 97). 이는 우리가 남성, 여성, 다문화가정, 성소수자와 같은 우리 사회의 특정 그룹을 매체 속에서 재현할 때 그 과정 속에서 권력이 개입되기 때문이다. 다시 말하면, 재현의 과정에서 재현의 주체와 객체가 누구이며, 어떤 목적을 가지고, 어떤 의미를 전달하고 누가 그것을 받아들이는가 하는 과정에서 힘의 역학이 작용하기 때문에 재현의 문제는 정치적이라 할 수 있다. 미디어에서 재현에 관심을 가지는 미디어 비평가들은 누가 우리 사회 속의 젠더, 계급, 인종, 성적 정체성과 같은 문제를 어떻게 영화, 텔레비전, 또는 다른 다양한 미디어 속에서 여러 상징적 장치들과 서사를 통해 미학적으로 나타내는지에 관심을 가진다. 이때 재현의 문제는 다양한 각도에서 논의될 수 있는데 대체로 이미지 분석, 서사 분석, 미디어의 형식 분석 또는 이데올로기 및 담화 분석과 같은 형태로 수행되고 있다(Beltrán, 2018).

페미니스트 미디어 연구자들은 미디어의 생산과 수용, 소비과정에 나타난 젠더관계를 여성주의적 관점에서 논의한다. 페미니즘에서 미디어를 바라보는 연구는 크게 저자(미디어 생산자), 독자(시청자 또는 수용자), 컨텍스트(미디어 생산과 소비에 영향을 주는 사회 환경) 등 여러 각도에서 조명될 수 있다. 가령, 페미니스트 미디어 연구자들은 다음과 같은 질문을 던진다. 누가 특정 미디어 생산자이며, 이들의 젠더 정체성은 콘텐츠에 어떤 영향을 미치나? 만약 우리가 미디어 조직이나 미디어산업에서의 젠더불평등 문제가 어떻게 나타나는지에 관해 궁금하다면 이것은 미디어 생산과 관련된 질문이 될 수 있다. 페미니즘과 미디어 연구에서 중요한 또 하나의 관심사는 미디어 컨텐츠 속에 재현된 젠더를 미디어 컨텐츠와 수용자의 관점에서 조명해보는 것이다. 특정 미디어의 내용을 페미니즘적 관점에서 바라본다면 그것은 미디어 컨텐츠 또는 텍스트를 분석하는 것이며, 특정 미디어의 내용을 보는 시청자가 누구이며 그것을 그들이 어떻게 수용하고 있는지를 살펴보는 것은 미디어 수용자에 관한 내용을 고찰하는 것이다. 미디어 재현에서 컨텍스트는 사회·문화적 맥락을 말한다. 예를 들어, 미디어 산업체의 조직생활에서 젠더불평등과 그것이 재현에 어떤 영향을 끼치는지에 관해 궁금하다면, 이것은 미디어 재현에서 컨텍스트에 관한 질문이 될 수 있다. 이렇듯 미디어에서 젠더 재현 문제는 미디어 컨텐츠에서 젠더관계가 어떻게 그려지고 있는지를 페미니즘의 관점에서 비판적 시각을 가지고 분석하는 것을 의미하며, 그 연구쟁점들 또한 다양한 각도에서 다룰 수 있다.

미디어에서 재현은 TV, 영화, 광고, 신문, 잡지, 뉴스, 뮤직 비디오에서 최근에는 웹툰, 유튜브, 소셜미디어와 같은 뉴미디어에 이르기까지 다양한 장르에 걸쳐 논의되고 연구되어왔다. 본 장에서는 페미니스트 미디어 연구의 흐름을 초기 페미니스트 미디어 연구자들의 관심사였던 성역할 중심과 여성의 이미지 재현 비평중심의 연구 흐름, 그리고 포스트 페미니스트 시대 재현의 관점인 의미화 과정으로서의 재현 연구의 흐름으로 크게 나누어 보고자 한다. 지면상의 제한을 고려하여 이를 구체적으로 대표 대중매체라 할 수 있는 TV 드라마 장르에 한정하여 논의할 것이다.

2. 초기 페미니스트 미디어 연구에서의 주요 개념과 중점 현안

1) 성역할 고정관념의 사회화(socialization)

페미니즘 미디어 연구자들이 대부분 동의하는 점은 바로 미디어가 한 사회의 구성원들이 공유하는 지배적인 가치관과 통념에 기반하여 젠더 구조를 재생산하거나 변화시키고, 그 수용자들을 사회화시키는 가장 강력한 도구라는 사실이다(백선기, 2004). 한 사회의 구성원들은 텔레비전, 신문, 잡지, 라디오, 영화와 같은 미디어를 통해 정보를 획득할 뿐만 아니라, 자신이 속해 있는 사회에서 사람들이 상식처럼 받아들이는 사회규범과 가치관들을 내면화한다. 자유주의 페미니즘의 영향을 받은 페미니스트 미디어 연구의 주요 관심사는 대중매체를 통해 성역할 사회화가 어떻게 일어나며, 성역할 고정관념이 미디어 속에서 어떻게 재현되고 있는지를 살펴보는 것이었다. 자유주의 정치철학의 영향을 받은 자유주의 페미니스트들은 천부인권사상에 기초하여 여성도 남성처럼 이성과 합리성을 지닌 동등한 인간이라고 주장한다. 따라서 여성도 남성과 같이 정치, 경제, 사회의 제반 공적 영역에서 균등한 기회를 보장받게 되면 자유주의자들이 주장하는 이상적인 합리성에 이를 수 있다고 보았다. 이와 함께, 자유주의 페미니스트들은 1960년대 사회 심리학자들이 주장한 사회화(socialization)이론에 영향을 받아 미디어에서 재현되는 여성상과 남성상이 아동들에게 역할 모델로 작용하여 그들의 성장에 영향을 끼친다고 보았다(Steeves, 1987).

성역할 고정관념이란 우리가 특정 젠더에 대해 가지고 있는 고정관념, 또는 정형화된 사고를 말한다. 페미니스트들에 의하면, 미디어는 가부장제사회의 지배적인 가치를 반영하여 여성을 상징적으로 비하하는 성차별적인 태도를 양산시키는 기제이다. 이는 미디어에서 여성들의 존재자체를 보여주지 않거나, 보여주더라도 전형적인 성역할 모델에 기반하여 그려낸다는 것이다(van Zoonen, 1994). 이를 초기 페미니스트 미디어 이론가 게이 터크만(Gaye Tuchman)의 말로 환언하면, 미디어는 젠더관계를 상징적으로 나타내는 '상징적 전투장'으로 이 전투에서 여성들은 '상징적으로 소멸되거나'(Tuchman, 1978), 한 사회에서 하찮은 존재로 묘사되고 있다는 것이다. 그는 미디어가 여성을 정형화하여 그려내고 있으며, 이러한 재현방식은 여성의 삶의 진정성을 담보하지 못하고 여성의 현실과 관심사를 제대로 반영하지 못한다고 주장했다. 이러한 여성의 '상징적 소멸'은 여성에 대한 긍정적 이미지를 심어주지 못할 뿐만 아니라 한 사회의 발전에도 저해가 된다고 보았다.

전통적으로, 미디어에서 전형적으로 재현된 여성의 이미지는 젊고, 아름답고, 순수하며 그들의 정체성은 주로 남편이나 아버지, 아들, 또는 다른 남성과의 관계를 통해 규정된다. 여성들은 주로 수동적이며, 우유부단하고, 순종적이며 의존적인 모습으로 그려진다. 반면, 남성들은 적극적이고, 권위적이며, 독립적인 이미지로 그려지고 있다. 많은 페미니스트 미디어 연구가들은 아동들의 사회화 과정에서 대중매체가 여성에 대한 이러한 고정관념을 심어주는 가장 강력한 기제라는 점을 지적하고 있다.

2) 포르노그래피적 젠더 재현: 여성의 성적 대상화

페미니스트 미디어 연구에서 중요한 또 하나의 주제는 포르노그래피이다. 이는 미디어에서 구현해내는 젠더관계가 포르노에 등장하는 남녀관계와 유사하다는 점에서 착안한 개념이다. 다시 말하면, 포르노에서는 여성을 남성의 성적 욕구를 충족시켜주는 성적 대상으로 비하하며, 여성에 대한 폭력을 에로틱한 요소를 가미하여 정당화한다는 것이다. 페미니스트 미디어 이론가들은 포르노그래피적 젠더 재현은 성적 환상을 그리거나 성적 자유를 표현하는 것이 아니라 여성에 대한 남성의 지배를 교묘하게 에로틱화하여 정당화한다고 주장한다. 이 개념은 미국에서 급진주의 관점에서 미디어를 해체한 연구자들의 주요 관심사로, 포르노그래피적 잡지나 비디오, 영화에서 여성의 몸을 어떻게 재현하고 있는지를 살펴본다. 반 주넨(van Zoonen)은, "포르노는 가부장적 문화에서 여성혐오를 극단적으로 보여주는 문화적 표현이며, 이는 여성에 대한 성폭력의 한 형태이자 여성혐오를 강화시키는 기제로 작용한다"(1994: 19)고 주장했다. 이는 미디어가 여성을 남성의 성적 전유물로 보고 주체적 존재가 아닌, 남성의 성적욕구를 충족시켜주는 대상으로만 다루고 비하하여, 가부장제 사회에서 여성을 대상화하고 여성자신의 경험을 억압하는 기제로 작용하는 측면을 보여준다(Dworkin, 1981).

젠더 재현에서 나타나는 여성에 대한 포르노그래피적 태도는 이윤창출을 극대화하려는 자본주의와 가부장제 문화가 대중매체를 통해 여성의 몸을 어떻게 타자화(othering)하는가를 잘 보여준다. 즉, 여성의 몸이 남성의 시선의 대상이 되는 것이다. 이는 1970년대 이후 활발해진 시네페미니즘(cinefeminism) 연구에서 영화 속에서 타자화된 여성을 문제로 삼기 시작하면서 논의의 대상이 되기도 했다. 초기 페미니스트 영화비평 이론가였던 로라 멀비(Laura Mulvey)는 "시각적 쾌락과 내러티브 영화"(1975)라는 논문에서 가부장사회에서는 남성이 시선의 주체가 되고 여성은 시선의 객체가 된다고 주장했다. 그에 의하면 우리가 영화를 통해 얻는 즐거움 중의 하나는 '시각적 쾌락'인데 이때 쾌락은 타인을 시선의 대상으로 삼으면서 얻게 되는 쾌락과 거울을 볼 때처럼 자신보다 더 완벽해 보이는 자신의 이미지를 발견하는 데서 오는 나르시시즘적 쾌락도 포함한다고 주장했다. 그는 남성들이 어두운 영화관에서 스크린 속 여성 인물의 몸을 훑어보는 지배적 위치에 있기 때문에 쾌락을 얻는다고 한다. 이와 함께 여성을 보는 남성의 시각이 카메라의 시선, 영화 속 남자 주인공이 여성을 바라보는 시선과 통합되어 영화 속의 여주인공은 남성의 욕망의 대상이 되는 것이다(한희정, 2013).

3) 가부장제 이데올로기

이데올로기란 '한 사회의 지배계층이 사회구조 내에서 자신들의 지위를 유지하기 위하여 사회전반에 걸쳐 나타나는 인간행위에서 규범으로 설정하는 도구'이다(O'Sullivan et al., 1989: 109; van Zoonen, 1994에서 재인용). 마르크스주의 페미니즘과 사회주의 페미니즘의 영향을 받은 여성주의자들은 미디어가 가부장적 이데올로기와 자본주의와 공모하여 젠더관계를 표상하는 방식에 주목한다. 그들에 의하면 미디어는 가부장제 이데올로기를 주입시켜주는 '상징적 싸움터'이다. 가령, 가부장제 이데올로기에 의하면, 여성성과 남성성은 이분법적으로 나뉘어 있으며, 한 사회의 성역할에 대한 규범으로 작용한다. 성역할 고정관념이 반복적으로 작용하게 되면 사람들은 그것을 여성과 남성의 역할은 어떠해야 하고, 여성성과 남성성은 자연스러운 것으로 인식하여 그것을 타고난 특성으로 이해하는데, 이때 이러한 고정관념은 이데올로기로 작용하여 우리의 의식과 행동에 영향을 미친다. 이데올로기란 여성은 어떻게 행동해야 여성답고, 남성은 어떻게 행동해야 남성답다고 인정받는가를 사회구성원들이 공유하는 지배적인 가치이다. 이때 지배 이데올로기는 한 문화 속에서 대다수의 사람들에게 자연스럽게 받아들여지는 지배적 사고체계가 된다.

4) 성역할 고정관념과 여성 이미지 재현에 대한 해체

미디어에 대한 페미니스트들의 관심은 1960년대 후반 이후 활발히 전개된 제2세대 페미니즘운동에서부터 본격적으로 나타났다(이나영, 2013). 이 시기 페미니스트 미디어 연구자들은 다양한 대중매체 속에서 성역할이 어떻게 그려지고 성 고정관념이 어떻게 재생산되고 수용되는지에 초점을 맞추었다. 따라서 그들의 작업은 주로 이미지 및 서사와 같은 콘텐츠 분석과 해석, 그것이 대중매체를 소비하는 시청자들에게 어떤 영향을 끼치는지에 대한 분석이었다.

초기 페미니스트 미디어 연구가들은 미디어에 나타나는 여성과 남성의 이미지 재현이 성차별적이라고 특징지었다. 그들은 미디어를 통해 행해지는 여성에 대한 재현은 실제 여성의 삶을 왜곡시키거나, 여성 비하적인 태도를 보인다는 점을 강조하였다. 대표적으로 초기 페미니스트 미디어 연구가 조지 거버너(George Gerbner)는 미디어에서 여성을 나타내는 방식을 '상징적 소멸(symbolic annihilation)'이라고 표현했다. 터크만(Tuchman)은 이 개념을 좀 더 구체화시켜 1970년대 초기의 영화나 텔레비전에 나타난 여성상을 분석하면서 미디어에서 여성의 존재를 나타내는 방식에 나타나는 특징을 '배제', '사소화', '비방'으로 명명하였다(Tuchman, 1978). 여성의 존재를 아예 무시하여 미디어의 재현에서 여성이 등장하는 빈도가 남성에 비해 상대적으로 낮은 현상, 여성이 등장하더라도 그들의 역할이 주변적인 역할에 그치는 것, 또한 여성이 맡은 역할도 긍정적으로 그리지 않고 비방하는 태도로 그려지는 것 등이 그 예라 할 수 있다. 미국 자유주의 페미니즘 이론가이자 여성운동단체 리더였던 『여성성의 신화』(1963)의 저자 베티 프리단(Betty Friedan)은 미디어가 의사, 정신분석학자, 사회학자들과 공모하여 '행복한 가정주부'라는 이상적인 여성의 모습을 설정해 놓고 그 이상에 맞추어 살아가지 못하는 일반여성들에게 불안과 공포심, 자신이 뭔가 모자란다는 인식을 심어주고 있다고 비판하였다. 이 시기 페미니스트들은 미디어가 세상을 점령하고 있다고 강력하게 주장하면서, 신문, 잡지에서 여성들을 좀 더 진취적이고 평등한 관점에서 나타내기를 촉구했다(Gill, 2007).

미디어에서 여성 이미지 재현의 문제는 주로 그 이미지가 특정 그룹에 대한 스테레오타입, 또는 정형화로 나타난다는 점에 주목한다. 즉 우리가 가진 남성이나 여성에 대한 고정관념이 무엇인지를 이미지 재현을 통해 살펴보는 것이다. 또한 페미니스트 미디어 연구자들은 이미지를 통하여 여성성과 남성성이 어떻게 재현되고 나아가 그 안에 내포된 이데올로기적 함의가 무엇인지를 분석한다. 페미니스트들은 미디어가 재현하는 여성은 가부장제 사회 속에서 사적 영역인 가정에 위치하며, 그들의 역할은 아내, 어머니, 주부, 딸, 여자 친구로만 그려지지 독립된 개인으로 그려지지 않았다고 지적한다. 또한 여성들의 직업은 주로 비서, 간호사, 점원, 또는 남성의 성적 대상으로서만 한정된 경향을 보여주며 그것이 여성들의 운명이라는 이데올로기를 주입시킨다고 주장한다(Strinati, 2001). 제2세대 페미니스트들은 미디어에서 여성을 재현하는 방식은 여성의 삶에 대한 "리얼리티"를 제대로 반영하지 않고 있다고 비판했다. 그들은 여성을 주로 "약한 존재"로 나타내며 이러한 설정이 사람들로 하여금 남녀 간의 차이는 선천적으로 타고나는 것이라는 그릇된 관념을 자연스러운 것으로 받아들이도록 한다고 비판한다. 이처럼 초기 페미니스트 미디어 연구가들은 여성을 정형화하여 그려내는 이러한 재현방식은 여성의 삶의 진정성을 담보하지 못하고 여성의 현실과 관심사를 제대로 반영하지 못한다고 주장하였다.

3. 포스트페미니즘과 젠더 재현

포스트페미니즘은 1980년대 이후 등장하여 1990년대 이후 페미니즘의 흐름을 특징짓는 말로 흔히 제3세대 페미니즘이라고도 한다. 제2세대 페미니즘 운동은 여성을 하나의 공통된 집단으로 상정하여 정치, 경제, 사회, 문화영역 전반에 걸쳐 나타나는 성차별의 종식을 위한 이론적, 실천적 운동으로 이해할 수 있다. 그러나 제2세대 페미니즘 물결 운동은 제3세계나 흑인여성운동가들로부터 기존의 여성운동이 인종, 계급, 민족, 지역에 따른 여성들 사이에서의 차이를 고려하지 않고, 서구중심, 백인 중산층 여성 중심적이었다는 비판을 받게 된다. 로잘린드 길(Rosalind Gill, 2007)은 포스트페미니즘의 성격을 다음과 같이 구분한다. ①제2세대 페미니즘 운동과의 인식론적 단절로서의 포스트페미니즘으로 이는 포스트구조주의, 포스트모더니즘과 같은 해체주의적, 탈근대적 철학사조의 영향을 받은 새로운 페미니즘이론화 경향을 말한다. ②페미니즘 운동의 역사적 구분에서 제2세대 페미니즘 이후에 등장한 새로운 물결인 '제3의 페미니즘 물결'로도 이해된다. ③1990년대에 본격화된 신자유주의 정치·경제 체제하에서 등장한 신보수주의 영향에 의해 페미니즘에 불어닥친 역풍현상(backlash)으로 기존의 페미니즘에 대한 반격을 말한다. 이처럼 포스트페미니즘은 페미니즘 진영 내부에서 제기된 비판과 자성의 목소리, 그리고 당시 시대사조와 맞물리면서 여성운동 내에서 여성들 사이의 차이의 정치학을 담보할 수 있는 이론적, 실천적 대안으로 떠오르게 되었다.

오늘날 기본적으로 미디어 재현에 관한 페미니즘의 관점은 구성주의적 입장을 견지한다. 다시 말하면, 미디어에 나오는 모든 이미지와 메시지는 사회적 구성물이라는 것이다(Hall, 1997). 즉, 어떤 광고를 내보낼 때 그 의미는 그 광고에서 사용된 언어, 이미지, 음악과 같은 기호 자체가 있고, 그 기호를 사용하는 광고 콘텐츠 생산자의 의도가 들어가 있으며, 또한 그 광고를 보는 시청자들의 반응과 그 광고가 만들어진 사회적 맥락이 상호영향을 끼치는 가운데 만들어진다는 것이다. 포스트페미니즘 시대 미디어 재현의 문제는 결국 의미화(meaning-making)의 과정으로 그 안에는 미디어 생산자와 수용자 간의 상호작용이 포함되며, 이때 수용자는 단순히 생산자가 의도한 의미를 수동적으로 받아들이지 않고 적극적으로 담론에 개입하여 의미를 새롭게 해석하는 주체로 등장한다. 이때, 미디어는 "젠더를 둘러싼 의미 구성이 이루어지는 투쟁의 장"(이나영, 2013: 44)이 되며, 그 상호작용이 일어나는 사회문화적 배경도 의미화과정에 영향을 끼치는 요인으로 인식하는 것이 최근 미디어 재현연구의 흐름이다.

다시 말하면, 이전 페미니스트 미디어 연구에서는 여성과 남성의 생물학적 성에 기반하여 여성성과 남성성이 규정되는 가부장제 이데올로기 재생산 기제로서 미디어를 개념화하였다. 따라서 여성과 남성이라는 이항대립 구도 속에서 획일화된 여성성, 남성성에 대한 재현, 또는 여성 전체를 하나의 집단으로 상정하여 기존의 남성중심적, 가부장제 이데올로기에 저항하는 여성문화를 위한 재현 연구가 진행되었다. 그러나 포스트페미니즘에서는 그동안 인종, 계급, 민족, 성적 정체성에 따라 다양해지고 중층화된 카테고리 속에서 젠더 담론이 어떻게 의미화 되는가에 주목한다. 이때, 그동안 주변화되거나 배제된 젠더에 대한 또 다른 담론들이 어떻게 충돌하면서 젠더의 의미를 나타내는지를 분석하기 때문에 이러한 다양한 담론들이 투쟁하는 장인 미디어에서 여성억압이 어떻게 일어나고, 왜 그러한 억압이 일어나는지에 대한 사회구조적 원인들을 규명하며, 미디어 텍스트가 과연 젠더 관계에서 전복적 성격을 드러내는지에 관심을 가진다(김환희 외 2015).

4. TV 드라마와 젠더 재현에서의 변화

1) 가부장적 이데올로기 재생산자로서의 드라마

TV 드라마는 우리가 일상생활에서 가장 친숙하게 접할 수 있고 다양한 연령대의 시청자들에게 가장 사랑받는 대중문화 장르이다. 이는 지상파 방송사들을 대상으로 한 설문조사에서 드라마가 TV 시청률이 가장 높은 장르라는 결과에서도 입증된다(나미수, 2011). 주요 방송사에서 일주일 동안 방영하는 드라마가 20편에 달한다는 사실만 보아도 TV 드라마의 인기를 쉽게 짐작할 수 있다(PD Journal, 2018). 또한 드라마는 여성 시청자들이 가장 많아서 '여성의 장르'라고 부르기도 하며(김명혜·김훈순, 1996), 영국의 저명한 문화비평가 레이먼드 윌리엄즈(Raymond Williams)의 표현에 의하면, 드라마는 한 사회의 구성원들이 공유하는 가치를 나타내주고, 한 시대의 "감정구조"를 가장 잘 드러내 주기 때문에 '시대적 감정을 읽어낼 수 있는 그릇'(최윤정·권상희, 2013: 306에서 재인용)이기도 하다.

TV 드라마는 여성의 일상적 삶을 상징적으로 드러내는 환경을 구현하는 매체이다(김훈순, 2013). 대부분의 드라마는 가정생활과 사회진출, 가족관계, 사랑과 결혼, 이혼과 재혼 등과 같은 우리의 일상에서 쉽게 접하는 이슈들을 다룬다. 드라마 작가나 프로듀서, 또는 연출가들은 드라마를 통해 남녀관계, 가족관계를 설정하여 우리 사회의 남녀관계에 대한 표상을 그들의 관점에 따라 구현해낸다. 그러한 점에서 TV 드라마는 우리에게 남성으로서 혹은 여성으로서 어떻게 행동하는 것이 옳고 적절한지에 대한 사회적 규범을 '끊임없이 재생산하며 대중에게 유포하는 기제'(김훈순, 2013)로 성역할 사회화의 가장 강력한 매체 중 하나라고 할 수 있다.

1960년대에서 1980년대까지 TV 드라마에 나타난 전형적인 여성의 이미지는 순종적이면서 희생적인 현모양처상이다. 1960년대 후반에서 1980년대까지 인기를 누린 TV 드라마를 분석한 연구에 의하면 남성은 능동적이고, 통솔력이 있고, 호전적이며, 전문성을 지닌 인물로 묘사되고 있는 반면, 여성은 감정적이고, 수동적이며, 연약하고, 정서를 중시하는 이미지로 그려지고 있다(고찬희, 1984; 남명자, 1984). 그 속에서 순종적인 여성은 남성에게 사랑을 받지만, 자기주장이 강한 여성은 갈등을 불러일으키는 존재이다(김명혜·김훈순, 1996). 이러한 흐름은 1990년대에도 계속된다. 이 시기 TV 드라마에 등장하는 여성들은 지극히 개인적인 것에만 관심을 갖고 있거나 가정 문제에만 매몰되어 있고 정치나 공적인 영역에는 관심이 없는 존재로 그려진다(김명혜·김훈순, 1996; 오혜란, 1991). 예를 들어 〈전원일기〉나 〈가족〉과 같은 드라마를 분석해보면, 여성은 극 중에서 문제를 일으키거나 잘못을 저지르고 지도받는 유아적인 이미지로 그려지고 있다(이은진, 1991).

한편, TV 드라마에 나타나는 여성에 대한 고정관념은 여성들이 종사하는 일을 통해서도 나타난다. 과거에는 전형적으로 여성의 직업은 전통적인 직종에 편중되어 있었다. 예를 들어, 1980년대 드라마에 가장 많이 등장하는 직업은 전업주부로, 전체 여성 등장인물 직업의 약 40%를 차지하고 있었다. 직업을 가진 여성이라도 비서나 공장직원, 점원 등과 같은 낮은 직급을 가진 사람으로 등장한다. 1990년대에 이르러 여성운동의 영향과 교육수준의 향상, 여성들의 사회진출이 이전보다 더욱 활발해짐에 따라 여성이 종사하는 직업에 대한 묘사에도 변화가 나타난다. 대졸자와 고학력자 여성의 등장이 많아지고, 여성 경영자나 전문직 여성의 등장이 더욱 빈번해졌다. 전통적으로 여성들은 간호사, 비서, 유치원 교사와 같은 돌봄 직종에 종사하는 직업으로 많이 등장하였으나, 이 시기 이후 교수, 변호사, 의사와 같은 전문직 여성이 많이 등장한다. 그럼에도 불구하고, 그들에 대한 묘사는 현실 생활에서 그들이 경험하는 애환보다는 성공적인 결과만을 강조하고 있고, 직업을 통해 자아실현을 추구하는 여성은 악녀로 그리고 있다(김선남, 1997). 이처럼 1990년대 초반까지 TV 드라마 속에 재현된 여성의 이미지는 가부장적 이데올로기에 기반한 보수적 태도가 지배적이었다(김명혜·김훈순, 1996).

성역할에 대한 보수적 입장이 가장 두드러진 드라마 장르는 바로 멜로드라마이다. 페미니스트 미디어 비평가들은 멜로드라마 장르에서 가부장적 태도가 가장 잘 드러나며 여성 인물들은 '남성 중심의 시각적 쾌락을 만족시키는 기제로 작동한다'고 주장한다(이화정, 2013a). 멜로드라마는 남녀 간의 이성애적 낭만구도에 기반을 둔 서사구조로 만들어지며, 남성을 향한 희생적인 사랑을 하는 여주인공이 전형적으로 등장한다. 따라서, 하윤금(1999)은 멜로드라마는 남성중심적 관계를 설정하기 때문에 다분히 성차별적 성격이 강한 장르라 주장하였다. 또한, 멜로드라마는 화려하거나, 자연적인 미모를 갖춘 여자 주인공을 남성의 시각에서 객체화함으로써 "여성의 섹슈얼리티를 통제하고 여성의 억압을 영속화시키는 이데올로기적 장치"(이화정, 2013a: 607) 라고 할 수 있다.

한편, 멜로드라마의 여성상에서도 점차 변화의 징조가 나타났다. 이화정은 멜로드라마의 이러한 특성을 1992년부터 2012년 사이에 인기리에 방영된 멜로드라마 74편과 전체 드라마 장르와의 비교를 통해 해당 기간 동안 멜로드라마에서 여성상에 대한 변화가 있었는지를 분석하였다. 그 결과, 드라마 전체 장르에서 유의미하게 나타난 변화는, 기존의 젊고 예쁜 20대 여성주인공 중심에서 30세 이상 여성들의 등장이 더욱 빈번해졌다고 보고하였다. 이와 더불어 여성의 경제적 능력이 향상됨에 따라 연상녀, 연하남 커플의 등장이 증가하였고, 여성 등장인물들의 사회적 신분의 향상이 두드러지게 나타났다. 남녀관계에서도 수동적인 여성보다 주체적이고 적극적으로 문제를 해결하는 여성상이 유의미하게 증가한 것으로 나타났다고 보고한다. 멜로드라마에서는 이러한 변화가 나타나고 있기는 하나 여전히 외모지상주의적 패턴과 타인과의 관계에서 수동적인 여성상이 빈번하게 나타난 것을 통해 볼 때, 서서히 변화는 일어나고 있으나, 여전히 전통적인 성역할 고정관념에서 벗어나지 못하는 경향이 강하여 전통과 변화된 여성이미지 구현이 공존하는 양가적 태도가 나타난다고 볼 수 있겠다.

전통적인 여성상과 남성상을 가장 잘 실현시켜주는 드라마 모티프는 바로 신데렐라 서사구조이다. 신데렐라 모티프는 멜로드라마에서 가장 많이 나타나는 것으로, 부와 명예, 외모를 다 갖춘 주인공 남성과, 성격이 좋지만 가난한 서민층 젊은 여성 주인공 사이의 낭만적 사랑을 다루며, 그 결말은 대개 주인공 남자와 여자가 결혼하는 구도로 끝이 난다. 신데렐라 서사구조는 원래 전래동화 신데렐라에서 주인공이 신분 차이를 극복하고 왕자와 결혼을 통해 사랑의 결실을 맺게 되는 것에 착안하여 콜레트 다울링(Colette Dowling)이라는 비평가가 쓴 '신데렐라 콤플렉스'라는 용어에서 비롯되었다. 신데렐라 콤플렉스는 원래 남성에 의존하여 안정된 삶을 꾀하려는 여성의 심리상태를 일컫는 말이다(이해년, 2006). 즉,

여성들이 부와 지위, 외모를 다 갖춘 남성을 동경하는 현상이 '신데렐라 콤플렉스'이며, 많은 멜로드라마에서 빈번하게 등장하는 모티프라는 점을 비평가들이 차용한 것이다

과거 신데렐라 서사구조에 바탕을 둔 드라마에서는 주로 정숙하고 순종적이며 헌신적인 여성이 주인공으로 등장하였다. 그러나 2000년대에 들어오면서 신데렐라 캐릭터에서도 변화가 일어난다. 예를 들어, 신데렐라 서사구조를 바탕으로 한 2000년대 초반 드라마를 분석한 김명혜(2006)는 이 시기 여자 주인공들의 특징을 '캔디렐라'로 명명하면서, 여주인공들의 특징이 전통적인 신데렐라 모티프를 중심으로 이야기를 끌고 가면서 캔디처럼 씩씩하게 어려움을 헤쳐나가는 여주인공을 그려내고 있다고 하였다. 〈파리의 연인〉(2004), 〈내이름은 김삼순〉(2005), 〈꽃보다 남자〉(2009), 〈시크릿 가든〉(2010) 등이 그 예라 하겠다. 예를 들어, 2009년에 방영된 〈꽃보다 남자〉의 경우 잘생기고 재벌가의 상속자인 남자주인공과 서민출신 여성과의 사랑 이야기라는 구도는 이전과 유사하지만, 여성주인공은 가난하지만 자존심이 강하고 꿈이 좌절되었을 때 남성에게 의존하지 않고 또다시 도전해서 스스로 문제를 해결하려는 적극적인 성격을 지닌 인물로 그려지고 있어서 신데렐라 각본에서의 변주의 한 예로 평가받기도 했다(신원선, 2009).

2010년대에도 신데렐라 서사구조에 기반한 드라마의 생산은 계속되었다. 조선시대를 배경으로 하여 왕세자와 남장을 한 여성 환관과의 로맨틱한 사랑을 그린 〈구르미 그린 달빛〉(2016)이나, 아나운서를 꿈꾸는 생계형 기상캐스트와 재벌남과 잘생기고 능력있는 기자와의 삼각관계를 다루고 있는 〈질투의 화신〉(2016)도 '캔디렐라'적 여자주인공이지만 여전히 신데렐라 모티프에 기반을 둔 작품들이다. 이와 동시에, 최근 새

로운 여성상에 대한 시대적 요청에 따라, 젠더 재현에도 변화가 시도되는 것을 발견할 수 있다. 이는 신데렐라 서사 각본에서 여자 주인공과 남자 주인공의 역할을 바꾸어서 남자 주인공이 종래의 신데렐라가 되고, 여자 주인공이 재력과 능력을 가진 인물로 설정되는 변화로 나타났다. 예를 들어, tvN드라마 〈남자친구〉(2018)는 호텔체인 대표인 차수현과 평범하지만 긍정적이고 밝은 성격을 가진 신입사원 김진혁 사이의 사랑을 다루고 있다. 이 드라마에서 차수현은 자신이 원하는 대로 남녀 간의 만남을 주도해가는 모습으로 그려지고 있다는 점에서 신데렐라 각본에서 남녀가 뒤바뀐 역할로 등장한다. 판타지 드라마인 〈사이코지만 괜찮아〉(2020)에서도 성공한 작가인 여성 주인공 문영은 자폐증을 앓고 있는 형을 돌보고 있는 정신병동 보호사인 강태와의 관계에서 주도적이고 거침없이 자신의 욕망을 표출하는 여성으로 재현되고 있다. 이처럼 신데렐라 서사구조를 기본으로 한 드라마들은 대중성을 확보하기 위해 신데렐라 각본에 내재된 가부장적 이데올로기를 재생산하는 측면이 있어 유사페미니즘이란 비판도 받고 있지만 적극적이고 진취적인 여성의 모습을 보여줌으로써 변해가는 사회정서를 반영하면서 변화하고 있는 양상을 보여준다(김훈순·김미선, 2008).

2) 젠더담론의 각축장으로서의 드라마

2000년대에 들어서면서 성평등에 관한 다양한 담론 생산과 법적으로 여성의 권익을 보호하려는 장치가 마련됨에 따라 드라마에서도 이러한 사회적 추세를 적극적으로 반영하려는 노력이 보이기 시작한다. 한편, 1990년대 말 우리사회가 신자유주의의 영향으로 IMF 위기를 경험함에 따라, 기업의 구조조정과 부도의 여파로 실직하는 남성들이 많아지면서 종래의 가정에서 가장의 권위가 실추하는 '위기'를 맞게 된다. 이와 함께 고학력 여성비율이 증가하고, 여성들의 사회 진출이 더욱 활발해짐에 따라 여성과 남성의 역할을 규정짓던 이분법적 도식인 가정/직장, 사적/공적 영역이라는 이분법적 구분이 현실을 더 이상 반영할 수 없게 되면서 전통적 성역할 규범에도 균열이 일어나게 된다. 따라서 기존 드라마에서 축소 내지 왜곡되어왔던 여성의 이미지 재현에도 변화가 일어난다(이희승, 2008). 그중 기존 드라마들의 남성중심적 서사구조에서 여성 인물 사이의 관계를 중심으로 한 서사구조로의 전환이 하나의 변화로 나타났다. 전통적으로 드라마 속에서 여성은 남성을 중심으로 한 서사의 축에서 여성들 사이의 관계의 분열을 다루는 경우가 많았다. 그러나 2006년 KBS2에서 방영된 〈소문난 칠공주〉의 경우 군대에서 30년간 복무하다 전역한 나양팔이라는 가장과 그의 네 딸의 연애담과 결혼생활을 중심으로 서사가 전개된다. 이 드라마는 장모와 함께 사는 나양팔, 네 딸들이라는 모계적 구도를 서사의 틀로 잡아 그 안에서 자매들 간의 끈끈한 연대의식을 담아냈다는 점에서 여성이 주변화되는 기존의 남성중심적 서사구조에서 탈피한 한 예로 평가받았다(이희승, 2008).

여성의 성 역할 및 여성성에 대한 재현에서의 변화는 남성상 재현의 변화에서도 드러난다. 이화정(2013b)이 1992년부터 2012년 사이 방영된 TV 드라마 74편을 분석하여 변화된 남성이미지를 양적으로 분석한 결과에 따르면, 구체적으로 2005년을 기점으로 해서 남성 주인공 유형에서 변화가 일어났다. 주인공은 30세 이상의 연령대이면서 미혼인 경우가 증가했고, 성역할 고정관념을 가지지 않은 남성, 자신의 외모에 관심을 많이 두는 남성, 타인과의 관계에서 의존적이거나 수동적인 태도를 보이는 남성이 늘어난 것으로 보고하였다. 그럼에도 불구하고 드라마에서 남성성의 변화는 여전히 가부장적 이데올로기에 머물러 있다고 지적하는 경우도 많다. 2004년부터 2013년까지 방영된 인기드라마에서 연상녀와 연하남과의 관계를 통해 젠더관계에 어떤 변화가 있는지를 살펴보면, 연상녀의 경우, 자신의 직업에서 전문성을 발휘하고, 젊고 예쁜 전통적인 이미지보다는 30대 중반이 지난 비혼이거나 외모가 특별하지 않은 여성들이 많이 등장하여 드라마 상에 나오는 인물들이 좀 더 현실에 가깝게 그려지고 있다는 측면을 보여주는 반면에, 연하남들은 준수한 외모와 풍부한 경제력으로 연상녀들의 든든한 지원자로 등장한다는 점에서 결국 여성이 기댈 수 있는 것은 남성이라는 가부장적 이데올로기가 공존하는 양상을 보여준다(정지은, 2014).

그런가하면, 1990년대 중반까지 순종적, 수동적, 헌신적인 여성상이 이상화된 여성으로 재현되던 관례에서 2000년대에 들어오면서 여성들이 자신의 일과 사랑에서 적극적이고, 진취적인 인물로 그려지는 추세가 나타났다(김순기·홍종배, 2014). 이러한 변화를 반영해 주는 한 예가 2019년 6월 tvN에서 방영된 〈검색어를 입력하세요 WWW〉(이하 검블유)이다. 이 드라마는 포털사이트를 운영하는 회사 간부로 일하는 세 여성의 성공에 대한 열망과 그들의 로맨틱한 사랑을 기조로 한 서사구조로 되어있다. 이 드라마에 나오는 세 여성 주인공은 모두 30대 중후반의 나이에 인터넷 포털기업의 간부로 맹활약하는 전문직 여성들이다. 그들은 자신의 직업에서 최고의 자리에 오르기 위해 불철주야로 일하는 일중독자적인 면모를 보이면서 자기실현을 추구하고, 연하남들과의 사랑에서 자신의 섹슈얼리티를 적극적으로 표현하면서 주도적으로 관계를 끌고간다. 또한 같은 업계에서 서로 치열하게 경쟁하지만 여성들간의 끈끈한 연대를 보여준다는 점에서 포스트페미니스트적 성격을 잘 드러내주는 드라마로 평가되었다(김미라, 2019). 김미라(2019)는 〈검블유〉가 신자유주의에서 강조하는 성공에 있어서 개인의 책임과 그것을 위해 끊임없이 자기 계발에 힘쓰는 여성의 모습을 부각함으로써 여성들이 자신의 직업에서 어떤 성취와 보상을 얻어내는가를 세 여성주인공들의 이야기를 통해 보여준다고 주장했다. 그러나 동시에 이러한 신자유주의적 신화 안에서 공적 영역에서 성공한 극소수의 여성만을 부각시켜 평범한 여성들의 삶은 주변화시켰다는 점이나 주인공들의 가족이 거의 등장하지 않게 하거나 권위적인 남성이 등장하지 않는 '배제'의 전략을 통해 우리 사회에 편재해 있는 가부장적 이데올로기를 교묘하게 은폐했다는 한계점도 지적했다. 이처럼 포스트페미니스트 시대 젠더 재현은 전통적 가부장적 이데올로기에 기반한 젠더 재현과 더불어 그에 대항하는 젠더관계를 동시에 그림으로써 젠더의 의미가 좀 더 중층화되어 있는 측면을 드러낸다는 점에서 초기의 경향과 차이를 나타낸다.

5. 새로운 젠더 담론 창조를 위한 실천

본 장에서는 페미니스트 미디어연구에서 주요 연구관심사인 젠더 재현의 연구 경향을 크게 두 가지 흐름으로 파악하여 간략하게 기술하였다. 또한 이것이 구체적인 미디어 장르에서 어떻게 연구되었는지를 TV 드라마 연구를 중심으로 소개하였다. 따라서 인종이나 계급, 성소수자에 대한 재현이 좀 더 중층적으로 드러나는 작품들에 대한 구체적인 논의가 포함되지 않은 점, 다른 미디어 장르에서 이러한 두 흐름이 어떻게 나타나는지에 대한 논의는 지면의 한계로 다루지 못한 한계가 있음을 밝혀둔다. 포스트페미니스트 시대 젠더 재현의 과제는 '잘못된 재현'

을 발견하는 것을 넘어서서 우리의 정체성을 구성하는 다양한 의미체계들이 미디어 플랫폼을 통해 변화해가는 사회를 어떻게 반영하고 그 속에서 여성들의 삶을 어떻게 재현하는지를 비판적으로 논의하는 것이 될 것이다. 그런 의미에서 미디어의 소비주체인 수용자들이 다양한 미디어 장르를 페미니즘적 시각에서 비판적으로 바라볼 수 있도록 하기 위해 미디어를 통한 수용자 임파워먼트 교육이 절실해진다(김수아, 2018). 다시 말하면, 향후 미디어 수용자들에게 성차별이 계급이나 섹슈얼리티, 인종과 같은 여러 위계 관계들 속에서 어떻게 생산되고 의미화되는지를 분석하는 능력뿐만 아니라 그것을 통하여 수용자들이 해방적, 주체적 담론을 생산할 수 있는 장을 마련해주는 미디어 리터러시 교육이 더욱 활성화될 필요가 있겠다.

더 생각할 거리

· 본 장에서는 미디어에서 젠더 재현의 문제를 TV 드라마의 예를 통해 논의하였다. 미디어를 통한 젠더 재현의 흐름을 크게 두 가지로 나눈다면 어떤 것이 있으며, 각 흐름의 특징은 무엇인가?

· 미디어에서 젠더 재현의 문제는 TV 드라마뿐만 아니라 다양한 미디어 장르를 통해 비판적으로 분석할 수 있다. 자신이 좋아하는 뉴미디어 중, 예를 들어 웹툰, 웹 드라마, 유튜브 채널 프로그램을 하나 선택하여 그 작품에서 젠더 재현이 어떻게 이루어지고 있는지를 분석해보자.

· 대중매체 속에 나오는 성차별적 재현에 대하여 수용자가 가져야 할 태도는 어떠해야 하며, 이러한 문화를 바꾸기 위해 내가 취할 수 있는 행동은 무엇이 있는지 토론해보자.

더 읽어볼 거리

· 멀리사 에임스·사라 버콘(2020), 『대중문화는 어떻게 여성을 만들어내는가: 보석 왕관을 쓴 아기부터 사냥감을 찾는 쿠거까지』, 조애리 외(역), 파주: 한울아카데미.
  : 이 책은 대중매체가 여성의 이미지 재현을 통해 여성의 생애 주기에 따라 어떤 영향을 미치는지를 탐색한 연구서이다. 아동기에서 청소년기, 청년기, 출산과 육아, 중년, 폐경기, 노년에 이르기까지 책, 노래, 영화, TV 등을 영미권 사례를 중심으로 컨텐츠를 분석하고 있다. 이 책은 대중문화의 메시지를 그대로 수용하지 않고 어떻게 저항할 수 있는가에 대한 대안담론을 제시하고 있다.

· 이나영 외(2013), 『(다시 보는) 미디어와 젠더』, 서울: 이화여자대학교출판부.
  : 미디어 속에 재현된 젠더문제에서 다루는 핵심이론과 이슈들에 대한 이론적 논의 및 다양한 미디어 장르를 통해 젠더가 재현되고 있는 양상을 본격적으로 소개하고 있는 책이다.

- 이희은 외(2018), 『디지털 미디어와 페미니즘』, 서울: 이화여자대학교출판문화원.
  : 이 책은 유튜브, 웹툰, 소셜미디어 등과 같은 뉴미디어 속에 나타난 성차별 양상을 여러 관점에서 살펴보고 있는 책이다. 다양한 디지털 미디어 플랫폼을 통해 이루어지고 있는 활동들이 갖는 정치적, 사회적, 문화적 함의를 젠더 관점에서 분석하고 있다.

추천영상

- <며느라기>(웹 드라마), 2020
  : 2020년 하반기 방영된 웹 드라마. 결혼 후 시댁과의 관계에서 서로 다른 접근을 하는 두 며느리와 그들을 둘러싼 여러 인물들의 이야기를 통해 이 시대를 살아가는 젊은 여성들과 기성세대에게 성역할 고정관념이 어떻게 재생산되고 전복될 수 있는지를 생각하게 해주는 흥미로운 드라마이다.
- <멜로가 체질>(TV 드라마), 2019
  : 2019년 JTBC에서 방영된 드라마로 비혼 여성, 비혼 워킹맘, 조현병을 앓는 여성, 성소수자로 이루어진 비혈연 여성 공동체를 중심으로 서사를 구성하여 그동안 우리사회에서 편견의 대상이 된 사람들을 중심으로 한 이야기라는 점에서 주목할 만한 작품이다.
- <미스 함무라비>(TV 드라마), 2018
  : JTBC에서 2018년 상영된 법정 드라마로 여성판사 박차오름을 통해 여성들이 경험하는 일상에서의 성차별을 해결해가는 방식을 취하는 드라마로 최근 TV 드라마에서 변화하는 여성상을 어떻게 그려내는지를 생각해보게 하는 드라마이다.

· <산후조리원>(TV 드라마), 2020

: tvN에서 2020년에 방영된 드라마. 다양한 사회, 경제적, 연령적 맥락에 처해 있는 산후조리원 여성 고객들을 통해 젠더와 모성에 관한 기존 담론을 코믹하고도 현실감 있게 그려내고 재해석한 작품이다.

· <82년생 김지영>, 김도영, 2019

: 작가 조남주가 쓴 소설을 바탕으로 2019년에 개봉된 영화. 세대를 거쳐 전해지는 가부장제 유산이 우리시대 여성들이 공통적으로 경험하는 성차별로 어떻게 빙의되는지를 결혼 후 육아로 경력단절녀가 된 여성 김지영의 삶을 통해 담담하게 그려내고 있다.

여성의 삶과 글쓰기

장미영

"나는 훌륭한 사람이 되기를 원치 않으며
 자유로운 인간이 되길 원한다."

-한국 최초 여성 등단 작가 김명순

1. '여성' 작가·독자·인물의 이야기

문학은 인간의 삶을 반영하고 모방한다. 이는 아리스토텔레스의 미메시스(mimesis)까지 기원을 찾지 않아도 독서 경험 과정에서 직관적으로 알수 있다. 이때 문학에 그려지는 인간의 삶에서 주체는 누구이고, 누가 누구의 삶을 반영하며, 어떻게 모방하는가? 작가는 왜 그 인물의 인생을 포착하여 재현하는가? 수많은 사람의 다양한 삶 속에서 문학가의 시선을 사로잡고 이야기로 재현되는 삶의 주인공, 서사, 예술적 형상화, 서사를 통해 구성되는 담론의 의미를 탐색하는 과정이 곧 독서 행위라 할 수 있다. 작가와 독자는 문학 텍스트를 매개로 인간의 삶을 성찰하고 공유하는 경험을 하게 된다. 문학 텍스트는 예술적 결과물이자 삶의 실천 과정이다.

소설에 담겨 있는 이야기는 작가, 독자, 소설 속 인물들의 다양한 인생을 모방하고 재현한다. 재현은 "인간의 모든 활동 중 가장 기본적인 것으로 우리 자신과 외부세계에 대한 우리의 의식을 구조화"하고, 우리들의 경험과 살아가는 세계를 재현함으로써 "언어에 내재해 있는 가치체계를 통해 세계를 인식"하게 된다(Morris, 1997: 23-24). 재현된 이야기는 그 자체로서 스토리텔링이고, 메시지가 되고, 역사의 기록으로 남는다. 그러므로 문학 텍스트에는 시대정신과 그것을 선택한 독자의 기대와 욕망, 때로는 불편한 진실이 담겨 있다. 이러한 이유로 이 세상에 완전히 새로운 이야기는 없다고 해도 끊임없이 이야기가 만들어지고 그것을 통해 인간은 희로애락을 경험하며 인식의 지평을 넓히게 되는 것이다.

문학적 재현은 인간에 대한 인식 지평을 확장한다. 특히, '여성문학'은 여성과 관련된 수많은 스토리텔링과 메시지, 역사적 기록 등과 마찬가지로, '동일한' 시·공간을 공유하고 있음에도 이를 경험하는 '여성'의 관점이 어떻게 다른지를 드러내어 인간 인식의 지평 확대에 도움을 준다. 지금까지 여성문학을 부르는 용어는 이를 사용하는 학자마다 그리고 시대와 맥락에 따라 다양하게 정의되어, 그 개념이 혼재되어왔다. 한국문학사에서 여성문학은 주로 '여류문학', '여성문학', '페미니즘문학' 등으로 통용되어왔다. 각 용어는 사회문화적 맥락과 역사적 변화를 반영하고 있다. 무엇보다 여성 작가를 포함하는 여성의 사회적 지위 변동이 여성문학을 지칭하는 용어의 변화에 영향을 주었다.

이러한 여성문학은 여성 작가, 문학텍스트 속의 여성 인물, 여성 독자에 이르기까지, 여성의 주체-되기[1] 과정과 맞물려 설명될 수 있다. 또한 여성문학은 각 시대별 젠더 감수성과 인식의 변화를 감지할 수 있는 좋은 근거이다. 문학 텍스트는 당대 작가들이 주목하고 있는 문제가 무엇이었는지를 예측할 수 있도록 하고, 작가가 담아내고 있는 인물들의 인생을 통해 시대와 공명하는 작가의 삶을 상상할 수 있게 해준다. 이 때문에 텍스트에 재현된 여성의 삶은 여성의 역사이자 페미니즘적 서사가될 수 있다.

이 글은 각 시대의 변곡점에서 길항하며 자신의 목소리로 말하고 소통하였던 한국의 근·현대 여성 작가들과 그들의 문학텍스트를 살펴본다. 이를 통해 여성문학이 여성의 삶을 어떻게 반영·재현하고 있으며, 텍스트에 반영된 시대적 가치체계와 작가가 독자에게 전달하려고 하는 메시지는 무엇인지를 살펴보고자 한다. 이러한 과정은 '여류문학'이라는 명명을 시작으로 여성문학이 오늘날에 이르는 동안 여성의 경험과 '여성적' 글쓰기의 변모 과정을 드러내고, 한국문학에 재현된 경계에 서 있던 여성의 삶과 위치(성)를 드러낼 수 있을 것이다.

2. 여류·여성·페미니즘 '문학'의 시작

1910년-20년대에는 여성 작가를 지칭할 때 '여자', '부녀', '여인', '여사(女史, 女士)' 등의 명명이 사용되었고(이경하, 2004: 11), 1930년대 전후로는 '여류문사', '여류문인', '여류작가'라는 명칭이 사용되기 시작하였다(심진경, 2004). 당시 사용되었던 '여류작가'라는 용어는 생물학적으로 '여성'을 '남성'과 구별하려는 의도와 함께 여성 작가들만의 독특한 문학적 특성을 포착하려는 명명이었다. 여기에는 '여류작가'에 대한 부정적인 인식과 당시 '여류작가'들의 문학적 한계를 지적하는 등 다양한 의미가 포함되어 있다. 이와 관련하여 당시 작가이자 평론가였던 임순득[2]은 "작가와 여류작가를 구별하지 말고, 여류작가를 작가로서 정당히 평가할 것을 요구하고, 여류작가들에게는 '생도[3]작문적 재능이나, 귀여운 재재거림'에서 벗어날 것을 요구"하였다(임순득, 1937; 이경하, 2004: 13에서 재인용). 또한 임순득은 '여류문사'가 쓴 '여류문학'과 '부인문학'을 구분하고 '부인문학'을 여성 작가가 나아가야 할 이상으로 삼았다(임순득, 1940). 임순득의 지적은 성별에 따라 작가를 다르게 평가하는 당대 사회에 대한 비판임과 동시에 여성 작가 스스로가 문학적 수준을 높이기 위해 노력해야 한다는 촉구였다.

이은주(2012)는 '여류문인'에 대한 당대의 비판은 저널리즘에 편승한 일부 여성 작가들과 모윤숙, 이선희, 장덕조와 같이 매체에 자주 등장하였던 일부 여성들의 비전문가적 행태에서 비롯된 것으로, 여성작가 전체로 일반화하는 것은 무리가 있다고 지적한다. 따라서 당대 문단에서, '여류문인'과 '여성작가, 여인작가, 부인작가'를 구별하여 사용하고, '여류문인'의 비전문성을 지적하면서 문학적 완성도와 수련을 게을리한 부분에 대해 질타를 보냈던 것은 충분히 타당한 지적이라고 할 수 있다. 다시 말해서 여성 작가를 지칭하는 용어 모두를 남성중심적인 문단에 의한 일방적인 차별과 배제로 해석할 것이 아니라 해당 용어를 통해 드러내고자 했던 의미와 맥락에 따른 평가가 필요하다.

이러한 차원에서 볼 때 '여류문인'과 '부인작가'를 구분하여 살펴보는 것은 그동안 '여류문학'에 대한 관습적인 해석에서 벗어날 수 있는 근거를 제공한다. 즉, 근대문학 태동기에 '여류문인'과 '부인작가(여성작가)'를 구별하는 것은 한국문학사에서 지워져 있었던 여성문학사적 명맥을 확인하고 여성의 인식과 경험을 바탕으로 한 생생한 목소리와 삶의 기록을 회복하는 과정이기도 하다.

'여류문학'의 대체 용어로서 '여성문학'이 등장하기 시작한 것은 1980년대 중반부터이다. 이때 국내에서 여성학 논의가 활발하게 전개되었으며, 여성주의 관점에서 기존의 학문과 사회현상을 재해석하고 연구하는 활동이 학문 분과별로 이루어지기 시작했다. 당시 대표적인 여성운동 단체 중 하나인 '또 하나의 문화'(1987)는 여성문학에서 더 나아가 '여성해방문학'을 표방하며, 여성문학은 여성들이 겪어 온 심리적, 사회적, 정치적, 경제적 차원의 역사적 억압 경험들로부터 제기된 문제에서 출발한다고 선언하였다. 그리고 〈페미니즘과 여성문학〉 좌담⁴에서 여성문학이란 '여성이 스토리 전개의 주인공이 되고 역사에서 주체적 역할을 하는 여성을 다룬 문학'으로 정의하였다. 형식적인 측면에서는 보다 유연하고 다양한 서사구조와 여성적 문체를 사용하여 여성의 삶을 제대로 설명하고 힘이 되어줄 수 있는 문학이어야 한다고 강조하였다.

이러한 논의에서도 드러나듯이 여성문학을 단순히 생물학적으로 여성 작가의 경험을 바탕으로 한 여성의 시각으로 서술된 작품으로 일반화하는 데는 무리가 있다. 왜냐하면 여성이라는 젠더를 고정적으로 상정했을 경우 여성이 사회문화적 맥락에 따라 구성되며, 유동적으로 경합하고 길항하면서 만들어진 여성 작가의 위치(성)를 간과할 수 있기 때문이다. 따라서 다음 절에서 논의되는 작가와 텍스트는 일관성 있는 특징으로 묶이지 않고 다양한 여성 젠더 재현 양상을 펼쳐보이게 될 것이다. 파편적으로 드러나지만 여성 작가, 여성 인물, 여성의 서사를 통해 페미니즘과 여성문학의 조응을 살펴볼 수 있으리라 기대한다.

3. 역사의 경계에 선 여성들

1) 신여성의 섹슈얼리티

한국 여성문학의 제1세대 작가인 김명순(金明淳, 1896-1951), 김일엽(金一葉 본명 金元周, 1896-1971), 나혜석(羅蕙錫, 1896-1948)은 '개인적인 주체를 세우는 것이 곧 사회적 자아를 세우는 것'이라고 생각했다(이상경, 2010). 이들은 신여성으로서 구습타파와 봉건적 가부장제에 맞서 자유연애를 추구하고, 정조, 결혼에 대해 파격적이고도 능동적인 면모를 보였다. 그러나 이들 여성 작가들에 대한 문학적 평가는 당대는 물론 여성문학에 대한 재평가가 이루어지기 전인 1980년대까지 개인적 스캔들에 묻혀 온전히 평가받지 못했다. 그들이 시대적 편견으로부터 벗어난 것은 그리 오래된 일이 아니다. '여성'의 경험이 얼마나 고정적으로 해석되었는지는 이들의 자전적 서사를 통해서도 확인할 수 있다. 이 시기 여성문학에는 신여성의 섹슈얼리티와 젠더, 욕망과 권력, 전근대와 근대 등 다층적인 담론과 갈등이 포함되어 있다. 이들의 주체로서 인식과 실천은 가부장제 질서에 도전하고 해체를 시도하는 여성의 주체-되기의 고군분투기이기도 하다.

(1) 김명순: 출생의 굴레를 벗고자

김명순은 1917년 『청춘』지에 단편 「의심의 소녀」가 현상문예 공모에 2등으로 당선되어 문단에 데뷔하였다. 「의심의 소녀」는 주인공의 현실적이고도 치밀하게 묘사된 내면 심리가 돋보이는 작품이다. 김명순은 여성 해방을 부르짖은 선구자였으며, 시집을 간행한 시인, 칼럼니스트이자 언론인으로도 활동하였다. 김명순의 대표작 중 하나인 「탄실이와 주영이」(『조선일보』, 1924.6.14.-7.15.)는 자전적 서사로서 탄실이 자신을 둘러싼 출생에 관한 업신여김과 여성에 대한 억압에 적극적으로 저항하고 있는 모습은 김명순의 삶과 닮아 있다.

나는 남만 못한 쳐디에서 나셔 기생의 딸이니 첩년의 딸이니 하고 만흔 업심을 바덧다. 그리고 내가 생장하는 나라는 약하고 무식함으 력사적으로 남에게 이겨본째가 별로히 업셧고 늘 강한 나라에 업심을 바덧다. 그러나, 나는 이 경우에셔 버셔나야 하겟다. 버셔나야 하겟다. 남의나라 쳐녀가 다셧자를 배호고, 노는 동안에 나는 놀지 안코 열두자를 배호고, 생각하지 안으면 안된다, 남이 것츠로 명예를 차질째 나는 속으로 실력을 기르지 안으면 안된다(김명순, 1924).

탄실이 자신의 출생에 관한 소문과 무시에서 벗어나기 위해 '남의 나라에 가서 배우고' 남이 노는 동안에도 '배움과 실력'을 기를 것을 다짐하듯이 김명순은 일본유학과 「매일신보」 기자, 영화의 주인공까지 왕성한 활동을 하였다. 김명순은 자신에게 쏟아지는 비난에 굴하지 않고 자신의 경험과 생각을 글로 표현하며 주체로서 정체성을 증명하였다.

(2) 김일엽: 여자의 인격과 개성을 외치다

제1세대 여성 작가 중 김일엽은 1920년 『신여자』를 창간하였고, 「계시」, 「어머니의 무덤」, 「어느 소녀의 死」를 발표하며 활동을 시작하였다. 김일엽은 사회, 역사, 문화에서는 여성 선각자로 널리 알려져 있으며, 근대한국문학에서는 이광수에 비견된다(방민호, 2006). 그러나 왕성한 사회활동에도 불구하고 두 번의 결혼생활은 불행했으며, 복잡한 연애사로 인해 스캔들의 주인공으로 대중에 회자되었다. 김일엽은 여성의 인격과 개성을 무시하는 기존의 성도덕에 반기를 들고, 성적 신도덕을 주장하였다. 이는 김일엽이 쓴 산문 〈우리의 이상〉(1924)을 통해 구체적으로 확인을 할 수 있다.

> 재래의 모든 제도와 전통과 관념에서 멀니써나 생명에 대한 의미를 환기코저 하는 우리 여자의게는 무엇보다도 몬저 우리들의 인격과 개성을 무시하든 재래의 성도덕에 대하야 열렬히 반항치 안을 수 업습니다. 그래서 우리들 가운데는 입센이나 엘렌케이의 사상을 절대의 신조로 알며 쪼차서 금후로 성적 신도덕을 위하야 만히 힘써줄 자각잇는 여자가 만히 날 줄 암니다(김일엽, 1924).

김일엽이 주장한 '신 성도덕'의 핵심은 여성이 주체로서 그동안 무시되었던 '인격'과 '개성'을 회복하고 '생명'에 대한 의미를 환기하자는 것이다. 이는 주체로서 자각이며 단지 각성에 그치는 것이 아닌 행동으로 이어져 실천하고 있다는 점에서 신여성의 섹슈얼리티에 대한 선언으로서 선도적인 의미가 있다.

(3) 나혜석: 정조는 취미다

나혜석은 미술전공으로 일본 유학(1913-1918)후, 1918년 『여자계』에 소설 「경희」를 발표하며 문단에 데뷔하였고, 1921년 시 「사(沙)와 냇물」을 『폐허』에 발표하였다(권영민, 1990). 실제 이들 제1세대 여성 작가들이 발표한 작품은 근대 한국문학사에서 충분한 가치와 의의를 확인할 수 있었음에도 불구하고 신여성에 대한 배제와 비난의 대상이 되었으며, 불륜, 이혼, 출가, 자살, 행려병자의 신세로 전락한 개인사에 집중되어 과소평가되었다. 다음 ①은 나혜석이 발표한 「신생활에 들면서」(1935)라는 글 중 '정조'에 관한 내용이고, ②는 나혜석의 작품 「경희」(1918)의 일부분이다. ①과 ②를 통해 개인으로서 나혜석과 작가로서 나혜석의 분열적인 모습을 볼 수 있으며, 욕망과 윤리 사이에서의 갈등을 엿볼 수 있다.

① 정조는 도덕도 법률도 아무 것도 아니요, 오직 취미다. 밥 먹고 싶을 때 밥 먹고, 떡 먹고 싶을 때 떡 먹는 거와 같이 임의용지(任意用志)로 할 것이요, 결코 마음의 구속을 받을 것이 아니다(나혜석, 1935).

② 경희는 이 자극을 받는 동시에 이와 같이 조선(朝鮮) 안에 여러 불행한 가정의 형편이 방금 제 눈앞에 보이는 것 같았다. 힘있게 칼자루로 도마를 탁 치는 경희는 무슨 큰 결심이나 하는 것 같다. 경희는 굳게 맹세하였다. '내가 가질 가정은 결코 그런 가정이 아니다. 나뿐 아니라 내 자손 내 친구 내 문인(門人)들이 만들 가정도 결코 이렇게 불행하게 하지 않는다. 오냐 내가 꼭 한다' 하였다. …후략…(나혜석, 1918).

이들 제1세대 여성 작가들의 탄생은 근대 여성교육의 영향이 크다. 1908년에 '고등여학교령'이 공포되어 여성의 교육기회가 증대됨에 따라 신문물을 접하게 된 '신여성', '신여자', '모던걸'이 탄생하게 된다(이정선, 2018). 이들에 대한 문학적 평가와 별개로 이들의 존재는 당시의 남성중심 문단에서 여성 작가가 여성의 경험을 여성의 시각에서 글쓰기로 재현하기 시작하였다는 점에서 의의를 찾을 수 있다. 당시 남성 작가들의 작품에 등장하는 여성 인물과 그들이 이상적으로 혹은 비난의 대상으로 재현한 여성은 남성중심적인 관점에서 포착한 여성이며, 실제 여성과는 차이가 있다. 제1세대 '여류문인'의 등장은 가부장제 질서가 공고한 가운데 신식교육을 받은 여성이 주체로서 스스로를 인식하고 자기의 언어로 기존 관습과 차별에 문제제기하고 저항하였다는 그 자체로서 선도성을 확인할 수 있다.

2) 식민지 시대, 역사적 주체로서의 여성

1930년대에 들어서 기존의 제1세대 여성 작가의 뒤를 잇는 다양한 부류의 여성 작가군이 대거 문단에 데뷔하며 등장하였는데, 박화성, 백신애, 강경애, 모윤숙, 김말봉, 노천명, 최정희, 장덕조, 지하련 등이다. 당대 발행된 신문 잡지 등의 자료를 통해서 이들 이외에도 더 많은 여류문인들이 존재했던 사실을 알 수 있다. 또한 1930년대 들어서 집단화되기 시작한 여성 작가들이 문단 내 자리를 잡아가면서 이들에 대한 인정과 작품에 대한 평가가 본격적으로 이루어지기 시작했다.

(1) 박화성: 사회·민족·교육을 담다

박화성(朴花城, 1904-1988)은 1925년 이광수 추천으로 『조선문단』에 「추석 전야」로 등단한 후, 1930년대 대표적인 여성 작가이고 해방 이후 작고하기 직전까지도 꾸준히 활동하였다. 박화성은 1930년대부터 본격적인 작품 활동을 시작하면서 여성 작가로서는 드물게 당대 남성 비평가들로부터 주목을 받았다. 김팔봉(1935)은 박화성을 '남성 작가의 누구에게도 비교해서 손색이 없다'고 논평하였고, 이무영(1934)은 '박씨는 여류문단의 진보다'라며 당대 남성 작가에 비해 평가절하되던 여성 작가와 달리 박화성을 긍정적으로 평가하였다.

그러나 김미현(2008)은 박화성은 기존의 여성 작가들이 다루지 않았던 사상성을 다루었다는 측면에서 긍정적인 평가를 받았으나 이는 오히려 남성문학을 추구하는 남성적인 작가라고 평가한다. 즉 당대 여성 작가들이 주로 사적이고 내면적인 주제나 문체에 주력한 데 비해 박화성은 당대 남성 작가들이 다루던 사회나 민족, 교육 등의 문제에 주력했다는 점에서 남성성을 추구하는 여성 작가라는 평가를 받았다는 것이다. 이에 서정자 외(2013)는 박화성의 문학이 남성 작가들의 사상성이나 작품세계를 단순히 모방하는 것이 아니라 여성 작가로서의 사상성, 작품세계를 보여주고 있다는 데 그 의의를 찾는다. 서정자의 논의는 남성문학과 여성문학의 특징을 이분법적으로 나누고 기준 삼아 평가했던 기존의 여성 작가에 대한 편견을 전환하는 계기를 마련하였다.

박화성의 등단작인 「추석전야」의 영신은 당시 여성 문학 텍스트에서 흔히 볼 수 없는 캐릭터로 1930년대 여성의 주체적이고 능동적인 모습을 발견할 수 있다. 여성노동자로서 남성 관리자의 눈 밖에 나는 일은 생존을 위협받는 일이지만 인간으로 존엄성을 외치며 오히려 상대를 억박지른다. 당시 상황으로서는 상상할 수 없는 일이지만 영신의 입으로 발화되며 새로운 가능성이 열린다.

감독은 놀랜 눈으로 분이 찬 영신을 나려다 보면서 "당신이 왜 참견했소" 하며 미안한 듯이 이 적삼에 묻은 피를 받아본다. 영신은 전일부터 빈부와 계급에 대한 반항심을 잔뜩 가지고 있었으며 더구나 감독의 평일 행위를 몹시 무서워하던 터이라 떨리는 입술로 "그러면 당신이 왜 먼저 그 따위 짓을 하느냐 말이야. 감독이면 점잖게 감독이 나 하지 어린애들 머리를 잡아 달리며 부인들을 건들며 그 따위 못된 짓을 하니 누가 좋다고 하겠소. 그래 놓고는 당신이 도리어 때려, 응. 그게 무슨 짓이야. 왜 우리는 개만도 못하게 보이오? 우리도 사람이야, 사람. 기계에 몸이 매였을지언정 이러한 당신과 똑같은 사람이란 말이야." 그는 독이 가득 찬 눈으로 감독을 쳐다보며 소리를 억박지른다(박화성, 1925).

「추석전야」의 여성노동자 영신은 계급과 위계에 위축되지 않고 인간으로서 존엄함을 일갈한다. 이는 기존의 수동적이고 피해자로 재현되었던 여성노동자와 차별되는 지점이라고 할 수 있다.

(2) 강경애: 계급투쟁에서 인간해방으로

강경애는 박화성과 마찬가지로 여성노동자의 계급갈등과 계급투쟁을 문학적으로 재현하였다. 동아일보에 1934년 8월 1일부터 12월 22일까지 연재되었던 「인간문제」(1934)는 식민지 조선의 농촌과 도시에서 벌어지는 계급갈등과 노동문제를 서사화한다. 근대화로 인한 농촌의 몰락과 배고픔으로 생존위기에 봉착한 빈농들이 임금노동자, 피고용자, 매춘부, 도시 주변의 부랑아로 전락하는 인간군상을 통해 식민지 현실을 생생하게 재현한다. 도시의 산업화로 인한 노동계급의 확대와 여공의 등장은 이전 볼 수 없었던 새로운 여성 캐릭터를 보여주고 있다. 또한 여공들에게 행해지는 위계에 의한 성적착취는 시대를 초월한 여성의 취약성을 드러낸다.

간난이는 숨을 죽이고 문소리 나는 곳을 바라보았다. 여공 하나가 신발소리를 죽이고 감독숙직실 편으로 가는 듯하여, 간난이는 뜻밖에 호기심이 당기어 그의 뒤를 살금살금 따라섰다. […] 어쨌든 여공이 감독과 밀회하러 들어간 것만은 틀림없었다. 그때 간난이는 어젯밤 신철이가 하던 말을 다시금 되풀이하며, 이대로 두면 이 공장에서 일하는 수많은 순진한 처녀들이 감독의 농락을 어느 때나 면하지 못할 것 같았다. 따라서 어리석은 저들의 눈을 어서 띄워주어야 하겠다는 것을 깨닫는 동시에 하루라고 속히 천여 명의 여공들이 한몸이 되어 우선 경제적 이익과 인격적 대우를 목표로 항쟁하도록 인도하여야 하겠다는 책임을 절실히 느꼈다. 옛날에 덕호에게 인격적 모욕을 감수하던 그 자신이 등허리에서 땀이 나도록 떠오른다(강경애, 1934).

강경애는 「인간문제」에서 특히 노동자의 열악한 현실을 비판적으로 탐색하는 가운데 천여 명의 여공들이 '경제적 이익과 인격적 대우'를 쟁취할 수 있도록 적극적으로 행동하는 여성 인물을 내세운다. 이러한 여성 인물의 등장은 여성들이 직면하고 있는 문제를 고발하는 것에서 그치는 것이 아닌 연대를 통해 쟁취하는 적극적이고 주체적인 인간상의 창조라고 할 수 있다.

(3) 최정희: 여성의 운명과 비극성

최정희가 포착한 삶은 박화성, 강경애와 결이 다르지만 여전히 폭력적인 현실 앞에 놓여 있기는 매한가지다. 「정적기」(1938)에서 최정희가 포착한 여성의 삶은 불가항력적인 '여성의 운명'으로 여겨지며, 모성의 비극성을 토로한다.

> 나와 어머니의 운명은 누가 이렇게 맨드러 놓았는지 몰라. 여자의 운명이란 태초부터 이렇게 고달프기만 했을가 - 아니 이뒤로 몇십만년을 두고도 여자는 늘 이렇게 슬프기만 한건가 그렇다면 그것은 여자에게 자궁(子宮)이란 달갑지않은 주머니 한 개가 더 달린 까닭이 아닌가 수없이 만흔 여자의 비극이 자궁으로 해서 생기는 것이라면 그놈의 것을 도려내는 것도 좋으련만. 그렇지만, 자궁없는 여자는 더불행할것도갓다. 〈어머니〉는 불행하면서도 그 불행한중에서 선을 알고 진리를 깨달을수있으니까. 되려 행복할지 모른다. […] 내가 알기엔 오늘까지 어머니의 행복한날이라군 하로도 없었든것이다. 정말 어머니는 슬픈곡예사로 세상을 살어오섰다. 아버지와 맞나서 오년도 못되여 아버지는 첩을 어더 가지고 백리도 넘는땅에 떠나 이십여년을 살 때 어머니는 어느 하로를 빼지않고 아버지의 도라오시는 날을 기다리고 계셨다(최정희, 1938).

이들 작가의 텍스트에는 식민지 시대의 암울한 현실과 가부장제의 억압 속에 여성이라는 이중의 굴레를 고스란히 담아내고 있다. 이들이 목도하고 경험한 현실은 문학작품으로 재현되어 다양한 여성의 삶을 드러내고 간과되었거나 삭제되었던 여성의 역사를 복원한다. '자궁'을 가진 여성으로서 '행복한 날이 하루도 없는 어머니의 삶'은 '슬픈 곡예사'의 삶이지만 나의 삶도 어머니와 별반 달라 보이지 않는다. 그럼에도 불구하고 '떨리고', '두렵지만' 대항하고 포기하지 않는 여성 인물의 모습은 주제가 되고 시대의 증언자로 남는다.

3) 전쟁 체험과 여성 정체성의 탐색

식민지 시대의 제1, 2세대 여성 작가의 등장 이후 해방과 전쟁을 경험한 작가의식이 투철한 전후세대 작가군이 등장하였다. 이들은 전후 폐허가 된 삶의 터전에서 육체적·정신적 상처와 후유증에 시달리고 있었다. 대표적인 작가로 박경리, 손소희, 강신재, 임옥인, 한무숙 등을 들 수 있다. 이들은 개인적 체험을 바탕으로 한 자전적 소설은 물론이고 전후 부조리한 사회를 고발하고, 근대화로 인한 인간의 소외와 물신화 되어가는 인간 존재에 대한 물음, 자기정체성 탐구와 여성의 억압된 섹슈얼리티의 폭로 등을 문학적으로 재현하였다. 주제적인 측면 외에도 다양한 소재, 제재를 문학적으로 변주하며 새로운 세대 작가의 등장을 알렸다.

(1) 손소희: '여자' 혹은 '아내'로서 타협과 분열

손소희는 1946년 『백민』에 단편 「맥에의 몌별」을 발표하면서 등단하였다. 박영준의 추천으로 문학가동맹에 가입하여 최정희, 오장환, 박계주 등을 만났고, 1947년부터는 신문사를 그만두고 창작에 전념하였다. 작고 전까지 40여 년의 문단 활동 동안 손소희는 100여 편의 단편소설, 11편의 장편소설, 8권의 단편소설집, 『한국문단인간사(1980)』를 간행하였다. 손소희의 마지막 작품은 『한국문학』에 1982-1983년에 걸쳐 만주 독립 운동가들을 다룬 장편 「그 우기의 해와 달」을 연재한 것이다(조미숙,

2008). 손소희가 1948년 4월에 『신천지』에 발표한 단편소설 「리라기」는 혁명가 남편이 사라진 후 리라(본명 순이)가 겪게 되는 여성의 억압적인 삶을 묘사하고 있다. 이는 외부적인 압력인 동시에 스스로 외부 세계와 차단함으로써 자신의 여성성을 제거한다. 그러나 리라의 다짐에서 역설적이게도 '여인'과 '아내'라는 위치 사이에서 갈등하는 여성의 정체성을 발견할 수 있다.

> 만일 그러한 단순한 감정 이외의 느낌이라면 그러한 자기와는 싸워야만 하는 것이 또 하나의 자기의 무거운 의무였다. 여인의 길이란 실로 좁고 거친 길임을 또 한번 새삼스럽게 느끼면서 리라는, '신이 아니고 사람이다. 동시에 리라는 여인이 아니고 어머니요 십자가를 진 남의 안해이다. 이영의 사랑하는 안해이다'(손소희, 1948).

'리라'의 다짐은 자발적인 선택으로 보인다. 그러나 이때 주목해야 할 점은 리라의 다짐이 아니라 다짐을 추동하고 있는 당대 가부장제 질서와 여성 작가의 타협이 작동하는 사회구조적 모순이다. 부조리한 사회에 대한 여성 인물의 고발은 박경리의 초기 작품에도 공통적으로 나타나고 있다.

(2) 박경리: 전후 부조리함에 맞서다

박경리는 1955년 8월 『현대문학』에 단편 「계산」이 김동리에 의해 처음 추천되었고, 1956년 8월 『현대문학』에 단편 「흑흑백백」이 추천 완료되어 문단 활동을 시작한 이래 단편소설 48편과 『토지』 1-16권을 비롯한 장편소설 총 20편, 산문집 10권, 시집 5권을 발표하는 등 작품 수에 있어서 타의 추종을 불허한다(김은경, 2014). 박경리 작품에 등장하는 여성 인물은 결벽적이고 폐쇄적인 공통 특성을 보인다. 이들 여성 인물의 폐쇄성은 기질적인 요소일 뿐만 아니라 남성과 여성에게 적용되는 이중적 성규범에 기인한 경우가 대부분이다. 전후 살아남은 아내에 대한 사회적 시선은 한 번쯤 추근거릴 수 있는 성적 욕망의 대상이자 엄격한 성윤리의 감시 대상이기도 하였다.

> 혜숙은 이렇게 궁해져도 도무지 기질만은 옛날과 같이 변하지 않는다. 아니 꼽고 더러우면 팩하니 침 뱉고 돌아서 버린다. 이러한 성질은 가난한 그를 더욱 가난하게 하였다. 이번에 직장을 그만 둔 원인도 역시 그의 결백성 때문이다. 추근추근하게 구는 뱃대기에 기름이 끼인 상부 사람이 더럽고, 또한 향락의 대상으로 보인 것이 분하고 원통하다는 데서 사표를 내던졌던 것이다(박경리, 1956).

손소희와 박경리의 소설에는 가부장제 질서에 억압적인 삶을 살 수밖에 없는 두 여성 인물이 그려지고 있다. 그러나 대응하는 방식에서 차이를 보이는데 스스로의 다짐을 통해 각인하거나, 외부세계와 차단된 채 스스로를 고립시키는 방법이 그것이다. 이를 두고 여성 인물이 능동적인가, 수동적인가를 구분하거나, 작가의식이 남성중심적 관습을 따르느냐 저항하느냐 이분법적인 해석이 가능하다. 동시에 무엇을 선택하든 그것은 여성 주체에게 억압적이고 자발적인 선택이 아닐 수 있다는 점을 고려해야 한다. 인물이건 작가이건 이들의 선택에 영향을 미치고 있는 요인이 무엇이며, 왜 그것을 따를 수밖에 없는지에 대한 질문과 고민 속에 여성의 시각으로 여성의 경험을 재현함으로써 '여성'문학의 자리가 만들어질 수 있기 때문이다.

(3) 강신재: 전후 폐허에서 여성가장으로 살아남기

강신재는 1949년 『문예』지에 단편 「얼굴」과 「정순이」로 등단하여 1994년 『광해의 날들』까지 총 30여 편의 중·장편과 70여 편의 단편을 발표하였다. 강신재를 대표하는 소설은 「젊은 느티나무」로 '비누냄새'의 작가로 알려져 있다. 그러나 강신재의 신세대 작가로서 면모는 「해방촌 가는 길」의 기애를 통해서 확인할 수 있다. 몰락 집안의 장녀인 기애는 가족의 생계를 책임진 여성가장이다. 미군 부대 타이피스트에서 '양공주'로 전락해 가며 변모하는 기애의 젠더 정체성은 외부적인 요인에 영향을 받고 있지만, 기애가 자신을 바라보는 타인의 시선과 그로 인해 괴로워하던 모습에서 점차 능동적인 주체로서 각성하는 과정에서 보여지는 균열과 패배를 딛고 일어서는 모습은 긍정적인 의미로 평가할 수 있다.

가랑비가 아직도 부슬거리고 있었다. 뒤꿈치가 세 인치나 되는 정신 나간 것처럼 새빨간 빛깔의 구두를 신고, 그 까맣게 높다란 비탈길을 올라야 한다는 것은 정말 우스꽝한 고역이 아닐 수 없었다. 기애는 뒤뚝거리면서 그 길을 올라가고 있었다. 그악스런 폭우가 서울에도 퍼부었던 모양이었다. 좁다란 언덕길은, 굴러내려 데굴거리는 돌멩이들로 하여 어느 험한 골짜기와 비슷하였다. 맑은 물이 돌돌 흘러내리고 있었다. 뾰죽한 돌부리들은 짓궂은 악의를 가진 것처럼 한사코 기애의 발목을 젖히려 들거나 호되게 복숭아뼈를 때려치거나 하였다. 그런 때마다 눈에서 불이 튀어나도록 아팠다. 그렇게 눈에서 불이 튀어나도록 아픈 순간이 단속적으로 이어져 나가니까 아픔은 지긋한 어떤 다른 감각으로 변하여 가는 것처럼도 느껴졌다. 그리고 그 지긋한 한 줄기의 감각은 곧 울상이 되려다 말곤 하는 기애의 마음속과 썩 잘 어울리는 것이었다(강신재, 1957).

전후 문학 텍스트에는 이데올로기의 대결, 전장에서의 치열함과 전후 불구의 몸으로 귀환한 남성의 정신적 육체적 피폐함이 넘쳐난다. 이들

거대서사에서 여성은 사라지거나 보조적인 역할을 수행하거나 축소되어 그려지는 경우가 빈번하다. 그러나 동시대의 증언자로서 여성 작가들의 작품에는 같은 역사의 시간 속에 여성도 존재했으며, 전쟁터에서, 전장의 후방에서 가족을 지키고, 전후 폐허만 남은 삶의 터전에서 여성 가장으로서 견디고 살아남은 여성의 이야기가 담겨 있다.

4) 산업화·민주화 시기, 사회변혁 주체로서의 여성

1970-80년대 오정희, 박완서, 김지원, 강석경, 김채원, 양귀자, 이경자를 비롯하여 1990년대에 은희경, 공선옥, 전경린, 배수아, 하성란, 한강에 이르기까지 여성 작가들이 대거 등장하고 페미니즘 문학이 문학의 중심으로 자리잡게 된 배경에는 1980년대부터 도입된 페미니즘과 『또 하나의 문화』, 『여성』, 『여성운동과 문학』, 『여성과 사회』 등 페미니즘 시각의 저널발행, 여성주의 비평의 활성화를 꼽을 수 있다(백수진, 2005). 1980-90년대 여성 작가의 왕성한 활동으로 여성 작가, 여성의 서사에 대한 관심과 흥미가 고조되는 가운데 우리 사회에 만연한 성차별과 불평등에 대한 구체적인 문제가 서사화되고 첨예한 사회적 이슈로 확장되었다. 박완서의 『그대 아직 꿈꾸고 있는가』, 이경자의 『절반의 실패』, 한강의 『채식주의자』 등에서 그러한 정황을 포착할 수 있다.

(1) 박완서: 그대 아직 꿈꾸고 있는가

1987년 민주화가 선언되었고, 1988년 서울 올림픽이 개최되었다. 박완서의 『그대 아직 꿈꾸고 있는가』(『여성신문』, 1989. 2. 17.~7. 28)는 1989년 가족법 개정이 한창 치열하던 시기에 연재 후 출간되었다. 『그대 아직 꿈꾸고 있는가』의 문경은 임신 중에 버림받고 출산 후에는 아이(아들)마저 빼앗길 위기에 처한다. 이때 서사적 갈등의 원인으로 지목되는 가부장제와 남아선호사상은 기존의 남녀의 갈등을 개인의 문제로 축소시킨다는 비판을 받기도 하였다. 그러나 가족법, 친권, 양육권 등 가부장적 가족제도에 맞서 문경이 '법률서적을 탐독하고 재판을 준비하여 승리'하는 일련의 과정은 사법차원에서 성차별 악법에 대항하는 작가의 메시지를 읽을 수 있다.

그 여자는 육법전서를 비롯해서 몇 가지의 법률서적을 사들였다. 육법전서는 너무 활자가 작아 시력이 많이 약해졌다고 처음으로 자신의 노쇠현상을 깨달은 것 외엔 별 소득이 없었지만 상식적으로 해설해놓은 친족법에 관한 책들은 도움도 되고 위안도 되었다. 그 여자는 마치 호랑이에게 쫓겨 뒤란 나무 위로 올라가 하나님 하나님 저를 살리시려거든 성한 동앗줄을 내려주시고, 저를 죽이시려거든 썩은 동앗줄을 내려달라고 기도하는 옛날 이야기 속의 어린 오누이 같은 심정으로 가족법 사이를 헤맸다(박완서, 1989).

박완서는 "저는 아직도 소설의 이야기성과 그 이야기 속에 삶을 반성하고 변화시킬 수 있는 힘을 불어넣기를 꿈꾸는 지극히 보수적인 이야기꾼입니다."라며 자신의 글쓰기에 대한 생각을 밝힌 바 있다(박완서, 1993: 502-503). 이는 작가의 글쓰기가 인간의 삶을 재현하는 것을 넘어서 사회 변혁의 원동력이 될 수 있음을 시사한다.

(2) 이경자: 극단적이거나 지나친 현실

이경자는 1973년 서울신문 신춘문예에 단편소설 「확인」이 당선되어 작품 활동을 시작하였다. 1988년 소설집 『절반의 실패』[5]를 출간한 후 여성주의 소설가로 널리 알려졌다. 『절반의 실패』는 1세대 페미니즘 소설로 알려졌으며, 1988년 첫 출간 당시 단편 12편에 걸쳐 고부 갈등, 매 맞는 아내, 여성의 성적 소외, 가사 전담 문제 등을 적나라하게 다뤄 충격을 줬다. 이듬해 KBS 2TV 수목 미니시리즈로 제작돼 여성들로부터 큰 인기를 얻었고, '극단적이며 지나치다'는 이유로 방송위원회로부터 주의 조치를 받기도 했다.[6] 절판되었던 『절반의 실패』는 2020년 복간되었다. 『절반의 실패』는 '고부갈등', '독박육아', '가정폭력', '맞벌이', '성의 소외', '빈민 여성'의 문제에 이르기까지 '여성'이어서 겪어야 했던 문제들을 서사화하고 있다. 30년 전 여성의 문제를 정면으로 다루고 있다는 점에서 주목할 필요가 있다. "여자들은 자꾸만 생각이 바뀌는데 남자들은 전혀 그대로인 것 같아요. 남자들에 의해 일어나는 여자문제는 똑같다구요"(이경자, 1989: 34)라는 언술에 드러나듯이 문제에 대한 인식, 사회 구조적인 문제 등 누구의 관점으로 보는가 하는 문제는 중요하다. 이경자는 온전히 '여성'의 관점으로 여성이 처한 현실을 재현함으로써 논란과 논의를 함께 이끌어내었다.

(3) 한강: 가부장제에 대한 거부로서의 거식증

한강은 1993년 「문학과 사회」에 시 〈서울의 겨울〉을 발표했으며 이듬해 1994년 서울신문 신춘문예에 단편소설 「붉은 닻」으로 등단 후 활동 중이다. 한강의 『채식주의자』(2007)는 「채식주의자」, 「몽고반점」, 「나무불꽃」이라는 세 편의 이야기로 이루어진 연작소설이다. 이 소설은 육식을 거부하고 채식을 선택한 '영혜'라는 인물이 근친상간이라는 금기를 깨고, '비정상'적인 행태를 보이며 나무로 변신하겠다는 환상에 사로잡혀 있다. 영혜의 '비정상성'은 언니 인혜를 통해 규정되고 처리되는데, 「나무불꽃」에서 인혜를 통해 규정된 '정상'과 '비정상'의 구분이 가부장제 이데올로기가 요구하는 '착한 딸과 아내, 어머니 역할'을 따르고 있었음을 폭로한다. 「채식주의자」에서 영혜의 육식 거부와 나무되기는 가부장제에서 아버지에 대한 거부이자 아버지 문화에 대한 폭넓은 저항으로 읽을 수 있다.

> 긴장된 침묵이 흘렀다. 나는 새카맣게 그을린 장인의 얼굴을, 한때 젊은 여인이었으리라는 것을 믿을 수 없을 만큼 쪼글쪼글한 장모의 얼굴을, 그 눈에 어린 염려를, 처형의 근심어린, 치켜올라간 눈썹을, 동서의 방관자적인 태도를, 막내처남 내외의 소극적이지만 못마땅한 듯한 표정을 차례로 둘러보았다. 아내가 무슨 말이든 꺼내놓을 것이라고 나는 기대했다. 그러나 그녀는 들고 있던 젓가락을 상에 내려놓는 것으로, 그 모든 얼굴들이 쏘아보내는 무언의, 하나의 메시지에 대한 대답을 대신했다. […] "아버지, 저는 고기를 안 먹어요"(한강, 2007).

문학 장에서 페미니즘은 '사회문화적인 성(性)인 젠더(gender)가 가치판단의 기준으로 문학연구에 작용하도록 하고, 무엇보다 남성중심적 보편성과 객관성에 대한 문제를 제기'한다는 점에서 기존 문학의 가부장제를 균열시킨다. 이로써 남성중심적 글쓰기에서 '소거되었거나 왜곡되었던 여성 이미지가 새롭게 재현되고, 여성만의 독자적인 글쓰기가 가능'해진다는 것이다(고갑희, 2016). 여성 작가의 글쓰기는 여성으로서 경험뿐만 아니라 '여성' 젠더의 시각으로 인식하는 세상에 관한 이야기로서의 의미를 간과할 수 없다. 왜냐하면 결국 누가, 누구의 경험을, 누구의 관점에서, 누구의 언어로 기술하고 재현하는가 하는 문제는 문학을 통해 성별 고정관념이나 편견을 유발할 수 있기 때문에 더욱 주의가 필요하다.

4. 페미니즘과 문학 사이

2015년 '페미니즘 리부트'(손희정, 2015)가 선언된 이후 페미니즘은 정치적으로 하나의 구호이자 실천 운동이 되었으며 이는 사회 전 분야에 걸쳐 급속도로 확산되었다. 하딩(Sandra Harding, 2009: 185-204)은 여성의 본질적 의미는 없지만 여성들의 삶에 근거한 집단성이라는 보편주의로서의 '단일한 여성' 범주를 구성할 수 있다고 보았다. 오늘날 이삼십대 여성 중심으로 주장하고 있는 '리부트'된 페미니즘은 이전의 페미니즘이 추구했던 성차별의 시정과 평등을 추구했던 운동과는 달리 '억압적 여성성을 벗어던지는 젠더적 주체의 선택을 표방'(이선옥, 2018)하고 있다.

최근의 여성문학은 문학 텍스트의 생산과 소비과정이 이루어지는 문학 활동의 주체로서 여성 독자의 능동성에 주목한다. 문학의 수용미학 측면에서도 독자의 반응 혹은 기대지평이 문학 텍스트의 의미와 가치를 찾아내는 다양한 논의 중 하나가 될 수 있다. 다만 작가의 상상력과 독자의 기대가 어떻게 만나서 소통할 것인가, 여성이 글쓰기 주체로서 삶의 문제뿐만 아니라 문학적 규범을 만들어갈 것인가에 대해서는 더 많은 논의와 실천이 요구된다고 할 수 있다.

여성 작가가 문단에 정식 등장한 지도 벌써 100여 년이 넘었다. 100여 년이 넘는 세월 동안 '여류문학', '여성문학', '페미니즘 문학'은 명명된 용어의 개념과 정의는 조금씩 차이가 있지만 중요한 것은 주체로서 여성이 스스로의 경험과 인식을 바탕으로 하여 목소리로 글쓰기로 자기를 표현하고 있다는 점이다. 버틀러(Judith Butler, 2008: 131)는 "젠더의 표현물 뒤에는 어떠한 젠더 정체성도 없으며 정체성은 결과라고 알려진 바로 그 '표현들' 때문에 수행적으로 구성된다"고 주장했다. '여성'의 목소리와 글쓰기가 따로 존재하는 것이 아닌 작가로서 행위 속에서 구성된다면 '여류', '여성', '페미니즘' 작가의 텍스트를 통해서 젠더정체성은 드러나고 의미화될 것이다. 의도한 글쓰기이건 아니건 간에 모든 문학은 작가의 젠더정체성을 내포하고 있고 독자는 텍스트를 매개로 소통하고 공감하며 새로운 의미망을 구축하게 된다.

제1세대 '여류작가'에서 '여성해방의 문학'을 지나 2000년대 '페미니즘' 문학에 이르는 동안 개화기에서 신자유주의의 오늘날까지 식민지, 전쟁, 근대화, 자본주의화라는 거대한 역사적 소용돌이를 거쳐 변모하였다. 역사적으로 사회문화적인 변동은 우리의 삶 전반에 직접적인 영향을 미치고 시대와 작가와 텍스트를 통해 재현되고 있다.

여성들은 이전보다 더 많은 교육, 발언, 선택의 기회를 가지고 독립적이고 자립적인 삶을 살 수 있게 되었지만 그것이 평등한 삶을 보장받게 되었다는 의미는 아니다. 오히려 신자유주의 시대의 불안한 현실은 페미니즘이 외쳤던 독립적이고 자유로운 삶 대신 불안정한 상황으로 내몰고 있다. 문학은 현실을 모방하고, 반영하고 재현한다. 그러나 그것이 구호가 되어서는 곤란하다.

엘만(Mary Ellmann, 1968)은 서구의 남성비평가들이 여성의 글쓰기를 '형식이 갖추어져 있지 않으며 그 의미가 제한적이고 비합리적이고, 원칙이 없는 것'으로 치부하려는 경향이 있다고 지적한다(Morris, 1997). 그러나 여성적 글쓰기는 남성적 글쓰기에 포섭되지 않았(못했)던 삶의 국면들을 포착하고 재현하는 가운데 인식의 지평을 확대하고 인간에 대한 이해의 폭을 확장하는 기회를 제공한다. 궁극적으로 여성적 글쓰기는 기존의 정전이 된 서사들이 함축하고 있는 경직된 이데올로기에 저항하고, 배타적이고 차별적인 가치체계에 문제를 제기한다. 더 나아가 고정관념에 대한 전복을 통해 인간의 존엄함과 삶의 진정성을 회복할 수 있도록 돕는다. 앞서 각 역사적 전환기에 여성의 경험을 여성의 관점에서 바라보고 풀어낸 여성 작가의 문학 텍스트를 통해 경계에 서 있었던 여성의 주체-되기 과정을 살펴보았다. 이로써 가부장제 이데올로기에 압도되고 억압되었던 여성 주체의 이야기를 회복하고 재구성하여 생명의 언어로 다시 쓰이길 기대한다.

더 생각할 거리

· 여성문학, 페미니즘 문학의 구분이 여성이라는 젠더주체성을 형성하는 데 미치는
영향 관계를 생각해보고 논의해보자.

· 여성문학이라는 개념과 분류를 유지함으로써 얻어지는 효과는 무엇이며, 발생하
게 되는 문제점은 무엇이라고 생각하는지 말해보자.

· '여성적' 글쓰기와 '남성적' 글쓰기의 차이가 있다면 근거는 무엇이며, 왜 그렇게
생각하는지 말해보자.

더 읽어볼 거리

· 구병모(2018), 『아가미』, 고양: 위즈덤하우스.

· 권여선(2016), 『안녕 주정뱅이』, 파주: 창비.

· 김애란(2012), 『비행운』, 서울: 문학과 지성사.

· 백수린(2019), 『친애하고 친애하는』, 서울: 현대문학.

· 정세랑(2018), 『옥상에서 만나요』, 파주: 창비.

· 조해진(2019), 『단순한 진심』, 서울: 민음사.

· 최은영(2016), 『쇼코의 미소』, 파주: 문학동네.

· 최은영(2018), 『내게 무해한 사람』, 파주: 문학동네.

1 '-되기'의 개념은 들뢰즈와 가따리의 존재론적 개념으로서 A에서 B가 되는 이항의 의미가 아니라 'devenir' 동사의 개념으로 이해해야 한다. 그러므로 이 장에서 사용하는 '-되기'의 개념은 이전에 무엇이었던 것에서 다른 무엇으로 변화 혹은 이행하는 것이 아닌 자신의 존재에 대한 정확한 인식이 부재한 어떤 상태에서 주체로 인식이 전환되는 그 자체를 의미한다. 이와 관련해서는 Deleuze·Guattari(2001), 김재인(2015: 222), 장미영(2018: 494)을 참조.
2 '한국근대문학사에서 최초의 여성 문학평론가'로 알려졌다(서정자 외, 1990).
3 '생도'는 당시 일본식 표현으로 학교에서 교육을 받고 있는 중고등학생을 일컫는 말이다.
4 <페미니즘 문학과 여성운동> 좌담회에서 조형이 사회를 보고 고정희, 김숙희, 박완서, 엄인희, 조옥라, 조혜정, 정진경이 참석하여 한국 페미니즘 문학의 정의와 발전단계, 여성문학의 전망, 사회적 의미 등 심도 있는 논의를 나누었다(조형 외, 1987: 14-29).
5 이경자의 『절반의 실패』 관련한 신문자료는 https://bit.ly/2MjEcOo이나 https://bit.ly/2TY7hDv에서 찾아볼 수 있다.
6 『절반의 실패』 복간 관련하여 「연합신문」 2020.8.15. 참조. https://www.yna.co.kr/view/AKR20200814155700005

젠더 관점으로
세상을 상상하다

젠더 관점으로 살피는 나이 듦과 돌봄

김영옥

1. 나이 듦과 정상성 규범

국내 인구 고령화는 빠르게 진행되어, 2026년이 되면 초고령사회에 진입할 것으로 전망되고 있다. 고령화에 대한 언론의 반응은 매우 선동적일 뿐만 아니라 노령인구를 주로 사회복지 예산이나 세대 간 자원 분배 등 오해의 소지가 많은, 제한된 경제 관점에서 다룬다. 누구나 안전하고 존엄한 노년기를 맞이해야 한다는 명제가 사회적 담론으로 확산되기도 전에 늘어난 기대수명이 가져올 (국가와 사회와 개인의) '부담'만을 주입시키는 셈이다. 게다가 이러한 '부담'의 소문과 정동은 점점 더 본격화되고 있는 '돌봄의 위기' 또는 '돌봄의 공백'과 더불어 노년 당사자들을 위축시키고 돌봄을 수행해야 할 또 다른 당사자들을 불안과 피로감, 죄책감에 빠뜨린다. 이러한 상황은 21세기 최대의 팬데믹인 '2020년 코로나19 재난 시기'를 통과하며 더욱 분명하게 드러나고 있다.

한 사회가 공동체로서 제대로 기능하기 위해서는 공동체 구성원에 대한 경험적 이해가 선행되어야 한다. 어떤 구성원들이 어떤 조건과 이유로 배제와 차별, 소외를 겪고 있는지 살피지 않는다면 그 사회는 공동체로서의 정체성을 포기한 것이나 마찬가지다. 65세 이상인 고령자들의 숫자가 늘어난 것만을 '초고령사회'의 내용이라고 생각한다면, 초고령사회 공동체의 모습은 매우 왜곡되고 피폐해질 것이다. 오히려 중요한 것은 '달라진 구성원 비율 속에서 어떻게 하면 모든 연령대가 호혜적으로 상호 연대할 수 있는가' 하는 것이다. '더불어'가 책임과 전혀 무관한 정치용 선전구가 아니라 그야말로 구성원들 '사이'의 삶을 서로 책임지는 보편적 태도로 전환되지 않으면 안 된다. 이를 위해서는 계층과 젠더, 지역 등을 고려한 나이 듦 논의가 더 전면화 되어야 하며, 생에서 죽음에 이르는 삶의 통합적 의미에 대한 철학적 질문 또한 깊어져야 한다.

늙는 것은 나이 드는 것이고 이것은 어느 연령대든 경험하는 생의 기본과정이다. 사람은 누구나 유아기에서 성년기를 거쳐 노년기에 도달한다. 삶의 여정에서 경험하는 모든 순간순간의 '되기'는 나이 듦이라는 과정 속에 있다. 우리는 모두 평생 나이 들어가는 법을 배우고 연습하며 삶을 사는 것이다. 그렇기에 노년을 따로 떼어내 살펴야 하는 맥락도 물론 중요하지만, 이를 위해서는 삶을 통합적으로 사유하는 태도가 전제되어야 한다. 노년은 질병, 신체장애와 인지장애, 의존, 비생산성 등과 결부된 존재로 범주화되고, 그에 따라 마치 '자연스럽다'는 듯이 주변화된다. 또한 젊음과 외모가 계급 및 자본이 되는 신자유주의·외모지상주의 관점 아래서 노인은 '잉여인간'일 뿐만 아니라 '추한 인간'이다. 그리고 이에 따른 귀결로서 노인은 암묵적으로든 명시적으로든 욕망의 경제에서 퇴출된 존재이며, (죽음만을 앞두고 있기에) 비효율적인 보살핌을 받는 대상으로 간주된다. 이 모든 현상은 전혀 '자연스럽지 않다'. 이것은 건강(한 몸),

젊음, 독립, 생산성, 임금노동 등을 정상으로 설정하고, 그에 따라 정상과 비정상의 가치 위계를 구축하는 사회문화 이데올로기의 결과다. 여기서 정상성과 비정상성을 가르는 촘촘한 경계들은 자본주의와 가부장제, 그리고 올바르게 착근(着根)되지 않은 근대주의의 교차지점들을 가리킨다. 이런 위계사회에서는 노년뿐 아니라 (어떤 연령대건) 아픈 사람, 임금노동을 하지 않는/못하는 사람, 자본주의 사회가 요구하는 시간감각을 갖지 않은/못한 사람, 어떤 형태로든 돌봄이 필요한 사람, 뷰티산업이 앞세우는 식의 아름다움을 제시하지 못하거나 또는 뷰티산업과 외모지상주의에 저항하는 사람 등은 모두 차별과 배제, 격리, 소외에 직면하게 된다.

노년/기에 대한 적절한 이해는 매우 다양한 스펙트럼을 포괄한다. 의료기술과 의학계의 관행들, 사회문화적 통념들, 거주환경과 관계망, 일상을 보조하는 기술들, 식습관과 운동 프로그램, 돌봄 체계 등등 노년/기를 특정 짓는 요소들은 이전의 그 어떤 생애 단계들보다 다양하다. 이 요소들이 어떤 형태로, 어떤 방식으로 얽히고설켜 있는가에 따라 각 노년의 모습은 달라진다. 노인의학계에서는 "80세 노인을 지금까지 딱 한 번 만나 봤다면 당신은 세상의 모든 80세 노인 가운데 딱 한 명만 아는 것이다"는 말이 돌 정도다(Aronson, 2020: 636). 그러나 모든 소수자/약자 집단에 속한 사람들이 그렇듯 노년들도 고유한 개성과 자기만의 서사를 지닌 개별자로서보다는 집단으로 정체화되는 경향이 강하다. 노년들에 대한 부정적인 집단화는 노화과정 자체에 대한 부인이나 혐오와 무관하지 않다. 여성주의 내부에서도 이러한 경향성은 확연하다. 노년이나 노화, 아픈 몸, 질병, 노년기에 대한 연구는 노년학이나 의학, 사회복지학의 일로 간주되곤 한다. 태생적으로 간학문적인 여성학조차도 노화나 노년에 대한 관심이 이렇게 적은 것은 왜일까.

2. 여성주의와 노화/노년의 문제

여성주의는 해부학은 운명이 아니라며, 해부학에 기반을 둔 성차별과 억압, 젠더권력의 부당함과 비논리성, 부정의에 맞서 싸워왔다. 그런데 해부학이 운명이 아니라면 생물학 역시 운명이 아니어야 한다. 이러한 논리하에서 여성주의가 '늙어가는 몸'에 관심을 두기란 쉽지 않다. 젠더의 수행성에 집중하는 한편, 체현된 정체성에 대한 주의를 놓치지 않았지만 여성주의가 몸을 중심에 두고 체현된 정체성을 논할 때 그것은 주로 임신, 출산, 양육 등 재생산 영역에 해당되거나 성폭력 문제에 해당되었다. 늙음이나 노년, 노후는 결코 주요 쟁점이나 연구의 대상이 아니었다. 성차별과 성폭력을 드러내고 성평등을 이루기 위한 다양한 논의들, 시도들, 투쟁들이 있어왔지만 그 모든 연구나 활동들은 건강하고 활기찬 젊은 여성들을 주체로 가정하고 있었다고 할 수 있다. 이러한 현상은 해부학이나 생물학의 '결정론' 주장을 해체해야 하는 입장 때문만은 아니다. 여성주의자들조차도 노화를 '수치스럽게' 생각하는 노화 혐오와 연령차별주의를 내면화하고 있기 때문이다.

늙음은 결코 젠더 중립적이지 않다. 남성의 늙음보다 여성의 늙음은 훨씬 더 부정적으로 의미화되고 있으며, 앞에서도 언급했듯이 외모지상주의와 신자유주의를 등에 업은 뷰티산업은 거스르기 힘든 심리적 영향력을 행사하고 있다. 이런 흐름 속에서 여성주의자들 역시 '늙어가는/늙은 몸'을 부인하기 쉽다. 젊은이들 중에는 '나이 들었다고 생각하는 만큼 늙는 법이래요!'라는 말로 '늙은이'들을 '존중'하려는 이들이 적지 않다.

긍정적 사고의 힘으로 노화도 막을 수 있다는 격려를 표현하는 말이다. 그러나 변한 것은 몸뿐, 달라진 것은 아무 것도 없다는 식의 이 언설은 살아오면서 경험한 모든 것들과 그에 따른 통찰력을 함께 지워버린다. 말년의 르 귄(Le Guin)은 도무지 늙는다는 것이 무엇인지 생각해볼 필요도, 생각해본 적도 없는 '새파란' 젊은이들이 이런 방식으로 노년을 '존중'하는 것은 그들의 내면에 막연하게 자리 잡은 (노화에 대한) 두려움의 표현이며, 이로써 오히려 노년들의 '존재가 부정'될 뿐이라고 잘라 말한다.

> 저희 할머니는 혼자 살면서 아흔아홉 연세에도 아직 차 운전을 하신답니다! 할머니 만세다. 유전자를 잘 타고난 분이다. 아주 귀감이 되겠지만 대부분의 사람들이 따라 할 수 있는 본보기로는 틀렸다. 노년은 마음의 상태가 아니다. 노년은 존재 상태다. […]현실 부정을 통한 격려는, 아무리 선의가 있어도, 역효과가 난다. 두려움은 현명하기 어렵고 결코 친절할 수 없다. […] 내 노년을 부정하는 말은 내 존재를 부정하는 말이다(Le Guin, 2019: 28).

여성주의자는 또한 젊은 여성들이 투사하는 '역할 모델'의 부담에서 자유롭기 어렵다. 아픈 몸의 경험이 없거나, 늙는 과정이 어떤 신체적·인지적 변화와 가치관의 변화를 동반하는지 잘 모르는 젊은 여성들이 늙어가는 선배들에게 투사하는 이미지는 위험할 수 있다. 투사된 역할 모델 이미지와 적절히 거리를 두고, 자신의 변화하는 상태를 제대로 해석하는 힘이 필요하다. 변화하는 자신의 모습은 스스로에게도 너무나 낯선 타자인데, 젊은이들의 투사에 부응하다보면 자기로부터의 소외만 커질 뿐이다. 타인에게 모델이 되는 위험을 간파한 도리스 레싱(Doris Lessing)은 "현명한 늙은 여성으로 나를 변신시키려는 유혹에 넘어가지 않으려고 무진 애를 써야만 했다."고 말한다(1998: 302). 말하자면,

늙은 여성은 어떤 말이나 제스처 때문에 늙는 것이 아니라 늙음에 대해 젊은 여성이 생각하는 바를 (그들에게) 투사함으로써 늙어간다. 가령, 그녀는 그녀가 하는 말이 '나이에 비해' 진보적이고 걸음걸이도 '나이에 비해' 활달하다는 평가를 젊은 여성들로부터 받을 수 있다. 젊은 여성들은 그녀가 자전거를 '여전히' 타거나 하이킹을 한다고 놀라워할 수도 있다(Cruikshank, 2016: 389).

늙음이나 노년 이해를 둘러싼 이런 정황에도 불구하고 여성주의 운동과 여성학 내부에도 노년/기, 노화, 아픈 몸, 질병 등에 대한 논의가 조금씩 자리 잡고 있다. 이러한 논의는 노화와 노년여성의 여성주의적 재/해석과 역량강화의 맥락에서, 그리고 오랜 시간 여성주의 윤리/정의철학의 핵심이었던 돌봄 논의와 함께 진행되고 있다. 이 모든 논의에서 중요한 것은 인종이나 계층, 젠더, 지역, 성정체성 등이 상호교차적으로 구성하는 노년여성의 경험이다.

1) 여성들의 말년성(末年性)

여성들은 남성보다 훨씬 더 불연속적이면서 불확정적인 삶을 살아왔다. 그런데 길어진 수명으로, 불확정적인 삶을 살아온 여성들의 노후는 예상치 못했던 다양한 가능성들로 출렁이게 되었다. '오늘날 노화는 상상력과 배우고자 하는 의지를 요구하는 즉흥 예술이 되고 있다.'(Bateson, 2013) 즉흥성에 단련된 여성들이 노후에 자신의 삶을 어떤 미학적 통일성으로 이끌지, 여성주의 운동 차원에서도, 형성 중인 고령사회의 미래 차원에서도 기대감을 자아낸다. 창의성이 '말년에 아주 중요한 측면이며, 권장된 분주함의 독성을 풀어줄 유용한 해독제'(Cruikshank, 2016: 359)임을 주지하고, 여성주의는 이에 대한 답변을 함께 마련할 수 있어야 한다.

여성의 '말년성'과 관련해 특히 '할머니의 지혜' 등으로 표현되는 늙음의 낭만화를 조심해야 한다. 물론 많은 여성들이 불확실하고 불확정적인 삶을 살아오면서 터득한 나름의 요령과 기술, 지혜가 있다. 그러나 '지혜'라는 낭만화된 고정관념은 오히려 개별 노년여성들이 겪어온 복잡다단한 삶의 구체적 맥락을 지우거나, 현실 속에서 노년여성들이 직면하는 사회적 지위의 실추를 은폐시킬 확률이 높다. 노년의 빈곤이 특정 연령에서 갑자기 시작되는 것이 아니듯, 노년의 지혜 역시 특정 연령에 갑자기 솟아나는 기적이 아니다. 오히려 각 개별 노년여성들이 각자 살아낸 삶의 맥락 안에서 창의성과 자질을 발휘해 펼치는 '즉흥예술'에 페미니스트 모두가 적극적 해석으로 동반하는 것이 필요하다. 여성주의가 그동안 축적해온 이야기와 회상, 생애 구술 등은 그러한 동반의 좋은 예다. 이들의 삶 이야기는 사회가 결여하고 있는 젠더화된 역사/생애사 의식을 제공함으로써 대중들의 삶에 대한 보편적 이해뿐 아니라, 젠더 권력 구조 내에서의 특수하고 구체적인 삶'들'에 대한 생생한 이해를 돕는다. 또한 지금처럼 젊은 층과 늙은 층이 만나 함께 뭔가를 도모하며 관계를 맺는 것이 점점 더 드문 예외적 사례가 되는 시대에 노년여성들이 전수하는 삶의 이야기는 세대 간 '잇기'에도 소중한 자원이다.

2) 노년과 돌봄

여성주의는 돌봄의 상이한 층위들을 젠더 정의에 입각해 파악함으로써 돌봄'위기' 담론의 실체에 다가간다. 고령화와 더불어, 그리고 이제 코로나 재난 시기를 거치며 돌봄은 필수 노동(essential work)으로서 더욱 주목받게 되었다. 드러났다는 점에서 돌봄은 더 이상 '그림자 노동'이 아니다. 그러나 '필수'라는 것의 사회문화적·정치경제적 의미가 무엇인지는 여전히 불투명하다. 나이 듦과 노년(의 삶), 아픈 몸, (신체적·정신적) 손상이 있는 몸, 죽음, 그리고 돌봄을 서로 상관된 의제로 살피는 것과, 경제발전이 아닌 사회 재생산을 정치경제 활동의 목표로 설정하는 것은 더 이상 유예할 수 없는 필수 과제다. 이 필수 과제를 제대로 수행하기 위해서는 노년학을 중심으로 사회의 지배적 담론이 되고 있는 '성공적 노화' 또는 '생산적 노화'에 대한 비판이 선행되어야 한다.[1] 최근에 실버산업과 함께 부상하는 노인담론은 노년의 삶을 일종의 성공 신화를 닮은 '프로젝트'로 제안하면서 각각의 노인들이 개별 주체로서 겪는 경험을 통제한다. 이로써 '좋은 삶·아름다운 삶'에 대한 그들 자신의 주체적인 해석이나 상상력은 박탈되고 오히려 소외를 경험하게 된다. 노화에 실패할 수 있다는 가설을 전제로 하면서 노화를 통제할 수 있다고, 즉 여전히 생산성과 효율성, 독립성을 성년기 못지않게 유지할 수 있다고 억측하는 '성공적인 노화' 담론은 세대 간 상호 의존하는 문화에서는 필요 없는 담론이다.

노화는 누군가의 돌봄을 필요로 하는 의존상태로 이어진다. 평균 10년 이상 투병하다가 사망하는 통계적 현실에 비추어 볼 때, 노인 돌봄은 누구도 예외가 없는 우리 모두의 문제라 할 수 있다. 나이가 들지 않아도 질병이나 사고로 신체나 정신에 손상이 오면 사람들은 돌봄을 필요로 한다. 그러나 돌봄은 이렇게 특정시기, 특정 사안과만 관련되어 필요하거나 제공되는 것이 아니다. 생애 단계별로 삶은 언제나 돌봄과 연관되어 전개된다. 삶 전체가 일종의 돌봄 생태계로 이루어져 있다. 이것은 한 사람의 삶에만 해당되는 말이 아니라 세대 간 이어지는 삶에도 해당되는 말이다. 한편으로는 삶과 사회의 재생산을, 다른 한편으로는 세대에서 세대로 이어지는 문화의 전승을 가능케 하는 것이 바로 돌봄이다. 한 사람의 삶에 초점을 맞춰 이야기하자면, 누구에게나 돌봄을 집중적으로 받는 시기가 있고, 또 돌봄을 제공하는 시기가 있다. 삶의 가능성 자체가 상호의존적 관계 속에 깃들어 있는 것이다. 여성주의는 삶이 공의존의 상태에서만 가능하다는 것을 누누이 강조해왔다. 타인에게 의존하는 것은 인간의 자연스러운 상태이며, 이렇게 의존하는 사람을 돌보는 것이 인간성의 핵심적인 특성이 될 수 있음을 담론과 이론으로 언어화해왔다 (Tronto, 2014; Kittay, 2016; Held, 2017). '공의존'이라는 존재론적 조건에서 출발할 때 '돌봄'의 의미와 외연은 변화하고 확장된다. 돌봄은 〈우리말샘〉이 정의한 것처럼 '건강 여부를 막론하고 건강한 생활을 유지하거나 증진하고 건강의 회복을 돕는 행위'라는 의미나, 〈표준국어대사전〉이 정의하듯 '관심을 가지고 보살피다'라는 의미를 훨씬 넘어서는 포괄적인 것이다.

> 돌봄은 직접적으로 긴요한 생물학적 필요를 충족시킬 수 있도록 타인을 돕거나, 타고난 역량을 발달 혹은 유지하도록 돕거나, 불필요한 고통이나 고충을 경감하도록 타인을 배려하고 응답하고 존중하는 방식으로 돕는 우리가 하는 모든 활동을 포함한다고 말할 수 있다(Engster, 2017: 15).

엥스터의 이 돌봄 정의는, 기본적으로 가정 내에서 이루어지는 재생산 노동에서 시작해 어린이집이나 학교, 노인요양시설 등에서 행해지는 돌봄노동을 가리킨다고 할 수 있다. 더 나아가 최근에는 병원에서 의료진과 기계들, 환자와 그의 가족들이 서로 협력해 병을 치료하는 것에서부터 가정과 지역사회 내에서의 다양한 보살핌 활동과 농장에서 가축들을 기르고 도살하는 것 등을 모두 '돌봄 실천(care practices)'으로 간주하면서 그 모든 활동을 관통하는 '돌봄의 논리(logic of care)'를 찾는 연구자들도 있다(Mol et al., 2010). 돌봄 실천의 범위를 어떻게 설정하든 모든 돌봄 논의들이 합의하는 돌봄의 논리는 이렇다.

첫째, 모든 돌봄 실천은 습득하고 훈련해야 하는 노동이다. 그리고 이 노동은 거의 여성들이 담당해왔고 그래서 사회경제적으로 심하게 저평가되어 왔다. 돌봄노동이 철저한 무급에서 유급으로 전환되고 있는 현재에도 이 상태는 크게 달라지지 않고 있다. 둘째, 돌봄노동은 생산 노동체계에 중대한 영향을 끼치는 재생산 노동이다. 불확실성을 넘어 삶이 가능하기 위해서는, 이윤추구와 성장, 발전에 목표를 둔 자본주의 생산 정치경제를 떠나, 돌봄노동을 중심으로 사람의 기본욕구를 충족시키고 사회를 살리는 재생산 정치경제를 해야 한다. 이러한 전환은 '돌봄 혁명'이다(Winker, 2015). 셋째, 돌봄노동은 명확하게 경계를 짓거나 '완결'의 지점을 확정짓기 어려운 관계적 노동이다. 관계를 동반하는, 관계 속에서 수행되는, 관계를 형성하는 노동이기 때문에 돌봄노동은 윤리적 차원을 지닌다. 여성주의 윤리/정치철학자들은 관계성에서 구현되는 돌봄 윤리를, 원자적 개인의 능력을 이상화시키는 자유주의 도덕철학의 대안으로 제시했다. 그러나 여성주의 윤리/정치철학자들이 제안하는 돌봄 윤리는 돌봄노동 당사자들 간의 호혜적 관계 유지를 낭만화시킬 위험이 있다. 돌봄노동의 바로 그 관계적 속성 때문에 돌봄 제공자와 수혜자의 관계에는 사랑과 감정 이입, 호혜적 이해뿐만 아니라 통제와 폭력, 권력 행사도 포함되기 때문이다(Simplican, 2015). 돌봄노동은 '좋은 돌봄'에 대한 규범적 명제를 포기해서는 안 된다. 그러나 '어떤 돌봄노동이 좋은 돌봄노동이고 그것은 또 어떻게 실현될 수 있는가'는 실천 속에서 계속 탐구되어야 할 질문이다. 좋은 돌봄은 관계성에 달려 있다. 그리고 그 관계성은 계급, 성별, 몸의 상태, 인지능력, 친지 및 지역 네트워트, 정책, 기술 등이 교차적으로 작용하면서 만들어낸다. 돌봄노동 논의가 늘 현장에서 출발해야 하는 이유다.

그렇다면 한국에서의 돌봄노동 상황은 어떠한가? 그동안 가부장제 한국사회의 성별분업체계 속에서 돌봄은 가족에게 전가되고, 가족 내에서는 여성들이 무불노동으로 이를 도맡아 해왔다. 그러나 이제 여성들에게도 '일'이 선택이 아니라 생애사를 구성하는 필수가 되면서 가족 내 돌봄은 가족 바깥으로 나가게 되었다. '돌봄의 위기' 내지는 '돌봄의 공백'이라고 명명된 이 변화는 필연적으로 '돌봄의 사회화'를 촉진시켰다. 그러나 돌봄의 양대 축이라고 할 수 있는 어린이 돌봄과 노년 돌봄은 각각 다른 방식과 정도로 공론화되었다. 어린이 돌봄의 경우 어느 정도 공공성을 확보한 것과는 달리, 장기노인요양보험으로 추진되는 노년 돌봄은 이름만 '사회화'일 뿐 실제로는 '상업화'의 특성을 더 많이 안고 있다. 또한 가족 바깥으로 돌봄이 이동했다고 해도, 임금을 받고 돌봄노동을 수행하는 사람들은 모두 여성이다.

노년 돌봄의 경우, 돌봄노동자가 노년이 거주하는 집에서 돌봄 서비스를 제공하든 아니면 요양시설에서 제공하든 이들이 임금을 받고 제공하는 돌봄의 성격은 언제나 '가족처럼' 돌보는 '사회적 효(孝)'로 홍보된다. 젠더화된 돌봄의 불평등은 전혀 변하지 않은 것이다. 결과적으로 여성들이 집안에서 하던 일을 집밖에서 하는 것일 뿐, 여성의 성역할 규범은 전혀 해체되지 않았으며, 더구나 여성이라면 누구나 할 수 있는 일로 간주되어 '전문성'을 인정받지 못한다. 돌봄노동/자의 사회적 가치도 경제적 보상도 현저하게 낮은 것은 이 때문이다. 그러나 돌봄의 현장은 돌봄을 본질적으로 '가족'의 일로 간주하는 것이 얼마나 현실을 외면하는 피상적인 이데올로기인가를 적나라하게 드러낸다. 돌봄이 필요한 많은 사람들은 돌봄노동자들에게 돌봄'서비스'를 제공받는 것 외에도 가족

바깥에서 친구나 동료, 동지, 이웃, 지인들의 돌봄을 받는다.

인구학 사전에서 완전히 빠져 있는 범주가 '친구'다. 그러나 많은 독신들, 특히 노인들은 친척보다는 친구나 이웃에 의지하여 병원에 가거나 정기적인 보살핌을 받는다. 가족간호휴가법이 보장하는 것처럼 결근을 할 수 있는 특전을 직계 가족의 간호가 필요한 경우에만 국한해서는 안 된다. 노동자는 타인에 대한 돌봄의 책임을 더 넓은 범위에서 정의할 권리를 가지는 것이 좋고, 그렇게 하도록 격려해야 한다(Folbre, 2007: 309).

한국은 2026년에 초고령 사회에 진입한다. 돌봄의 사회화를 실질적으로 현실화시키는 것과 함께, 돌봄을 가족과 무관한 것으로 만드는 것, 즉 시민으로서 누구나 하는 일로 만드는 것이 시급하다.

질병이나 장애로 인해 용변 처리를 남에게 맡겨야 해도, 다른 이를 돌보느라 머리가 산발이 되어도, 우리는 여전히 시민일 수 있다. 우리의 시민임은 선험적으로 가정되는 것이기보다는 구체적 돌봄 관계 안에서 구현되고 생산되는 것이다. 시민적 돌봄이 사회정책의 첫 번째 전제가 될 때 우리는 방치될까봐 두려워하지 않을 수 있다. 시민적 돌봄이 구체적인 돌봄관계 안에서 '적당함'의 감각을 잃지 않을 수 있는 버팀목이 될 때 우리는 한계까지 몰려 절망하지 않을 수 있다(전희경, 2020: 79).

돌봄을 시민의 일로 만든다는 것은 현실 속에서 돌봄을(비혼 딸 등) 가족 내 약자의 독박으로(지은숙, 2017) 강제하지 않는 것이며, 돌봄을 낭만화하거나 이상화하지 않고 돌봄 담론을 만드는 것이며, 사회권의 관점에서 '돌봄권'의 길을 닦는 것이다. 이로써 돌봄 실천에 내재하는 고유의 가치나 보람, 철학적 각성의 계기나 의미 또한 살려낼 수 있다.

또한 돌봄노동을 '여러 노동들 중 취약한 한 분야'나 '특정 학문 분야에서 다뤄야 할 주제'로 이해하는 것이 아니라 돌봄노동을 토대로 노동·사회구조 전반을 새롭게 짜는 변혁적 전환이 요청된다(Fraser et al., 2020). 넓은 의미에서의 돌봄, 즉 사회와 삶의 재생산 전체를 아우르는 철학과 활동, 관계성으로서의 돌봄과 현장에서 수행되는 구체적 노동으로서의 돌봄 양측을 철저하게 다시 사유하고, 그에 걸맞게 돌봄노동에 대한 사회적·경제적 보상체계 역시 바꿔야 한다. 가령, 다양한 기저질환을 갖고 있는 노년의 경우 접촉과 대면 자체가 치료나 치유의 과정이기도 하다는 점에서, 요양시설의 돌봄은 '노동'이자 '치유'이자 '관계'이기도 한 복합적인 의미를 지닌다. 더 이상 애매한 복지시스템과 상업적 사회화에서 망설일 시간이 없다. 이러한 변혁적 전환의 모색은 삶과 사회의 재생산을 가능케 하는 돌봄노동에 대한 천착에서 시작해야 할 것이다.

3. 페미니스트 할머니들, 무엇을 남길 것인가

나이 듦의 과정은 경제사회의 관점에서 실용성의 결여로 이해된다. 그러나 실용성의 결여가 곧 무능함이나 가치 없음을 뜻하는 것은 아니다. 무능함이나 가치 없음 또한 해석의 문제다. 실용성이 없는 삶이라고 해서 곧바로 무능하거나 가치 없는 삶이 아니며, 더 나아가 무엇을 능력과 가치로 볼 것이냐도 논쟁거리이기 때문이다. 사회구성원들 사이에 상호연대와 세대 간 호혜적 유대가 단단할 때 모든 사람들은 자존감을 잃지 않고도 편안하게 노년이 될 수 있다. '건강한' 노후란 건강과 손상이 서로 별개의 것으로 구분되지 않는, 즉 '건강'이 이상적으로 구축된 사고의 틀일 뿐임을 인정하는 사회에서 가능하다. 노년에 대한 상투적인 선입견과 두려움은 편안한 노후를 위해, 성차와 무관하게, 모두가 극복해야 할 장애물이다. 여성들의 경우 가부장제에서 고군분투하며 얻은 각성은 특히 노년기에 자신을 위해서나 여성주의 사회변혁을 위해서 탁월한 힘을 발휘할 수 있을 것이다. 늙어가면서 페미니스트들은 가부장제의 통념을 꿰뚫어보며 무엇이 미래 세대에게 남겨줄 유산(legacy)이어야 하는지를 결정할 수 있다. 이 유산은 일종의 약속으로서 과거가 아니라 미래를 향하고 있다. 길어진 기대수명 덕분에 '할머니들'의 정치적 역량이 발휘될 시간이 충분하다는 것은 기뻐할 일이다. 한국의 밀양 '할매들'이나 소성리 '할매들', 그리고 캐나다의 '화난 할매들(raging granies)'과 미국의 '할머니 유권자 연맹' 등이 벌이는 활약은 노년여성들이 미래 세대에게 물려주는 유산이다. 여성주의 자리에서 세대 간 연결의 다양한 방식을 찾는 것은 초고령사회에서 빠뜨릴 수 없는 여성주의 의제다.

- 여성주의 내부에서 노년 여성이 처해 있는 상황을 여성들 간의 차이라는 관점에서 더 치열하게 논의하기.
- 젊은 여성들이 현재 갖고 있는 '돌봄 피로감'의 맥락을 더 포괄적으로 이해하기.
- 자기 돌봄, 서로 돌봄, 함께 돌봄의 상호 연관성을 살피고 이러한 실천들의 현장을 찾아보기.
- 외모가 갖는 신자유주의식 자원 가치와 뷰티산업의 공모를 여성주의 관점에서 논쟁하기.

- 김영옥 (2017), 『노년은 아름다워』, 파주: 서해문집.
- 다니엘 페나크 (2015), 『몸의 일기』, 조현실(역), 서울: 문학과지성사.
- 마사 C. 누스바움·솔 레브모어 (2018), 『지혜롭게 나이 든다는 것: 현명하고 우아한 인생 후반을 위한 8번의 지적 대화』, 안진이(역), 서울: 어크로스.
- 슐람미스 샤하르 외 (2012), 『노년의 역사: 고정관념과 편견을 걷어낸 노년의 초상』, 안병직(역), 파주: 글항아리.
- 아르노 가이거 (2015), 『유배중인 나의 왕』, 김인순(역), 파주: 문학동네.
- 아서 프랭크 (2017), 『아픈 몸을 살다』, 메이(역), 서울: 봄날의책.
- 우에노 치즈코 (2016), 『누구나 혼자인 시대의 죽음: 홀로 죽어도 외롭지 않다』, 송경원(역), 서울: 어른의시간.
- 이은주 (2019), 『나는 신들의 요양보호사입니다: 어느 요양보호사의 눈물콧물의 하루』, 고양: 헤르츠나인.
- 최현숙 (2019), 『할매의 탄생: 우록리 할매들의 분투하는 생애 구술사』, 파주: 글항아리.
- 파커 J. 파머 (2018), 『모든 것의 가장자리에서: 나이듦에 관한 일곱 가지 프리즘』, 김찬호·정하린(역), 파주: 글항아리.

---

1   노년이 받아들이기 힘든 단절로, 즉 어떤 낯선 타자성의 불쾌하고 위협적인 '침입'으로 경험되는 것
    은 무엇보다 정체성의 관점에서 문제적이다(Beauvoir, 1994). 지금 나에게 강요되는 나의 모습이
    이제까지 알고 있던 나와 동일하지 않을 때, 다시 말해 과거의 나와 지금의 나 사이에 동일시의 균열
    이 생길 때 나는 분열이나 해체의 혼란에 빠질 수 있을 것이다. '성공적 노화' 담론은(Rowe·Kahn,
    1997) 이러한 혼란에 직면해 취할 수 있는 가장 확실한 전략인 것처럼 홍보되어왔다.

가족구성권과 존엄하게 살아갈 권리

김순남

1. 내가 선택하는 관계와 가족구성권

'가족'이란 하나의 가치로, 절대적으로 따라야 하는 모델이 있는 것은 아니다. 개인의 삶에서 '가족'에 대한 정의는 다양하다. 현재 개인들은 여러 유형의 가족들을 경험하는 시대에 살고 있다. 무엇보다, 국가가 상정하는 정상적인 가족, 일탈적인 가족이라는 이원화된 구분을 넘어 개인이 자율적으로 가족의 의미를 만들어가는 주체로 등장하는 시대이며, 혼인·혈연가족이 당연한 삶의 안식처가 아니라 지금 맺고 있는 관계가 나의 삶에서 어떤 의미인가를 질문하는 친밀성의 변동이 일어나고 있다 (Elisabeth Beck-Gernsheim, 2005). '더 이상 당연한 가족은 없다'는 의미는 단일하고 고정적인 가족 모델이 없다는 뜻이다. 또한 '결혼하지 못한' 삼포세대라는 이름 아래 소환되는 기존 가족의 복원 욕망이 아니라, 근대 가족주의의 틀로 포괄할 수 없는 다양한 개인들과 삶의 등장을 의미한다. 개인들이 맺고 있는 관계를 중심으로 가족의 의미를 재정의하는 흐름은 다양한 방식으로 가족을 구성할 권리와 연결된다.

가구 형태의 지속적인 변동은 가족을 바라보는 가치관의 변화와 맞물려있다. 만 20세 이상 70세 미만 국민 총 1,500명을 대상으로 한 한국여성정책연구원의 조사에 따르면, 가족 돌봄 요구와 경제적 불평등 수준이 낮고, 개인 중심적인 가치가 증가하여 가족구성원 간의 규범적 부담은 적지만 친밀성이 강화되는 '느슨하지만 친밀한 가족' 시나리오에 대한 긍정적인 응답이 44.8%로 높게 나타난다(장혜경 외, 2013). 한편, 결혼을 둘러싼 가치관 변화는 기혼여성들이 바라보는 결혼에 대한 부정적인 답변에서도 나타난다. 기혼여성들을 대상으로 진행한 2018년도의 조사에서, 결혼에 대한 긍정적 응답으로 '반드시 해야 한다'는 9.0%, '하는 편이 좋다'는 30.4%에 그쳤지만, 결혼에 대한 유보 또는 부정적 의견은 60.1%로, 2015년과 비교하여 결혼에 대해 부정적인 의견이 크게 늘어났다(이소영 외, 2018). 또한, 결혼에 대한 태도 변화는 결혼이 아닌 다른 방식의 관계에 대한 인식 변화 및 가족에 대한 인식과 가치의 변화와도 맞물린다. 이러한 생애변동과 관계성의 변화는 2020년 서울시 거주자를 대상으로 진행한 조사에서 구체적으로 드러난다. 주거와 생계를 같이 하는 298명에 대한 조사에서 조사대상자는 친구(37.6%), 동성연인(35.2%), 이성연인(20.5%)과 주거와 생계를 함께 하고 있었다. 이들에게 가족의 조건은 '강한 정서적 유대감'(50.3%), '인생의 미래 함께 계획'(26.2%)으로 조사되었고, '법적인 혼인이나 혈연관계'(2.0%)라는 응답은 가장 낮았으며, 현재 같이 사는 사람과 이후에도 살 것이라고 응답한 비율이 70.1%로 관계의 만족도 또한 상당히 높게 나타남을 보여준다(김영정·기나휘, 2020). 이러한 조사는 '더 이상 당연한 가족이 없다'라는 사회적인 변화를 반영하며, 가족적인 결속은 법적인 구속이나 혈연을 통해서 획득되는 것이 아니라는 인식을 드러낸다.

다음의 이야기들은 기존 '가족'을 너머 새로운 방식으로 친밀한 유대감을 실천하는 혹은 상상하는 흐름들의 한 단면이다.

'진짜' 가족은 꼭 결혼으로만 이루어지는 것이며, 그 외의 모든 가족은 '가짜'인 걸까? 혈연이 아니라 친구라는 이유로, 부부가 아니라 연인이라는 이유로 얼마나 다양한 가족들이 외면받는 걸까(대학내일, 2019).

저는 제 동반자가 배우자로서 권리를 동등하게 누리길 희망합니다. 우리는 관계를 법적으로, 제도적으로 보호받고 싶습니다. 이런 상황은 대한민국에 존재하는 많은 동성커플이 겪는 일이라 생각합니다(비마이너, 2019).

언젠가 남편과 생활동반자법에 대해 이야기를 나누면서 그런 게 있었다면 우리가 굳이 동거 생활을 끝내고 결혼이라는 결정을 했을까? 질문했던 적이 있었는데 글쎄 안 하지 않았을까가 우리의 결론이었다. 대안을, 바깥을 꿈꿀 수 있도록 해주는 제도와 이야기들은 정말 많을수록 좋은 것 같다(트위터 Ah@_inbetweeener, 2019).

위의 이야기들은 혈연과 이성애결혼으로 제도화된 가족에 대한 정의를 질문하고 있다. 그리고 내가 누구랑 살고자 하는지, 어떤 관계를 맺고 싶은지를 결정할 수 있는 주체가 사회와 국가가 아니라 자신일 수 있어야 평등한 사회라는 점을 강조하고 있다. 또한, 이성애결혼만이 유일하게 가족으로 인정되는 사회에서 자기 자신다운 삶을 살아가는 것은 불가능하며, 다양한 방식으로 개인의 존엄과 친밀한 유대감을 만들 수 없는 사회는 이미 개인의 자율성을 침해하고 있다는 점을 보여준다.

기존 가족제도에 대한 반문은 서로의 삶을 돌보는 새로운 관계망을 만드는 흐름과 연결된다. 새롭게 친밀한 유대를 형성하려는 태도가 가족을 구성할 권리와 만난다. '가족을 구성할 권리'(이하 가족구성권)라는 개념은 '누구나 자신이 원하는 가족·공동체를 구성하고, 어떠한 생활공동체라 하더라도 차별 없는 지위를 보장받을 수 있는 권리'를 의미한다. 이 개념은 또한 원가족과 이성애결혼 중심의 관계만이 아니라 개인이 구성하는 인생의 동반자 관계를 인정하는 것이 성평등하고 인권에 기반한 사회임을 주장한다. 가족구성권 개념은 1948년 유엔세계인권선언 16조 1항에 처음으로 등장한다. 이는 흑인과 백인의 결혼을 법으로 금지한 국가·지역의 존재가 곧 인종차별이며, 흑인과 백인의 결혼 금지 자체가 가족구성권을 침해하는 차별적인 조항임을 문제시하는 권리개념으로 출현하였다. 가족을 만든다는 것이 모든 시민에게 동등한 권리가 아니라 배제 및 차별과 연결되어 있다는 문제의식은 2006년 인도네시아 요그야카르타주에 모인 성소수자 인권단체, 국제법 전문가들이 채택한 요그야카르타 원칙(the yogyakarta principles)에서 가족구성권이 '성적지향이나 성별정체성과 무관하게' 모두에게 동등하게 부여되어야 할 권리이며, 가족상황으로 인한 차별을 폐지해야 한다는 선언으로 이어졌다(가족구성권연구소, 2019).

　가족구성권 논의의 출발은 내가 맺고 있는 관계가 이성인지, 동성인지, 혹은 비혼동거인지 아니면 비혈연공동체인지에 따라서 가족이냐, 아니냐를 구분하고, 그것에 따른 차별을 만들어내는 사회문화와 제도를 비판하는 것으로부터 시작된다. 또한, 다양한 가족구성권에 대한 요구는 국가와 사회가 혈연과 이성애 결혼중심으로 이상적인 가족모델을 보편적인 것으로 규정하고, 모든 시민이 그러한 생애모델을 따르도록 하는 강제를 문제화하는 것이다. 그런데 한국에서 법적인 가족의 범위는 호주제 폐지 이후에 개정된 '민법' 제779조에 기반해서 혈연과 혼인을 중심으로 정의된 가족으로만 한정하고 있다.

'민법상' 가족의 범위

민법(법률 제17530호, 2020.10.20., 일부개정) 제779조(가족의 범위)

① 다음의 자는 가족으로 한다.

  1. 배우자, 직계혈족 및 형제자매

  2. 직계혈족의 배우자, 배우자의 직계혈족 및 배우자의 형제자매

② 제1항 제2호의 경우에는 생계를 같이 하는 경우에 한한다.

우리의 삶에 영향력을 행사하는 법 전반에 있어 가족의 범위는 '민법'에 의해 규정된다. 즉, 사회보험, 공공부조(취약계층지원·사회서비스), 죽음·질병, 노동조건 규제, 교육, 조세, 준조세, 재산, 의료, 입양뿐 아니라 주거정책에서 포함하는 관계망 또한 '민법'을 중심으로 상상되어왔다(가족구성권연구소, 2019). '민법'뿐만 아니라 '건강가정기본법' 조항에 근거해서도 '건강가정 구현에 기여'하는 것을 국민의 권리·의무이자 국가 및 지방단체의 책임으로 규정하면서, 건강하고, 이상적인 가족 대 위기가족 혹은 취약가족으로 이분화하여 가족을 규정하고 있다.

이러한 가족의 범주는 가족의 '정상성'을 공고히 하거나, 이데올로기적인 차원에서의 작동을 넘어선다. 이성애 결혼과 혈연에 기초한 가족 범주는 인간이 태어나서 죽음의 순간에 이르기까지 삶에 필수적인 요소인 주거, 노동, 의료, 연금 전반에 걸쳐서 작동하는 사회권과 밀접하게 연결되면서 차별과 낙인을 공고히 하고 있다(나영정, 2019). 또한, 죽음의 순간이나(오마이뉴스, 2018), 의료 현장에서조차도 자신이 선택하고, 함께해 온 사람들이 자신의 장례를 주관하고, 의료를 결정할 수 있도록 하는 삶의

자기 결정권이 침해되고 있다(공선영 외, 2019).

이렇듯, 이상적인 가족의 범주는 내가 어떠한 삶을 살고자 하는지, 누구와 어떤 식으로 관계를 맺고 있는지에 따라서 가족상황으로 인한 차별들을 만들고 있다. 이러한 현실은 다양한 가족구성권 논의를 통해 '정상가족' 외곽에서의 삶에 대한 차별과 낙인의 해소와 함께 가족을 둘러싼 사회문화 전반을 재구성할 것을 필요로 한다.

2. 이성애규범적인 젠더되기와 가족제도의 불평등

기존 가족제도를 질문해야 하는 이유는 기존 가족제도가 다양한 관계를 차별해서만이 아니다. 바로 누구도 이 사회에서 작동하는 가족제도로부터 자유롭지 못하기 때문이다. 내가 이성간의 결혼을 하든, 하지 않든 '언제 결혼할거냐'라는 질문이 일상적으로 주어지는 사회에서 혼인·혈연에 기초한 가족제도 경계의 안과 밖은 공고하지 않다. 또한, 결혼을 한 여성일지라도 자녀양육을 이유로 노동권을 유지하기 어려운 상황은 한부모 여성들이 자녀양육 과정에서 경험하는 가족상황으로 인한 차별과 분리되지 않는다. 평등한 가족구성권 요구는 자녀양육의 책임을 여성에게 전가하지 않는 것이다. 그리고 여성이 남성과의 관계에서만 행복할 수 있다는 이성애중심적인 가치를 질문하면서 혼자살기 등의 방식과 더불어 다양한 방식으로 함께 살아가는 삶을 공론화하는 것이다. 이러한 지점에서 한부모 여성들의 평등한 가족구성권 요구는 단순히 한부모 가족에게만 관련된 사항은 아니다. 이는 가족의 정상성을 매개로 여성의 자리를 가정으로 고정하고, 자녀 돌봄의 책무를 여성에게 부과하는 젠더규범의 작동을 교차적으로 질문하는 것이며, 이성애-결혼-부부

관계를 중심으로 구성된 가치를 변형시키는 것이다.[1] 당연히 여성은 남성과의 관계에서만 이상적인 삶을 구현할 수 있다는 생각은 동성커플에 대한 낙인의 배경이 될 뿐만 아니라 기존의 젠더 관계를 정당화하면서 여성의 돌봄 전담자 역할을 공고히 하는 사회규범과 교차된다.

페미니즘이나 소수자 정치에서 가족제도를 질문하고, 가족을 정치화하는 이유는 단지 이상적인 가족의 형태(이성간의 결혼-출산-양육-돌봄-죽음)를 규정하는 문제만이 아니라 비장애인, 중산층, 이성애에 기초한 삶을 이상화하고, 그러한 인간 모델을 정당화하는 방식이 가족제도를 경유해서 작동해 왔기 때문이다. 또한, 기존의 가족의 모습은 이상적인 남성되기와 여성되기로부터 자유로운 관계가 아니라 남성에게 의존되고 보호받는 여성과 자녀들의 삶을 지극히 당연한 사적인 삶으로 간주해 왔고, 가정폭력의 문제 또한 가정내의 문제로 사고해 왔다. 남성생계부양자 모델에 기반해서 여성은 가정에서 돌봄 제공자이자 동시에 남성에게 의존되는, 가정에 종속되는 존재로 간주되어 왔고, 남성생계부양자가 없는 가족은 결손가구이거나 국가에 의존하는 의존자로 규정해 왔다(송다영·정선영, 2013). 2019년도 국제 여성의 날에 영국 킹스칼리지에서 국가별 500-1000명을 대상으로 진행한 조사에 따르면, '육아를 위해 집에 머무르는 남자는 남자답지 못하다'고 생각하는 응답자는 평균 18% 정도였지만 한국은 76%로 가장 높은 수치를 보였다. 이는 두 번째 나라인 인도(39%)의 두 배에 가까우며, 일본(15%)의 5배나 된다(핀치클럽, 2019). 위의 결과는 한국 사회에서 가족은 친밀한 유대감에 기초하여 인간의 삶에서 중요한 관계를 자유롭고 평등하게 맺는 것이 아니라 가족제도 자체가 이미 평등하지 못한 젠더규범을 공고히 하는 기제로 작동함을 보여준다.

배은경(2012: 182)은 한국의 가족계획은 국가발전주의에 기반해서 '인간재생산'을 위한 인구문제를 해결하기 위한 기능으로 존재해 왔고, "국가의 발전"이라는 미명아래, '가족의 행복'은 당연히 따라오는 것으로 개인의 자율성을 봉쇄해 왔음을 지적한다. 어떠한 개인이고자 하는가, 어떠한 관계를 내가 만들고자 하는가에 대한 자율적인 물음이 봉쇄되는 그곳, 그리고 자율적인 개인이되기보다는 인간을 역할로서 할당하고, 강제하는 그곳에서 개인의 행복과 사회와의 유기적인 공존은 차단되고 가족은 고립화 될 수밖에 없다. 지금까지, 가족제도는 이성애규범적인 가족질서의 경계를 넘는 존재들을 사회적으로 근본이 없는 존재들로 간주해 왔으며, 그 대상은 미혼모, 성소수자뿐만 아니라 가족에게 의존되는 존재로 간주되는 장애인들로 연결되며, 결혼하지 않은 독신여성은 출산을 기피하는 이기적인 존재로 문제화되어 왔다(김순남, 2019). 가족의 정상성은 신체행위에 대한 규범성을 만들어 왔으며, 신체행위의 규범성은 누구랑 언제 성적인 관계를 해야 하는지, 결혼을 통한 출산인지 아닌지를 규율해 왔고, 트랜스젠더인지 아닌지 혹은 파트너가 동성인지, 이성인지를 판단하면서 누가 이 사회에서 존엄한 존재인지를 가족의 정상성을 매개로 공고히 해왔다. 이러한 지점에서 가족규범을 질문하는 것은 사회가 강제하는 삶과 관계로부터 떠날 수 있는 권리이며, 다양한 가족구성권에 대한 권리는 '주어진', '운명적인' 가족질서를 넘어서 나의 삶을 지지하고, 삶을 함께 만들어 가는 생애동반자 관계를 실천하고, 전망할 수 있는 새로운 사회적인 삶의 가능성을 만들어 가는 과정이다.

3. 고립된 가족책임을 넘어 삶의 안전망 구축하기

비혼모, 한부모, 장애인, 성소수자, 가난한 사람들, 이주자들은 삶의 차이들은 존재하지만 모두 원가족의 삶을 불안정하게 하는 사람들, 그리고 제대로 된 가족관계를 맺을 수 없는 사람들이라는 사회적인 차별에 연루된다. 사회적으로 '민폐'로 간주되는 소수자들은 "가난하냐"를 죽고 싶을 만큼' 증명해야 하는 대상이 되거나(경향신문, 2019) 혹은 부양의 무제로 인해서 이혼한 한부모가족임에도 가족부양의 책임이 있는 전남편이나 혈연가족이 있을 경우에 사회적인 지원을 받지 못하면서 빈곤의 사각지대로 내몰리고 있다(노컷뉴스, 2014). 가족주의가 공고한 한국 사회에서 가족은 현재와 미래의 삶의 안전망을 만들어 가는 중요한 토대로 작용해 왔다. 청소년은 부모에게 의존해야 되는 '의존기'로 규정되어 왔고, 그 시기를 벗어나면 이성애결혼으로 진입하는 '독립기'로 규정되어 왔다(장경섭, 2009). 그러나 더 이상 결혼으로 인한 독립은 자연스러운 수순이 아니며, 자발이든 비자발이든 이성간의 결혼으로 진입하는 시기는 유예되기도 하고, 혹은 장기적으로 '대안적인 삶'을 모색하는 흐름 또한 공고하다. 지금까지 한국사회는 공적인 영역에서의 지원체계가 부족한 상황에서 개인과 가족의 저축, 민간보험, 부동산(주택) 등 사적 자산이 개인과 가족이 직면한 사회위험에 대응하는 역할로 자리해왔고, 국가 사회가 공적으로 삶의 안전망을 구축하기보다는 사적으로 안전망을 만드는 것을 적극적으로 추동해왔다(윤홍식, 2019). 그러나, IMF 경제위기 이후에 가족단위로 생존이 불가능한 계층은 증가하고 있으며, 부양과 돌봄, 교육, 주거, 교육의 책임 모두를 가족에게 전가해온 제도적 가족주의는 가족 간의 유대감을 공고히 하는 것이 아니라 역으로 정서적이든, 실제적이든 가족이 개인의 삶을 억압하는 토대로 작용한다(장경섭, 2019). 무엇보다, 혼인·혈연을 중심으로 구축되어 온 제도적 가족은 오랫동안 상당한 사회적 기능과 역할을 수행해 왔으나, 가족 단위로 맡겨진 생존의 결과는 OECD 노인 빈곤 1위라는 참담한 결과뿐만 아니라 특히 가족 내의 돌봄을 전담해온 여성 노인의 빈곤으로 이어지고 있으며, 가족에게 폐를 끼치는 존재로 간주되거나 사회에서조차 '존엄'하지 않은 존재로 내몰리고 있다(최현숙, 2018).

생애변동으로 인한 '불안감'의 증대는 단순히 경제위기로 인한 삶의 위기나 또다시 기존의 가족질서에 대한 복원에 대한 욕망이 아니라, 이성애 혼인·혈연을 넘어서 새로운 삶의 안전망을 우리 사회에 요청하고 있다. 그것은 자율적인 개인이 '선택하는' 관계들에 대한 존중과 원가족을 넘는 새로운 공동체의 유대감을 만들어 가는 과정이어야 하며, 원가족에게 종속되지 않는 주거, 고용, 의료 등에서 평등한 '사회적'인 삶이 가능한 조건을 필요로 한다. 삶의 고립은 원가족이 없기 때문에 '무연고'가 되는 것이 아니라 원가족 외에 다양하게 의지할 수 있는 사회적인 토대가 부족할 때 고립으로 이어질 수 있기 때문이다(김순남 외, 2019).

4. 새로운 친밀한 유대와 다양한 방식으로 삶을 살아갈 권리[2]

엘리자베트 벡-게른스하임(Elisabeth Beck-Gernsheim, 2005)은 후기근대의 가족변동의 핵심은 결혼이나 부모에게 귀속되는 삶으로부터 자기만의 독자적인 삶에 대한 욕구와 동시에 새로운 결합과 친밀함에 대한 동경으로 정의한다. 이러한 맥락에서, 다양한 가족구성권에 대한 요구는 관계성과 분리된 개인화가 아니라 나를 중심으로 관계를 구성하고자 하는 관계적 개인화와 연결되며, 동시에 그러한 관계가 차별받지 않는 존엄한 사회를 만들어 내고자 하는 흐름과 연결된다. 김도현(2019)은 근대자본주의의 개인주의에 기반한 자립개념을 질문하면서 '연립'이라는 의미를 설명한다. 이러한 연립의 의미는 의존적인 존재와 자립적이고 독립적인 존재라는 이분법을 질문함과 동시에 관계망을 통해서 새로운 유대감과 결속감을 만들어내는 '개인'들의 삶을 드러내는 것이다. '사회적인 삶'의 가능성은 홀로서기가 아니라 관계 속에서 고립되지 않고, 함께 살아가는 삶의 가치 속에서 형성되며, 혼인·혈연을 넘어서 새로운 사회적 유대를 만들어 가는 실천들과 만난다.

특히, 자립은 의존하지 않는 것이 아니라 함께 살아갈 수 있는 공생의 세계 속에서만 가능한 것이며, 개인이 의존할 수 있는 다양한 선택지가 사회에서 존재할 때 비로소 가능한 것이다(김도현, 2019). 더 이상 기존 가족단위로 생존이 불가능한 사회, 그리고 기존 가족단위로 생존과 관계성이 상상될수록 가족은 공동체와 분리되어 고립되고, 개인의 삶의 위기는 강화될 수 있다. 그것은 가족단위를 중심으로 결혼-출산-죽음을 상상하는 시대가 아니라 현재, 이곳에서 내가 믿고 의지하는 관계를 통해서 삶은 만들어지며, 그러한 삶을 지지하는 관계에 대한 사회적인 인정을 필요로 한다(친구사이·가구넷, 2018).

이어지는 글에서 들려주는 몇몇 사람들의 이야기는 홀로서기가 아니라 삶의 물적 토대로서의 관계성에 대해서 강조하고 있으며, 국가가 인정하는 가족모델이 아니라 다양한 생활 공유를 통한 친밀한 유대를 통해서 삶의 의미를 함께 만들어가는 실천들을 보여준다.[3]

1) 원가족을 질문하기

가족은 더 이상 단일한 욕망을 가진 구성원들이 함께 사는 곳이 아니다. 어떤 형태의 가족이라도 이질적인 욕구와 가치가 충돌하는 것이 '정상'이며, 그러한 충돌을 당연한 삶의 태도로 바라보는 것이 개인의 삶을 가족형태에 종속시키지 않는 출발이다. 크리드(Creed, 2000)는 가족연구에서 중요한 것은 가족을 동질적인 구성원들이 사는 것으로 보는 것이 아니라, 다양한 가치를 가진 사람들의 집합체와 관계망으로 사고하는 것이 중요하다고 언급한다. 다양한 삶의 경험이 중첩되는 곳인 가족은 사적인 공간이 아니라, 사회적으로 작동하는 젠더불평등, 사회적인 불평등이 밀접하게 연결되는 곳이며, 단일한 형태로 가족의 의미를 상상할수록 여성과 소수자의 삶은 가족이라는 이름으로 종속될 수 있다는 것이다. '행복한 개인들의 집합체'로서의 가족만들기의 욕망은 기존 원가족으로부터 받았던 상처나, 원가족에 대한 '신화적인' 믿음이나 가치로부터의 거리두기 시도와 만난다.

> (혈연)가족한테 상처받지 않는 사람은 없어요. 근데 자꾸 가족이 희망이고 가족이 유일한 안식처고 이런 얘기를 하면 상처받은 사람들은 돌아갈 데가 없고 너무 절망적인. 그리고 '가족에게 사랑받고 자라야 내가 사랑을 베풀 줄 안다.' 사랑받고 자라지 못한 사람은 모든 문제를 자기로 환원시키는 거예요. (중략) 실제로 교육내용도 대체로 보면 자꾸 원가족과의 관계에서 내가 바르지 못해서 생기는 문제로 이렇게 되기도 하는 거 같고 이게 다 연결돼 있는 것 같아요. 학문, 교육, 문화 모든 것들이 다 연결돼 있어서 너무 가족을 강조하고 가족이 중요하게 되고 있는 거 같은데 조금 더 행복한 개인들의 집합체인 거 그래야 그 가족이 된다는 거. 개개인별로 행복할 수 있도록 개개인의 욕구가 충족될 수 있도록 설계될 필요가 있지 않나 그런 생각이 들어요(이성커플 동거).

2) 가족형태가 아니라 개인의 관계성으로

압축적인 성장을 해 온 한국사회에서 지금까지 중요한 삶의 가치는 경제적인 부를 축적하는 것이었으며, 경제적인 능력이 유지되면 관계는 당연히 주어지는 것으로 상정해왔다. 경제적인 빈곤이 관계의 단절이나 관계 빈곤으로 이어지지만, 경제적인 것뿐만 아니라 함께 공존할 수 있는 관계를 중심으로 사회시스템을 바꾸는 것은 누구에게나 다가올 수 있는 삶의 고립감을 해결하는 데 중요한 토대가 되어야 한다.

한 사람에게 관계라는 것은 생존에 필수적인 요소인 것 같아요. 생존에 필수적인 의, 식, 주에 저는 관계라는 게 포함된다고 생각해요. 그래서 왜 독거노인 가구가 반려동물과 함께만 살아도 수명이 늘어난다고 하잖아요. 그것처럼 관계라는 건 인간존재와 생존에 필수적인 요소이고. 사실 우리가, 특히 복지 쪽에서 개별적으로 접근하는 많은 위기 케이스들, 건강문제, 주거문제, 일자리문제, 이런 다양한 문제들이 사실 관계망 하나가 키워드가 돼서 다 풀릴 수도 있을 정도라고 저는 생각하거든요. […] 권리에 해당하는 것을 스스로가 선택하고 구성할 수 없게끔 만들어 놓은 시스템은 뭔가 잘못되어 있는 거다 라고 생각을 하는 것 같아요. 지금의 시스템에 존재와 관계를 맞추고 있다는 생각이 좀 들죠(공동체_1인 가구).

든든한 것 같아요. 정서적으로나 경제적으로나 내가 아주 절박할 때 편하게 기댈 사람이 있다는 거는 아주 긍정적인 영향을 저에게 미치는 것 같고. 저는 그게 중요해요. 원가족과 달리 내가 선택한 사람들. 이들도 나를 선택한 것이고 계속 조율할 수 있고 관계를. 끊임없이 관계에서 이슈가 될 만한걸 대화로 풀어갈 수 있다는 게 저를 좀 든든하게 만들어 주는 것 같아요(동성커플동거).

3) 관계의 정상성과 공간

사회적으로 지원되는 주거정책은 신혼부부 정책이나 일부의 한부모 가족정책이나 1인 가구 중심으로 진행되고 있다. 그러나, 한부모가족을 위한 주거정책에서도 한부모가 맺고 있는 동거관계나 공동체 관계는 주거정책에 포함되지 않기 때문에 다양한 방식으로 친밀한 유대감을 맺는 관계들의 양상은 배제될 수밖에 없다. 또한, 혼인관계가 아닌 동거관계는 법적으로 주택담보 대출 액수나 이자에서의 불이익을 경험하고 해소 시에는 보호가 취약한 상황으로 내몰린다. 이렇듯, 결혼 아니면 1인 가구로 상정되는 주거모델은 결혼·혈연관계를 떠나서 함께 잘 살고, 함께 연립할 수 있는 사회적인 토대를 취약하게 한다.

> 일단은 되게 직관적으로 생각했던 건데. 결혼이 더 이상 우리의 선택지가 아니고, 의무사항도 아니라면, 그러면 1인 가구뿐인가? 했을 때 그건 아니어야 된다는 입장에서 출발했던 거고요. 지금 아무래도 비혼 관련한 담론 같은 게 어쨌든 1인 가구 위주로 되고 있는데, 심하게 가면은 나는 아무도 필요 없다고, 비혼여성은 막 독립적이고 이런 얘기를 하는데. 사실은 누구도 독립적일 수 없잖아요. 그렇다고 할 때 내가 정말 신뢰할 수 있는 누군가가 있다면, 그 사람과 더 가깝게, 가족으로서 살아갈 수 있어야 하지 않나. 그런 생각에서 출발한 것이었고(친구 동거_3인).

"결혼 아니면 1인 가구뿐인가?"라는 질문은 비혼이 결혼 전 단계의 임시적인 삶이 아니라는 인식의 변화뿐만 아니라 1인 가구만이 비혼의 선택지가 아니라는 것이다.[4] 결혼은 함께이고 비혼은 1인으로만 사는 것이 아니라 관계적 존재로서 삶을 살아가는 누구든 혼자 잘살 수 있는 토대뿐만 아니라 함께 잘살 수 있는 토대가 필요함을 제기한다. 혼자 살기와 함께 살기의 삶이 유기적으로 연결되지 못할 때 누구든 불안정하고, 고립적인 삶으로 연결될 수 있다. 혼자만이 아니라 '내가 정말 신뢰할 수' 있는 사람과 삶을 살아내는 과정을 지원하고, 연결하는 것이 사회의 책무라는 것은 너무나 자명하기 때문이다.

4) 삶의 중요한 순간에 '사라지는' 생애동반자

앞에서 언급한 '민법' 779조의 조항에 근거해서 사회적으로 가족의 의미는 이성애결혼·혈연관계로 국한되며, 실제 삶에서 경험되는 위기의 순간마다 호명되는 보호자의 범위를 자연스럽게 제한하고 있다. 2018년 3월부터 보건복지부는 공공병원에 연대보증인을 요구하는 입원약정서 시정을 요구하였지만, 환자의 의사를 존중하지 않고 무조건 직계가족 '보호자'를 찾는 관행은 여전히 민간병원에서 이루어지며, 직계가족을 중심으로 보호자를 찾는 병원문화는 일상적으로 작동한다. 또한, 원가족 외에 나의 죽음에 대한 장례 절차를 일임하고자 할 경우에도 장례에 관한 유언이 존중되기보다는 죽음의 순간 '나의 신체'가 자연스럽게 원가족에게 귀속되는 삶이 당연시 되어 왔다. 누가 나의 죽음을 애도할 권리가 있는가, 그 애도의 대상이 누구여야 하는가를 내가 결정할 수 없는 사회에서 삶이 존엄할 수 있다고 단정할 수 없다.[5]

그리고 저번에 저 옛날에, 얼마 전에 쓰러졌었다 그랬잖아요? 그때도 119한테 그냥 사촌이라고 하고. 같이 사는 친구예요, 이렇게 얘기했나? 그런 진짜 위급한 상황에 아무리 저희가 이렇게 오래 활동하고 해도, 불이익을 당할 것 같아서 이야기를 안 하게 되더라고요. 왜냐면 오히려 되게 급한 상황인데 괜히 그런 걸로 지체할 수 없으니까(동성커플 동거).

제가 작년에 맹장 수술을 하게 되었는데 의식 없었던 것도 아니고 의식이 있고 제가 동의할 수 있는 상태였는데 제 동의가 먹히지 않고, 가족을 찾고. 가족이 와야 수술을 할 수 있다고. 병원에서 가족 찾는 게 너무 싫어요(장애여성 1인 가구).

5. 보호나 차별이 아니라 권리의 주체로

오늘날 많은 사람들은 현재 1인 가구이지만 내일의 동거가족이 될 수 있으며, 인생에서 어느 시점까지 결혼상태를 유지했지만 생애의 어느 시점에는 친구랑 살거나 다양한 동반자 관계를 맺을 수 있는 유동적이며, 개방적인 시대를 살아간다. 성소수자, 장애인 등 사회적 소수자들이 사회적인 차별의 대상이 아니라, 다양한 방식으로 삶의 의지처를 만들고, 자신을 지지하거나 사랑하는 생애동반자를 인정하는 사회에서 공동체의 유기적인 환대와 존엄은 가능하다.

존엄한 삶의 가능성은 가족의 유지가 아니라 가족을 둘러싼 불평등과 차별의 해소이어야 하며, 개인의 삶에서 경험하는 위기를 이른바 '위기가족'이나 '취약가족'에 국한된 것이 아니라 이 사회의 시민 모두의 보편적인 권리의 문제로 접근해야 함을 드러낸다. 혼인·혈연 가족을 넘어서 다양한 방식으로 서로의 삶에 의지처와 '사회적인' 삶을 가능하게 하는 다양한 관계들의 출현은 사회의 '위험군'이나 '결핍'의 대상이 아니라 고립되고, 폐쇄된 가족, 사회를 넘어 사회를 다시 만드는 새로운 유대와 공동체의 토대로 인식되어야만 한다.

생애 모델의 다변화 속에서 다양한 관계를 평등의 관점, 동등한 시민권의 영역으로 바라보는 것은 모든 사람들의 삶의 질을 바꾸는 첫 출발이 될 것이다. 서로의 삶을 함께 만들고, 서로의 삶의 안전망이 되어주는 친밀한 관계들을 인정하는 것은 존엄한 삶을 살고자 하는 권리이자, 국가가 개인의 삶을 위태롭게 하는 것이 아니라 사회적인 보호망을 요청하는 사회권의 영역이다. 가족구성권에 대한 요구는 이성애결혼에 기초한 가족과 혈연 이외에는 의지할 곳이 없는 사회가 '실패'한 사회임을 문제제기하는 것이며, 사회를 다시 만드는 시민적인 삶의 유대와 또 다른 방식으로 가족의 의미를 재구성하는 실천적인 삶을 주변이 아니라 중심적인 가치로 재배치해야만 함을 공론화 하는 과정이다. 이를 위해서, 일상적으로 불평등한 가족문화의 변화와 더불어 가족상황으로 인한 차별을 공고히 하는 사회변화를 위해서 생활동반자법 제정이나 동성결혼에 대한 인정, 차별금지법 제정뿐만 아니라 개인이 맺고 있는 다양한 관계성에 기반한 주거, 고용, 의료, 사회정책이 수립되기를 바라면서 상호공존을 위한 돌봄과 친밀한 삶에 대한 환대가 우리 사회의 보편으로 자리매김하기를 바란다.

더 생각할 거리

· 본인의 삶에서 '가족'은 어떠한 의미인가요?

· 본인이 생각하는 가족은 누구이며, 왜 그렇게 생각하는지요?

· 본인은 어떠한 가족관계를 실천하고자 하며, 그렇게 생각하는 이유는 무엇인지요?

· 원가족으로부터 독립하는 방법은 결혼뿐일까요?

· 혼인·입양제도 외에 다양한 생활동반자 관계에 대해서 어떻게 생각하는지요?

· 가족을 구성할 권리는 왜 필요하며, 본인의 삶과 어떠한 관련이 있다고 생각하는지요?

· 다양한 관계들이 경험하는 사회적인 차별은 어떠한 것이 있는지요?

· 일상적으로 직장이나 주변에서 가족을 중심으로 경험되는 편견이나 차별은 어떠한 것이 있을까요?

· 우리사회에서 가족의 변화는 왜 필요하다고 생각하는지요?

1　송제숙(2016)에 의하면, IMF 경제위기의 순간에도 노숙자의 얼굴은 남성으로만 재현되었으며, 여전히 경제적인 문제나 가정폭력으로 집을 떠난 여성들이 노숙자가 될 수 있다는 것을 상상하지 못하는 사회에 살고 있다. "(경제위기 이후에)저는 여성 노숙인이 있다는 사실을 상상조차 할 수가 없거든요. 어떻게 자녀가 있는 여성이 아이를 버리고 집을 나올 수가 있겠어요? 어머니라면 그렇게 무책임할 수 없습니다. 미치지 않고서야 그럴 수 없죠. 그리고 혼자 사는 여성이라면 정 안 될 경우 성매매를 해서라도 생활할 수 있습니다. 그러니 여성들은 거리로 나올 필요가 없을 것 같은데요? (서울시 요보호여성 정책 담당자의 말)" (송제숙, 2016: 176).

2　4장은 가족구성권연구소가 2019년에 수행한 「서울시 사회적 가족의 지위 보장 및 지원방안연구」의 내용 일부에 기초하고 있다. 이 연구에는 서울시의회의 지원으로 김순남, 성정숙, 김소형, 이종걸, 류민희, 장서연이 참여했다.

3　아래의 인터뷰는 김순남 외(2019)의 「서울시 사회적 가족의 지위 보장 및 지원방안연구」에서 인용한 것이다.

4　서울시는 2016년도에 '서울시 사회적 가족도시 구현을 위한 1인 가구 지원 기본조례'를 제정하였다. 해당 조례에서는 이성애 혼인·혈연관계만이 아니라 다양한 가족을 포괄하는 '사회적 가족'이라는 개념을 사용하고 있다. 하지만 여전히 1인 가구 지원 정책에 한정하고 있으며, 비혈연관계들의 생활공동체 등 다양한 관계성을 포괄하지 못하고 있는 등 한계가 분명하다. '사회적 가족'의 범위를 이성애 혼인·혈연 중심이 아닌 다양한 '가족적인' 관계들로 확대하는 정책이 절실히 요청된다.

5　한국에서 장사를 치를 수 있는 규정은 '장사법' 상 제2조 제16호에 해당된다. 이 조항은 장사를 치를 수 있는 연고자를 친족으로 제한하고 있고, 2020년에 보건복지부에서 혈연가족이 아니더라도 장례를 대신 치를 수 있는 지침이 생겼지만 여전히 친족이 장례를 거부하는 경우로 한정되기에 개인이 장례를 주관할 사람을 지정할 수 없다는 점에서 애도할 권리는 침해되고 있다. 장례를 둘러싼 차별에 관한 자세한 사항은 https://www.facebook.com/familyequalityrights에서 "2020년 11월 브리핑. 동성파트너와 10년을 함께 살고 있습니다. 나는 그의 연고자 일까요?"(이종걸 가족구성권 연구위원)라는 제목으로 작성된 글을 참고할 것.

여성 노동의 현실과 평등노동권

박옥주

1. 근대사회와 여성의 일

1) 근대사회의 성별분업과 여성의 '일'

교육수준 향상 및 직업에 대한 인식의 변화로 여성의 '일자리', '직업'에 대한 요구는 점점 높아지고 있다. 한편에서는 여성 CEO, 여성 지점장, 대기업 임원 등 여성의 경제적 성공 신화들이 등장하면서 여성의 미래에 희망의 메시지를 던지는 것 같다. 그러나 여성의 일에 대한 사회적 인식이나 평가와 더불어 노동시장에서 여성 노동의 현실은 여전히 많은 문제를 안고 있다. 무엇보다 여성들이 노동시장에서 수행하는 생산노동은 물론이고 출산과 양육, 자녀교육에서부터 가사 및 가족구성원 대상의 감정노동 등은 기존의 가치평가체계에서 측정이 불가능하거나 그 평가가 절하되는 일이 많다. 따라서 다양한 여성의 일에 대한 새로운 관점의 재평가가 필요하다(한희선 외, 2018: 173).

가족 내에서 집안일과 아이 양육을 책임지고 있는 전업주부는 '집에서 놀고 있는 사람', 육아휴직 중인 여성은 '집에서 쉬고 있는 사람'이라고 인식되는 경우를 흔히 볼 수 있다. 이 여성들은 분명히 일을 하고 있지만 우리 사회에서는 일하지 않는 것으로 규정한다. 주류 경제학에서 일이나 노동은 공적 영역에서 경제적 보수가 주어지는 활동에 국한되어 사용되고 있기 때문에 이러한 개념 속에는 주부의 가사노동과 가족 안에서 이루어지는 '생산' 노동의 상당 부분이 포함되지 않는다. 우리가 자주 쓰는 '생산(production)'이라는 개념은 이윤을 창출하는 활동만을 의미하므로, 인간의 생명을 낳아 기르고 매일매일의 삶을 유지하는 출산이나 돌봄과 같은 여성의 재생산(reproduction) 활동은 기존의 경제학에서 비생산적인 것이 된다. 여성의 재생산노동은 경제학의 영역에서 평가받지 못하고 생물학의 영역이자 자연의 영역으로 한정된다(강이수 외, 2015: 52).

근대사회의 성별분업은 남성-생계책임자, 여성-가사·양육책임자로 규정하기 때문에 노동시장에 참여하는 여성을 부차적인 생계책임자로 보고 '반찬값' 또는 '용돈벌이' 수준의 저임금 지불을 정당화한다. 이러한 성별분업은 여성의 노동시장에서의 위치를 약화시키는 결정적 역할을 하고 있다. 즉 임금, 승진, 정년 등에서의 차별, 경력단절, 비정규직화 등 노동시장에서 여성에 대한 수많은 차별과 불평등을 초래하는 것이다.

2) 여성 취업에 대한 인식 변화

통계청에 의하면, 2019년 여성이 직업을 가지는 것이 좋다고 생각하는 사람은 86.4%로 20여 년 전인 1998년(86.9%)과 차이가 거의 없다. 그러나 여성 취업에 긍정적인 사람들 중에서 취업 시기에 있어서 '가정일과 관계없이 생애 전반에 걸쳐 일해야 한다'고 생각하는 사람이 61.4%로 1998년 30.8%에 비해 30.6%p 증가하여 큰 변화를 보여주고 있다. '결혼전까지만 일해야 한다'고 생각하는 사람은 이 기간 동안 13.3%에서 2.4%로 10.9%p 감소하였다. 최근에 사회 전반적으로 여성이 일하는 것에 대한 인식이 긍정적으로 변화해 왔음을 알 수 있다.

<표 1> 여성 취업에 대한 인식

단위: %

| | 계 | 소계 1) | 직업을 가지는 것이 좋다 | | | | | 가정 일에만 전념 | 잘 모르겠다 |
			결혼 전까지	첫 자녀 출산 전까지	자녀 성장후	출산 전과 자녀 성장 후	가정일에 관계없이		
1998	100.0	86.9	13.3	8.6	16.7	30.4	30.8	10.0	3.1
2006	100.0	85.5	5.0	7.3	13.0	27.4	47.3	8.7	5.8
2009	100.0	83.8	4.8	6.9	11.5	23.3	53.5	9.3	6.9
2013	100.0	84.5	4.5	6.1	13.1	24.3	52.1	6.9	8.6
2017	100.0	87.2	3.1	4.7	13.0	22.0	57.1	5.9	6.9
2019	100.0	86.4	2.4	3.7	13.5	19.0	61.4	5.8	7.8
2006 남	100.0	81.8	5.9	8.8	14.3	27.6	43.3	10.9	7.4
여	100.0	89.0	4.1	6.0	11.9	27.2	50.8	6.7	4.3
2019 남	100.0	82.8	2.6	4.3	13.7	19.1	60.3	7.0	10.2
여	100.0	90.0	2.2	3.2	13.2	18.9	62.5	4.6	5.3

자료: 통계청(각년도), <사회조사>.
1) '결혼전까지'~'가정일에 관계없이'의 숫자는 '직업을 가지는 것이 좋다'에 대한 백분율임.

2019년에 '여성이 가정일에 관계없이 직업을 가지는 것이 좋다'고 응답한 사람은 남성과 여성 모두 2006년보다 증가하였다. 이 항목에서 여성의 비율(62.5%)이 남성의 비율(60.3%)보다 조금 더 많았으나 큰 차이가 없었다. 그런데 '여성은 가정일에만 전념해야 한다'고 생각하는 사람은 남성(7.0%)이 여성(4.6%)보다 더 많았다. 결과적으로 여성 취업에 대해서는 여성들이 더 긍정적으로 인식하고 있음을 알 수 있다.

여성 취업의 필요성에 대한 사회적 인식은 점점 더 긍정적인 방향으로 변화할 것이다. 여성 학력 수준의 향상으로 여성도 사회에서 자기실현의 기회를 가져야 한다는 인식, 1997년 IMF 경제위기 이후 맞벌이가 필요하다는 인식 그리고 사회적으로 성별분업 이데올로기의 약화 및 성평등 가치관의 확대로 여성도 경제적 능력을 가져야 한다는 인식이 커지고 있기 때문이다.

2. 여성 노동의 현실

1) 여성의 경제활동과 경력단절

(1) 여성의 낮은 경제활동 참가

우리나라 여성의 대학진학률[1]은 OECD 국가 중 최고 수준으로 2009년부터는 남성의 대학진학률을 앞지르고 있다. 그러나 고학력 여성의 증가가 경제활동 참가율 증가로 바로 이어지지는 않고 있다. 여성의 경제활동 참가율은 1980년 42.8%에서 2019년에 53.5%로 10.7%p 증가하였으나 소위 선진국과 비교해보면 여전히 낮은 수준이다.[2] 성별 경제활동 참가율의 격차가 30%p가 넘었던 1980년대 이후로 점차 감소하고 있지만 2019년 현재도 그 격차가 20%p 정도로 크게 나타나고 있다.

한국은 OECD 국가 중 여성의 대학진학률이 가장 높은 그룹에 속하지만 대학을 졸업한 여성의 경제활동 참여는 가장 낮은 국가에 해당된다. 2000년대 들어 대졸 여성도 적극적으로 노동시장에 들어가고 있어 이러한 격차가 점차 감소할 것으로 예상되지만, 대졸 여성의 취업률 자체가 낮아[3] 변화의 속도가 늦어지는 것도 사실이다. 여성의 교육수준은 높아지는 데 비해 교육을 통해 획득한 능력을 사회적으로 실현할 수 있는 기회는 아직 제한적임을 알 수 있다(강이수 외, 2015: 23).

<표 2> 성별 경제활동 참가율

단위: %, %p

구분	1980	1990	2000	2005	2010	2015	2019
계	-	-	61.2	62.2	61.1	62.8	63.3
남	76.4	74.0	74.4	74.8	73.2	74.1	73.5
여	42.8	47.0	48.8	50.3	49.6	51.9	53.5
격차	33.6	27.0	25.6	24.5	23.6	22.2	20.0

자료: 통계청(각년도), <경제활동인구조사>.

<표 3> 외국의 성별 경제활동 참가율(2016년)

단위: %, %p

	계	여	남	성별 격차
한국	62.8	52.1	73.9	21.8
일본	60.0	50.3	70.4	20.1
미국	62.8	56.8	69.2	12.4
영국	62.9	57.5	68.6	11.1
호주	64.9	59.4	70.6	11.2
스웨덴	72.1	69.7	74.4	4.7
노르웨이	64.5	62.1	66.9	4.8
핀란드	58.6	55.0	62.4	7.4
프랑스	55.9	51.6	60.6	9.0
독일	61.0	55.6	66.6	11.0

자료: 한국여성정책연구원(2018), <성인지통계>.

여성의 낮은 경제활동 참가율의 주요 원인은 노동시장의 성차별과 경력단절이다. 성차별적인 노동시장의 제도와 문화로 인해 여성들은 노동시장 진입부터 배제되거나 분리 채용되며, 진입 이후에는 저임금, 고용불안정, 승진 제한 등 열악한 노동조건으로 인해 노동의욕을 상실하거나 여성에게 강요되는 가족내 돌봄노동을 수행하기 위해 때로는 경력단절을 겪기도 한다. 이러한 것들이 여성의 경제활동 참여를 가로막는 제도적이고 문화적인 장애물이다.

직장 내 성희롱이나 승진 탈락, 모성권(출산휴가, 육아휴직) 침해 등 여성들은 노동 생애 중에 많은 차별을 겪는다. 이러한 고용상의 성차별은 여성들이 직장에 들어가기 전부터 시작된다. 대표적인 예로 2017년 대한석탄공사와 가스안전공사는 단지 '여성'이라는 이유로 채용 단계에서 비정상적으로 낮은 점수를 주거나 점수를 조작해 여성 지원자를 탈락시켰다. 이뿐 아니다. "여자가 애 낳고도 오래 다니기엔 ○○분야가 좋다"는 주문을 숱하게 들으며 '좁은 미래'에 갇히는 것, '남자인 스펙'이 없어 더 미친 듯이 스펙 쌓기를 하면서도 보다 가중된 불안감에 시달리는 것, 어렵게 붙은 최종면접에서 '결·남·출' 계획에 대한 질문을 들어야만 하는 것 등 '채용 성차별'은 여성의 취업 준비 시기에 다양한 층위에서 존재한다.

자료: 오마이뉴스(2018), 〈여성에만 결·남·출 묻는 면접관, 고용에 평등은 없다〉.

여성 취업준비생들만 면접 자리에서 유독 자주 듣는 질문이 있다. 이른바 '결·남·출'(결혼·남자친구·출산). 면접관들은 여성 지원자에게 '결혼 여부 혹은 계획, 남자친구 유무, 출산계획'을 묻는다. 지원자의 업무수행능력을 판단하는 면접 자리에서 행해지는 인격 모독 수준의 무례한 질문들. "앞으로 3년간 아이 안 낳겠다고 자신할 수 있느냐?", "입사하면 남자친구랑 동거하는 거 아니냐?", "아직도 남자친구가 없다면 뭔가 문제 있는 것 아니냐?" 여성에게만 던지는 이러한 질문 자체가 남녀고용평등법 위반이지만 아무도 개의치 않는다. 남자친구가 있거나, 결혼하거나, 출산계획이 있다고 하면 탈락한다. 결혼도 출산도 전혀 생각이 없다고 하면 난생처음 본 '아버지 같은 마음'의 면접관으로부터 가족과 출산의 중요성에 대해 일장 연설을 듣고 탈락한다.

자료: 여성신문(2018), 〈'펜스룰'과 '결남출'에 사라진 여성들〉.

(2) 비자발적인 경력단절

우리나라 여성의 연령별 경제활동은 결혼 또는 가사·양육 등의 사유로 20대 후반 및 30대 여성의 상당수가 노동시장을 벗어나 비경제활동인구가 되었다가 30대 후반 재취업하는 전형적인 M자형(double-peak type) 취업의 특성을 보인다. 여성의 경제활동 참가 형태를 미국이나 스웨덴 등의 국가와 비교해보면 이들 국가의 경우는 종형(鍾型) 또는 역U자 형이거나 수평적인 고원형으로 나타난다. 즉 이들 사회에서는 여성들이 일단 노동시장에 들어오면 결혼이나 임신과 같은 생애주기와 관계없이 계속 취업을 유지하고 있는 것이다(강이수 외, 2015: 121).

<표 4> 여성의 연령별 경제활동 참가율

단위: %

	15 - 19세	20 - 24세	25 - 29세	30 - 34세	35 - 39세	40 - 44세	45 - 49세	50 - 54세	55 - 59세	60세 이상
1980	34.4	53.3	32.0	40.7	53.0	57.0	57.3	54.0	46.2	17.0
1990	18.7	64.6	42.6	49.5	57.9	60.7	63.9	60.0	54.4	26.4
2000	12.5	60.8	55.9	48.5	59.1	63.4	64.6	55.2	50.8	29.8
2010	8.5	53.5	69.8	54.6	55.9	65.9	65.6	61.3	53.3	26.9
2019	9.0	52.1	76.3	67.2	61.7	64.2	68.8	69.7	62.9	33.6

자료: 통계청(각년도), <경제활동인구조사>.

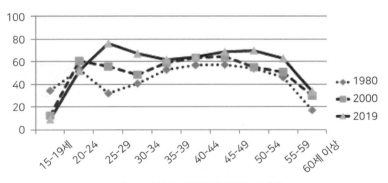

<그림 1> 여성의 연령별 경제활동 참가율

자료: 통계청(각년도), <경제활동인구조사>.

경력단절 실태를 보면, 2019년 조사대상인 25-54세 기혼여성 중 경력단절을 경험한 여성이 35.0%로 나타났다(여성가족부, 2019). 이는 2016년의

40.6%보다 감소하였으나 여성 3명 중 1명 이상이 여전히 경력단절을 경험하고 있는 것으로 심각한 문제라고 할 수 있다. 〈표 4〉를 보면 2019년 여성의 경제활동 참가율이 25-29세에 76.3%에서 35-39세에 61.7%로 약 15%p 감소하다가 이후 점차 증가하는 것을 알 수 있다. 반면 남성은 20대 후반의 70% 정도에서 30-40대에는 약 90% 수준을 보이다가 50대부터 하락하는 완만한 역U자형 패턴을 나타내고 있다.

2019년 조사에서 여성이 경력단절을 처음 경험하는 연령은 28.4세로 재취업까지 평균 7.8년이 걸린다. 경력단절 이후 재취업하는 여성의 고용은 불안정해지고 임금은 낮아진다. 경력단절 이전 상용직 비율은 83.4%에서 단절 뒤 55%로 감소하는 데 비해 임시직은 7.8%에서 14.6%로, 시간제는 5.4%에서 16.7%로, 1인 자영업자 비율도 4.8%에서 17.5%로 크게 증가하였다. 경력단절 이후 첫 일자리 임금(191만 5천 원)은 단절 이전 임금(218만 5천 원)의 87.6%에 불과하다. 또한 임금노동자 중 경력단절 경험자의 평균임금은 182만 원으로 미경험집단 223.1만 원의 81.6%에 불과하고 40만 원 이상 차이가 난다(여성가족부, 2019).

여성의 노동 지위에 부정적인 영향을 미치는 경력단절이 발생하는 이유는 무엇인가? 첫 번째 이유는 일-가족 양립의 어려움이다. 취업여성이 일-가족 양립에서 어려움을 겪는 이유는 출산과 육아, 자녀교육 및 가족 돌봄 등의 일을 여성의 일차적인 책임으로 여기는 사회적 관행 때문이다. 통계청 자료(2020: 37)에 의하면, 여성의 경력단절 사유는 육아(38.2%)가 가장 높고 다음으로 결혼(34.4%), 임신·출산(22.6%), 가족돌봄(4.4%), 그리고 자녀교육(4.1%) 순이다. 일-가족 양립 어려움의 두 번째 이유는 기업의 장시간 노동 관행 때문이다. 2018년 임금노동자 연간 노동시간은 우리나라의 경우 1,986시간으로 2,000시간 아래로 내려간 것은 처음이다(이데일리, 2019). 연간 노동시간은 점점 감소하는 추세이지만, OECD 주요국들에 비해서는 여전히 장시간 노동을 하고 있다. 장시간 노동은 "어린 자녀를 둔 여성들에게 일과 가족을 병행하기 어렵게 하는 구조적 요인이 되고 있다"(오은진, 2010: 18). 장시간 노동 사회에서 기업들은 자녀양육의 책임을 가진 여성들을 열등한 노동력으로 규정한다. 따라서 기업들은 임신한 여성, 출산 직후의 여성, 그리고 어린 자녀가 있는 여성들에게 퇴사 압력을 노골적으로 또는 교묘하게 가한다.[4] 「2019년 경력단절 여성 등의 경제활동 실태조사」(여성가족부, 2019)에 의하면, '여성들은 결혼이나 임신을 하면 계속 다니기 어려운 분위기'에 대해 62.3%, '여자들이 아이를 키우면서 직장생활을 할 수 없는 분위기'에 대해 60.3%, '휴가를 자유롭게 사용하기 어려운 분위기'에 대해 59.6%가 그렇다고 답변하였다. 장시간 노동문화는 또한 남성들의 가사 및 양육 참여를 현실적으로 불가능하게 하는 메커니즘으로 작동하여 남성들의 가사분담에 대한 견해와 실제 분담 사이에 커다란 괴리[5]를 초래한다. 마지막으로 미흡한 일-가족 양립정책과 실효성 부족 때문이다. 국공립 보육시설의 부족, 육아휴직 사용 시 불이익 등은 기혼여성의 지속적인 취업을 충분히 뒷받침하지 못하기에 여성들은 비자발적인 퇴직이나 경력단절을 선택하게 되는 것이다.

경력단절의 두 번째 이유는 여성 일자리의 나쁜 질 때문이다. 여성노동자의 퇴사 사유에 대한 실증분석에 의하면, '비정규직 일자리이기 때문에'와 '자녀를 직접 키우는 것이 더 경제적이어서'의 두 가지 사유가 40%를 넘는 것으로 나타났다(김태홍 외, 2012). 노동시장에서 여성들은 주로 남성에 비해 저임금의 불안정한 일자리에 종사하게 되는데,[6] 그 결과 여성들의 취업 기회비용은 남성에 비해 적다. 이로 인해 여성이 일-가족

병행으로 힘든 상황에 처하면 일자리를 포기하게 된다. 특히 고학력 여성일수록 희망임금(유보임금, reservation wage) 수준이 높기 때문에 일자리 포기의 가능성이 더 높아진다(이택면, 2010: 174). 기혼여성의 소득수준은 여성이 취업을 지속적으로 유지하는 데 중요한 역할을 하는데 기혼여성의 근로소득이 높아질수록 여성의 취업 중단 의사는 낮아지고 취업을 지속하는 경향을 보인다(Chang, 2006; Desai·Waite, 1991; 한국여성정책연구원, 2011: 23에서 재인용). 배우자의 소득과 비교하여 기혼여성은 자신의 소득이 비교우위를 갖는다면 경제활동에 더 참여하고자 한다(한국여성정책연구원, 2011: 23). 여성들이 경력단절을 겪는 데에는 여성노동의 특성인 '저임금과 불안정한 고용'이 주요 원인으로 작용하는 것을 알 수 있다. 직장생활을 지속하기 위해서는 추가적인 자녀양육비가 필요한데 여성의 임금이 자녀양육비에 거의 모두 소요되는 데다가 고용의 불안정으로 언제 해고될지 모르는 상황, 그리고 직장에서 성공이나 승진의 전망이 없을 때 여성들은 직장일을 포기하게 된다. 경력단절은 자발적 선택이 아니라 그 외피를 쓴 강제 퇴출에 해당되는 것이다.

2) 성별 임금 격차와 성별 직종·직무 분리

(1) 여전히 큰 성별 임금 격차

노동시장에서 여성이 겪는 차별 문제 중 가장 심각한 것은 바로 임금 차별이다. 1990년 여성의 평균임금은 남성의 절반을 약간 넘는 수준(53.4%)이었지만 이후 그 격차가 줄어 2018년에는 65.2%에 해당된다. 그러나 OECD 국가와 비교하면 임금 격차의 폭이 여전히 크다. "OECD가 2017년에 발표한 2015년 기준 성별 임금 격차에서 한국은 37%로 성별 임금 격차가 가장 큰 나라이다. OECD가 관련 통계를 작성하여 발표한 2000년 이후 한국은 성별 임금 격차가 계속 가장 크다. OECD 국가 임금 중위값의 2/3 미만을 받는 저임금 비율은 2014년 기준 여성 37.8%, 남성 15.4%로 여성이 약 2.5배 더 높다"(OECD, 2017). 최근 회계컨설팅업체 PwC가 발표한 '여성경제활동지수 2017'(연합뉴스, 2017)에 따르면 한국은 여성경제활동지수가 비교 국가 33개국 중 32위, 임금 격차 해소에는 100년 이상 소요될 것이라는 암울한 분석을 하고 있다.

<표 5> 성별 임금 격차

단위: 천원, %

연도	여성 임금	남성 임금	여성 임금비
1990	388	727	53.4
1995	790	1,360	58.1
2000	1,166	1,855	62.9
2005	1,672	2,629	63.6
2010	2,018	3,159	63.9
2015	2,362	3,780	62.5
2018	2,703	4,144	65.2

자료: 한국여성정책연구원(2018), <성인지통계>.

2009년 이래 여성의 대학진학률이 남성의 대학진학률보다 높게 나타나고 있는 현실에서 성별 임금 격차는 좀처럼 좁혀지지 않고 있다. 최근 연구에 의하면 그 이유는 근속 및 기업 규모에 따른 임금 격차와 정규직-비정규직 간 임금 격차가 증가해왔기 때문이다. 그런데 여성의 근속은 향상되지 못했으며, 비정규직 일자리와 중소기업에 집중되어 있는 취업분포도 개선되지 못했다. 이것이 학력 신장 효과를 상쇄해 버렸다는 것이다(장지연, 2011; 강이수 외, 2015: 151-152에서 재인용).

ILO의 2013년 「Equal Pay」 보고서에서는 성별 임금 격차 유발 요인을 교육과 훈련에서의 성별 차이, 일 경험-일 중단(work interruption)에서의 성별 차이, 직종 분리, 전일제(full time) 근로와 시간제(part time) 근로의 차이, 기업 규모와 노조 결성, 그리고 임금 차별(pay discrimination)이라고 보고 있다(Oelz et al., 2013; 국가인권위원회, 2017: 9-10에서 재인용). 남성 평균임금과 여성 평균임금의 차이 가운데 50% 이상이 차별의 산물이라는 연구결과도 있다. 즉, 한국의 성별 임금 격차는 생산성이나 직무관련 요인과 같은 합리적 요인이 아닌 연령이나 성역할 고정관념에 의한 불합리한 요인의 영향이 크다(강이수 외, 2015: 152).

우리 사회에서 성별 임금 격차가 줄어들지 않는 주요 이유는 성별분업 이데올로기가 노동시장에서 여전히 작동하고 있기 때문이다. 근대사회에서 남성-생계책임자, 여성-가사·양육·돌봄 책임자로 규정하는 성별분업으로 인해 여성은 노동시장에서 부차적인 노동자로 규정되고 종사할 수 있는 직종과 직무를 제한당한다. 이로 말미암아 여성의 일에 대한 평가절하가 발생하여 저임금의 정당화와 성별 임금 격차를 초래하는 것이다.

(2) 성별 직종·직무 분리

성별 직종·직무 분리는 합리적인 이유 없이 관행적으로 남성의 일과 여성의 일이 분리되는 것을 의미하는데, 이것이 결과적으로 성별 임금이나 노동조건에서 차이를 유발한다. 성별 직종·직무 분리는 분리구조의 성격상 다시 수직적 분리와 수평적 분리로 구분된다.

수직적 분리는 동일한 직종 또는 직장 내에서 성별에 따라 서로 다른 등급으로 고용되는 경향을 의미한다. 일반적으로 여성이 남성에 비해 낮은 등급(지위)의 일에 집중 고용된다. 예를 들면, 교육관련직에서 직업의 위계가 높은 교수직에는 남성의 비중이, 위계가 낮은 유치원, 초등학교 교사직에는 여성의 비중이 높다. 수직적 분리는 승진 서열상 남성을 우선시하거나 일정 직위 이상으로 여성 승진을 제한하는 관행(유리천장)에 의해 이루어지기도 한다.

수평적 분리는 동일 직종이나 직장 내에서 성별로 다른 영역의 일에 주로 고용되는 경향을 의미한다. 예를 들면 제조업에서 여성들은 섬유, 전자, 식품 등의 경공업 부문에, 남성들은 자동차, 조선, 기계, 석유화학, 건설 등 중화학공업 부문에 주로 종사한다. 이러한 성별 직종·직무 분리에 의해 여성은 주로 저임금의 낮은 지위의 일에 종사하게 되는데 이것이 또한 성별 임금 격차 발생의 요인이 되고 있다.

하트만(Heidi Hartmann, 1976: 57)에 의하면, 성별 직무 분리는 자본주의 사회에서 여성에 대한 남성의 우월적 지위를 존속시켜주는 주요 메커니즘이다. 왜냐하면 노동시장에서 여성에게 저임금을 강요하기 때문이다. 하트만은 성별 직무 분리와 가족 내 돌봄노동 전담이 여성의 노동시장 지위를 낮게 만드는 근본적 요인이라고 지적한다.

성평등 실현을 위해서는 성별 임금 격차가 해소되어야 한다. 남녀 사이의 불균등한 가사분담과 여성의 생애주기에서 유급노동과 무급노동 간의 분배를 개선하기 위해, 직업에 대한 여성의 열망, 선호, 능력, 적합성에 대한 고정관념을 변화시키기 위해서 성별 임금 격차는 해소되어야만 한다. 또한 가계와 공동체에서 여성의 재정적 의존을 감소시키기 위해, 여성과 여성의 가족이 빈곤화되는 것을 줄이기 위해, 여성이 받는 연금을 늘리고 노인 빈곤의 위험을 줄이기 위해서 성별 임금 격차가 해소될 필요가 있다. 그리고 경제위기에서 여성의 지속가능한 회복을 보장하고 장시간 근로에 대한 압력을 줄이기 위해, 이직률을 더 낮춰 기업의 생산성 향상을 위해서 여성과 남성 사이의 임금 격차는 해소되어야 한다(Olez et al., 2013; 국가인권위원회, 2017: 9에서 재인용).

유리천장

유리천장이란 '조직 내부에 뿌리 깊게 존재하는 성차별, 인종차별로 인해 여성과 소수자들이 일정 수준 이상 승진하여 고위 경영진에 합류하는 것을 가로막는 눈에 보이지 않는 장벽'을 의미한다. 유리천장이라는 개념은 1980년대 중반 미국에서 사용하기 시작했고, 기업 내 비가시적인 승진 장벽을 설명하는 용어로 사용되어 왔다. 우리나라에서도 1980년대 후반 '결혼·출산 퇴직제도'가 폐지되고 〈남녀고용평등법〉이 제정된 이후, 1990년대 중·후반 중간관리직 여성들이 서서히 증가하면서 2000년대 들어 유리천장 이슈가 조직 내 여성들이 고위 관리직으로 승진하는 데 겪는 가장 큰 어려움으로 제기되기 시작했다. 여성들이 직면하고 있는 유리천장의 현실은 정도의 차이는 있지만, 공적 부문과 사적 부문 모두에서 큰 진전이 이루어지지 않고 있다.
자료: 강이수 외(2015), 〈여성과 일〉.

동일 임금 국제 연대(Equal Pay International Coalition; EPIC)

2017년 9월 18일 ILO, UN Women, OECD 세 기관은 동일 임금 국제 연대(Equal Pay International Coalition; EPIC)의 시작을 알렸다. EPIC는 '2030년까지 청년과 장애인들을 포함하는 모든 남녀에게 완전하고 생산적인 고용과 질 높은 일자리를 제공하고, 동일노동에 대한 동일보수가 이루어지도록 노력해야 한다'는 ILO의 '지속가능발전목표(Sustainable Development Goals; SDGs)' 중 목표 8.5 달성이 목적이다. EPIC는 남녀 성별 임금 격차뿐만 아닌 모든 노동에 대한 동일노동 동일임금 가치실현을 위한 협의체로 볼 수 있는데 그 시작이 성별 임금 격차 해소라는 데는 이견이 없을 것이다.
자료: 국가인권위원회(2017), 〈남녀 임금격차 실태조사〉.

성별 임금 격차를 해소하기 위해서는 동일가치노동 동일임금제를 시행해야 한다. 누가 어떤 방식의 노동을 하건 단위 시간당 동일한 가치를 생산하는 노동에 대해 동일한 임금을 지불해야 한다. 이 원칙은 성

(gender), 고용형태, 연령, 국적 등에 따른 임금 차별 문제를 해결하기 위한 기본 조건이다.

3) 여성 노동의 비정규직화

한국사회에서 비정규직이 급증하여 사회문제가 된 것은 1997년 IMF 경제위기 이후이지만, 비정규직 여성 노동자는 이미 1990년대 초반부터 지속적으로 증가해왔고 여성 노동계에서는 이를 중요한 노동문제로 지적해왔다. 비정규직 여성 노동자는 한국 사회의 경제적·사회적 불평등 체계의 최저점에서 낮은 임금과 고용 불안정, 비인격적 대우 등 비합리적인 근로조건을 감수하고 있다. 성별, 연령, 혼인상태, 학력, 자녀 유무 등 개인적인 요인과 고용형태, 산업, 직종, 기업 규모 등 구조적 요인이 함께 작용하여 비정규직 여성 노동자의 근로조건을 낮은 수준으로 제약해 왔다(강이수 외, 2015: 237).

비정규직이란 정규직과 대비되는 개념으로 각 사회의 노동조직 방식에 따라, 또한 기업 안에서도 내부적인 규정(사규)에 따라 그 정의가 달라질 수 있다. 정규직의 정의를 고용 관계와 사용 관계가 동일하고, 기간을 정하지 않은 고용 관계를 맺으며, 법정 근로시간의 전일제 노동을 하고, 노동의 제공자가 '근로기준법' 등의 법적 보호 대상이 되는 경우라고 할 때, 비정규직은 이러한 성격에서 벗어난 모든 형태의 노동을 지칭한다(강이수 외, 2015: 238-241). 비정규직은 고용 관계와 사용 관계가 일치하지 않은 파견직과 용역직, 고용기간을 정한 기간제 노동, 시간제 노동 그리고 전형적이지 않은 호출 노동, 특수고용 노동 등 많은 유형의 노동으로 분류할 수 있다.

통계청에 의하면, 2019년 8월 임금노동자 중 정규직은 약 1,200만 명

(58.4%)이고 비정규직은 856만 명(41.6%)이다. 세부 고용형태별로는 기간제노동이 380만 명(18.5%)으로 가장 많고, 시간제노동(파트타임)도 꾸준히 늘어나 316만 명(15.4%)에 이르고 있다. 게다가 비정규직의 94.3%(807만 명)가 임시노동자이거나 임시노동을 겸하고 있어, 다른 나라에 비해 고용이 매우 불안정한 특징을 보이고 있다(김유선, 2019: 1).

<표 6> 성별 비정규직 규모 추이(매년 8월 기준)

단위: %

	2001	2003	2005	2007	2009	2011	2013	2015	2017	2019
여성	70.9	69.5	69.5	66.3	65.6	61.8	57.3	55.4	52.4	50.8
남성	45.5	45.4	46.5	45.5	41.8	40.2	37.3	36.8	34.4	34.3
전체	55.7	55.4	56.1	54.2	51.9	49.4	45.9	45.0	42.4	41.6

자료: 김유선(2019), <비정규직 규모와 실태-통계청, '경제활동인구조사 부가조사'(2019.8.) 결과> 재구성.

임금노동자 중 비정규직 비율은 점점 감소하고 있는 추세이지만, 여전히 40%를 초과하고 있다. 2007년 이후 비정규직이 감소 추세를 보이는 것은 2007년 7월부터 시행하고 있는 '비정규직법'의 영향 때문이다. 임금노동자를 성별 고용형태별로 보면, 남성은 정규직이 749만 명(65.7%), 비정규직이 391만 명(34.3%)으로 정규직이 더 많다. 그러나 여성은 정규직이 451만 명(49.2%), 비정규직이 465만 명(50.8%)으로 비정규직이 조금 더 많다(김유선, 2019: 6).

비정규직 여성의 임금은 매우 열악한 수준이다. 일반적으로 비정규직의 임금은 정규직 임금의 약 절반 수준에 불과하다. 통계청에 의하면, 2019년 비정규직 임금(171만 원)은 정규직(331만 원)의 51.8%이다. 비정규직 여성노동자의 임금은 고용형태와 젠더(gender)에 의한 이중적 차별을 받기 때문에 매우 낮은 수준이다. 2019년 8월의 월 임금총액을 보면, 여성 임금(202만 원)은 남성 임금(315만 원)의 64.1%이다. 남성 정규직 임금(369만 원)을 100이라 할 때 남성 비정규직(210만 원)은 56.7, 여성 정규직(266만 원)은

72.1, 여성 비정규직(139만 원)은 37.7에 불과하다(김유선, 2019: 18). 그러나 성별 고용형태별 시간당 임금은 최근 최저임금의 상승으로 개선되고 있는 추세이다(<표 7> 참조).

<표 7> 성별 고용형태별 임금 격차(시간당 임금 기준)

단위: 원, %

	2015.8	2016.8	2017.8	2018.8	2019.8
남성	15,174 (100)	15,741 (100)	15,878 (100)	16,781 (100)	17,410 (100)
여성	10,009 (66.0)	10,555 (67.1)	10,996 (69.3)	11,870 (70.7)	12,618 (72.5)
정규직	16,207 (100)	16,795 (100)	16,698 (100)	17,523 (100)	18,064 (100)
비정규직	8,893 (54.9)	9,312 (55.4)	9,676 (58.0)	10,400 (59.3)	11,360 (62.9)
남성 정규직	18,135 (100)	18,773 (100)	18,584 (100)	19,445 (100)	20,012 (100)
남성 비정규직	10,097 (55.7)	10,509 (56.0)	10,727 (57.7)	11,422 (58.7)	12,419 (62.1)
여성 정규직	12,683 (69.9)	13,278 (70.7)	13,412 (72.2)	14,247 (73.3)	14,831 (74.1)
여성 비정규직	7,860 (43.3)	8,284 (44.1)	8,804 (47.4)	9,556 (49.1)	10,471 (52.3)

자료: 김유선(2019), <비정규직 규모와 실태-통계청, '경제활동인구조사 부가조사'(2019.8.) 결과>.

비정규직 여성노동자의 심각한 저임금 문제는 여성노동자와 그 가족의 빈곤문제를 야기한다. 여성 비정규직의 열악한 임금수준은 이들 대부분을 일을 해도 가난하게 살아가는 노동빈민(working poor)으로 만든다. 더욱 심각한 것은 전체 가구주 중 여성 가구주가 2020년 31.9%(통계청, 2020)인데 여성 노동자 중에 비정규직이 절반을 넘는다는 것이다. 비정규직 여성노동자의 열악한 임금은 여성노동자 개인뿐만 아니라 가족 전체를 빈곤의 수렁으로 밀어 넣고 있다.

임금노동자 중 절반을 넘는 비정규직의 규모와 열악한 노동조건에 대한 개선을 요구하는 노동계의 요구가 커지자 2007년 7월부터 소위 '비정규직법'을 시행하게 되었다. 비정규직 관련 법률은 직접고용 관계를 규율하는 '기간제 및 단시간근로자의 보호 등에 관한 법률 시행령'과 간접고용 관계를 규율하는 '파견근로자보호등에관한법률'로서, 법의 핵심내용은 비정규직 노동자의 '사용기간 2년 제한'과 '불합리한 차별적 처우 금지'이다.

이 법의 시행에 대해 일부 기업들은 '무기계약직' 도입으로 대응하였다. 무기계약직(無期契約職)은 보통 1년 단위로 고용기간을 정하는(유기계약, 有期契約) 기간제와 달리 고용을 정년까지 보장하는 고용형태이다. 그러나 임금, 승진, 기업복지 등 근로조건에 있어서는 크게 개선되지 않아 기간제와 비슷한 수준이다. 따라서 노동자들은 무기계약직을 비정규직과 정규직의 중간에 해당된다고 하여 '중규직'이라고 부른다. 최근 비정규직 비중이 감소하고 있는 것은 무기계약직을 통계상 정규직으로 분류하기 때문이다.

4) 플랫폼 노동

전 세계적으로 우버나 배달앱 등으로 표현되는 '플랫폼 노동(platform work)'이 사회적 이슈가 되고 있다. 우리사회에서도 2018년(카카오 택시), 2019년(쏘카의 타다) 플랫폼 노동 관련 문제가 사회적 쟁점이 되었다. 이러한 '산업의 디지털화'는 주로 기존 산업인 제조업과 서비스업에 정보통신기술이 융합되면서 나타나는 현상이다. 최근에는 플랫폼 노동을 바탕으로 한 새로운 산업의 출현(리멤버, 크라우드 웍스)도 가속화하고 있고, 경제의 디지털화로 산업과 플랫폼이 상호진화하고 있는 현상을 보이고 있다(김종진, 2019: 1).

노동을 잘게 쪼개어 모듈 단위로 제공할 수 있는 디지털 기술은, 디지털 플랫폼에 기반하여 중개되는 노동, 즉 사이버공간에서 노동을 사고파는 플랫폼 노동을 출현시켰다(김성혁, 2019: 37). 플랫폼 노동의 정의는 매우 다양한데, 고용정보원의 정의에 의하면, '디지털 플랫폼의 중개를 통하여 구한, 단속적(1회성, 비상시적, 비정기적) 일거리로, 1건당 일정한 보수를 받으며, 고용계약을 체결하지 않고 일하면서 근로소득을 획득하는 근로형태'이다.

플랫폼 노동의 유형은 크게 '주문형 앱 노동(on-demand work)'과 '클라우드 워크(군중형 노동, cloud work)'로 구분된다. 먼저 '앱을 통한 주문형 노동'은 디지털 플랫폼으로 중개되지만, 오프라인에서 대면접촉을 통해 이루어지는 물질적인 서비스로 우버 택시, 대리운전, 홈서비스, 음식배달 등이 이에 해당된다. '클라우드 워크'는 디지털 플랫폼으로 중개되어 온라인 가상공간에서 불특정 다수의 노동자들이 참여해 이루어지는 노동인데, 주로 컴퓨터 작업으로 가능하며 오프라인에서의 대면접촉은 없다. 번역, SNS 글에 대한 '좋아요' 누르기, 댓글 달기, 디자인, 코딩 등 허드렛일부터 전문적인 분야까지 다양한 유형이 있다(김성혁, 2019: 37-38).

플랫폼 노동은 노동자의 노동환경과 노동강도에 어떠한 영향을 줄까? 김종진(2019)에 의하면, 서비스산업 사업장에서 디지털화로 인해 노동부담 증가(21.8%), 업무량 증가(25.1%), 동시에 처리해야 할 업무량 증가(14.5%), 의사결정 범위 감소(11.1%), 재택 혹은 이동 중 노동의 비율 증가(16.8%), 업무 성과 등에 대한 감시 통제 증가(25.6%) 등이 확인되었다. 디지털화로 인한 노동의 증가는 주로 판촉판매(30%), A/S 기사(29.4%)가 상대적으로 높았고, 업무량 증가는 판촉판매(35.2%), A/S 기사(29.4%), 판매직(28.1%), 영업관리(25.4%)가 높았다. 또한 디지털화의 결과로 동시에 처리해야 할 일의 증가는 판촉판매(35.2%), A/S 기사(31%)가 높았고, 재택이나 이동 중 노동 비율 증가도 판촉판매(35.2%), A/S 기사(29.4%)에게서 높았다. 한편, 자신의 업무성과에 대한 감시통제가 이전에 비해 증가했다는 의견이 전반적으로 높았다. 특히 A/S 기사(37.3%), 판촉판매(33.3%), 고객상담(30.3%)이 다른 직종에 비해서 높았다. 판촉판매, 판매직, 고객상담 등은 여성들이 많이 종사하는 직종으로 디지털화로 인해 노동환경에 큰 변화를 겪는다고 할 수 있다.

<표 8> 성별 플랫폼노동 종사자의 주요 직업

단위: %

순위	남성		여성	
	직업	취업자 비율	직업	취업자 비율
1	대리운전	26.0	음식보조, 서빙	23.1
2	화물운송	15.6	가사육아도우미	17.4
3	택시운전	8.9	요양의료	14.0
4	판매영업	6.5	청소, 건물관리	10.9
5	청소, 건물관리	5.9	판매영업	10.0
6	단순노무	5.7	화물운송	4.1
7	음식배달	5.0	통번역	4.2
8	퀵 서비스	3.7	대리운전	2.9
9	음식보조, 서빙	2.7	사무지원	2.1
10	교육강사	2.4	음식배달	1.0

자료: 김준영(2019), <우리나라 플랫폼경제 종사자 규모 추정>.

우리 나라의 플랫폼 노동자 규모는 최소 43만 9천명에서 최대 53만 8천명으로 추산하고 있다. 플랫폼 노동 관련 취업자를 성별로 살펴보면, 남성은 대리운전(26.0%), 화물운송(15.6%), 택시운전(8.9%), 판매영업(6.5%), 청소 및 건물관리(5.9%) 순으로, 여성은 음식보조 및 서빙(23.1%), 가사육아도우미(17.4%), 요양의료(14.0%), 청소 및 건물관리(10.9%), 판매영업(10.0%) 순으로 비중이 커서(김준영, 2019: 14) 성별 직종 분리가 비교적 뚜렷한 것으로 나타난다.

플랫폼 노동 일자리는 노동 유연성은 있으나 고용 안정성이 낮고, 최저임금이 적용되지 않는 등 노동자성을 인정받지 못하는 경우가 많다(김준영, 2019: 3). 플랫폼 경제에서는 사람들이 평등해지기보다는, 플랫폼 독과점으로 불평등이 오히려 심해진다. 데이터에 대한 접근, 정보의 이용, 디지털 기술에 대한 교육과 재훈련 등에서 격차가 더욱 커지고 있으며, 플랫폼 노동자들은 새로운 불안정 계급인 '프레카리아트(precariat)'로 전락하고 있다. 사회적 양극화는 갈수록 심화되고 세습화된다(김성혁, 2019: 31).

한국에서 플랫폼 노동이 확대되고 있는 분야는 먼저 특수고용 종사자들이다. 특수고용은 자영업으로 분류돼 노동기본권이 주어지지 않는데 최근 택배, 학습지 등에서 일정하게 노조가 인정되고 있다. 따라서 기업들이 이를 회피하기 위해 특수고용을 플랫폼 노동으로 전환할 가능성도 크다. 다음으로 현재의 도급, 파견, 호출노동, 계약직, 일용직 등의 업무를 플랫폼 대행업체를 통해 처리할 수 있다. 일감을 찾는 노동자와 실제 사업주 사이에서 매칭 대행이 플랫폼의 역할이므로 인력파견업체가 온라인 연결로 작업하면 바로 플랫폼 노동이 될 수 있다. 따라서 가사도우미, 간병인, 애견돌보기 중개업체 등은 언제든지 플랫폼 기업으로 바뀔 수 있다(김성혁, 2019: 38).

데이터 접근과 이용, 디지털 기술 교육에 있어서 여성이 불리한 점[7]과 임시고용, 특수고용, 계약직 등에서 여성의 비중이 큰 점 그리고 대부분의 플랫폼 노동이 서비스 산업에서 발생하고 있는 점을 고려하면 플랫폼 노동에 대해 여성주의 관점에서 분석하고 이에 대한 적극적인 대응방안을 모색해야 할 것이다.

플랫폼 노동 사례 - 가사노동자

현장에서 주로 '이모님'이라고 불리는 가사노동자 정숙자씨(59, 가명)는 요즘 '별점' 때문에 스트레스를 받고 있다. 1년 전부터 집 청소를 원하는 고객과 노동자를 연결해주는 앱(플랫폼)을 통해 일거리를 구하고 있는 정 씨는 일을 마치면 어김없이 고객이 매기는 5개 만점의 별점 평가를 받는다. 이 별점은 단순히 고객의 만족도만을 의미하지 않는다. 별점에 따라 정 씨가 받는 돈과 선택할 수 있는 일의 숫자가 달라진다. [···] 대부분의 노동자는 출근하면 표준화된 작업 지시에 따라 정해진 일을 한다. 사무직 노동자의 상당수도 작업의 순서와 절차가 정해진 환경에서 일한다. 하지만 가사노동자에겐 표준이 없다. 일의 순서와 '잘된 청소'의 기준이 고객마다 다르고, 청소에 소요되는 시간 역시 천차만별이다. 정 씨는 "어떤 집은 설거지한 그릇의 물기를 행주로 닦으면 더럽다고 생각하고, 어떤 집은 행주로 안 닦으면 일을 덜했다고 생각한다"며 "남녀 차이도 있는데, 집안일을 많이 해본 적 없는 남자는 2시간이면 청소가 다 되는 줄 안다"고 말했다. [···] 앱을 통해 고객과 가사노동자를 연결해주는 플랫폼 업체는 지난해 9월 현재 대리주부, 미소, 홈마스터, 청소연구소, 당신의집사 등 27개에 달한다. 과거 직업소개소의 기능을 스마트폰 앱이 대체하면서 고객과 노동자는 보다 편리하게 서로를 소개받을 수 있게 됐다. 분명한 장점이다. 하지만 플랫폼 업체가 등장하면서 노동시간은 일방적으로 쪼개졌고, 중간에서 업체가 떼가는 수수료는 오히려 더 많아졌다. 기존 직업소개소 시대에는 4시간 또는 8시간 근무형태였으며, 대부분 정기적인 방문 청소가 주를 이뤘다. 지금은 플랫폼 업체마다 차이가 있지만 2시간, 3시간짜리 일도 생겼다. 정 씨는 "2시간짜리 일이라고 해서 갔는데, 막상 가보면 도저히 2시간에 다 마칠 수 없는 경우가 있다"고 했다. [···] 무엇보다 가장 큰 변화는 업체의 중개수수료다. 직업소개소는 입주 도우미 일을 소개해주면서 이영주씨(69, 가명)의 첫 달 월급 180만 원에서 10%인 18만원을 가져갔다. 고객에게도 비슷한 정도의 수수료를 떼갔다. 하지만 첫 달만 수수료가 발생했고 이후 추가 수수료는 없었다. 반면 1회성 청소의 비중이 높은 플랫폼 업체는 알선을 자주하는 만큼 수수료도 자주 떼간다. 업체별 차이는 있지만 수수료의 비중도 높다. 이 씨는 최근 2시간짜리 청소노동을 했는데 고객이 지불한 돈은 3만 1000원이었던 데 반해, 이 씨가 받은 돈은 2만 1000원에 불과했다. 업체가 수수료만 32% 가량 떼간 것이다. 정 씨도 2시간짜리 일을 하고 2만 3500원을 받았는데 고객이 지불한 돈은 3만 4200원이었다. 수수료는 31% 수준이다. 최영미 가사노동자협회 대표는 "플랫폼 업체 등장 이전에는 정기 방문하는 고객이 70-80%였다면, 플랫폼 고객은 80%가 한번 이용하는 1회성 고객이라 일하는 강도가 세졌다"며 "(플랫폼 업체는) 기본적으로 수수료가 높고 불투명하다"고 말했다. 최 대표는 또 "비영리단체들은 서비스의 질 향상을 위해 일하는 분들에게 교육 프로그램을 제공해 직업의식을 높였는데, 플랫폼 업체들은 교육을 시키는 대

3. 성별화된 여성 노동

1) 돌봄노동

우리 사회에서 최근 들어 새롭게 부상하고 있는 여성 노동 분야는 가사, 간병, 재가보육 등과 같은 돌봄노동 서비스다. 돌봄이란 좁게는 가정에서 무급으로 수행하는 어린이나 노인에 대한 보살핌을 의미하지만, 광의로는 어린이나 성인(장애, 비장애인)의 일상활동을 돕는 유·무급의 활동 및 체계를 총칭하는 포괄적인 개념이다. 즉 돌봄은 미시적으로는 개인 간의 관계이지만, 거시적으로는 가족과 사회, 개인과 사회를 연결하는 필수적인 활동이라 할 수 있다(박홍주, 2009: 32-33). 그런데 돌봄노동은 누가, 어디에서 하느냐에 따라 공식적 또는 비공식적 노동이 되기도 하며, 유급 또는 무급의 노동이 되기도 한다. 이때 돌봄노동은 공식영역에서 이루어질 경우에만 유급 노동이 된다.

돌봄은 모든 사회구성원의 기본 생존권의 문제이다. 그러나 한국사회에서는 돌봄노동이 심각하게 여성에게 치우쳐져 있다(배진경, 2020: 9). 돌보는 일은 노동으로 인정되기보다 애정과 사랑으로 낭만화되거나 여성으로서 마땅히 수행해야 하는 의무와 책임으로 여겨진다. 또한 여성들은 돌봄 역할에 대해 천성적 능력을 타고난 것으로 여겨지므로, 돌보는 일을 위한 특별한 훈련이나 노력도 필요하지 않은 것으로 간주된다. 이러한 상황에서 돌봄노동은 저평가되거나 평가의 대상에서 배제되어 돌봄

노동을 수행하는 사람들은 다양한 불이익에 직면하게 된다(정영애·장화경,
2010: 167-168).

여기에서는 가족영역에서 수행되는 무급의 가사노동과 상품화한 저
임금의 돌봄노동에 대해 간략하게 살펴볼 것이다.

(1) 무급의 가족 내 가사노동

가사노동은 인간의 생명활동 유지와 재생산을 위해서 가정 안에서 수
행하는 돌봄노동을 총칭한다. 가사노동은 의식주생활과 가족관리 등으
로 구분할 수 있으며, 주로 여성들에 의해 수행되어 왔다. 가사노동은 사
람의 생명을 유지시키는 생명의 노동, 살림의 노동이지만 그것의 가치
는 평가절하되거나, '사랑의 행위'로 낭만화되어 노동영역 밖으로 밀려
났다(정영애·장화경, 2010: 168).

경제·사회적 변화와 과학기술의 발전은 가사노동의 양과 종류에 직
접적인 영향을 미친다. 예를 들어, 가사기구 발달로 가사노동이 간편해
졌지만, 가사노동의 표준이 높아지고 종류가 늘어남으로써 전체 가사노
동의 양이 줄어들었다고 보기는 어렵다. 주택이 개인들의 공간으로 분
할되면서 청소와 같은 가사노동은 훨씬 복잡해졌다. 한 가구당 소유하
는 의류나 침구의 수가 증가하고, 청결 기준도 높아졌으며, 계절에 따
라 인테리어를 바꾸는 등 집안 꾸미기가 중요한 일거리가 되었다. 소비
자본주의의 발달에 따라 집은 주부의 소비자로서의 안목과 예술적 재능
을 보여주는 전시장이 되었다. 최근 주부들의 가계관리는 주식과 부동
산 등 재산 투자기술과 정보관리까지 포함하는 것으로 확장되었다. 이
에 따라 단순가사노동시간은 줄더라도 자녀양육, 교육, 쇼핑, 가정관리
와 관련된 가사노동이 정교화하고 다양화하여 전체적인 가사노동시간

은 과거보다 늘어나게 되었다(정영애·장화경, 2010: 169-170).

대부분의 사람들에게 가정은 안락한 쉼터이지만 정작 여성에게는 끝없는 반복 노동을 해야 하는 일터다. 여성은 요리에서부터 청소, 빨래, 교육, 양육, 재산 설계 및 재무관리, 간호조무사, 가족의 스트레스를 받아들이는 상담자, 자녀의 학습 보조와 일정 관리 등 복합적인 역할을 수행한다. 가사노동은 많은 시간과 노동력이 투입되는 것임에도 불구하고 생산적인 노동에서 배제되었다. 일례로 국민총생산 범위에 포함되지도 않는다. 이것은 가사노동이 '생산성, 효율성, 교환가치' 등을 전제로 하는 기존 노동개념으로는 설명하기 어렵기 때문이다. 우리 사회는 교환가치를 지니며 상품 및 서비스를 생산하는 활동을 노동으로 정의하므로 가사노동은 그 성격상 노동으로 간주되지 않는 것이다(이영수, 2011: 238-239).

한편, 맞벌이 가구가 증가하면서 가사노동 분담이 부부 간에 중요한 문제가 되었다. 2018년 가사를 '공평하게 분담'해야 한다고 생각하는 사람은 59.1%로 증가 추세이며, 가사를 '부인이 주도'로 해야 한다는 생각은 38.4%로 계속 감소하고 있다. 하지만 부부가 함께 살고 있는 가구 중 실제로 가사를 '공평하게 분담'한다고 응답한 남편은 20.2%, 부인은 19.5%로 '공평하게 분담해야 한다'는 견해(59.1%)보다 여전히 낮은 수준이다(통계청, 2018). 또한 남편의 가사노동은 집안청소와 시장보기 및 쇼핑을 하는 비율이 가장 높고, 세탁과 식사 및 요리준비의 비율이 낮다. 부부간에 가사노동을 분담하더라도 남편의 분담 수준이 낮고 또 그 안에서 성별분업이 일어나고 있는 것이다.

(2) 저임금의 돌봄노동 서비스

최근 인구 고령화와 저출산, 여성의 경제활동 증가 및 가구 구성의 단순화와 다양화 등으로 가족 내 돌봄 역할의 위기가 초래되고 있다. 즉, 가족 내 돌봄 제공 자원은 크게 줄어들고 있는 데 비해, 돌봄을 필요로 하는 수요층은 증가하고 있어서 '돌봄 의존성'의 증가 현상과 '돌봄 결핍' 현상이 동시에 나타나고 있다(정영애·장화경, 2010: 172). 이러한 문제를 해결하기 위해 저임금의 돌봄노동 상품화가 증대하고 있다.

국회예산정책처가 통계청 지역별 고용조사를 활용해 추계한 가사노동자 규모는 2019년 37만 4천 명으로 향후 지속적으로 증가하여 2023년에는 44만 3천 명에 이를 것으로 추정된다. 2019년 전체 가사노동자 37만 4천 명을 유형별로 살펴보면, 가사도우미가 16만 7천 명(44.6%), 육아도우미가 10만 8천 명(29.0%), 간병인 9만 8천 명(26.4%)이다. 이 중에서 사회보험이 적용되는 공식부문에서 일하는 가사노동자는 16만 9천 명(45.2%)으로 추정된다(정형옥, 2019: 4).

돌봄노동은 남성보다는 여성의 몫으로 인식되어 '돌봄의 여성화' 경향이 보이고 있다. 스테이시(Stacey)는 대부분의 돌봄노동자들이 가족 내에서 자녀, 노인, 환자, 장애인을 돌보았던 경험, 즉 무급 돌봄의 경험을 갖고 유급 돌봄에 진입한다는 점에 주목하였다. 현재 우리 사회에서 성인 환자, 장애인, 노인을 가장 가까이에서 직접적으로 돌보는 유급 돌봄을 주로 중장년층 여성들이 수행하고 있다. 돌봄노동이 상품화된 이후에도 여전히 여성이 수행하는 일이라는 성별분업 고정관념이 지속되고 있다(한희선 외, 2018: 197에서 재인용). 돌봄노동 서비스는 저임금 직종으로 분류되는데, 여성이 가정에서 늘 담당해왔고 그래서 숙련도 및 전문성이 요구되는 일이 아닌 것으로 간주되기 때문이다(이영수, 2011: 240).

심각한 문제는 일대일 근로계약을 맺는 대부분의 돌봄노동 종사자들은 '가사사용인'으로 분류되어 근로기준법 적용 범위에서 제외된다는 점이다. 1953년 근로기준법이 만들어진 이래 가사노동자는 단 한순간도 노동시간, 퇴직금, 4대 보험 등 근로기준법이 정하는 노동권 보호를 받지 못하였다. 줄곧 근로기준법 밖의 노동자였기 때문이다. 국가와 사회는 이들을 노동자로 부르기보다는 식모, 파출부, 가사도우미, 이모 등 그때그때 생각나는 이름으로 불렀다(경향신문, 2019).

돌봄노동자의 저임금과 불안정한 고용형태는 성희롱에 매우 취약한 환경을 만들기도 한다. '전국의 지역자활 소속 재가 서비스 돌봄노동자를 대상으로 성희롱 피해 경험을 조사한 결과, 응답자의 34.8%가 피해 경험이 있으며 횟수도 여러 차례라고 한다. 가정과 병실이라는 밀폐된 공간에서 일을 하는 이들에게 성희롱 문제는 비가시화하고 방치될 위험이 매우 높다'(한국여성노동자회, 2009).

그동안 돌봄노동 서비스 분야는 경력단절 후 여성의 재취업과 관련하여 많은 일자리를 제공해왔다. 그러나 여성고용의 양적 확대에만 초점을 맞추다 보니 전체 업종 평균임금의 60% 수준의 저임금과 파견직 형태의 불안정한 취업구조를 해소할 수 있는 질적인 방안 모색이 이뤄지지 않았다. 돌봄노동 종사자들의 안정된 고용과 적절한 노동조건 보장을 위해서 법·제도적 정비가 시급히 요구된다.

ILO 가사노동협약

국제노동기구(ILO)는 2011년 6월 스위스 제네바에서 열린 제100차 총회에서 가사노동자도 다른 노동자와 동등하게 권리보호를 받아야 한다는 내용의 '가사노동자를 위한 양질의 일자리협약'을 채택하고, 2012년 총회에서 6월 16일을 '국제가사노동자의 날'로 선포하였다. '가사노동자'는 가사도우미, 가정관리사, 요양보호사, 산후도우미, 육아도우미, 간병인 등 가정에서 업무를 수행하는 이들을 통틀어 일컫는 말이다. 가사노동협약에서는 가사노동자를 고용하는 경우 다른 노동자들과 같이 임금과 노동시간 등 노동조건을 명시한 계약서를 반드시 작성하도록 하고 매주 하루 이상의 휴일을 보장하는 한편 노조 결성 등 노동기본권 보장과 산재 보상절차를 규정하고 있다. 그러나 한국은 2020년 현재까지 이 협약에 비준을 하지 않고 있다. 1953년 근로기준법 제정 이후 현재까지 근로기준법 제11조 1항 '이 법은 상시 5명 이상의 근로자를 사용하는 모든 사업 또는 사업장에 적용된다. 다만, 동거하는 친족만을 사용하는 사업 또는 사업장과 가사(家事) 사용인에 대해서는 적용하지 아니한다'를 근거로 하여 가사노동자를 노동자로 인정하지 않고 있다.

2) 감정노동

1990년대 이후 서비스 산업이 급속하게 성장하면서 '웃다가 병든' 감정노동자들이 우리 사회에도 전국 약 800만 명에 이르고 있다. 서비스 분야 종사자들의 노동은 기존의 육체노동과 정신노동의 이분법적인 노동 개념으로는 설명하기 어렵다. 이들의 노동을 설명하기 위해 '감정노동' 개념이 제시되었다. 이 개념을 처음으로 제시한 혹실드(Arlie Russell Hochschild, 2003: 21)에 의하면, 감정노동이란 "육체노동과 정신노동을 하는 과정에서 수행하는 또 하나의 노동으로서, 사람들로 하여금 다른 사람들의 기분을 좋게 하려고 자신의 감정을 고무시키거나 억제하게 하는 것으로 임금을 받고 판매되기 때문에 교환가치를 갖는다".

감정노동은 고객이나 상대방의 감정을 살피고 기분에 맞추기 위해 자신의 감정을 관리하고 통제하여 적절한 감정을 만들어내는 일체의 노력을 의미한다. 밝은 미소와 표정, 친절하고 상냥한 태도와 행동, 부드러운 말씨 등이 감정노동의 핵심 직무 요건이다. 감정노동은 사람을 대하는 서비스 산업에서 많이 요구되고 있는데, 호텔 등 숙박업소의 객실 서비스 종사자, 카지노 딜러, 간병사나 간호사, 유통업의 판매직이나 고객서비스 담당자, 은행의 텔러, 콜센터 상담사 등의 업무에서 감정노동이 큰 비중을 차지하는 것으로 나타나고 있다(강이수 외, 2015: 312).

주로 여성이 수행하는 감정노동은 노동강도에서 결코 만만치 않지만 여성이라면 '누구나' 할 수 있고 숙련된 기술도 필요 없는 단순노동이자 저임금 노동으로 간주된다. 더 큰 문제는 이들의 감정노동이 관리자, 고객, 소위 서비스 암행어사 등을 통해 감시되고 통제된다는 점이다. 안내데스크 직원, 판매원, 승무원의 미소가 곧 임금으로 연결되지는 않지만 이들의 감정은 지침서, 관리수칙 등을 통해 조직적으로 통제된다. 이러한 과정은 감정노동자로 하여금 조직에서 요구하는 감정을 내면화하고 스스로 자기검열하도록 한다. 이 과정에서 감정노동자는 자신의 실제 감정과 수행해야 하는 감정 사이에서 갈등을 겪으며 자신의 감정에서 소외를 경험한다(이영수, 2011: 243-244). 감정노동 종사자들은 극심한 스트레스에 시달리고 있다. 이들이 겪는 정신적 장애 중 가장 쉽게 찾아볼 수 있는 것이 '스마일 마스크 증후군'이다. 스마일 마스크 증후군은 숨겨진 우울증이라고도 하는데, 속으로는 우울하지만 일을 위해 억지로 웃음을 강요당하는 일이 반복되어 나타난다. 이 증후군에 걸린 사람들은 식욕이 감퇴하고 매사에 재미가 없고 의욕을 잃는 것은 물론 불면증, 대인 기피증 등 정신장애에 걸릴 수도 있다(한희선 외, 2018: 184).

감정노동자들의 어려움은 개인적인 문제가 아닌 사회적인 문제로 보아야 한다. 감정노동에 대해 수량적 평가가 어렵고 주로 여성들이 수행하는 일이기 때문에 감정노동을 평가절하하고 비정규직 혹은 저임금 일자리로 규정하는 것이다. 감정노동에 대한 적절한 평가와 보상, 그리고 사회문화적 관행에 대한 변화가 필요하다.

4. 성평등 노동을 위한 정책 제언

여성이 경제적으로 자립할 수 있는 기회와 실질적인 노동권의 지속적인 보장은 삶에서 가장 중요한 권리라고 해도 과언이 아니다. 이것은 성평등 사회로 나아가는 데 가장 중요한 전제조건이기도 하다. 그러나 근대사회의 성별분업은 남성을 생계책임자, 여성을 가사·양육책임자 및 부차적인 생계책임자로 보고 노동시장에서의 성차별을 정당화하면서 지속해왔다. 따라서 이러한 문제를 해결하기 위해서는 다음과 같은 적극적인 정책적·사회적 실천이 요구된다.

첫째, 성별 임금 격차 문제를 해결하기 위해 동일가치노동 동일임금의 원칙을 적용할 필요가 있다. 이 원칙이 노동시장에서 성별(gender), 고용형태, 연령, 국적 등 여러 가지 요인들에 의해 발생하는 임금 차별 문제를 해결할 수 있기 때문이다.

둘째, 여성의 경력단절을 예방하기 위한 정책이 필요하다. 여성이 비자발적으로 퇴사 또는 경력단절을 선택한 이후 사후적으로 여성의 노동시장 재진입을 위한 정책을 마련하는 것보다는 선제적으로 경력단절 예방을 위한 제도적 장치를 마련하는 것이 여성 개인과 사회를 위해 효율적일 것이다. 또한 여성의 경력단절 예방은 여성의 평생 평등 노동권 보장을 위해 필요하다. 국공립 보육시설의 확충, 육아휴직제의 개선, 가족간호휴가제도의 현실화 등이 필요하다.

셋째, 비정규직 여성노동자의 고용불안과 열악한 근로조건의 개선을 위한 실질적인 대안을 모색해야 한다. 상시업무는 정규직 고용을 원칙으로 하고, 비정규직 고용은 비상시적인 업무에 한정해야 비정규직을 남용하지 않게 될 것이다. 또한 기간제와 파견직의 '사용기간 2년 제한 조항'을 없애고 기간 제한을 더 단축해야 고용 불안 문제를 해결할 수 있을 것이다.

넷째, 최근 증가하고 있는 플랫폼 노동 방식이 여성노동의 고용안정성과 노동조건에 어떤 변화를 가져올지 면밀히 분석하고 부정적인 영향을 최소화할 수 있도록 적극 개입해야 한다. 플랫폼 노동이 현재까지 전개되고 있는 양상을 보면 결코 노동자측에 유리하지 않으며, 게다가 여성들은 데이터 접근과 이용, 기술 교육 등에서도 남성에 비해 불리하기 때문에 집단적으로 목소리를 내고 대안을 마련해야 할 것이다.

다섯째, 소위 여성의 일이라고 할 수 있는 돌봄노동의 사회적 가치와 의미를 제대로 드러내고 평가하는 작업을 해야 한다. 돌봄노동자(가사노동자)의 노동자성을 인정하고 노동의 가치에 대해 적절한 보상을 받을 수 있도록 법·제도적인 정비가 필요하다.

여섯째, 장시간 노동체제에 대한 변혁이 필요하다. 장시간 노동체제는 전업주부를 아내로 둔 남성노동자를 기준으로 구성된 것이다. 따라서 장시간 노동이 당연시되는 우리 사회에서 여성노동자는 이상적인 노동자가 아니다. 성별분업 이데올로기가 여전한 상황에서 여성노동자들은 자녀양육 전담으로 인한 이중부담, 비자발적인 퇴사 및 경력단절, 임시직, 저임금 등의 많은 차별과 불이익을 경험하게 된다. 남녀 노동자 모두를 위한 일과 가족의 조화로운 병행을 위해 노동시간을 줄여나가는 것이 필요하다. 또한, 최근 우리 사회에서 강조하고 있는 워라밸(work-and-life balance)의 실현을 위해서 전제되어야 할 것도 바로 노동시간의 단축이다. 노동이 삶의 전부가 아니라 일부분이 되어야 개인의 발전과 행복을 증진시키면서 친밀한 관계를 맺고 있는 사람들과 함께 할 수 있는 시간적 여유를 가질 수 있기 때문이다.

마지막으로, 노동시장에서 여성 차별의 이데올로기적 기반이 되고 있는 성별분업과 성역할 고정관념을 해소하기 위한 적극적 실천이 요구된다. 남성은 생계책임자 여성은 가사·양육책임자라고 하는 성별분업에 의해 여성은 노동시장에서 열등하고 임시적인 이차적 노동자로 규정되면서 온갖 차별을 겪어야 했다. 법과 제도가 잘 마련되어 있어도 성별분업 이데올로기가 계속 작동한다면 이는 실효성이 거의 없다. 남성과 여성 모두 일과 가족에 대해 동등한 책임을 지고 있는 존재라는 것, 가사·양육·돌봄노동은 사회의 존속을 위해 매우 중요하고 반드시 필요한 일이라는 것 그리고 일 중심의 과잉 노동사회가 아닌 일과 여가가 조화롭게 균형 잡힌 사회가 인간다운 삶을 가능하게 한다는 것을 인식하고 이를 실현하기 위해 적극적으로 노력해야 할 것이다.

· 전업주부가 수행하는 가사노동의 경제적 가치를 평가해보자.

· 고령사회에서 늘어나는 노인 돌봄문제를 어떻게 해결하는 것이 돌봄 제공자와 수혜자 모두에게 바람직할지 생각해보자.

· 일-가족 양립정책과 워라밸(work-and-life balance)의 차이점이 무엇인지, 워라밸의 실현을 위해 무엇이 필요한지 생각해보자.

· 여성들은 직장생활을 하면서 남성보다 더 많이 성희롱을 경험하는데 그 이유가 무엇인지, 직장 내 성희롱이 발생했을 때 어떻게 대처하는 것이 좋을지 생각해보자.

· 경제적 위기와 사회적 위기가 여성 노동에 미치는 영향에 대해 생각해보자. 1997년 IMF 경제위기와 코로나19와 같은 위기가 노동시장에서 여성의 지위와 역할, 여성의 삶에 어떠한 영향을 미치는지 생각해보자. 이러한 영향을 해소하기 위해 어떠한 정책들이 필요한지도 고민해보자.

더 읽어볼 거리

· 강이수(2011), 『한국 근현대 여성노동: 변화와 정체성』, 서울: 문화과학사.

· 김미경(2012), 『여성노동 시대: 일·가족양립을 위한 여성주의 사회복지』, 서울: 나눔의집.

· 김영선(2013), 『과로 사회』, 서울: 이매진.

· 김현미 외(2010), 『친밀한 적: 신자유주의는 어떻게 일상이 되었나』, 서울: 이후.

· 노동시간센터(2015), 『우리는 왜 이런 시간을 견디고 있는가』, 서울: 코난북스.

· 루스 밀크먼(2001), 『젠더와 노동: 제2차 세계 대전기 성별 직무 분리의 역학』, 전방지·정영애(역), 서울: 이화여자대학교출판부.

· 마리아로사 달라 코스따(2020), 『페미니즘의 투쟁: 가사노동에 대한 임금부터 삶의 보호까지』, 이영주·김현지(역), 서울: 갈무리.

· 알리 러셀 혹실드(2001), 『돈 잘 버는 여자 밥 잘 하는 남자』, 백영미(역), 서울: 아침이슬.

- 엘리자베트 벡-게른스하임(2014), 『모성애의 발명: '엄마'라는 딜레마와 모성애의 부담에서 벗어나기』, 이재원(역), 서울: 알마.
- 요스타 에스핑-안데르센(2014), 『끝나지 않은 혁명: 성 역할의 혁명, 고령화에 대응하는 복지국가의 도전』, 주은선·김영미(역), 서울: 나눔의집.
- 이민경(2017), 『잃어버린 임금을 찾아서』, 서울: 봄알람.
- 제레미아스 아담스-프라슬(2020), 『플랫폼 노동은 상품이 아니다』, 이영주(역), 서울: 숨쉬는책공장.
- 조순경(2011), 『노동의 유연화와 가부장제』, 서울: 푸른사상.
- 조순경 외(2007), 『간접차별의 이론과 여성노동의 현실』, 서울: 푸른사상.
- 조순경 외(2000), 『노동과 페미니즘』, 서울: 이화여자대학교출판부.
- 조안 C. 트론토(2014), 『돌봄 민주주의: 시장, 평등, 정의』, 김희강·나상원(역), 서울: 아포리아.
- 케이시 윅스(2016), 『우리는 왜 이렇게 오래, 열심히 일하는가?: 페미니즘, 마르크스주의, 반노동의 정치, 그리고 탈노동의 상상』, 제현주(역), 파주: 동녘.
- 한국여성연구소 여성사연구실(1999), 『우리 여성의 역사』, 서울: 청년사.

추천 영상

- <노스 컨츄리(North Country)>, 니키 카로, 2005
- <당갈(Dangal)>, 니테쉬 티와리, 2016
- <더 와이프(The Wife)>, 비욘 룬게, 2017
- <더 컨덕터(The Conductor)>, 마리아 피터스, 2018
- <더 포스트(The Post)>, 스티븐 스필버그, 2017
- <루스 베이더 긴즈버그: 나는 반대한다(RBG)>, 벳시 웨스트, 2018
- <미스터 커티(The Associate)>, 도날드 페트리, 1996
- <빵과 장미(Bread and Roses)>, 켄 로치 감독, 2000
- <삼진그룹 영어토익반>, 이종필, 2020

· <카트(Cart)>, 부지영, 2014

· <헬프(The Help)>, 테이트 테일러, 2011

· <히든 피겨스(Hidden Figures)>, 데오도르 멜피, 2017

· <82년생 김지영>, 김도영, 2019

1 2018년 여학생의 대학진학률은 73.8%, 남학생의 대학진학률은 65.9%이다(통계청, 2019c).

2 외국의 여성 경제활동참가율(통계청, 2016)을 보면 캐나다 61.3%, 독일 64.4%, 스웨덴 69.6%, 노르웨이 67.7%임.

3 2018년 전문대졸 취업률은 남성 70.7%, 여성 71.4%이며, 4년제 대졸의 취업률은 남성 66.7%, 여성 61.8%, 대학원졸의 취업률은 남성 83.6%, 여성 72.9%이다(한국교육개발원, 2018). OECD의 경우 2013년 4년제 대졸 이상의 경우 남성 88%, 여성 79%로 우리나라보다 고용률이 높고 성별 격차가 크지 않다(강이수 외, 2015: 22-23).

4 대구 경북 지역 소주 시장에서 점유율 80%가 넘는 한 주류업체의 사례이다. 2011년 사무직으로 입사한 한 여성노동자가 2015년 10월 직장상사에게 '두 달 뒤 결혼한다'고 알렸더니 퇴사 압력을 받았다. 당시 회사관계자는 '창사부터 50년이 넘도록 생산직이 아닌 사무직에 결혼한 여직원은 없다'면서 '회사일을 못해서 나가는 게 아니라 결혼하고 난 후 다니는 여직원이 없기 때문'이라면서 관례를 이유로 여직원에게 퇴사를 종용한 것으로 알려졌다(뉴스포스트, 2016).

5 가사분담에 대해 남성의 54.6%와 여성의 63.4%가 '공평하게 분담'해야 한다는 견해를 가지고 있으나 실제 분담 실태에 있어서는 '공평하게 분담'하는 비율은 23.5%(부인 응답)−20.3%(남편 응답)에 불과하고 부인이 주도하는 비율이 70%를 넘고 있는 것으로 나타나고 있다(통계청, 2018). 가사분담에 대한 남성들의 견해와 실천 사이에 괴리가 큰 것이다.

6 2019년 8월 기준으로 남성노동자 중 비정규직은 34.3%이지만 여성의 경우는 50.8%로 절반이 넘는다. 시간당 임금을 보면 남성 노동자 중 정규직은 20,012원(100%), 비정규직은 12,419원(62.1%), 여성 노동자 중 정규직은 14,831원(74.1%), 비정규직은 10,471원(52.3%)이다(김유선, 2019). 여성노동자는 고용형태와 임금에서 남성에 비해 현저하게 불리하다는 것을 알 수 있다.

7 여성이 컴퓨터 등 새로운 기술에 대한 인식과 활용에 있어서 남성에 비해 열세에 놓여 있다는 것은 기본적으로 남성 중심의 문화 속에서 우리가 살고 있다는 것을 기억한다면 전혀 놀라운 일이 아니다. 사회활동에 있어서 기존의 우월적 지배체제를 공고히 구축하고 있는 남성 우위의 사회 환경 아래에서 높은 부가가치를 창조하는 정보통신 분야에서만 예외로 여성지배체제가 구축된다는 것은 있을 수 없는 일이기 때문이다(김민정, 2016: 99).

여성의 리더십, 그 가능성에 대한 탐색

이화영

1. 젠더와 리더십

1) 사회변화와 리더십

리더십 연구는 항상 사회변화와 맞물려 변화해 왔다. 약 1900년대 초반에 시작된 리더십 효율성 연구는 주로 리더의 타고난 특성이나 자질에 초점을 두는 것이었다. 이후 리더십 접근은 어떤 리더의 행동이 더 효과적인가를 알기 위해 리더의 행동유형을 분석하는 것으로 변화하였다. 그러다 점차 후기산업사회를 맞이해 과학기술의 발전으로 총체적인 사회적 변화가 급속하게 진행됨에 따라 리더십은 리더와 구성원을 둘러싼 상황에 초점을 맞추기 시작했다. 4차 산업혁명이 진행되고 있는 현재 리더십 접근은 또 다른 패러다임의 전환을 맞이해야 하는 상황에 놓여 있다. 특히 지난 세기말부터 더욱 공고화된 세계화는 전 지구적인 인적 및 물적 자원의 이동은 물론 과학과 IT 기술의 혁신적인 발전에 힘입어 가상공간에서의 교환과 소통이 일상화되도록 했다. 이런 일련의 급진적인 변화는 구조적 복잡성과 다양성을 증가시키고 예측 불가능성을 확대한 결과, 역설적으로 지속가능성을 위한 혁신을 모색함과 동시에 리더십 공간의 구성적인 다양성에 집중하도록 만들고 있다.

더불어 최근 급변하는 환경은 기존의 문제해결 방식에 대한 전환과 다양성 수용을 리더십의 중요 과제로 만들고 있다. 그동안 리더십 공간 구성에 있어서 단일 정체성을 가진 구성원들만의 폐쇄적이고 수직적인 구조, 일방적인 의사소통, 권위주의적인 문화 및 관행 등은 소통 부재를 불러왔고 장기적인 관점에서 조직의 산출에 부정적인 영향을 가져오는 주요 요인으로 지목된 것이다. 이제 다양성은 경쟁력에 있어서 매우 중요한 요소가 되었고 모든 조직에서 고민해야 하는 필수 과제가 되었다.

2) 리더십 담론에서 젠더

전통적인 리더십[1] 담론에서는 리더십을 젠더와 연관 짓지 않았다. 한 마디로 조직행동의 원리나 리더십 효율성 요인은 주로 남성의 삶과 경험을 기준으로 한 것이었다. 기존 사회 질서를 내면화하고 있는 조직은 도구적 합리성을 조직의 행동방식, 규율, 가치 등으로 인식하고 있다. 따라서 이에 위배된 것들은 잘못된 것, 혹은 열등하거나 부족한 것으로 이해함으로써 성별 간 차이를 인지하지 못했다. 다시 말하면 "조직 내부의 규칙, 정책, 관행, 행동을 둘러싼 젠더 간 불균형적 관계가 지속적으로 재생산되어 온 것"(원숙연, 2004)을 알지 못했다는 의미이다. 근래들어 여전히 소수(minority)[2]이긴 하지만 여성들의 참여비율이 증가하기 시작하면서 이제 리더십 공간은 여성과 남성으로 구성된다. 하지만 여전히 리더십과 관련한 지배적 담론들은 일종의 지식 권력으로 기능하고 있다. 특히 최근 여성과 남성의 다른 리더십 행동연구는 차이의 원인을 분석하기보다는 차이가 주는 긍정 및 부정적 효과, 혹은 어느 것이 더 적합한 리더십인지 여부를 가리는 방식으로 접근하고 있다(Gary Yukl, 2014).

젠더는 이미 불평등한 사회 구조의 효과라고 할 수 있다. 즉 젠더란 성별 간 불평등한 권력이 반영된 구조이자 그 구조가 생산해온 결과물이다. 따라서 젠더는 원인인 동시에 결과인 셈이다. 그러나 조직 행동은 심층적인 젠더 차이에 대한 원인 규명 노력보다는 단순히 표면적으로 드러난 현상을 기반으로 실천적 측면에서의 행동 변화를 강조하는 방향으로 전개되어왔다. 이런 방식은 리더십 공간의 행동기준이나 준거적 틀에는 이미 남성중심성이 배태해 있다는 것을 의미한다. 그러나 현실적으로 리더십 공간에서 젠더는 대부분 지위, 계급, 인종, 세대 등 다른 정체성들과 교차(intersectionality)적으로 작동한다. 따라서 리더십 접근은 더욱 세밀해진 복잡성에 대처해야 함에도 불구하고 여전히 젠더라는 변수는 리더십 연구에 있어서 대수롭지 않은 것으로 치부되는 경향이 있다. 하지만 젠더 불평등은 인류 역사상 가장 오래되고 광범위하며 보편적인 현상이라는 페미니스트의 주장(Jaggar·Rothenberg, 1993)은 젠더가 다른 여타의 요소들보다 우선적으로 고려되어야 하는 문제라는 것을 설득력 있게 제기한다. 이제 젠더는 리더십에 있어서 매우 중요하고도 어려운 책임으로 이해되어야 할 것이다. 리더십 접근에 있어서 젠더를 고려하는 것은 더 이상 합리성을 저해하는 일도 아니고, 지엽적인 문제를 다루는 것도 아니라는 사실을 인지해야 한다.

3) 리더십 담론에 대한 여성주의 인식론의 물음

리더십 연구에 있어서 그동안 성은 주요 변수가 되지 못했다고 해도 과언이 아니다. 실제 리더십 공간에는 생물학적 성(sex)을 기준으로 서로 다른 지위, 권력, 영향력, 평가 등으로 형성된 관계가 존재하는데 이를 젠더(gender)라고 한다. 젠더는 생물학적인 성차가 사회나 문화적으로 서로 다른 기대를 형성한 것으로 성별 관계에 대한 의미체계이자 상징체계이다. 생물학적인 성은 구별을 하기 위한 단순 경계라고 할 수 있다. 어떤 성염색체에 더 바람직하거나 우월한 속성이 들어 있는 것이 아니기 때문이다. 그럼에도 불구하고 이런 생물학적인 단순 경계에는 항상 가치가 부여되어왔다. 즉 좋고 나쁨, 혹은 우월과 열등처럼 상징과 의미가 고착된 가치체계가 형성되는데 이것은 바로 위계를 만든다. 위계란 힘의 차이를 의미하는 것이다. 따라서 젠더는 곧 힘의 관계로 기능하고 표출된다. 이처럼 젠더를 리더십 과정에서 개인과 조직간 역동, 이들을 둘러싼 맥락과 환경을 탐구하기 위한 하나의 관점으로 볼 수 있도록 하는 것이 바로 인식론으로서의 여성주의적인 리더십 접근이라고 할 수 있다.

인식론이란 지식이 어떻게 생산되는가에 관한 것이라고 할 수 있다. 즉 '인식론적 물음'이란 지식이나 이론이 옳은지 혹은 그른지의 문제를 따지는 것이 아니고 지식이 생산된 방법이 과연 '객관적'인 방식인지를 묻는 것이다. 다른 말로 하면 '지식 및 앎의 방식'에 대한 근원적인 질문이다(이정우, 2005). 여성주의 인식론은 기존의 지식은 특정한 사회적 과정을 거쳐 생산된 결과물로 이해하는 관점이다. 따라서 여성주의적인 물음은 기존의 리더십 접근이 여전히 유효한 방식인지, 현실을 정확히 담보한 객관적인 방식인지를 묻는 것이다. 즉 드러난 현실, 현상은 사실의 전부가 아니라고 가정하고 그 이면에 배태된 것들을 드러나게 해야 한다고 주장한다. 따라서 남성중심의 사회 문화와 관행, 규칙들이 조직의 기본적 원리와 질서로 작동해온 것에 대해 의문을 갖도록 한다.[3]

전통적인 리더십 성차 연구는 일반적으로 여성 리더는 관계지향적 (배려적 행동) 성향을, 남성 리더는 과업지향적(구조주도적 행동) 성향을 보인다는 고정관념을 가지고 있다. 그러나 최근 일련의 연구에서는 여성과 남성 리더 모두 비슷한 방식으로 행동한다는 보고가 많아지고 있다. 남성은 더 과업지향적이지 않고, 여성 리더 역시 더 많은 배려행동을 보이지 않는다는 것이다. 그럼에도 '여성 리더는 좀 더 민주적이고 남성은 더 많이 독재적인 방법으로 리드'하는 경향이 있다고 한다(Mckinsey·Company, 2008). 이런 리더십 행동의 성차의 원인은 여성이 남성보다 부하의 저항 심리를 더 잘 이해해서 심리적인 기술을 더 많이 발휘하거나 혹은 그렇게 리드하는 방식이 여성 리더가 취해야 하는 적절한 행동이라고 스스로 인식하는 것은 아닌가 하는 의문을 가져볼 수 있다. 즉 자신의 젠더를 거스르지 않는 행동이 표면적으로는 민주적인 리더십처럼 보이게 될 수도 있다는 의미이다.

2. 여성이 경험하는 리더십 공간의 젠더

1) 리더십 레벨의 불균형: 과소대표(under-represent)

대부분의 리더십 공간에서 여성은 수적인 열세를 보이며 리더십 레벨이 상승할수록 불균형한 비율로 드러난다. 이런 희소성은 여성 리더에 대해 부정적이고 차별적인 인식을 갖게하는 근본 원인이 되면서 여성이 남성에 비해 더 많은 조직적 장벽을 경험하게 만든다. 예를 들어 여성의 수가 절대적으로 적은 조직에서 여성은 네트워크 형성이나 직위 권력에 문제가 생길 가능성도 많고 다양한 조직과정을 경험하는 것이 어렵다. 직위 권력이란 직위에서 나오는 권한을 의미하는데, 같은 직위에 있는 리더라고 할지라도 성별에 따라서 그에 걸맞은 영향력을 갖지 못할 수 있다. 다시 말해서 조직 구성원들이 여성의 권력을 남성과 동등하게 인지하지 않는 상황이 발생한다는 것이다. 남성지배적인 조직에서 소수의 여성 관리자나 임원은 정책적인 배려에 의한 "토큰(token)효과"의 결과로 보일 수 있기 때문이다(김양희, 2017: 97-98). 즉 리더십 레벨에서 여성의 수적인 열세(<표 1> 참조)는 남성중심적인 조직문화를 견고하게 하면서 여성 리더를 아웃사이더로 혹은 특별하게 인식하는 경향이 있다.

<표 1> 여성 관리자 비율 [1]

단위: %

	2014	2015	2016	2017	2018	2019
여성 관리자[1]	18.4	19.4	20.1	20.4	20.6	19.8
공공기관	13.9	15.9	16.4	16.5	17.3	18.8
민간기업[2]	19.2	20.0	20.8	21.2	21.5	20.9

자료: 여성가족부(2020), <통계로 보는 여성의 삶>에서 재구성.
1) 여성 관리자 비율은 개별기업의 고용 비율을 평균하여 산출(평균과 차이)
2) 상시근로자 500인 이상 고용 민간기업(대규모 기업집단 중 300인이상 포함)

2) 유리천장(glass ceiling)의 견고함

여성들이 조직에 진입해서 일정 기간 경험을 쌓고 상위직으로 이동하는 과정에서 많은 경우 유리천장을 경험한다. 유리천장이란 조직에서 여성들이 겪는 '보이지 않는 장애물'을 의미한다. 따라서 유리천장은 여성들이 리더십 레벨의 상층부로 진입하지 못하게 하는 요인이 된다. 유리천장의 원인은 다양하지만, 우선 유리천장을 '비가시화된 장벽'이라는 측면에서 관찰하고 인지심리학적 접근을 통해 분석한 버지니아 벨리언(Virginia Valian, 2000)은 이 보이지 않는 장애물을 성도식(gender schema)[4]이라는 개념으로 설명했다. 그는 성도식은 여성들이 일상적으로 겪는 '사소하고 반복적인 불이익'의 원인이며 이는 결과적으로 유리천장 효과를 가져온다고 강조한다. 즉 조직의 선택과 기회 과정 등에서 구성원들은 젠더로 인한 사소한 불이익을 인식하지 못하는데, 이는 전 조직과정에서 축적되어 결국 여성이 상위직으로 상승하는 것을 저해한다는 것이다.

이렇게 '성도식'에서 기인한 사소한 불이익은 '미묘한 성차별(gender microaggression)' 개념과도 연관지어 생각해 볼 수 있다. 미묘한 성차별이란 '차별의 의도가 뚜렷하게 가시적이지 않지만 불안, 우울감 같은 심리적 스트레스를 유발하는 요인'이 된다.[5] 이것이 명백한 성차별과 다르게 보이는 이유는 노골적인 차별이 아니고 일상에서 흔히 벌어질 수 있는 '매우 사소한 일'로 간주되기 때문이다. 그러나 미묘한 성차별을 느끼게 되면 피해자는 자기의심, 소외감 등을 갖게 되어(강혜원·이정윤, 2020) 결과적으로 스트레스와 좌절을 경험한다. 기존의 연구에 의하면 "만성적 차별에 노출된 사람들은 스트레스 호르몬인 코티졸 수준이 높아지고 심혈관이 굳는 석회화가 진행될 위험이 커지거나, 염증반응 수치가 올라가 결국 고혈압, 우울증 등의 병이 발생한다"(김승섭, 2018)는 보고가 있다. 이렇게 대부분 가시화되지 않는 차별은 여성들의 '도전' 혹은 '비전 형성'을 방해하고 견고한 유리천장을 형성하는 요인이 된다고 할 수 있다.

3) 직종과 역할의 젠더분리 구조, 유리벽(glass wall)

수직적 젠더 분리구조를 뜻하는 유리천장과는 달리 유리벽이란 여성이 처한 리더십의 수평적 한계를 의미한다. 즉 전통적인 성역할이 사회조직이나 집단에까지 연장되어서 성별로 기능이나 업무가 분리되어 있는 것을 말한다. 따라서 대개의 경우 여성은 보살피고 보조하고 돌보는 기능을 담당하도록 직종과 역할이 구조화된 상태를 소위 '유리벽에 갇혀 있다'고 묘사한다.

그런데 유리천장은 유리벽 현상과 서로 밀접한 관계를 갖는다. 유리벽에 막혀 있는 여성들의 리더십은 능력이라는 잣대로 평가되지 않는 경향이 있다. 승진을 하려면 반드시 거쳐야 하는 주요 보직에서 제외되거나 조직의 이너서클에서 배제되는 경우가 많기 때문이다. 다시 말해 유리천장을 뚫고 나아가려면 다양한 경험을 통한 제너럴리스트(generalist)가 되어야 하지만 여성의 접근을 허용하지 않는 유리벽이 존재한다면 여성이 상위직으로 이동하는 것은 불가능하다. 실제 현장에서 유리벽에 가로막힌 여성들이 자신들의 업무를 '가치 없는 일' 혹은 '중요하지 않은 업무' 등으로 표현하기도 한다.

한편 사회나 국가의 거시적 구조에서도 이러한 유리벽 현상은 흔하게 볼 수 있다. 예를 들어 공공부문의 의사결정직에서 여성은 복지, 보건, 교육, 육아 등의 업무에 주로 많이 재직하고 예산, 행정, 국방, 과학 분야 등에는 주로 남성 정책결정자들로 구성되는 젠더 편향성을 보이고 있다. 또한 산업 영역에서도 여성들은 건강, 교육, 서비스, 식품, 판매 등에 편중되어 있고(<표 2> 참조) 기계, 자동차, 철강, 건설, 에너지, 전자, 유틸리티 등의 분야에는 남성들이 주로 재직하고 있다(강이수 외, 2015). 이처럼 유리벽은 사회의 모든 차원에서 체계적으로 작동하고 있는 젠더 구조의 특징 중 하나라고 할 수 있다.

<표 2> 산업별 여성 근로자 비율 평균(과반수 비율 중심)

산업 종류	여성 근로자 비율 평균
제조업(섬유, 의복, 인쇄 등)	56.30 %
도매 및 소매업	53.36 %
음식업점	63.11 %
금융 및 보험	44.26 %
사업지원 및 서비스업	53.03 %
교육 서비스업	48.52 %
보건업 및 사회복지서비스업	72.37 %

자료: 고용노동부(2019), <2019 AA 남녀근로자 현황분석보고서, 산업별 여성근로자 및 관리자 비율 평균>을 재구성.

4) 젠더화된 사회자본(social capital) 구조

사회자본은 "신고전주의 경제학에서 생산요소, 혹은 마르크스주의에서 생산수단이라고 하는 전통적 의미의 '자본' 개념을 확대한 개념이다"(유석춘 외, 2003). 즉 사회자본은 인적자본, 문화자본 등과 같이 인간관계에 특정 가치가 내재된 것으로 이해할 수 있다. 따라서 이 장에서는 사회자본을 '인간관계망' 혹은 '인적 연결망'을 의미하는 것으로 설명하고자 한다.

리더십 공간에서 인간관계망은 여러 가지 효과를 가진다. 소위 네트워크라 불리는 인간관계는 그 연결에 내재된 가치는 다양하다. 즉 지지와 지원, 정보교류, 상위 네트워크의 활용, 업무 경험 학습 등의 측면과 더불어 실제 커리어 개발에 도움이 되는 업무 멘토링의 효과도 가지고 있다. 따라서 이러한 기능을 하는 인적 관계망은 리더십 역량을 발휘하는 데 있어 매우 중요한 역할을 한다. 그러나 일반적으로 여성 리더의 사회자본은 남성에 비해 부족한 것으로 드러난다. 여성들은 조직 내외부에서 자신들이 동원할 수 있는 네트워크가 한정되어 있고, 대부분 동성 간에 구성된 사적인(심리 정서적) 성격의 네트워크 차원에 머물러 있다(이화영, 2008: 178). 그 이유는 다양한 분야와 고위직에 여성 리더가 희박한 것이 현실이기 때문이다. 네트워킹이나 멘토링은 현실적으로 상위직의 리더가 하위직 구성원에게 관계 형성을 시도하고 도움을 주는 형태이기 때문에 조직 구조상 직위가 낮은 여성들끼리의 인적 관계망은 도구적으로 작동하기 어렵다. 또한 여성들이 남성과 맺는 네트워크는 실제 형성되는 것도 어렵고 도구적으로 기능하기 힘들다. 상위직의 남성이 하위직의 여성과 네트워킹, 혹은 멘토링을 적극적으로 주도할 가능성이 낮고, 관계 형성이 된다고 하더라도 이성간 성적인 오해로 인한 불편함 때문에 네트워크 형성에 소극적인 경향이 있다. 여성들이 네트워크 형성에 비적극적이라거나 능력 부족이라는 표면적 평가 이면에 여성들이 선택 가능한 네트워킹 구조는 이처럼 이미 젠더화 되어 있다는 점을 인식해야 할 것이다.

5) 임금, 능력 차이에 따른 보상?

앞 장에서 언급한 대로 직종 및 직위 분리 현상이 존재한다는 의미는 여성들이 이미 시장 진입 초기부터 불평등한 임금구조의 영향을 받는다는 사실을(유정미, 2017) 함축하고 있다. 이를 뒷받침하는 연구를 시도한 이순미는 '한국의 외환위기 이후 약 15년간 노동시장에서 경력과 임금궤적을 분석'한 결과 여성의 경우 노동 경력과 노동 성과의 불일치가 매우 크다고 강조한다. 또한 "여성은 유기계약 상용직, 임시일용직, 무급가족종사처럼 불안정 고용형과 불안정 고용 재취업, 취업중단형이 35.4%로 남성의 3배 가까이 높아 고용도 성별화" 되었다고 한다. 결론적으로 "외환위기 이후 노동시장에서 고학력 남성의 전유물이었던 상위노동경력이 여성에게도 개방 되었지만 성별에 따라 보상체계를 달리함으로써 경력발달과 무관하게 여성 전체를 저임금노동자화 하고 있다"고 강조한다. 따라서 일반적으로 여성이 가족에서 기인한 성역할 책임 때문에 경력단절이 있다고 생각하기 쉽지만 오히려 노동시장에서의 성불평등이 그 원인이자 결과라고 설명한다(이순미, 2015: 123-125). 이처럼 성별 간 이미 공고하게 구조화되어있는 임금 격차는 유능함, 전문성으로 왜곡되어 마치 남녀 간 능력 차이의 결과로 인식되고 있다.

3. 여성이 경험하는 리더십 공간의 남성중심성

1) 성역할 내면화 혹은 연출의 효과

리더십 효율성의 여부는 산출로 입증 가능한 것이다. 그러나 여성의 리더십 효율성에 대한 판단에는 대부분 '전통적인 성역할의 완수 여부'가 하나 더 추가된다. 따라서 최고위직 혹은 전문직 여성조차도 '자녀와 가족에게 헌신하는 어머니이자 아내'라는 이미지를 만드는 데 주저하지 않는다. 이런 행동은 두 가지 상황을 짐작하게 한다. 우선 여성 리더 스스로 현실적인 젠더 체계를 거스르지 않으려는 태도로서 '가부장적인 질서에 도전하지 않는 여성'이라는 이미지를 표출하기 위한 것이거나, 아니면 실제 어머니 혹은 부인 노릇에 대한 성역할을 내면화하고 이를 '자신의 또 다른 임무로 인식'하는 경우일 것이다. 실제 성공한 여성 리더가 소위 여성성을 표출하는 것은 남성중심적인 조직 문화에 부합하는 경력 성공과 평가에 긍정적인 요소로 작용하기 때문이다. 따라서 어떤 원인이든 간에 현실적으로 여성은 긍정적 평가를 받기 위해서 '여성성을 담지하는 연출'을 해야만 한다. 만일 여성 리더가 여성성에 위배된 행동을 보인다면 전문성이나 업적만으로 리더십을 평가하기보다는 '인간관계에 문제가 있다'거나 리더십 자체를 폄훼당하는 분위기가 팽배해진다. 다시 말하면 '뭔가 부족한 여성', 혹은 '완전하지 못한 리더십'으로 인식된다는 것이다.

2) 여성의 리더십 영향력에 대한 의심

여성 리더는 이성 부하와의 관계에서 갈등을 겪고 있다. 조직은 여전히 남성 부하와 남성 상사의 조합이 전형적인 구도이자 자연스러운 모습이라고 생각하고 있다. 따라서 여성 상사와 남성 부하 조합은 아직도 불편하거나 이질적인 것이라는 고정관념이(원숙연, 2009) 남아 있다. 최근 이러한 구도가 변화되기 시작했다고 하지만 여전히 그 변화의 속도가 느린데, 이는 여성의 권력이 남성을 초과해서는 안 된다는 혹은 그 권력을 남성에게 행사해서는 안 된다는 가부장적 인식이 남아 있기 때문이라고 할 수 있다. 아직도 '여성이 권력을 갖는다는 것'은 리더십 공간에서 그다지 고무적인 일로 여겨지거나 장려되고 있지 않다. 여성들은 가정이나 교육 과정에서 권력이나 영향력을 갖도록 사회화되지 않았기 때문이다. 예를 들면 언론에서 최고 경영자에 여성이 임명되었다는 기사를 종종 접할 때가 있다. 이를 여성 리더의 증가로 이해할 수도 있지만, 한편으로는 아직도 여성이 특정 지위에 오르는 것을 희귀 사례로 다루고 있다는 사실은 여전히 여성의 리더십 영향력이 의심받을 가능성이 많다는 것을 의미한다.

3) 온·오프라인 공간에서 섹슈얼리티 폭력과 놀이문화

남성중심적인 집단문화에서 구성원 사이의 친밀성은 남성적 선호를 기반으로 하고 있다. 조직에는 여성의 섹슈얼리티와 관련된 언어, 태도, 이미지들을 매개로 남성 정체성 강화, 연대를 위한 오락이나 놀이문화가 존재한다. 이는 여성 배제라는 공간 분위기를 형성하고 여성들을 심리적으로 움츠리게 만든다. 리더십 공간에서 성희롱이나 언어희롱, 성추행 등과 같은 사건이 발생했을 경우, 주 피해자인 여성들은 대부분 자신들의 목소리나 주장들을 정확하게 드러내지 못하기도 하고 피해를 구제받으려는 노력이 종종 무산되는 것이 현실이다. 대개의 경우 어떤 조직이나 집단에서도 남녀를 떠나 부하가 상사를 성희롱했다거나 추행하였다는 사례는 찾아보기 힘들다. 섹슈얼리티가 권력으로 작동하고 있기 때문이다.

최근 사이버상에서의 상호작용이 만연해지면서 새로운 방식의 섹슈얼리티 폭력[6]이 증가하고 있다. 폐쇄적인 공간에서 벌어지는 폭력은 오프라인 공간에서보다 더 자극적이면서 긴밀하게 소통된다는 특징을 띠고 있다. 특히 이런 방식의 폭력이 '젊은 남성들의 놀이문화'로 새롭게 정착되어 가고 있는 것이 아닌지 우려되는 상황이다.

4. 여성이 경험하는 리더십 공간에서 리더십 평가

1) 여성 리더의 생산성

일반적으로 생산성에 있어 성차는 그다지 유의미한 것으로 드러나지 않는다. 그러나 한 연구의 결과에 의하면[7] 여성의 생산성 평가는 객관적 기준과 판단을 근거로 구성된 영역보다는 주관적 판단이나 성차별적 고정관념이 개입될 수 있는 영역에서 더 낮게 평가된다고 한다(이주희 외, 2006). 이처럼 리더십의 효율성을 어떤 것으로 보는가에 따라 여성의 리더십에 대한 평가가 달라질 수 있다. 만일 리더십 효율성을 판단할 때 주관적인 요소가 평가에 많이 개입되거나 남성이 다수를 점하고 있는 조직에서 평가가 이루어진다면, 혹은 평가를 하는 위치에 여성에 대한 편견을 가진 남성이 있게 되면 여성은 업무 결과에 대해 실제로 공평한 평가를 받지 못할 가능성이 커진다. 비공식적인 방식의 업무처리, 핵심 네트워크에 의존하는 의사결정 관행 등이 활발하게 이뤄지는 환경에서, 다시 말하면 '조직 정치'가 일상화된 상황에서 여성의 업무성과에 대한 객관적인 평가를 기대하기는 어렵다. 많은 경우 여성들이 주요 네트워크에서 배제되어 있다면 이러한 평가는 지속적으로 강화될 것이다.

2) 관계맺기(네트워킹) 역량

현실적으로 네트워크는 다양한 유형의 자원을 동원할 수 있는 일종의 자본으로 기능한다. 그러나 실제 조직에서 여성간 동성 네트워크는 대부분 심리, 정서적인 특징을 가지고 있으며, 이성간 네크워크는 잘 형성되지 못할뿐더러 도구적인 작동을 기대하기 힘든 것이 현실이다(이화영, 2008). 그 이유는 여성들이 소수자의 위치에 있기 때문이다. 여성들은 보편적으로 지위나 역할에서 여전히 주변적인 위치에 있다는 의미이다. 따라서 여성간 네트워크가 도구적으로 작동하기 위해서는 영향력을 가질 수 있는 고위직에 여성이 다수 존재해야 하는 것이 우선적 과제이다.

<표 3> 여성의 가사노동 시간

	2014년		2019년	
	여성	남성	여성	남성
취업자	2시간 27분	40분	2시간 24분	49분
맞벌이 가구	3시간 13분	41분	3시간 07분	54분

자료: 여성가족부(2020), <통계로 보는 여성의 삶>.

인간관계를 맺기 위해서는 대부분 업무 이외의 시간이 필요하다. 현실적으로 남성의 '리더십 타임'과 여성의 '리더십 타임'은 다르다(<표 3> 참조). 네트워크 자본의 형성을 개인적인 노력이나 능력의 결과물로 생각하기 쉽다. 그러나 인간관계를 만드는 것 역시 노동 구조와 무관할 수 없다. 일반적으로 비정규직 노동자는 정규직 노동자에 비해 고용불안, 불균등 처우 등 고용형태 및 조건으로 인한 심리적 스트레스가 더 심하다고 할 수 있다. 그러나 "비정규직 노동자가 정규직으로 고용형태가 바뀐 이후 남성노동자의 경우 우울증 발생은 통계적으로 유의미하지 않지만 여성노동자는 기존의 정규직 여성노동자에 비해 약 2.57배 가량 더 많이 우울증을 경험한다"(김승섭, 2018: 20)고 보고된다. 즉 여성에게는 기존의 가사노동과 육아에다 정규직 전환으로 인한 책임과 업무량이 더해져 더욱 힘들어지는 상황이 부가된다는 것이다. 정규직 전환으로 남녀 노동자가 동등하게 심리적 스트레스나 우울감이 약화되는 것이 아니다. 정규직으로서 더욱 업무 외 시간을 활용, 할애해야만 하는 인간관계에 대한 투자는 물리적인 시간을 필요로 하기 때문이다.

또한 여성과 남성은 인간관계를 맺는 방식에도 차이가 있다. 당연히 삶의 방식과 경험이 다르기 때문이다. 기존의 관점에서 볼 때 여성의 리더십 유형은 관계지향성, 남성은 과업지향성의 특징을 드러낸다고 한다. 즉 여성은 남성에 비해 인간관계에 좀 더 집중하는 행동을 더 많이 한다는 의미이다. 그러나 '관계지향적인 리더십을 더 많이 활용하는 여성들이 왜 네트워크 역량이 떨어진다고 평가되는가?'라는 질문에 대한 답을 진지하게 고민해보아야 할 것이다.

대개 조직의 상층부에는 주로 남성 연장자가 위치하고, 비교적 젊은 여성은 하위직에 다수 존재한다. 이 상황이 바로 여성 리더가 '선택 가능한 네트워킹 혹은 멘토링 구조'라고 할 수 있다. 현실적으로 관계 선택의 주도자는 상급자인 경향이 많다. 하위직에 몰려 있는 여성은 주로 선택을 받는 위치에 놓여 있다. 그렇다면 여성은 인간관계를 맺는 능력이 부족한 것인지, 아니면 관계 맺기의 구조가 이미 선택을 결정해 놓은 것인지, 혹은 네트워크 구조가 오히려 자유로운 선택을 저해하는 장벽으로 작동하는 것인지를 재탐색해보아야 할 것이다.

5. 변화를 위한 새로운 영향력

1) 시공간의 위치성 이해

리더십 환경은 급속도로 변화하고 있다. 제4차 산업혁명이라는 거대한 변화의 문턱에 들어선 우리는 그 어느 때보다 불안한 미래를 예측하고 있다. 특히 공간적 구성의 다양성은 리더십 환경을 더욱 복잡하고 불평등하게 만들 수 있는 요인이 될 것이다. 이제는 각자 자신이 서 있는 위치에서만 세상을 보아온 것에 대한 이해 부족을 인정하고 변화해야 할 때이다. 위치성을 자각한다는 것은 매우 중요한 문제가 되었기 때문이다. 우리가 도달해야 할 궁극적인 목적지는 동일하지만 각자 서 있는 장소, 도달 방법, 소요 시간, 환경 등은 모두 다르다. 한마디로 목표를 제외한 나머지 과정이 모두 다르다는 것이다. 상호 위치에 대한 자각만이 문제해결의 지름길이라고 할 수 있다.

미래의 리더십 영향력은 복잡한 상황에서 갈등을 조정하고 다양성을 융합하여 지속가능한 진전을 이루어야 한다는 공통의 과제를 안고 있다. 이는 리더십 공간이 다양성의 공존과 빠른 변화에 대처 가능한 유연한 공간으로 재구조화되어야 하는 것을 의미한다.

2) 평등한 젠더 권력 찾기

최근 일부 여성들의 리더십 약진 현상을 보고 마치 전체 여성들이 이런 지위나 영향력에 도달한 것처럼 일반화하는 경향이 있는데 이는 매우 위험한 일이다. 우선 여성 리더는 '성별에 따라 다른 권력을 갖고 있다'는 점을 인식해야 한다. 권력을 갖는다는 것은 공간을 변화시키고 새로운 구조를 만들어낼 가능성을 의미하는 것이다. 또한 권력을 갖는다는 것은 '문제를 정의하는 일'과 연관된다. 즉 리더십 공간에서 발생하는 사건과 문제에 대해 '누가 정의를 내리는가'는 매우 중대한 리더십 과정 중 하나이다. 문제를 정의하는 일은 리더십 공간에서 이슈들을 설명하고 해석하는 판단의 과정이자 대안을 도출하는 과정이다. 이는 곧 주류 중심의 관행, 규칙, 전례 등을 다시 보게 하는 동시에 리더십 공간의 변화를 추동하는 기반을 만드는 것을 의미한다.

여성 리더가 갖는 진정한 리더십은 궁극적으로 '젠더 평등한 공간을 만들고, 더불어 다양한 정체성이 공존 가능한 생산적 공간으로 변화시키는 영향력을 발휘하는 과정'이 되어야 한다.

3) 자기성찰과 연대

각자의 젠더 경험은 리더십 공간의 다양성을 효과적으로 재조직할 것이다. 따라서 젠더가 다른 정체성들과 어떻게 함께, 혹은 이질적으로 작동하는지 성찰해야 한다. 이를 위해서는 우선 현재 자기가 서 있는 위치를 자각해야 한다. 그동안 '어떤 권리를 찾지 못했는지', '주변부에서 겪은 경험을 그냥 내면화하거나 무시하지는 않았는지', '지금 당장 내가 변화시킬 수 있는 것은 어떤 것이 있는지' 등을 생각해야 할 것이다. 자신에 대한 깊은 성찰은 상대방에 대한 이해를 촉진하는 것과 긴밀하게 연결되어있다. 내가 나를 이해하는 정도는 내가 상대를 이해하는 수준과 비례하기 때문이다. 즉 '내가 나를 아는 만큼만 타인을 이해할 수 있는' 것이다.

또한 스스로 성찰하는 역량은 여성들 내부에서 서로 다른 위치성을 자각하고 조화를 이뤄내는 힘을 갖게 한다. 먼저 밟고 올라간 사다리를 걷어차거나 혹은 먼저 올라간 사람을 폄훼하는 일이 없어야 한다. 만일

각고의 노력 끝에 성과를 이뤄냈다면 이것을 온전히 내 것으로만 가두어 놓는 협소함에서도 벗어나야 한다. 여성에게 할당된 희소한 지분을 놓고 서로 경쟁하기보다는 여성의 몫을 더 많이 늘리는 데 집중해야 한다. 따라서 뒤에 따라오는 동료나 후배를 위해 자신이 경험한 경력의 사다리를 소개하고 더 든든히 보강하기 위한 '연대의 기초'를 다져야 한다. 조직에서 위로 올라간다는 것은 한편으론 현장과 멀어지는 것을 의미하고, 실제 여론과도 유리될 위험성이 있기 때문에 먼저 올라간 리더는 다양한 층위에서의 도움이 절실해질 것이라는 점을 자각해야 한다.

4) 여성의 야망, 가지 못했던 길을 가기

여성들은 흔히 어린 시절에 사회적 리더가 되려는 야망을 갖거나 세상을 변화시킬 수 있는 꿈을 갖도록 사회화되지 않았다. 가정이나 제도교육에서 '나아가 세상을 바꾸라' 혹은 '지도자가 되라'는 꿈을 여아들에게 주문하지 않았다. 반복적으로 내면화된 성역할로 인해 여성들이 자신의 커리어나 리더십에 대한 역량과 비전을 스스로 협소하게 만들어 온 경향이 있다. 흔히 '최고 경영자나 사회적 리더로서의 경력 상승을 위한 야망을 갖기보다는 주어진 일에만 전념해 왔다'는 일부 여성 리더의 경험담이 리더십 성공의 원인으로 소개되기도 한다. 그러나 이들의 경력과정을 탐색할 때 혹시 배제된 경험이 없었는지, 아니면 드러내고 싶지 않은 부분을 생략한 채 현재의 결과만을 가지고 미화된 것은 아닌지 한 번쯤 재검토해보아야 한다. 그렇지 않으면 이런 경험에서 배제된 대부분의 여성들은 리더십 경력 상승에 대한 실패의 원인을 오직 자신의 능력 부족으로만 돌릴 염려가 있기 때문이다.

이제 누구인가는 롤 모델이 되어야 하고 멘토가 되기 위한 야망을 가져야 한다. 조직과 사회에 견고하게 뿌리내린 유리벽을 박차고 올라가 유리천장을 깨고 새로운 길에 도전해야 한다. 야망을 쫓아 경력 성공을 모색하고 도전하는 여성들을 더 이상 편견에 찬 눈으로 보지 않는 세상을 만들어야 한다. 혹은 여성들이 애써 야망을 감추기 위한 노력을 하지 않아도 되는 당당한 공간을 만들어야 한다. 이를 위해서는 자기가 몸담은 조직 상황과 비전에 무관심한 채 오직 주어진 일에만 몰두하는 "현업 마인드"(김양희, 2017)에만 머물러 있지 말고 장기 비전과 전략을 수립할 수 있는 행동을 함께 모색해야 할 것이다. 인류 역사에서 '기득권이 스스로 자기 자리를 내어 준 사례'는 매우 찾기 힘들다. 어떤 영향력으로 어떠한 방식의 행동 기준을 새롭게 마련해야 하는지 성찰해야 한다. 오직 '권리를 갖기 위한 권리'[8](Butler·Spivak, 2008: 50)를 주장하고 연대했을 때 변화가 가능했다는 것을 우리는 역사적 교훈에서 배울 수 있다.

변화를 만드는 것은 여성 리더의 임무가 되어야 한다. 그러나 변화의 내용에 대해서는 각자 상황에 따른 전략적 유연성을 고려해야 할 것이다. 계속 변화하는 것에 특정 진리나 고정된 해답이 있을 수 없기 때문이다. 오직 '모든 것은 변화한다는 사실' 그 자체가 해답이자 진리라고 할 수 있다. 따라서 지금은 여성 리더로서 어떤 변화를 어떻게 가져올 것인지 스스로의 가능성에 대해 깊은 고민을 해보아야 하는 시간이다.

- 리더십은 영향력의 과정이다. 내가 리더십을 발휘한다면 어떤 방식으로 영향력을 행사할 것인지 생각해보자.

- 일반적으로 여성은 관계지향적, 남성은 과업중심적이라는 리더십 행동 경향성을 보인다고 한다. 그렇다면 인적 관계망인 네트워크 형성에 있어 여성들은 왜 적극적이지 못한지, 혹은 네트워킹 역량이 부족하다고 평가되는지 그 이유를 성찰해보자.

- 여성 리더는 지위가 상승해 감에 따라 과업지향적 행동을 자주한다는 보고가 있다. 그 이유를 알아보자.

- 여성 리더의 영향력, 권력, 권위 등이 남성과 어떻게 다른지 토론해보자. 그리고 평등한 권력을 갖기 위해서는 어떠한 전략이 있어야 할 것인지를 모색해보자.

- 나는 어떤 야망을 갖고 있는지, 혹은 나의 야망을 드러내지 않았다면 왜 그런 행동을 했는지에 대해 이야기해보자.

- 여성들은 정치 행동을 왜 부정적으로 인식하는 경향이 있는가? 그리고 정치 행동을 많이 하는 조직은 어떤 특성을 가지고 있으며 조직에서 정치 행동은 어떤 효과를 갖게 하는지 알아보자.

- 여성적 리더십, 여성 리더십, 여성주의 리더십에 대한 각각의 정의를 내려보자.

더 읽어볼 거리

· 김승섭(2018), 『우리 몸이 세계라면: 분투하고 경합하며 전복되는 우리 몸을 둘러싼 지식의 사회사』, 서울: 동아시아.

: 성, 인종, 계급 등에 대한 기존의 통념과 지식을 과학적으로 검증함으로써 모든 지식은 사회적 과정을 거쳐 만들어진다는 사실을 알 수 있게 하는 내용.

· 김양희(2017), 『성공하는 조직의 리더십 모델: 여성 리더와 젠더통합 리더십』, 서울: 이새.

: 조직에서 젠더가 통합될 수 있는 모델을 소개하고 미래 리더십의 지향점을 제시한 내용.

· 버지니아 밸리언(2000), 『여성의 성공 왜 느릴까?』, 김영신(역), 서울: 여성신문사.

: 미국에서 여성의 유리천장이 어떻게 형성되고 작동하는지에 대한 인지적 실험 결과를 통해 조직과 일상에서 작동하는 보이지 않는 불평등의 원인을 소개한 사례들.

· 아일린 폴락(2015), 『평행 우주 속의 소녀: 평등한 과학을 꿈꾸다』, 한국여성과학기술단체총연합회(역), 서울: 이새.

: 자신의 욕망과 능력이 학교, 조직, 사회 과정 등을 거치면서 어떤 방식으로 무력화 되었고 포기하게 되었는지에 대한 과정을 서술한 작가의 자전적 이야기.

· 윤혜린(2009), 『여성 리더십의 공간과 철학』, 서울: 철학과현실사.

: 성과 리더십을 어떻게 이해해야 하는지에 대한 관점과 철학을 제시하고 리더십 공간 변화의 지향점을 모색할 수 있는 내용.

· 터리스 휴스턴(2017), 『왜 여성의 결정은 의심받을까?』, 김명신(역), 서울: 문예출판사.

: 여성 리더의 의사결정에 대한 고정관념과 편견을 비판하고 여성 리더가 처한 환경과 조직 및 사회 문화 그 자체가 바로 의사결정 장애물이라는 것을 제시한 내용.

- <서프러제트(Suffragette)>, 사라 가브론, 2015
: 오늘날 여성이 참정권을 가질 수 있게 한 사건을 그린 드라마. 한 세기 전 영국에서 최초로 여성이 참정권을 쟁취하게 된 과정을 통해 스스로 자신의 권리를 찾기 위해서는 연대하고 행동을 해야 한다는 사실을 잘 보여주는 실화.

- <하이힐을 신고 달리는 여자(I Don't Know How She Does It)>, 더글러스 맥그라스, 2011
: 평범한 직장인이자 워킹맘인 주인공이 일과 가정의 양립을 위해 노력하는 모습을 그린 내용. 이 영화를 통해 여성들이 구조적인 문제를 어떻게 개인화하고 있는지, 시장이 어떤 논리로 여성들에게 수퍼우먼 되기를 강요하고 있는지 알 수 있다.

- <일하는 여자들>, 김한별, 2019
: 방송계의 대표적인 비정규직인 방송작가의 대부분이 여성이다. 이들이 겪는 노동환경, 불평등 문제 등을 개선하기 위해 노조를 결성하는 과정을 담아낸 다큐멘터리 영화.

- <넘버 원(Number One)>, 토니 마샬, 2017
: 조직의 상층부에 진입하기 위해 여성 관리자가 겪어야 하는 문제를 보여주는 내용. 한 여성의 경력상승 과정을 통해 조직의 정치와 기술이 어떤 방식으로 작동해야만 경력사다리의 최정점으로 올라갈 수 있는지 짐작하게 해주는 영화.

- <조이(Joy)>, 데이비드 O. 러셀, 2015
: 싱글맘이자 가족 구성원을 책임져야 하는 가장으로서 사회적 편견에 얽매이지 않고 자신의 삶을 스스로 개척해 나가는 내용. 진실에 충실하면서도 장애물을 지혜롭게 극복해 나가 결국 한 기업을 일궈내어 최고 CEO 자리에 올라가게 된 과정을 그린 실화.

1 리더십의 기본적인 구성 요소는 리더, 공동의 목표, 구성원이라고 할 수 있다. 따라서 리더십의 정의는 관점에 따라서 매우 다양하지만 간단하게 정의하면 '공동의 목표달성을 위해 구성원에게 행사하는 리더의 영향력의 과정'이라고 할 수 있다. 따라서 리더가 자신의 영향력을 발휘하는 방법에 따라 리더십의 정의는 다양해진다. 또한 '영향력의 과정'이라고 정의한 것은 리더십은 지속적인 변화과정에 열려 있다는 것을 의미한다.

2 소수(minority)란 숫자만을 의미하는 것이 아닌 권한과 영향력을 포함하는 개념이기도 하다. 한국에서 여성을 소수자로 인식하고 최초로 여성의 권한과 영향력을 신장하기 위한 대표적인 정부정책은 1995년에 시작된 '여성공무원채용목표제'이다. 그러나 정책이 시행 된지 약 25년이 지난 2019년 현재, 5급이상 전국의 여성관리직 공무원은 15.6%에 지나지 않는다. 또한 중앙정부의 4급에는 14.7%, 지방자치단체 5급은 15.6%를 여성이 차지하고 있는 것이 현실이다. 공공기관의 여성 관리자 역시 18.8%, 지방공사 및 공단의 여성관리자는 6.82%에 머물고 있다(한국여성정책연구원, 2019).

3 리더십 효율성에 대한 이론들은 대부분 리더와 구성원의 관계를 측정하는 변수가 설계되어 있다. 이는 서로 다른 여성 리더와 남성 리더의 행동 차이를 이해하기 힘들고 더불어 부하가 남녀 상관을 다르게 인지하고 수용하는 이유(최윤희·원숙연, 2014)를 설명하지 못한다. 따라서 남녀 리더십의 효율성은 당연히 차이가 드러날 수 밖에 없다는 것이다.

4 성도식(gender schema)이란 성에 대해 누구나 가지고 있는 비의식적 신념체계이다. 비의식(non-conscious)이란 무의식(un-conscious)이나 관념, 이미지, 편견 등을 포함하는 포괄적인 개념이다. 조직 내부에서 성도식으로 인해 여성에게 사소한 불이익이 작동하기 시작하고 그것이 결과적으로 스노볼링 효과를 일으켜 커다란 불이익으로 변화 된다는 것이다(Valian, 2000).

5 한국의 20대 여성을 대상으로 "미묘한 성차별에 대한 개념도"를 연구한 강혜원과 이정윤은 미묘한 성차별을 총 6개 영역으로 도출했다. 예를 들어 여성이 화장을 안하고 다니면 어디 아픈지를 물어보는 '외모차별', 출산을 여성의 임무로 당연시하는 '성역할 차별', 여성의 수동적 이미지를 기반으로 하는 언사인 '사회적 고정관념', 특정 업무에 출중한 여성에게 센 여자라는 이미지를 주는 '직장내 차별', 섹슈얼리티 문제를 여성만의 문제로 여기는 '여성 경시', 노후에 보살핌과 친밀성을 의도하고 강조하는 '딸 역할기대' 등을 포함한다(강혜원·이정윤, 2020).

6 현재 온라인에서 여성의 섹슈얼리티 폭력은 거의 상시적이며 일상화되어 있다. 특히 여성에 대한 혐오는 여성의 섹슈얼리티를 증오하거나 남성의 소유로, 혹은 이용 및 착취, 학대의 대상으로 환원하는 방식으로 표현된다(김수아, 2015).

7 이 연구에서 여성의 생산성 평가지표는 업무관련 지적 능력, 업무몰입도 및 네트워크로 구성된다. 여성은 업무관련 지적능력에서는 남성에 비해 유의미한 차이가 없지만, 업무몰입과 네트워크 능력 부분에서 남성에 비해 떨어지는 결과를 보인다. 즉 가사나 육아로 인한 업무몰입 저하, 회사 내외부에서의 네트워크 부족, 야근이나 시간외 근무 거부, 정보력 부족 등처럼 대부분이 주관적인 평가에 그치고 있거나 여성의 일-가정 양립으로 인한 시간적, 물리적 한계가 원인인 것으로 드러났다(이주

희 외, 2006).

8 '권리를 위한 권리'란 법이나 제도로 보장되지 않은 권리를 요구할 권리를 의미한다. 법적으로 보장된 전자의 권리에 비해 후자의 권리는 법적인 보호와 보장을 요구할 권리를 말하는 것이다. 즉 평등을 요구할 권리를 의미하는 것이다. 이에 대해 주디스 버틀러는 권위에 대항하여 자유를 행사하고 평등을 요구하는 행동은 자유와 평등에 대한 지평을 넓히기 위한 가능성과 당위성을 보여주는 것이라고 주장하고 이것을 '수행적 모순' 이라고 설명한다. 만일 수행적 모순이 없다면 급속한 변화는 불가능한 것이라고 주장한다(Butler·Spivak, 2008).

젠더와 과학기술, 무엇이 문제인가?

임소연

 과학기술은 이공계 전공자만의 문제이거나 사회나 문화와는 구별되는 전문적인 분야라고 생각하기 쉽다. 객관성과 합리성, 효율성의 상징인 과학기술은 젠더와 주로 연관지어지는 차별이나 불합리, 위계 등으로부터 자유로울 것이라고 기대하기도 한다. 그러나 과학기술의 역사와 과학기술이 만들어지는 현장을 들여다보면 이러한 생각과 기대를 유지하기 힘들어진다. 과학기술은 인적으로나 인식론적으로나 남성중심적이었으며 여성은 연구자로서도 연구 대상으로서도 배제되고 주변화되어 왔다. 그래서 많은 경우 과학기술은 여성의 몸을 설명하지 못하고 여성의 편의를 증진하지 못했다. 때로는 여성의 열등함을 정당화하거나 여성의 몸을 통제할 수 있는 수단을 제공하는 데에 동원되기도 했다. 그렇다보니 젠더 관점에서 볼 때 과학기술은 여성이 생산의 주체로 적극적으로 참여하는 것이 자연스럽게 여겨지는 분야이기보다는 오히려 비판과 경계의 대상이 되는 지식과 도구를 생산하는 분야로 인식되어 온 경향이 있다. 그 결과 여성학과 젠더 연구의 관점에서 과학기술에 대한 비판이 꾸준히 있었던 것과는 대조적으로 과학기술 분야의 여성, 즉 여성과학기술인에 대한 관심은 그리 높지 않았다. 따라서 이 장은 과학기술 분야 여성의 소수성에 대한 문제의식하에 과학기술과 젠더의 문제를 개괄하고자 한다. 과학기술 분야 여성의 문제가 여성과학기술인의 문제만이 아니라 과학기술의 영향을 받는 모든 여성의 문제이자 나아가 과학기술 자체의 문제임을 보이는 것이 이 장의 목표이다.

이 장의 첫 번째 절에서는 과학기술에서의 젠더 문제를 크게 과학기술 인력의 성비불균형 문제와 과학기술의 젠더 편향성 문제 두 가지로 구분하여 이 둘이 어떻게 서로를 정당화하고 강화하는가를 설명한다. 두 번째 절에서는 특히 과학기술 분야의 성비불균형과 관련된 과학기술의 젠더화된 역사를 간략하게 살펴보고 세 번째 절에서 과학기술의 젠더 편향성을 넘어 새로운 과학기술을 만들고자 노력해 온 페미니스트 과학기술학의 성과를 짚어본다. 네 번째 절에서는 세 번째 절에서 논의한 새로운 과학기술의 사례로 과학기술에 젠더 관점을 도입한 젠더혁신 프로젝트를 소개한다. 끝으로 앞선 논의들을 정리하고 과학기술의 변화 방향을 제시하며 글을 맺고자 한다.

1. 과학기술에서의 젠더, 무엇이 문제인가?

1) 과학기술 인력의 성비불균형 문제

과학기술 인력에서의 젠더 문제는 보통 과학기술 분야 성비불균형의 문제로 불린다. 한국여성과학기술인지원센터(2019)에서 보고한 2018년 여성과학기술 인력현황에 따르면 국내 대학의 자연, 공학계열 입학생 중 여학생 비율은 29.3%이다. 과학기술 분야 전공에서 여학생의 평균 비율이 30%를 넘지 못하는 현실은 그 자체로도 문제이지만 이 30%라는 숫자가 위로 올라갈수록 그리고 특정 분야로 가면 더욱 적어진다는 사실은 더욱 문제적이다. 과학기술 분야 인력에서 여성이 차지하는 비중이 고위급이나 책임자급으로 올라갈수록 더 낮아지는 것을 수직적 젠더불평등이라고 하고, 과학기술 분야 중에서 공학계열이 자연계열보다 여성의 비율이 더 낮은 것과 같이 유독 특정 전공이나 세부 분야에서 여성의 비율이 더 낮은 것을 수평적 젠더불평등이라고 한다.

〈그림 1〉과 〈그림 2〉는 우리나라 과학기술 연구개발 인력에서 수직적, 수평적 젠더불평등이 존재하는 현실을 한눈에 보여준다. 〈그림 1〉에서 수직적 젠더불평등의 현황을 찾아보자. 신규채용 시 28.9%인 여성의 비율은 재직자로 가면 20.0%로 낮아지며 승진을 하거나 관리자 직급이 되는 여성은 전체의 17.4%와 10.0%로 더욱 감소한다. 위로 올라갈수록 여성 인력이 새어나가는 '새는 파이프라인' 현상이 뚜렷하게 보인다. 전체 재직자 중 20.0%를 차지하는 여성들 중 비정규직은 35.6%로 16.9%인 남성 비정규직 비율을 크게 웃돈다는 점도 여성들이 끝까지 생존하기 힘든 상황을 보여준다. '자연공학계열 전공자 성별 연령별 경제활동참가율'을 보면 20대에 그나마 비슷하게 출발하는 남녀 경제활동참가율이 주로 결혼이나 임신, 출산 등의 적령기라고 여겨지는 30대가 되면 돌이킬 수 없는 차이를 보임을 알 수 있다. 여기에 더해 10억 원 이상의 연구비를 받는 대형과제를 책임지는 여성들이 전체 6.6%에 그치고 있는 수치는 '유리천장'의 존재를 짐작게 한다.

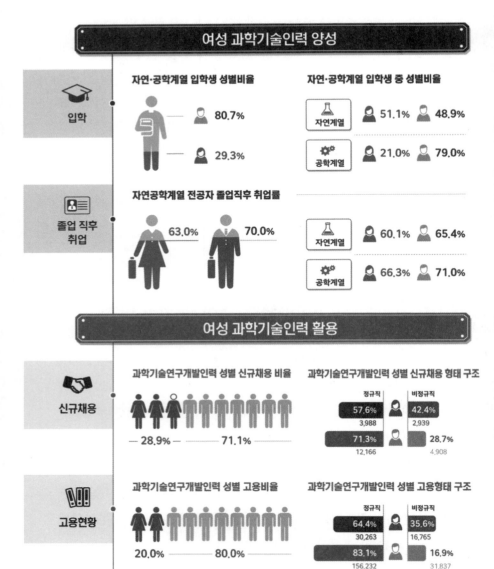

<그림 1> 한눈에 보는 여성과학기술인력 현황

자료: 한국여성과학기술인지원센터(2019), <2009-2018 젠더기반 과학기술인력 현황>.

여성 과학기술인력 활용

승진 및 보직

과학기술연구개발인력 승진자 성별비율

17.4% ——— 82.6%

과학기술연구개발인력 관리자 성별비율

10.0% ——— 90.0%

연구과제 책임자

연구과제책임자 성별비율

10.9% ——— 89.1%

10억원 이상 연구과제책임자 성별비율

93.4%

6.6%

자연공학계열 전공자 성별 연령별 경제활동참가율

단위: % ○ 여성 ● 남성

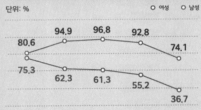

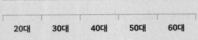

	20대	30대	40대	50대	60대
남성	80.6	94.9	96.8	92.8	74.1
여성	75.3	62.3	61.3	55.2	36.7

일·가정 양립 지원 제도 운영 현황

육아휴직 운영률
98.6%

직장어린이집 설치의무 기관 중 설치비율
67.4%

출산/육아휴직자 대체인력 운영률
40.2%

대학교 소계열별 자연·공학계열 학사과정 재학생 중 여성비율 현황

단위 : %, 명

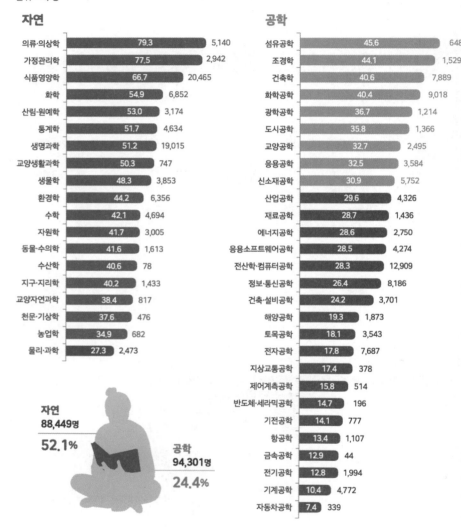

자연

전공	비율(%)	명
의류·의상학	79.3	5,140
가정관리학	77.5	2,942
식품영양학	66.7	20,465
화학	54.9	6,852
산림·원예학	53.0	3,174
통계학	51.7	4,634
생명과학	51.2	19,015
교양생활과학	50.3	747
생물학	48.3	3,853
환경학	44.2	6,356
수학	42.1	4,694
자원학	41.7	3,005
동물·수의학	41.6	1,613
수산학	40.6	78
지구·지리학	40.2	1,433
교양자연과학	38.4	817
천문·기상학	37.6	476
농업학	34.9	682
물리·과학	27.3	2,473

자연
88,449명
52.1%

공학

전공	비율(%)	명
섬유공학	45.6	648
조경학	44.1	1,529
건축학	40.6	7,889
화학공학	40.4	9,018
광학공학	36.7	1,214
도시공학	35.8	1,366
교양공학	32.7	2,495
응용공학	32.5	3,584
신소재공학	30.9	5,752
산업공학	29.6	4,326
재료공학	28.7	1,436
에너지공학	28.6	2,750
응용소프트웨어공학	28.5	4,274
전산학·컴퓨터공학	28.3	12,909
정보·통신공학	26.4	8,186
건축·설비공학	24.2	3,701
해양공학	19.3	1,873
토목공학	18.1	3,543
전자공학	17.8	7,687
지상교통공학	17.4	378
제어계측공학	15.8	514
반도체·세라믹공학	14.7	196
기전공학	14.1	777
항공학	13.4	1,107
금속공학	12.9	44
전기공학	12.8	1,994
기계공학	10.4	4,772
자동차공학	7.4	339

공학
94,301명
24.4%

<그림 2> 이공계 대학 전공별 여학생 비율 현황

자료: 한국여성과학기술인지원센터(2019), <2009-2018 젠더기반 과학기술인력 현황>.

젠더불평등은 수평적인 차원에서도 작동한다. 〈그림 2〉는 각각 자연계열과 공학계열에 속하는 세부 전공별로 여학생의 비율이 어떻게 분포되어 있는지를 보여준다. 자연계열 전공의 여학생 비율이 평균 52.1%인데 반해 공학계열 전공의 여학생 비율은 평균 24.4%로 두 계열의 차이가 상당하다. 여학생 비율이 30% 미만인 학과가 자연계열에서 1개인 반면 공학계열에는 19개나 있다. 압도적인 차이이다. 같은 자연계열 안에서도 생활과학이라고 부리는 의류·의상학과, 가정관리학 등의 전공에서 여학생의 비율이 80% 육박하는 반면, 물리과학 전공은 30%도 되지 않는다. 공학계열 중 섬유공학이나 조경학, 건축학에서 여학생 비율이 40%를 넘는 반면 자동차공학은 7.4%로 한 자리수이다. 과학기술 분야의 수평적 젠더불평등은 과학기술 인력에서의 성비불균형 문제가 비단 결혼이나 임신, 출산, 육아 및 가사 등 여성의 생애주기에서 맞닥뜨리는 일-가정 양립의 문제만은 아닐 것임을 시사한다.

2) 과학기술의 젠더 편향성 문제

과학기술과 젠더의 문제 중 두 번째는 과학기술의 젠더 편향성이다. 과학기술의 젠더 편향성이란 과학기술의 내용과 결과물이 과학자나 엔지니어가 의도한 바든 그렇지 않든 사회적 성인식 혹은 젠더에 대한 고정관념의 영향을 받는다는 것을 가리키는 말이다.

과학지식에 어떻게 젠더에 대한 고정관념이 반영되는가를 보여주는 사례로 가장 잘 알려진 것이 난자와 정자의 수정에 대한 연구이다(Martin, 1991). 오랫동안 난자는 활동성이 떨어져 정자를 기다리는 존재로, 정자는 난자에 도달하기 위해 다른 정자들과 경쟁하는 존재로 묘사되어 왔다. 생식세포일 뿐인 두 종류의 세포가 각각 여성과 남성을 상징하는 것처럼 여겨졌을 뿐만 아니라 두 생식세포의 결합인 수정 과정 역시 남녀의 사회적인 성역할에 따라 수동적인 여성과 능동적인 남성의 만남으로 설명되었던 것이다. 물론 최근 들어 인간 배아의 수정 과정에 다른 이야기가 점점 더 자주 들린다. 정자의 운동은 난자가 보내는 화학적 신호에 따르는 것이며 수많은 정자들 사이의 경주에서 1등을 한 정자가 난자에 결합하는 것이 아니라 난자가 어떤 정자와 수정할지 선택한다는 것이다. 언젠가는 수정 과정에 대한 대중적인 인식이나 과학 교과서에서의 묘사가 완전히 바뀔 날이 올지도 모른다.

기술 역시 젠더 편향에서 자유롭지 않다. 보통 기술을 '양날의 칼'이라고들 한다. 어떤 쪽 날을 사용하는가 즉 어떤 기술이 좋은 기술인가 나쁜 기술인가는 사용하는 사람의 손에 달려 있다는 뜻이다. 이것은 기술의 가치중립성을 전제해야 성립하는 말이다. 그렇다면 기술은 젠더중립적인가? 그렇지 않음을 보여주는 사례들은 무수히 많다. 예를 들어, 빅데이터에 기반한 얼굴인식 프로그램은 인종과 젠더에 따라 다른 정확도를 보인다(Buolamwini·Gebru, 2018). IBM의 얼굴분석 시스템의 경우 유색 인종 여성의 얼굴을 잘못 인식할 확률은 34.7%이다. 백인 남성의 경우 오류 확률이 1% 이하인 것과 너무나 비교되는 수치이다. 그 이유는 프로그램을 만들기 위해 사용된 데이터 셋이 남성, 특히 백인 남성에게 편중되어 있기 때문이다. 또 다른 사례로, 인공지능 스피커로 알려진 국내에서 판매되는 음성인식장치의 대부분은 여성의 목소리를 기본으로 탑재하고 있다는 점도 들 수 있다(이희은, 2018). 남녀의 목소리를 선택할 수 있는 경우조차 여성의 목소리는 '명랑하고 쾌활한' 것, 남성의 목소리는 '적극적이고 자신감 넘치는' 것으로 젠더 고정관념에 맞추어져 있다. 기술은 젠더중립적이지 않다.

3) 하나로 연결된 과학기술에서의 젠더 문제

요컨대 과학기술에서의 젠더는 크게 두 가지 차원에서 문제적이다. 첫째, 과학지식을 만들고 기술을 개발하는 주체가 남성에 편중되어 있다. 둘째, 과학지식과 기술이 젠더에 대한 고정관념을 내재하고 있다. 그리고 이 두 문제는 깊이 연결되어 있다.

우선 과학자나 엔지니어 직군 그중에서도 정규직이나 고위직을 남성이 독점하게 되면 여성과 남성에게 부과되는 사회적, 문화적 규범의 차이에 대한 의식이나 그 차이를 좁히려는 노력을 거의 하지 않게 된다. 이는 과학기술 분야에서 상대적으로 소수인 여성의 문제를 고려하지 않는 것이기 때문에 이 분야에서 남녀의 차이는 단순한 차이가 아니라 차별로 작용하며 성비불균형 문제가 지속된다. 이런 구조적인 문제가 가려지게 되면 과학기술 분야에 남성이 많은 현실은 그 자체로 남성이 여성에 비해서 과학기술 연구개발에 필요한 능력이 더 뛰어난 것 같은 착시현상을 일으킨다. 성비불균형이 남녀 개인의 능력에 따른 선택으로 여겨지면 성비불균형은 해결해야 할 문제가 아니라 자연스러운 결과가 되고 상황은 나아지지 않는다. 미국 하버드 대학의 총장 로렌스 써머스는 2005년 공식 석상에서 여성이 남성에 비해 열등한 수학, 과학적 능력을 타고난다는 발언을 하여 물의를 빚은 바 있다. 물론 여성이 남성에 비해 과학기술 연구개발 능력이 선천적으로 부족하다는 과학적 합의는 어디에도 없다.

과학기술이 만들어지는 과정에서 젠더에 대한 고정관념이 영향을 준다는 사실은 어떻게 과학기술 분야의 성비불균형과 연결되는가? 사회적인 성역할이나 남녀에 대한 편견을 전제로 하는 과학 연구는 결국 사회적인 성역할과 남녀에 대한 편견을 재생산하고 강화하게 된다. 과학기술이 객관적인 사실을 생산하고 가치중립적인 도구를 만든다는 오랜 믿음은 과학기술이 사회의 영향을 받는다는 사실을 간과하게 만든다. 그렇기에 과학기술은 그 어떤 종교나 신념보다 강력하게 사람들의 판단과 행동에 영향을 준다. 사회적 성인식에 근거하여 만들어진 과학지식이 사회의 성차별을 지지하는 근거로 쓰이게 되고 기술이 젠더편향적인 기술 제품을 반복적으로 사용함으로써 사회의 성역할 및 젠더 규범을 당연시하게 되는 것이다. 예를 들어, 18세기 해부학 책에 여성과 남성의 골격은 각각 타조와 말의 골격과 유사하다고 여겨져 나란히 배치되었다. 그 자체가 여성과 남성에 대한 편견을 반영한 것이다. 여성이 타조와 유사한 점은 두개골이 작고 골반이 넓다는 것인데 이는 여성의 지적 활동보다는 출산에 적합한 몸을 가졌음을 보여준다. 두개골이나 골반뼈의 크기에 있어서 남녀의 차이가 있다는 생물학 지식은 당시 여성들이 과학과 같은 고도의 지적 활동을 할 수도 없고 해서도 안 된다는 논리에서 주요한 근거로 사용되었다(Schiebinger, 2007).

여성이 소수인 집단에서 여성과 남성의 차별을 정당화하는 지식과 도구를 생산하고 그럼으로써 여성이 계속해서 소수로 머물 수밖에 없는 제도와 문화가 유지되는 것이 바로 과학기술의 젠더 문제의 핵심이라고 할 수 있다.

2. 여성을 배제해 온 과학기술의 역사

미국의 과학사회학자 로버트 머튼(Robert Merton, 1973)은 일찍이 과학이라는 제도를 유지하는 규범으로 공유주의(communism), 보편주의(universalism), 무사공평주의(disinterestedness), 제도적 회의주의(organized skepticism) 등을 꼽았다. 공유주의는 과학지식이 개별 과학자의 소유가 아니라 인류 전체가 공유해야 하는 지식이라는 의미이다. 보편주의는 과학이 보편적인 지식이기에 과학 이론의 진리 여부가 과학자의 인종, 성별, 국적, 종교 등에 의해서 결정되지 않는다는 뜻이며 무사공평주의는 과학 연구에 과학자의 사사로운 이해관계가 개입되어서는 안된다는 의미이다. 마지막으로 제도적 회의주의는 공유주의와 보편주의, 그리고 무사공평주의를 실현시키는 일종의 방법론으로서 과학 명제가 사실로 받아들여지기 위해서는 철저한 검증을 거쳐야 한다는 뜻이다. 이렇게 보면 과학은 인간의 다른 어떤 행위나 제도와도 다른 신성한 존재처럼 보인다. 그러나 머튼이 주장한 과학자 사회의 네 가지 규범은 말 그대로 규범일 뿐 실제 과학의 모습과는 거리가 있다.

무엇보다 과학은 특정한 시대에 특정한 지역의 특정 집단에 의해서 만들어진, 역사의 산물이다. 지금의 과학은 철저하게 서구 근대역사의 산물이다. 근대과학 이전에는 자연철학이 존재했다. 자연철학자들이 사변적이고 관념적인 사유를 통해 자연의 본질을 파악하고자 했다면 근대과학의 지식 생산에서 가장 중요한 역할을 했던 것은 눈앞에서 새로운 현상을 보여주는 실험이었다. 실험이 자연에 대한 진리주장의 증거가 된다는 점은 근대과학의 가장 큰 특징이자 과학을 자연철학과 구분 짓는 핵심이었다. 자연철학이 자연을 그대로 두고 보면서 인간의 이성적 사유로 만물의 본질을 파악하려는 활동이었다면, 현대 과학기술의 기원인 근대과학의 실험은 자연에 개입하고 자연을 인위적으로 조작해서 사실을 만드는 것이다. 그렇다면 실험이라는 새로운 방법론은 젠더와 어떤 관계가 있을까? 새로운 실험과학의 정신을 제안한 프랜시스 베이컨(Francis Bacon)과 베이컨주의 과학을 실현한 과학자 로버트 보일(Robert Boyle)

을 잠시 살펴보자. 이들의 활약은 근대과학의 역사에 스며 있는 뚜렷한 남성중심성을 잘 보여준다.

베이컨은 〈시간의 남성적 탄생〉이라는 제목의 미출판된 글에서 과학을 자연과의 '결혼' 그리고 여성에 대한 '심문(審問)'이라고 표현하였다. 자연의 여성화 자체는 새롭지 않다. 인류의 역사가 시작된 고대 문명기에서부터 인간은 자연을 여성으로 상상해 왔기 때문이다. 다만 고대인에게 자연은 물질로서의 자연과 원리로서의 자연, 즉 과학을 모두 의미하는 여신으로 형상화되어 인간이 통제할 수 없는 힘을 가진 존재로 여겨졌던 데에 반하여 자연철학자들의 사유 속에서 자연의 물질성은 고려되지 않았다. 그렇게 잠시 사라졌던 물질로서의 자연이 베이컨에 의해 여성으로 호명되며 과학의 역사에 등장하게 된 것이다. 그러나 과학자의 실험에서 자연은 마치 결혼식장의 신부처럼 베일을 벗겨주기를 기다리는 수동적인 존재로 묘사된다. 인간이 감히 거역할 수 없는 여신의 모습을 하고 있던 자연은 실험이라는 고문과 심문을 이기지 못하고 자연에 숨겨진 원리와 진리를 털어 놓는다(Keller, 1996). 이렇게 자연은 실험기구에 의해서 통제되고 조작되는 물질이자 인간의 풍요를 위해서 마음껏 사용할 수 있는 자원으로 환원된다.

보일은 실험이 과학적 방법론으로 인정되는 데에 기여한 베이컨주의 과학자이다. 그는 베이컨이 제안한 새로운 과학의 실험 정신을 실행에 옮겼다. 그는 진공의 존재를 입증하기 위해 진공펌프를 제작했고 그것을 사용한 실험을 통해서 진공의 존재를 입증함으로써 실험에 인식론적 권위를 부여했다. 보일처럼 당시 '과학하는 사람(man of science)'으로 불렸던 16-17세기의 과학자는 주로 영국의 신흥 중상류층인 신사들이었다. 그들의 과학 활동은 테크니션을 고용하여 도구를 제작하고 그들만의 학회를 구성하여 실험을 시연하거나 실험 보고서를 발표하는 것으로 이는 당시 신사라 불리는 남성들이 주도적으로 공유하는 문화의 일부였다(Potter, 2001). 이렇게 실험은 과학지식 생산의 필수적인 요소로 자리 잡았고 18세기 이후 유럽에서 과학자가 전문직업화되는 과정을 거쳐 현대에 이르기까지 실험을 통한 입증과 학회 동료의 심사를 거친 논문 출판은 과학 활동의 근간으로 유지되고 있다. 문제는 실험이 수행되는 실험실과 그 실험에서 생산된 지식을 평가하고 공유하는 학회라는 공간을 남성들이 독점해왔고 소수의 여성들의 진입만이 허용되어 왔다는 점이다. 이렇듯 근대과학의 정신은 남성의 것이었고 근대과학의 사회적 제도화 역시 남성문화의 일부로 만들어졌다.

처음에는 여성의 분야였으나 남성의 분야로 바뀐 사례도 있다. 컴퓨터와 IT 분야의 역사는 과학기술 분야에서 여성의 배제가 생각보다 훨씬 더 의도적이고 체계적으로 이루어졌음을 보여준다. 초기 컴퓨터의 역사에서 여성의 존재는 실제로 없었던 것이 아니라 없었던 것처럼 지워졌다. 에이다 러브레이스(Ada Lovelace), 그레이스 호퍼(Grace Hopper), 헤디 라마르(Hedy Lamarr) 등의 여성들은 프로그래밍 언어를 개발하고 '버그(bug)'라는 용어를 만들었으며 무선통신기술의 원리를 찾아냈으나 그들의 존재는 오랫동안 잊혀졌다. 예를 들어, 2차 세계 대전 중 콜로서스(Colosuss)라는 장치를 운영하여 탄도거리를 계산했던 영국의 여성 기술직 노동자들은 전쟁 후 남성 기술 관료들로 대체되었다. 전쟁이 끝나고 컴퓨터의 활용 영역이 단순 계산에서 정부의 중요한 통치수단이자 새로운 산업의 도구로 변화함에 따라 생긴 변화였다. 당시 컴퓨터 분야에 주로 종사했던 여성 노동자들의 주도로 영국에 동일노동 동일임금법이 도입되고 기혼여성의 근무금지법이 폐지되었으나 영국 정부는 장래성 없는 여성 직군을 별도 신설하는 것과 같은 방법으로 여성의 진출의지를 꺾음으로써 주도권을 남성에게 넘기는 데 성공했다. 물론 그 과정에서 숙련도 높은 여성 노동자들을 놓치게 되고 결국 미국에 IT 산업의 패권을 넘겨주게 되었다(Hicks, 2019). 1980년대 미국 컴퓨터 산업의 발전으로 개인용 컴퓨터가 보급되고 컴퓨터로 게임을 즐기는 문화가 소년문화의 일부가 되면서 미국에서 80년대 초까지 지속적으로 증가하던 컴퓨터 전공의 여학생 비율은 감소 추세로 전환되었다.

3. 과학기술의 남성중심성을 넘어, 페미니스트 과학기술학

과학기술의 다양한 인문사회학적 문제들을 연구하는 과학기술학 중에서도 페미니스트 과학기술학은 오랫동안 젠더와 과학기술의 문제를 고민해 왔다. 여성들이 어떻게 과학기술의 역사에서 배제되고 잊혔는지 밝혀내고 과학지식과 기술에 숨어 있는 남성중심성을 드러내는 일은 페미니스트 과학기술학에게 부여된 주요 임무이자 성과였다. 특히 1980-90년대의 페미니스트 과학기술학자들은 과학기술의 남성성을 비판하는 것을 넘어 페미니스트 과학기술이라는 대안적 과학기술을 어떻게 만들 수 있을지 고민했다. 이 절에서는 그중에서도 이블린 팍스 켈러(Evelyn Fox Keller), 샌드라 하딩(Sandra Harding), 다나 해러웨이(Donna J. Haraway), 주디 와이츠먼(Judy Wajcman), 이 네 명의 여성 과학기술학자의 제안을 살펴보고자 한다.

우선 페미니스트 과학학자 이블린 팍스 켈러는 과학의 방법론이 바뀌어야 과학의 남성중심성을 교정할 수 있다고 보았다. 자연에 대한 심문과 비유되는 베이컨주의 과학적 방법론이 남성성으로 오염되었다는 점을 비판하며 젠더중립적인 과학을 하자는 것이 켈러의 주장이다(Keller, 2001). 남성적이지 않은, 대안적인 방법론을 사용한 대표적인 사례는 노벨상 수상자인 옥수수 유전학자 바바라 맥클린톡(Barbara McClintock), 그리고 여성 영장류학자 3인방(제인구달의 침팬지 연구, 다이안 퍼시의 고릴라 연구, 비루테 갈디카스의 오랑우탄 연구)이다. 맥클린톡은 연구 대상인 옥수수의 유전자를 생명으로 느끼는 몰입적인 연구 방법을 통해서 유전자 점핑[1]이라는 새로운 현상을 발견해 냈고 영장류학자 3인방은 영장류의 서식지에 오랫동안 머물며 동물들과 친밀하게 교류하면서 영장류의 습성 및 행동에 대한 전례 없는 지식을 얻을 수 있었다.

페미니스트 과학철학자 샌드라 하딩은 과학의 인식론을 바꿈으로써 새로운 과학을 만들 수 있다고 주장했다. 페미니스트 입장론(feminist standpoint theory)에 따르면, 과학지식의 생산에서 지금까지 소외되고 주변화된 여성의 경험이 반영됨으로써 과학은 더 '강한 객관성'을 가질 수 있다(Harding, 2002; 2009).[2] 페미니스트 과학이 기존 과학보다 더 객관적인 지식을 만들 수 있다고 보는 것이다. 하딩에 따르면, 지금까지 객관적이라고 불려온 과학은 백인 남성 지배 계급이라는 매우 특권적인 집단의 경험과 이해관계에 기반한 채 유색 인종, 여성, 피지배 계급의 목소리를 배제해 옴으로써 오히려 객관성이 약한 지식을 생산해 왔다. 따라서 유색 인종의 입장, 여성의 입장, 피지배 계급의 입장에서 만들어진 과학이 덜 틀리고 덜 왜곡된 지식을 생산할 수 있고 그럼으로써 과학이 더 강한 객관성을 갖출 수 있다는 것이 하딩의 주장이다. 그 과정에서 유색 인종, 여성, 피지배 계급의 본성이나 사회적 조건이 어떻게 과학을 통해서 자연적인 것으로 정당화되어 왔는지의 메커니즘이 드러날 것임은 물론이다.

페미니스트 과학기술학자 다나 해러웨이는 한걸음 더 나아가 객관성이라는 개념 자체에 의문을 던진다(Haraway, 2002). 우리는 어떻게 해도 어떤 대상의 실체를 객관적으로 재현할 수 없다는 것이다. 객관성을 위한 초월적이고 보편적인 시선, 즉 신의 눈을 갖는 것은 불가능하다. 모든 지식은 부분적 지식이고 상황지워진 지식이며 누구의 경험도 인식적 특권을 갖지 않는다. 그렇다고 해러웨이가 객관성을 완전히 폐기하고 상대주의로 가기를 주장하는 것은 아니다. 기존 과학이 주장하는 객관성의 허구성을 인정하고 지식의 부분성과 그 부분성의 연결에 기반한 객관성이 가능하며 그것이 바로 페미니스트 객관성이라고 불릴 수 있는 것이 된다. 해러웨이에게 과학기술의 남성성을 극복하는 방법은 과학기술에 여성성을 주입하는 것도 아니고 여성의 입장에 인식론적 특권을 부여하는 것도 아니다. 해러웨이의 과학은 세상의 모든 것에서 초연한 객관성을 추구하는 허구적인 남성적 신화 대신 상황지워진 지식들 사이의 연결을 추구하는 사이보그 신화에 기댄다.

해러웨이의 사이보그 신화는 여성과 기술의 관계에 대한 이야기이기도 하다. 해러웨이의 〈사이보그 선언〉은 여신이 되기보다는 사이보그가 되겠다는 선언으로 잘 알려져 있다. 여신이 자연과 여성의 친연성을 기반으로 과학기술의 남성적 본성을 비판하는 순혈주의적 페미니즘을 상징한다면 사이보그는 기술의 남성적인 기원을 두려워하지 않는 불순하고 혼종적인 존재 그 자체이다. 혹자는 해러웨이의 사이보그를 기술친화적인 페미니즘의 상징이라거나 해방적인 포스트-젠더적 주체로 해석하기도 한다. 그러나 해러웨이의 논의에서 사이보그는 기술이 남성적으로 태어났다고 해서 버리고 포기하기보다는 끊임없이 개입함으로써 기술이라는 물질이 갖는 새로운 정치적 가능성을 실현하고자 하는 주체이다. 따라서 사이보그와 어울리는 단어는 해방과 낙관, 초월 등보다는 분열과 모순, 불순함 등이라고 할 수 있다. 해러웨이는 사이보그 외에도 여성인간(femaleman)과 온코마우스(oncomouse) 등 모순적이고 혼종적인 존재들을 중심에 두어왔다(Haraway, 2007).

페미니스트 기술학자 주디 와이츠먼의 테크노페미니즘은 해러웨이의 사이보그 페미니즘과 일맥상통한다. 테크노페미니즘은 과학기술에 대한 페미니즘의 양 극단, 즉 에코페미니즘과 같이 과학기술의 남성성을 비판하고 거부하는 과학기술 비관론과 초기 사이버페미니즘 혹은 일부 급진주의 페미니즘과 같이 과학기술을 통해서 여성의 생물학적 한계를 극복할 수 있다고 믿는 과학기술 낙관론이라는 이분법적인 선택지를 거부한다(Wajcman, 2009). 와이츠먼(2001)은 과학기술과 젠더는 상호구성적이며 본질적으로 정해져 있는 것이 아니기 때문에 구체적인 기술사회적 실행 속에서 결정되고 만들어질 수 있다고 본다. 따라서 페미니즘은 과학기술의 남성성을 넘기 위해서 과학기술의 소비와 사용뿐만 아니라 생산과 결정에까지 개입할 필요가 있다.

과학기술의 남성성을 넘어 새로운 과학기술에 대한 페미니즘의 도전, 과학기술을 다르게 연구하고 개발하려는 페미니스트들의 시도는 지금도 계속되고 있다. 지금까지 그러했듯이 앞으로도 페미니즘이 다른 방법론과 인식론, 그리고 상상력으로 과학기술의 과정에 더 많이 더 깊숙이 개입한다면 과학기술이 어떤 모습으로 바뀔지 기대가 된다.

4. 젠더혁신, 젠더로 과학기술을 혁신하라

앞선 절에서 과학기술에 대한 다양한 페미니즘의 논의를 살펴보았다. 그러나 과학기술의 젠더 편향성을 넘어서 새로운 과학기술을 만들려는 페미니즘의 노력은 명백한 편견이나 고정관념에 기댄 '일부' 과학기술을 교정하는 문제로만 여겨지거나 가치중립적인 과학기술에 젠더를 넣어 오히려 과학기술을 편향시키는 정치적 기획으로 비춰지기도 했다. 과학기술의 보편성 및 객관성의 믿음과 연결된 남성성의 신화가 그만큼 강했기 때문이다. 따라서 2000년대에 들어서면 생물학이나 의학 등에 속하는 일부 분야를 제외하고는 페미니즘이 과학을 변화시킨 사례가 많지 않다는 자각이 일기 시작했다(Schiebinger, 2000). 비슷한 시기에 과학기술의 남성적 편향이 여성의 삶에 실질적인 악영향을 준다는 증거들이 알려지기 시작하면서 페미니즘이 과학기술을 어떻게 변화시킬 수 있을지에 대한 더욱 현실적인 노력이 시작되었다.

1997년부터 2000년 사이 미국에서 이미 FDA의 승인을 받고 판매된 의약품 10종이 치명적인 부작용 때문에 회수된 사례가 있었다. 문제는 회수된 의약품 10종 중 8종은 남성보다 여성에게 더 큰 부작용이 있었다는 사실이다. 놀랍게도 그 원인은 신약 개발 단계에서 주로 수컷이나 남성을 대상으로 연구 및 임상시험이 이루어졌기 때문이었다. 과학자들이 연구개발 단계에서 실험동물이나 피시험자의 성·젠더 차이를 고려했다면 남녀 모두에게 더 효과가 좋은 약을 만들 수 있었을 것이었다. 이 사건을 계기로 2009년 과학기술학자인 론다 쉬빈저(Londa Schiebinger) 교수가 이끄는 미국 스탠포드 대학을 중심으로 젠더혁신(Gendered Innovation)이라고 부르는 프로젝트가 시작되었다(젠더혁신프로젝트 홈페이지, n.d.). 2011년부터는 유럽연합의 차원에서 그리고 2012년부터는 미국국립과학재단에서도 젠더혁신 관련 프로젝트가 진행되었다. 젠더혁신이란, 과학기술의 연구개발 단계에서 성·젠더 분석을 적극 도입하는 것이다. 그럼으로써 기존 과학기술에 내재해 있던 편견을 제거할 수 있을 뿐만 아니라 새로운 연구 질문이나 연구 영역을 개발할 수 있고 결과적으로 과학, 의학, 공학 분야 연구, 그리고 관련 정책 및 관행을 더 우수하게 만들 수 있다. 젠더 혁신에서 젠더는 혁신의 원천이 된다.

젠더혁신의 사례 중 하나는 기계번역 분야이다.[3] 기존 기계번역 시스템의 오역 중 하나는 젠더와 연관되어 있다. 구글 번역기와 같은 최첨단 기계 번역기는 원문에서 사용된 단어의 주체가 여성임에도 불구하고 대부분 He나 Him과 같은 남성 대명사로 번역한다. 이러한 문제는 기계 번역기의 번역본에 대한 신뢰도를 떨어뜨릴 뿐만 아니라 젠더 고정관념을 강화한다. 기존 번역기는 원본에서 언급된 사람의 젠더를 구별하지 않은 채 여러 이중 언어 텍스트 중 원본과 가장 가까운 의미를 가진 번역어 구절을 모두 찾는다. 그중에서 사용 빈도수 등 다양한 요소를 바탕으로 번역본 구절 하나를 찾아 원본과 대응시키는 방법으로 번역을 한다. 따라서 인터넷에서 많이 사용되는 남성 대명사로 번역을 하게 되는 것이다. 즉 기존 번역기의 경우 개발하는 데 사용된 텍스트 자료에 남성 대명사가 많았기 때문에 번역기가 번역한 내용에도 남성 대명사가 주로 사용되었던 것이다. 기존 텍스트 자료에서 남성 대명사와 여성 대명사의 비율을 맞춘다고 해도 문제를 해결할 수 없다. 결국 원문에서 언급된 사람의 젠더를 구분할 수 있는 알고리즘을 개발해, 이 알고리즘으로 젠더를 파악한 후 번역본이 생산될 수 있도록 하는 것이 중요하다. 이런 알고리즘의 개발을 통해 자동적으로 남성 대명사로 번역하는 현상을 피할 수 있으며 이는 곧 번역의 질을 개선하는 데에 직접적으로 기여하게 된다.

우리나라의 젠더혁신은 한국여성과학기술단체총연합회 부설 젠더혁신연구센터의 주도로 진행되어 왔다. 2016년에 설립된 젠더혁신연구센터는 의·생명과학 분야와 공학·ICT융합 분야를 대상으로 '성과 젠더 요소를 고려한 연구개발 가이드라인'을 발간하는 등 활발한 활동을 해오고 있으며 젠더혁신을 제도적으로 정착시키기 위해 노력하고 있다(젠더혁신연구센터 홈페이지, n.d.).

5. 과학기술의 변화를 기대하며

과학기술 분야에서 젠더의 문제는 과학기술의 가장 핵심적인 가치와 연관되어 있다. 과학기술의 남성성에 대한 페미니즘의 문제 제기는 과학기술의 가치중립성과 객관성에 대한 강고한 믿음에 균열을 내어 왔다. 이제 젠더는 과학기술을 비판할 때에만 사용되는 것이 아니라 과학기술을 다르게 만들기 위해서도 사용되고 있다. 젠더 관점을 도입해서 더 보편적이고 더 객관적이며 더 효과적인 과학기술을 만든다면 그것이야말로 그 어떤 비판보다 강력한 비판이 될 수 있을 것이다. 나아가 과학기술이 젠더혁신과 같은 시도를 통해서 남성의 몸만큼 여성의 몸을 이해하고 남성 사용자만큼 여성 사용자를 고려하게 된다면 지금까지 여성들을 배제해 온 과학기술 분야의 문화와 제도에도 변화가 생길 수 있지 않을까? 과학기술 분야의 성비불균형과 과학기술의 젠더 편향성이 연결되어 있는 문제임에도 불구하고 지금까지 이 두 문제를 해결하려는 시도는 다소 분리되어 이루어져왔다. 이를테면 성비불균형의 개선은 과학기술 인력수급 정책의 차원에서 추진되어 온 반면, 젠더 편향성의 문제는 과학철학이나 인식론의 영역에서 다소 추상적으로 논의되어 온 것이다.

우리나라는 꽤 일찍부터 이러한 과학기술 분야의 성비불균형 현상을 해소하기 위해 국가 차원의 노력을 기울여 왔다. 일례로, 아시아 국가

중 가장 이른 시기인 2002년에 '여성과학기술인 육성 및 지원을 위한 법률(2002)'이 제정되었고 2004년부터 5년마다 '여성과학기술인 육성 및 지원 기본계획'(이하 기본계획으로 표기)이 수립되어 현재 2019년부터 시작된 제4차 기본계획이 시행 중이다.⁴ 2005년부터 전국에 지역별로 여성과학기술인지원센터가 세워져 지금도 활발하게 활동 중이기도 하다. 이러한 국가적 노력의 결과로 2001년에 11.1%였던 과학기술연구개발인력 중 여성의 비율은 앞서 살펴보았듯이 2018년 드디어 20%대에 진입했다. 20년 가까운 기간 동안 여성 과학기술인이 전체 평균 10%대에서 20%대로 두 배 정도 증가한 것은 기본계획하에 수행되었던 많은 사업과 제도의 성과임에 분명하다. 그러나 기본계획의 성공 요인이자 한계 요인이기도 한 것은 이것이 과학기술 인력수급에 초점을 맞추어 여성인력의 양적 성장에 집중해 왔다는 것이다(이은경, 2012). 그렇다 보니 기본계획하에 수행되는 사업이나 프로그램은 주로 여성 인력의 일-가정 양립을 지지하고 경력단절을 방지하거나 재취업을 주선하거나 여성의 숫자가 특히 더 부족한 공학계열의 여학생들의 학업이나 취업을 돕는 목적을 가지고 있었다. 한마디로 여성에게만 주어지는 장애물을 제거하여 남성과 유사한 여건에서 능력을 발휘할 수 있게 만드는 것이 목적이라고 할 수 있다.

이러한 정책 및 제도하에 여성 과학자와 엔지니어들은 때로는 남성과 다를 바 없는 연구자로 또 때로는 여성적인 자질인 모성, 감수성, 소통능력, 섬세함 등으로 다른 경쟁력을 갖는 연구자로 규정되었다. 그러나 더 많은 여성 과학자와 공학자, 엔지니어가 활약하기 위해서 남성과 똑같은 연구 능력을 가진 여성인력 혹은 남성과 달리 감성과 소통능력에 강한 여성인재를 육성하는 것만으로는 충분치 않다. 과학기술 분야의 문화가 근대 서구 과학이 탄생했던 시기의 문화와 다를 바 없이 남성중심적이고 남성들의 삶에 기반한 앎과 지식이 객관적이고 가치중립적인 것으로 여겨지는 한 과학기술 분야는 여성에게 '차가운 풍토'[5]로 느껴질 수밖에 없을 것이기 때문이다. 차가운 풍토는 그대로 둔 채 여성들에게 외투를 건네는 정책보다 풍토 자체를 여성에게도 편안하게 바꾸는 노력이 필요한 이유이다.

앞서 언급한 젠더혁신 프로젝트에 이 문제의식이 명시되어 있다는 점은 긍정적이다. 젠더혁신에서 추구하는 혁신은 과학지식과 기술개발의 차원에 한정되지 않는다. 젠더혁신의 창시자인 쉬빈저는 정책가, 교육 관리자, 과학자, 엔지니어들이 실천하는 과학기술 분야 남녀평등에 대한 접근법을 여성의 숫자 고치기(fixing the numbers of women)와 연구제도 고치기(fixing research institutions) 그리고 지식 고치기(fixing knowledge)와 같이 세 가지로 분류한다(Schiebinger, 2010). 말 그대로 여성 과학기술인의 숫자를 늘리는 것과 과학지식을 바꾸는 것, 그리고 과학기술의 제도와 문화를 바꾸는 것이 각각 별개의 문제가 아니기에 함께 변화해야 한다는 사실을 강조하는 것이다. 우리나라의 경우 제3차 기본계획에서부터 젠더혁신이 언급되었으나 연구개발에 젠더 관점이 도입되어야 한다는 내용에 한정되어 있다는 한계가 있었다. 그러나 제4차 기본계획부터는 4대 전략 및 중점 추진과제 중 하나로 '젠더혁신 체계 구축'이 포함되어 과학기술인 성비불균형 해소와 연구개발의 창의성 증진, 그리고 과학기술 제도 전반의 개선을 아우르는 젠더혁신으로 거듭날 수 있다는 가능성을 보여준다.

젠더혁신의 문제의식은 젠더 관점으로 본 과학기술의 문제를 통합적으로 잘 보여준다. 여성 과학기술인의 소수성과 과학기술의 남성중심성은 별개의 문제가 아니다. 과학기술의 제도와 문화가 바뀌지 않는다면 온전히 해결되지 않을 문제이기도 하고 동시에 여성 과학기술인이 더 많아지고 과학기술에 성과 젠더 분석이 도입되면 과학기술의 제도와 문화도 변화할 것이다. 이것이 과학기술 분야의 여성 문제가 곧 과학기술의 문제인 이유이다. 이 문제를 페미니즘과 과학기술학의 교차 지점에서 탐구해 오며 새로운 과학기술 그리고 새로운 페미니즘의 가능성을 제안해 온 분야가 페미니스트 과학기술학이다. 21세기의 젠더혁신은 1980-90년대 집중적으로 쌓아올린 페미니스트 과학기술학의 성과를 과학기술 현장에 적용하려는, 현재진행형의 시도이다.

근대 과학이 세워진 이래 혹은 그보다 훨씬 오래 전부터 남성에 의해서 그리고 남성을 위해서 만들어진 과학기술을 바꾸는 것은 과학기술의 지식, 인력, 제도, 정책, 문화 등을 대상으로 하는 전방위적인 변화를 요하는 일임에 틀림없다. 그런 의미에서 젠더는 과학기술을 변화시키는 가장 강력한 자원이 될 수 있다. 여성 과학기술인 정책, 페미니스트 과학기술학, 젠더혁신 등 그것이 어떤 영역에 속하든 어떤 이름으로 불리든 과학기술을 바꾸려는 여성과 페미니스트, 젠더 연구자의 노력은 계속될 것이고 또 그래야만 한다.

더 읽어볼 거리

과학기술학(과학기술과 사회의 관계) 관련

· 이은경·김근배·선유정·신미영·강미화(2020), 『과학기술과 사회』, 서울: 소리내.

· 제임스 E. 메클랠란·해럴드 도른(2006), 『과학과 기술로 본 세계사 강의』, 전대호 (역), 서울: 모티브북.

· 홍성욱·서민우·장하원·현재환(2016), 『21세기 교양 과학기술과 사회』, 서울: 나무나무.

페미니스트 과학기술학 관련

· 임소연(2014), 『과학기술의 시대 사이보그로 살아가기』, 서울: 생각의힘.

· 임소연, 김도연(2020), 「페미니즘은 과학을 바꾸는가? 페미니스트 과학, 젠더혁신, 페미니스트 과학학」, 『과학기술학연구』 20(3), 169-193.

· 조주현(2009), 『벌거벗은 생명: 신자유주의 시대의 생명 정치와 페미니즘』, 서울: 또하나의 문화.

· 하정옥(2008), 「페미니스트 과학기술학의 과학과 젠더 개념: 켈러, 하딩, 하러웨이의 논의를 중심으로」, 『한국여성학』 24(1), 51-82.

과학기술 여성정책 관련

· 박혜영(2008), 「여성과학기술인과 여성과학기술인 지원정책」, 『여성학연구』 18(1), 141-181.

· 정인경(2016), 「과학기술 분야 젠더거버넌스: 미국과 한국의 여성과학기술인 정책」, 『젠더와 문화』 9(1), 7-43.

· 주혜진(2014), 「여성과학기술인 지원정책에 '여성'은 있는가: 참여토론과 AHP를 통한 정책 발굴의 의의」, 『페미니즘 연구』 14(2), 153-303.

국내 페미니즘 관점의 과학기술 분석 논문

· 임소연(2019), 「과학기술과 여성 연구하기: 신유물론 페미니즘과 과학기술학의 안-사이에서 '몸과 함께'」, 『과학기술학연구』 19(3), 169-202.

· 조주현(2006), 「난자: 생명기술의 시선과 여성 몸 체험의 정치성」, 『한국여성학』 22(2), 5-40.

· 정연보(2018), 「'4차 산업혁명' 담론에 대한 비판적 젠더 분석: 젠더본질론과 기술결정론을 넘어」, 『페미니즘 연구』 18(2), 3-45.

· 정연보(2013), 「'잔여' 배아나 난자의 연구목적 이용을 둘러싼 쟁점: '폐기물', 신체, 국가 발전의 의미를 중심으로」, 『한국여성학』 29(1), 1-35.

· 하정옥(2000), 「한국의 생명공학기술과 젠더」, 『여성과 사회』 11, 191-202.

- <성평등을 코딩하라!(CODE: Debugging the Gender Gap)>, 로빈 하우저 레이놀드, 2015

  : 미국 IT 분야 젠더불평등을 다룬 다큐멘터리.

- <정글 속의 고릴라(Gorillas in the Mist: The Story Of Dian Fossey)>, 마이클 앱티드, 1988

  : 영장류학 3인방 중 다이앤 포시의 실화를 다룬 영화.

- <아고라(Agora)>, 알레한드로 아메나바르, 2009

  : 최초의 여성 수학자로 알려진 히파티아의 삶을 다룬 영화.

- <밤쉘(Bombshell: The Hedy Lamarr Story)>, 알렉산드라 딘, 2017

  : 무선통신 기술의 선구자이지만 비운의 헐리우드 여배우로 알려진 헤디 라마르에 관한 다큐멘터리.

- <마리 퀴리(Radioactive)>, 마르잔 사트라피, 2019

  : 세계적으로 가장 잘 알려진 여성 과학자 마리 퀴리를 주인공으로 로런 레드니스가 지은 그래픽 노블 『방사성』 원작에 기반하여 제작된 영화.

- Buolamwini, Joy. "How I'm fighting bias in algorithms." *TED talk*(2016)

  : 아마존과 IBM 등이 만든 얼굴인식 프로그램의 알고리즘에 숨어 있는 젠더와 인종 편견을 비판한 MIT 출신 AI 전문가 조이 부올라미니의 테드 강연 영상.

1 유전자 점핑이란 유전체 안에서 유전자가 한 곳에서 다른 곳으로 위치를 이동하는 현상을 가리킨다. 트랜스포존(transposons)이라고 불리는 이 유전자는 유전체 안에서 임의의 위치에 무작위적으로 끼어들어가는 습성을 갖는다. 옥수수의 경우 유전체의 약 80%가 트랜스포존으로 구성되어 있어 이 현상을 연구하기에 최적의 재료이다. 맥클린톡이 발견한 옥수수의 트랜스포존은 처음에는 학계에서 받아들여지지 않았으나 점차 다른 생물체에서도 점핑 유전자의 존재가 밝혀지면서 1983년 마침내 맥클린톡에게 노벨상이 수여되었다.

2 페미니스트 입장론은 페미니스트 인식론의 하나로 지식이 인식 주체의 사회적 위치, 즉 성별이나 인종, 계급 등에 의해서 매개된다고 보는 이론이다. 입장론은 지식의 사회적 구성성을 강조한다는 점에서 인식 주체의 감각으로 진리에 도달할 수 있다고 보는 경험론과 구별되지만 인식 주체와 대상 사이의 분리를 전제한다는 점에서 경험론과 공존하는 측면도 있다.

3 더 많은 사례들은 젠더혁신 공식사이트에 상세하게 소개되어 있으니 참고하기 바란다.

4 지금까지 수립된 기본계획의 기간과 목적은 아래와 같다. ①제1차 기본계획(2004-2008): 여성과학기술인과 함께 하는 조화로운 과학기술 중심사회 구현, ②제2차 기본계획(2009-2013): 여성과학기술인이 선도하는 창의적 과학기술사회 구현, ③제3차 기본계획(2014-2018): 양성이 함께 이끄는 과학기술과 창조경제, ④제4차 기본계획(2019-2023): 여성과학기술인의 잠재가치가 발현되는 사회.

5 차가운 풍토(chilly climate)는 대학 내에서 가시적인 성차별이 없다 해도 남성에게 유리한 교육 환경에 의해서 여성들이 소외감을 느끼고 자신감이 떨어지게 되는 현상을 가리키는 비유적 표현이다 (Hall·Sandler, 1982).

페미니스트 과학소설의 젠더상상력

김경옥

1. 페미니스트 과학소설의 탄생

과학기술과 정보통신의 발달은 정치, 사회, 문화는 물론 개인의 일상적인 삶에 있어서도 큰 변화를 가져왔다. 이러한 변화는 여성들의 삶의 영역에도 영향을 주어, 여성들도 적극적으로 노동시장에 참여하고, 이로 인한 경제적 독립과 문화적 평등을 추구하게 되었다. 그러나 첨단 디지털 사회의 여성 차별과 억압적 구조는 여전히 존재하며 오히려 과학기술의 혁신적인 발달이 여성을 폭력과 위험 속에 노출시키고 있다. 페미니즘은 과학기술이 여성에게 해방적 기능을 제공할 것인지 또는 여성에 대한 차별과 혐오를 더욱 공고히 하는 데 사용될 것인지를 놓고 오랫동안 논쟁을 벌여 왔다. 가부장제와 자본주의 그리고 테크노사이언스에 관해 연구한 다나 해러웨이(Donna J. Haraway), 젠더와 기술의 관계에 주목하고 '테크노페미니즘'을 명명한 주디 와이즈먼(Judy Wajcman)은 이러한 논의에 참여하고 해답을 찾으려는 대표적인 학자들이다. 해러웨이는 사회주의 페미니스트로서 젠더와 과학기술의 관계를 분석하면서 새로운 정체성 정치학을 모색한다. 그녀는 생명공학과 정보통신이 여성 해방의 가능성의 원천이 된다고 말하며 성, 인종, 계급 구조를 해체하기 위한 새로운 여성 정체성, '사이보그'를 주장한다.[1] 사이보그는 "기계와 유기체의 잡종"(Haraway, 2002: 267)으로 '상상과 물질적 실재가 응축된 이미지'이며 기존의 성과 젠더를 넘어선 새로운 종의 탄생이다. 여기서 흥미로운 사실은 '사이보그 페미니즘'이 우리가 흔히 공상적이라고 칭하는 과학소설 장르의 아이디어에서 왔다는 것이다. 실제 해러웨이(2002)는 조안나 러스(Joanna Russ), 새뮤얼 R. 딜레니(Samuel R. Delany), 존 발리(John Varley), 제임스 팁트리 주니어(James Tiptree Jr.), 옥타비아 버틀러(Octavia Butler) 등의 작품을 분석하면서 과학소설 작가들에게 경의를 표한 바 있다.

과학소설 속 상상력은 이제 더 이상 허무맹랑한 상상의 세계에만 머물지 않는다. SF영화(Science Fiction Film)의 명작인 리들리 스콧(Ridley Scott) 감독의 〈블레이드 러너〉(1982)의 원작소설 『안드로이드들은 전기양을 꿈꾸는가?』(1968)는 최후의 전쟁으로 지구는 황폐화되고 지구인들은 화성으로 이주한 2021년의 디스토피아적 세계를 그리고 있다. 이주하지 못하고 낙오자가 된 인간은 끊임없이 자신이 감염자가 아닌 정상인이며, 안드로이드가 아닌 진짜 인간임을 밝히며 살아가야 한다. 방사선 낙진에 의한 환경오염으로 방진복을 입지 않으면 생존할 수 없는 인간의 모습은 미세먼지와 바이러스로 고통 받고 있는 지금의 현실을 환기시킨다.

지금까지 과학소설은 먼 미래의 이야기이며 미지의 세계에 대한 도전이고, 첨단 과학기술의 발달로 비현실적 세계를 가능하게 하는 상상의 판타지로 여겨졌다. 그러나 과학소설 속 아득한 미래는 우리의 현재이고 인공지능과 로봇은 더 이상 미래 속 실현 불가능한 공상과학이 아니다. 과학소설은 인간의 본성과 인간 조건에 대한 진실을 극화한 재현물로 사회에서 우리가 부딪히게 될 정치적 그리고 사회적, 심리적, 윤리적 문제의 정글 속을, 상상력을 발휘해 탐험하도록 이끌어 가는 장르이다.

이 장에서는 과학소설, 특히 페미니스트 과학소설의 젠더상상력을 살펴본다. 페미니스트 과학소설은 여성과 사회문제에 천착한 장르로 가부장제 사회에 존재하는 관습과 규범에 도전한다. 특히 페미니스트 과학소설의 젠더상상력은 여성과 남성의 범주를 허물고 이성애적 질서를 해체하는 전복성을 가진다. 페미니스트 과학소설의 젠더상상력을 통해 평등과 공존의 가능성을 살펴보자.

서구 과학소설의 역사에서, 과학소설은 전통적으로 남성의 전유물로 인식되어 왔다.[2] 기술과 과학이 주는 논리적 개념이 주로 남성에 적합하고, 작가와 독자 역시 남성으로 남성들만이 향유하는 장르라는 믿음이 생겨났다. 소설의 주인공은 남성으로, 모험을 즐기며 식민지를 개척하는 영웅으로 등장했으며, 여성은 악당이나 마녀로 또는 괴물의 표적이나 포로가 되어 상황을 더욱 악화시키는 문학적 장치로 사용되었다. 20세기에 등장한 현대 과학소설은 펄프 잡지와 같은 싸구려 대중문화에서 출발하였는데, 주인공은 거의 예외 없이 미지의 세계와 우주를 탐험하는 남성이다. 대중 과학소설의 선구자로 알려진 에드가 라이스 버로우즈(Edgar Rice Burroughs)의 『화성의 공주』(1917)는 남부군 출신 퇴역장교인 존 카터(John Carter)가 초자연적인 현상으로 화성에 도착하여 그곳에서 외계인 공주와 사랑에 빠지는 전형적 구성을 가지고 있다. 그럼에도 불구하고 후에 『화성의 존 카터』(1912) 시리즈로 출간될 만큼 대중적인 성공을 거두는데 마초적 주인공과 성적 매력을 가진 외계 여성과의 단순한 관계 설정은 당시 주 독자층인 남성을 겨냥한 것으로 남성들의 성 차별적인 욕망과 왜곡된 시각을 그대로 반영한다.

1968년에 발표한 스텐리 큐브릭(Stanley Kubric)감독의 〈2001 스페이스 오디세이〉는 아서 C 클라크(Arthur C. Clarke)의 소설 『스페이스 오디세이』(1968)를 영화화한 작품이다. 이 영화는 인간의 탄생과 죽음, 존재에 관련한 철학적 메시지를 구현할 뿐만 아니라 불가능을 가능하게 하고 우주에 대한 희망을 보여주면서, 시대를 초월한 완성도 높은 걸작으로 평가받았다. 그러나 이 영화 역시 남성중심적 세계관을 보여준다. 영화에서 여성은 존재하지 않는다. 목성으로 향하는 탐사선 디스커버리(Discovery)호에는 주인공 보우먼(Bowman)과 더불어 많은 남성 과학자들이 탑승하고 있다. 그들은 새로운 우주 발견의 꿈을 향해 탐사와 연구를 실행한다. 그러나 이 우주선에 여성 과학자나 여성 인물은 탑승하지 않았다. 여성 캐릭터는 보우먼을 배웅하는 아내의 모습으로 등장하거나 또는 우주선의 승무원 역할로 남성들에게 식사와 음료를 제공한다. 첨단 과학기술의 탐사선에서도 여성은 날씬하고 예쁜 미모를 가진 친절한 승무원의 이미지로 재현될 뿐이다. 주류 문학에서 이러한 묘사나 재현은 낯설지 않은데, 상상의 세계와 인간의 조건을 주제로 다루는 SF영화나 과학소설에서도 여전히 여성 인물은 보이지 않는다. 즉 남성은 과잉재현되고 여성은 '상징적 소멸'의 형태를 띠는 것이다. 여성 부재에 대해 페미니스트 과학소설가인 러스는 에세이 「과학소설의 여성 이미지」에서 "과학소설은 본질적인 가치와 자연스러운 사회제도에 관한 가설을 탐험하고 폭발시키는 데 완벽한 문학 양식으로 간주된다"고 말하면서 그럼에도 과학소설에는 "남성과 여성 간의 본질적인 차이, 가족 구조, 성 등 젠더의 역할에 관한 사유는 전혀 존재하지 않는다. 과학소설 속에는 많은 여성 이미지가 있지만 여성은 전혀 없다."(Russ, 2000: 100)고 비판한다. 러스는 여성 작가들은 기존의 남성 신화를 해체하고 새로운 플롯과 여성 인물로 이야기를 시작해야 한다고 주장한다. 즉 과학소설은 "남성의 신화가 아니라 자기 경험에서 길어 올린 구조를 모델로(그리고 구조의 원리로)" 구성되어야만 한다는 것이다(Russ, 2020: 209). 러스에 의하면 과학소설은 "남자로서의 남자, 여자로서의 여자를 다루는 이야기가 아니라, 인간의 지능과 적응 능력을 다루는 신화"로 존재하며 이 신화는 기존 사회문화에 구속되지 않아야 한다(Russ, 2020: 217).

과학소설계에서 본격적으로 여성주의 정치학이 탄생한 것은 1960년대 중반 이후이다. 인간 내면의식과 사회저항을 주제로 한 1960년대의 뉴웨이브 운동과 제2물결 페미니즘 운동의 열기는 작가들의 주제를 전통적인 과학소설의 장르적 특성에서 억압적 사회현실에 침묵당하는 여성의 문제로 전환시켰다. 당시의 작가들은 케이트 밀레트(Kate Millet)나 슐라미스 파이어스톤(Shulamith Firestone) 등의 래디컬 페미니스트들에게 영향을 받았다. 러스 역시 코넬 대학교에서 개최된 페미니즘 관련 세미나 참석을 기회로 페미니즘적 인식과 글쓰기에 대한 문제의식을 갖기 시작하였다.

과학소설 작가들의 인식의 전환을 가져온 미국 여성 운동의 역사를 잠깐 살펴보겠다. 미국의 여성운동은 1920년 여성 참정권을 획득한 이후 여성문제에 대한 구심점을 상실하게 되면서 더는 여성운동을 지속시켜 가지 못하였다. 이후 1960년대 사회운동과 반전운동의 사회의식의 전환과 더불어 전미여성협회(national organization for women; NOW)의 초대회장인 베티 프리단(Betty Friedan)의 『여성성의 신화』(1963)가 출간되면서 여성 해방운동의 새로운 전환을 맞게 되었다. 프리단은 여성들이 가지고 있는 '이름 붙일 수 없는 문제'(the problem that has no name)가 모성으로 대표되는 여성성의 찬양의 결과임을 밝히며 여성들의 정체성 혼란이 당시의 사회적 상황과 가부장제 이데올로기의 산물임을 분석한다. 『여성성의 신화』가 백인 중산층 여성의 문제만을 이야기한다는 부정적인 평가에도 불구하고 프리단의 저서는 제2물결 페미니즘을 촉발시키는 계기가 되었다.

제2물결 페미니즘의 정점은 밀레트의 『성 정치학』(1969)과 파이어스톤의 『성의 변증법』(1970)이 출간된 이후라고 할 수 있다. 밀레트는 남녀 간의 관계를 매우 정치적인 것으로 보고 D. H. 로렌스(D. H. Lawrence)와 노만 메일러(Norman Mailer) 등 당시 주류 문학에서의 가부장적 남녀 관계의 묘사를 통해 여성에 대한 사회적 규범과 인습이 얼마나 불평등하며 폭력적인지를 비판한다. 그녀는 아리스토텔레스부터 시작된 여성 혐오적인 서구 철학의 전통, 즉 여성을 불완전한 남성으로 간주하는 프로이트의 견해를 비판하면서 남성이 여성을 지배하게 하는 생득적 우월성이 제도화되었음을 주장한다. 지배와 피지배의 관계는 가장 교묘한 형태의 '내면의 식민화'를 탄생시킨다. 그것은 그 어떤 형태의 인종차별과 계급차별보다 단단하고 획일적이며 더 영속적인 경향을 지니고 있다. 밀레트는 '성의 지배'가 우리 문화에 가장 만연해 있는 이데올로기이며 근본적인 권력의 속성을 제공한다고 말하며 '성 혁명'을 통해 가부장제라는 제도를 종식해야 한다고 주장한다(Millett, 2020). 한편, 파이어스톤은 여성 억압의 물질적 토대는 고전적 마르크시즘에서 이야기하는 경제학이 아니라 생물학에 있음을 밝히면서 "페미니스트들은 모든 서구 문화뿐만 아니라 문화 구조 자체 더 나아가 자연 구조 자체까지도 질문"(Firestone, 2016: 14)해야 한다고 주장한다. 그녀는 페미니스트 혁명을 성취할 수 있는 방법으로 여성들의 생식 수단 소유와 산아제한과 체외 인공 수정, 인공 태반 같은 방법들을 제시하였다. 파이어스톤을 비롯한 래디컬 페미니스트들은 과학기술 이용으로 '야만적인' 임신을 배제할 수 있으며 그것을 통해 출산과 육아에 부과된 성 역할의 분리와 여성해방을 가져올 것이라고 선언하였다.

이와 같은 래디컬 페미니즘은 장르적 관습에 부응하여 글을 쓰던 여성 작가들에게 혁신적인 아이디어와 상상력을 제공하였다. 여성 작가들은 전통적인 유토피아와 디스토피아 장르를 변형하여 남성 지배적인 사회구조를 비판하고 여성문제를 드러내면서 대안의 세계를 창조하였다. 페미니스트 과학소설은 현재의 관행과 정책들을 가상 세계의 이상적 제도와 구조에 빗대어 풍자하고, 인간사회의 제도와 관습에 질문하고 사유한다. 여성 작가들은 장르적 비유의 전복적 변신을 통해, 그리고 기술적 변화뿐 아니라 사회변혁도 충분히 구상해내지 못한 과학소설의 실패에 대한 비판적 고발을 통해, 과학소설에 내재된 수많은 가부장적인 추정을 가시화하고 다시 써나갔다(Vint, 2019: 203).

요약하자면 페미니스트 과학소설은 폭력적인 이성애 규범과 남성 지배의 가부장적 이데올로기를 해체하고 새로운 변화가 일어날 수 있는 문화적 공간을 상상하는 장르이다. 그것은 젠더 문제는 물론이고 여성과 남성의 불평등한 정치적, 사회적 관계, 인종과 계급, 국적과 종교 등을 벗어날 수 있는 새로운 사회, 문화 형태를 탐구할 수 있다는 점에서 의의가 있다. 페미니스트 과학소설가인 파멜라 사전트(Pamela Sargent)는 다음과 같이 페미니스트 과학소설을 소개한다.

과학소설과 판타지 문학만이 여성들을 완전히 새롭고 특이한 환경에 담아 보여줄 수 있다. 이 하위문학 장르는 우리가 살아가는 현재의 제약 조건들이 사라진다면(그리고 사라질 때) 우리에게 무슨 일이 닥칠지를 탐구할 수 있고 그로 인해 야기되는 새로운 문제들과 조건들을 보여줄 수 있다. 이 장르는 과거의 문학이 주인공 여성 캐릭터를 예외로 취급해온 그 자리에서 여성을 당연한 존재로 묘사해 보여줄 수 있다(Pamela Sargent, 1975: ix).

새로운 여성 주체를 그려온 페미니스트 과학소설가에는 어슐러 르 귄(Ursula Le Guin), 조안나 러스, 제임스 팁트리 주니어, 옥타비아 버틀러, 마지 피어시(Marge Pierce), 마가렛 애트우드(Margaret Atwood), 에이미 톰슨(Amy Thomson) 그리고 사이버펑크 소설로 유명한 팻 캐디건(Pat Cadigan) 등이 있다. 이들의 공통점은 여성과 젠더문제에 있어서 날카로운 통찰력과 급진적 사유를 가지며 억압적 사회에 대한 직설적인 비판을 한다는 것이다. 다음은 주요 작가들의 작품을 통해 페미니스트 과학소설의 특징과 의미를 살펴보도록 하겠다.

2. 여자가 될 것인가 또는 남자가 될 것인가

첫 번째로 살펴볼 작가는 어슐러 르 귄이다. 르 귄은 페미니스트 과학소설을 이야기할 때 가장 먼저 언급되는 작가이다. 그녀의 작품이 과학소설의 문학성과 대중성에 크게 기여했다고 알려지면서 과학소설계에서 노벨문학상을 수상할 작가라는 찬사를 받기도 하였다. 1960년대부터 작품 활동을 한 르 귄은 기존 과학소설이 과학기술이나 초현실적 주제를 사용한 것과 달리 페미니즘, 언어학, 아나키즘, 유토피아, 생태주의 등 다양한 소재를 사용하여 과학소설의 스펙트럼을 넓힌 작가라고 할 수 있다. 대표적인 작품에는 『어둠의 왼손』(1969)과 『빼앗긴 자들』(1974), 『유배행성』(1966) 등의 과학소설과 『어스시의 마법사』(1968)를 비롯한 판타지 시리즈가 있다. 그중 『어둠의 왼손』은 과학소설계의 주요 상인 휴고상

(hugo award)과 네뷸러상(nebula award)을 동시에 수상하였다.

『어둠의 왼손』은 그리스어로 남성을 뜻하는 'andro'와 여성을 의미하는 'gyn'이 합해진 양성성(androgyny)을 신화적 모티프로 생물학적 성(sex)과 더불어 형성되어온 남성성과 여성성이라는 사회, 문화적 젠더뿐만 아니라 서구의 위계질서에 기반한 이분법적인 사고를 비판한 작품이다. 소설은 행성 간 국제 연맹인 에큐멘(Ekumen)의 대사인 지구인 출신 겐리 아이(Genly Ai)가 게센(gethen)행성에 파견되어 그 행성을 에큐멘의 일원으로 가입시키기 위한 탐사 과정을 기본 구조로 하고 있다. 지구인과 외계 세계의 접촉과 만남은 과학소설에서 자주 등장하는 모티프이다. 그런데 특이한 점은 지구가 아닌 은하계에서 유일하게 양성인들이 거주하는 공간인 게센 행성을 배경으로 한다는 것이다. 게센인들은 '케머(kemmer)'라고 불리는 짝짓기 기간에만 남성적이거나 여성적인 2차 성적 특징을 보이고 그 외에는 성별 중립적인 상태로 삶 대부분을 보낸다. 케머기간 동안 게센인들은 그들의 파트너에 따라 남성 또는 여성이 될 수 있으며 자신이 어떤 성별을 표현하게 될지는 미리 알 수 없다. 작품 속에서 겐리는 게센 행성에 온 지 2년이 지났지만, "나는 여전히 그들의 관점으로 이 행성 사람들을 볼 수 없다. 나는 노력하지만 게센인과 대면하면 의식적으로 처음에는 남자로, 다음에는 여자로 보게 된다."(Le Guin, 2014: 12)라며 당혹감과 불안감을 표현한다. 실제로 게센인들에게는 '성(sex)'도 '젠더(gender)'도 없다. 게센인들에 대한 겐리의 불편함은 게센인들에게 특정한 젠더 역할을 요구하고 기대하는 것에서 비롯된다. 그는 게센인들에게서 '여성'과 '남성'을 찾고 '여성'과 '남성'으로 그들을 본다. 이러한 그의 태도는 에스트라벤(estraven)을 대하는 모습에서도 엿볼 수 있다. 그는 후원자인 에스트라벤이 자신을 도와줄 수 없게 되자 에스트라벤의 성적 정체성을 언급하면서 "내가 그를 싫어하고 미덥지 못하게 여긴 것은 어쩌면 바로 이와 같은 그의 부드럽고 나긋나긋한 여성다움 때문이 아니었을까?"(Le Guin, 2014: 12)라며 자신의 무의식적 젠더인식을 드러낸다. 주디스 버틀러(Judith Butler)에 의하면 젠더는 규제의 장안에서 일어나는 즉흥적 행위이며 내가 '나만의' 젠더라고 부르는 것은 때로 어쩌면 내가 창작해낸 것이거나 정말 내가 소유한 것으로 느낄 수 있다. 겐리의 젠더 의식은 여전히 성의 범주에서 고정되어 있는 것이다(Butler, 2008).

르 귄은 『어둠의 왼손』의 서문에서 이 작품이 '사고실험(thought experiment)'이며 자신은 '기술할 뿐이다'라고 말하면서 독자들이 현재의 사회구조와 불평등한 상황을 성찰하기를 요구한다. 그녀는 인간에게서 젠더를 제거할 경우 "남는 것은 남자도 여자도 아닌 그저 인간"(Le Guin, 2014: 163)임을 이야기하며 적극적으로 젠더를 해체한다. 이것은 케머(kemmer)에 관한 자세한 설명에서 알 수 있다.

> 열일곱에서 대략 서른다섯 살에 해당하는 자는 누구나 출산에 얽매일 수 있다는 사실은 여기에 있는 누구도 다른 곳의 여자들처럼 그렇게 철저히 심리적으로 육체적으로 여자로 얽매이지 않는다는 것을 의미한다. 부담과 특권은 상당히 평등하게 나누어진다. 모두가 똑같은 위험이나 선택을 안고 있다. 따라서 이곳의 어느 누구도 다른 곳의 자유로운 남성들처럼 그렇게 자유롭지는 않다. […] 아이는 그의 부모와 심리적 성적 관계를 맺지 않는다. 행성 겨울에는 오이디푸스 신화가 없다. […] 동의하지 않은 섹스, 강간이 없다. […] 인간을 강한 쪽, 약한 쪽, 보호하는 이, 보호받는 이, 지배받는 이, 소유하는 이, 소유되는 이, 능동적인 이, 수동적인 이로 나누는 구분이 없다. 사실상 행성 겨울에서는 인간의 사고를 지배하는 이원론적 경향이 전반적으로 둔화되거나 변화된 것으로 확인된다(Le Guin, 2014: 93-94).

게센인들은 자기가 남자가 될지 여자로 변할지 알지 못하며 실제로 선택의 여지도 없다. 이것은 여러 명의 아이를 둔 어머니가 곧 여러 명의 아이를 둔 아버지가 될 수도 있다는 것을 의미한다. 따라서 게센 행성에서는 지배/순종, 주인/노예, 남성/여성과 같은 이분법이 존재하지 않는다. 작품 후반부에 겐리와 에스트라벤은 행성의 카르하이드(Karhide) 국왕이 늦은 나이에도 불구하고 아이를 가졌다는 소식을 듣는다. "왕은 임신하였다(the king was pregnant)"(Le Guin, 2014: 99)는 양성사회라는 신화적 발상과 더불어 상당히 전복적인 아이디어이다. 이 사실은 역설적으로 어느 누구도 다른 세계의 여성들처럼 생리적으로, 육체적으로 완전히 임신과 출산에 매이는 일이 없다는 것을 뜻하며 본질론적인 성 역할에 대한 기존의 관념을 완전히 부수는 결과를 낳는다.

　"행성 겨울에는 오이디푸스 신화가 없다. 동의하지 않은 섹스, 강간이 없다."(Le Guin, 2014: 94)와 같은 양성인 사회에 대한 서술로 인간 사회의 젠더 문화가 사라진 이후의 세상에는 단순히 성차의 해체뿐만 아니라 각종 사회적 불평등과 인종과 계급의 문제, 위계와 차별의 문제가 사라진다는 것을 알 수 있다. 『어둠의 왼손』에서 재현하고 있는 양성사회는 유토피아가 아니다. 양성세계는 지구인의 시각에서 본 외계인의 모습과 외계인의 시각에서 본 지구인의 모습이 겹쳐지면서 억압적인 이성 사회의 모습뿐만 아니라 전쟁, 과학기술, 자만과 오만, 타자에 대한 배타적 인식 등이 존재하는 지금의 현실과 그로 인해 발생되는 모든 부작용에 대한 다른 방식의 재현이자 비판이다. 즉 '타자는 누구인가'라는 질문을 통한 이와 같은 사고 실험은 미래를 예측하기 위한 것이 아니라, 오늘날의 인간 사회가 근대적 이성의 우월성을 강조해온 불평등한 사회임을 비판하기 위한 것이다. 더불어 그 실험은 오랜 시간 이어져온 몸과 정신의 이원론과 젠더의 본질론적 관계를 해체적인 시각에서 살펴보려는 시도이다.

3. 차이의 여성(들)

1970년대 여성작가 중 가장 급진적인 페미니즘 성향을 가진 조안나 러스는 과학소설 속 고정화된 성 역할에 도전하고 변화에 대한 열망을 스스로 실천했다는 점에서 중요한 페미니스트 과학소설 작가이다. 7편의 장편과 57개의 단편, 3편의 선집을 쓴 러스는 "SF계에서 가장 혁명적이며 스타일적으로 완성된 작가"(Merrick, 2009: 48)라고 평가받는다. 그녀의 대표작은 「그것이 변했을 때」(1972)와 『여성남자』(1975)이다. 두 작품 모두 1960년대 후반에 집필하였지만 실제 출간은 그로부터 몇 년 후에 이루어졌다. 이것은 당시 과학소설계가 그녀의 소설이 "자기연민의 칭얼거림과 불평이 가득 찬 울부짖음"(Perry, 1993: 296)이라고 비판하면서 출판을 거부하였기 때문이다. 거친 비평으로 유명했던 『헬렌 올로이』(1938)의 작가 레스터 델 레이(Lester del Rey) 역시 『여성남자』에 대해 "초반에 분노로 시작했다가 결국에 질투심과 증오로 마무리하는 화가 난 책"(Calvin, 2010: 5에서 재인용)이라고 비난하였다. 하지만 『여성남자』는 몇 년 후에 70년대 SF 장르가 미학적으로 발전하는 데 결정적인 역할을 했다고 재평가받는다.

「그것이 변했을 때」는 최소 600년 동안 전쟁과 바이러스로 남성이 사라진 여성중심의 사회인 '와일어웨이'(whileaway)행성을 배경으로 한다. 와일어웨이는 '단성 생식'을 통해 세대를 이어가며 여성들만의 정치와 경제를 구축함으로써 가부장제로부터 자유로운 유토피아 세계이다. 지구로부터 분리되어 남성적 헤게모니가 작동하지 않는 와일어웨이에 남성들이 도착하면서 와일어웨이인들은 성별 차이로 인한 편견과 차별의 가부장 지배문화를 실감하게 된다. 소설의 초반에 서술자는 자신의 아내 케이티(Katy)를 "스피드광"이라고 소개하면서 "하루 만에 차를 완전히 분해했다가"(Russ, 2016: 75) 다시 완벽하게 조립할 수 있는 사람이지만 총은 두려워한다고 묘사한다. 반면에 서술자는 기계를 다루는 능력은 부족하지만, 세 번의 결투를 경험했음을 회상한다. 독자들은 서술자의 젠더 정체성이 남성인지 혹은 여성인지 의문을 제기하지 않는다. 하지만 곧 독자들은 이것이 성별 차이로 인한 고정관념을 해체하려는 시도임을 알게 된다. 이 "자연적이지 않고 이상한 상황"(Vint, 2019: 206)은 남성을 합리적이며 독립적인 '주체'로, 여성을 감정적이고 의존적인 '타자'로 여겨 온 성별 이분법을 해체하며 일어난다. 초대받지 않은 남성인물들은 지구에 '성평등'이 이루어졌다고 말하며 와일어웨이 문화는 오직 절반의 종만이 살아가는 '부자연스러운 곳'이라고 주장한다. 지구 남성들이 와일어웨이로 돌아와야 하는 정당성을 끊임없이 말하며, 여전히 성차별적인 언어와 태도를 구사하는 모습에서 가부장적 세계가 가지는 모순과 폭력성이 그들의 주장과는 달리 사라지지 않았음을 알 수 있다. 결국 남성들이 돌아오고 600년 이전의 세계로 회귀할 것을 예감하는 주인공 자넷(Janet)은 "내가 조롱받았다는 생각을, 유리코가 하찮거나 어리석은 존재라고 취급받았다는 생각을, 내 다른 아이들이 완전한 인간성을 가지지 못한 존재로 치부되거나 이방인으로 취급"될 것이라는 불안감과 두려움을 가지게 된다(Russ, 2016: 90). 자넷의 고뇌는 현실 세계의 여성들이 경험하는 모멸감과 두려움을 대변한다. 작품의 마지막은 자넷의 "내 목숨은 가져가더라도 내 삶의 의미는 빼앗기지 않겠어"(Russ, 2016: 91)라는 결연한 독백으로 끝을 맺는다. 자넷의 마지막 말은 물질적이고 표면적인 개인의 삶은 비록 지배될지라도 여성의 주체성은 확보하려는 1970년대 페미니스트들의 '여성 해방'에 대한 강력한 주장이자 선언이라고 할 수 있다.

이어서 출간한 『여성남자』는 서로 다른 역사와 문화를 가지고 있는 '평행 세계'(parallel universes)에서 온 네 명의 여성, 자넷(Janet), 제닌(Jeannine), 조안나(Joanna), 자엘(Jael)의 이야기로 시간여행과 유토피아 등의 과학소설적 상상력과 비선형성의 포스트모던적 서사 기법이 혼재된 실험적 작품이다. 러스는 복수의 여성주인공과 1인칭과 3인칭을 오가는 서술자의 전환, 그리고 시간과 공간을 자유롭게 이동하는 서사구조를 통해 전통과 형식에 얽매이지 않은 새로운 방식의 글쓰기를 보여준다. 여성 인물들은 '제이(J)'라는 동일한 이니셜이 말해주듯이 기본적으로 같은 유전자를 공유하지만 각각 다른 시간과 공간에 존재하면서 서로 다른 젠더 역할과 '여성'정체성을 보여주고 있다. 여성 유토피아에서 온 자넷, 미국의 경제대공황이 끝나지 않은 1960년대의 제닌, 작가와 동시대에 살고 있는 조안나, 여성과 남성이 격렬한 전쟁을 벌이고 있는 미래의 디스토피아에서 온 킬러 자엘의 모습을 통해 러스는 여성 자아가 가지고 있는 다양한 층위를 변별하고 여성주체의 의미를 해석하고 있다. 제닌은 여성들이 "결코 좋은 직업을 가질 수 없는"(Russ, 1986: 113) 세계에서 살아가는 수동적이고 무기력한 여성으로 묘사되며 조안나는 1969년의 현재를 살아가지만 그녀 역시 억압적 현실 속에서 두려움과 공포에 휩싸여 하루하루 살아간다. 이때 젠더 규범이 존재하지 않은 세계 '와일어웨이'에서 온 자넷이 등장한다. 여주인공이 부재한 과학소설의 현실에 매우 비판적이었던 러스는 독립적이며 극 전체를 지배하는 중심인물로 자넷을 창조한다. 자넷은 남성의 대상화된 타자가 아니라 스스로의 삶을 창조하는 "완전한 절망으로부터 온 구원자"(Russ, 1986: 212)이다. 그녀의 고향 와

일어웨이는 「그것이 변했을 때」의 묘사보다 『여성남자』에서 상세히 설명되는데, 이곳은 다른 여성 유토피아 세계와 달리 농업기반의 생태적 환경에서 벗어나 과학기술과 생명공학이 발달한 세계이다. 이 세계에서는 보호를 필요로 하는 연약한 여성도, 악착같이 일만 하는 여성도 없다. 생물학적 어머니라고 양육을 떠맡지도 않으며 모든 여성이 모성의 의무를 갖고 있지도 않다. 와일어웨이는 성차를 나타내는 모든 남성적 특질들이 제거되어 있으며 무엇보다 남성들의 성적 우월성과 여성들의 성적 연약함에서 비롯되는 가치들이 존재하지 않는다. 와일어웨이는 사회적, 경제적 가치로부터 여성을 소외시키는 현실에 대한 비판이며 사회 구조 자체에 대한 혁명적 변화를 상징하는 것이다.

‘여성남자’는 작품이 쓰인 1969년의 인물이며 작가와 동일한 이름을 가진 조안나의 이야기이다. 남성들에 의해 페미니즘은 "매우 잘못된 실수"(Russ, 1986: 136)로 주장되는 시대에 살고 있는 조안나는 "오랫동안 나와 함께 해달라고, 나를 사랑하고, 나를 증명하고, 나를 규정하고, 나를 정상으로, 나를 인정하고, 나를 지지해달라고 말해왔다."(Russ, 1986: 140)며 자신의 정체성을 찾기 위한 노력을 해왔음을 이야기한다. 결국 이러한 발화의 마지막 방법은 스스로 남성이 되는 것이라고 결론짓는다. 조안나는 "먼저 나는 여성이 되었어."(Russ, 1986: 133)라고 말하며 다음 순간 "나는 이제 막 남성으로, 나로, 조안나로 바뀌었어. 내 말은 여성남자라는 거야. 물론 나의 몸과 정신은 완전히 동일해."(Russ, 1986: 5)라고 말하며 자신이 ‘여성남자’로 변형되었음을 선언한다. 그녀는 변형과 호명을 통해 이성애 사회에서 규정되지 않는 새로운 젠더, ‘여성남자’를 구성한 것이다. 조안나는 여성이 ‘되고’ 남성이 ‘되어야만’ 했다. 이 작품에서 조안나의 ‘여성남자’는 여성과 남성을 모두 포함하는 양성성을 갖춘 존재이거나 혹은 사회가 규정하는 여성과 남성의 젠더를 해체한 그 무엇도 아니다. 조안나의 '여성남자'는 젠더 정체성은 존재가 아니라 '행하기'임을 의미한다. '여성남자'로 자신을 바꾼 후에 조안나는 자신의 첫 감정을 분출한다. 그것은 바로 분노이다. 여성들은 지금까지 분노하지 않았다. 어쩌면 분노하지 않은 것이 아니라 표출하지 않았을 뿐이다.

결국 타자적 정체성의 존재가 주체적 인간으로 변모하는 과정은 다중적이고 유동적인 주체를 통해 재현한다. 이 여성 주체는 "대문자 여성과 여성들 사이에 있는 간극"(Braidotti, 2004: 257)을 인식하는 존재이다. 네 명의 여성, 자넷, 제닌, 조안나, 자엘은 '사이-세계'에 살고 있는 '모든 여성'이면서 각각의 세계에 존재하는 여성 자아의 개별성을 상징한다. 러스는 여성 주체가 본질적 정체성을 가지지 않음을 이야기하면서 모든 여성은 동일한 이해관계를 갖지 않고 단일하고 획일적인 범주가 아님을 증명한다. 또한 그녀는 다양한 삶의 구성 방식을 여성 또는 남성이라는 이분법적 규범으로만 환원시켜야 하는지를 질문하며 해체와 재구성을 통하여 새로운 여성 주체를 만든다. 작품의 결말에서 네 명의 여성들은 여성들의 차이를 모두 받아들이거나 통합하지 않고 개별적인 개개인의 여성으로 존재하며 자신들의 삶을 위해 그들의 세계로 돌아간다. 러스는 "주권적이고 위계적이며 배타적인 주체로서가 아니라 복수적이고 개방적이며 상호 연결된 실체로 다시 코드화 혹은 다시 명명할 필요성"(Braidotti, 2004: 249)을 가지고 여성 자아의 지형도를 그린다.

4. 몸, 과학기술, 글쓰기

이 절에서 살펴 볼 「플러그에 연결된 소녀」는 미래의 정보통신과 미디어를 통제하고 있는 거대 자본의 사이버시스템을 배경으로 과학기술이 여성을 어떻게 이용하고 통제하는지를 보여주는 사이버펑크SF이다. 그래픽아티스트, 화가, 예술 평론가로 활동한 작가 제임스 팁트리 주니어(James Tiptree Jr.)는 「플러그에 연결된 소녀」(1973)로 1974년에 휴고상을 수상하고 「휴스턴, 휴스턴, 들리는가?」(1976)로 휴고상과 네뷸러상을 동시에 수상하면서 비평계와 SF독자들로부터 큰 호평을 받으며 본격적인 과학소설 작가로 활동하였다.

'추악한 소녀', '길거리의 구질구질한 소녀', '세상에서 제일 못생긴 여자' 등으로 묘사되는 주인공 P.버크(P. Burke)는 자기 혐오적 비하를 견디지 못하고 자살을 시도한다. 전 세계 미디어를 소유하고 있는 GTX 기업은 그녀를 선택하여 그녀의 몸은 지하 연구실에 가두고 전선과 컴퓨터로 연결된 아바타인 델피(Delphi)를 원격 조종하게 한다. 버크와 달리 요정 같은 사랑스러움과 미모를 가진 델피는 전 세계 사람들의 관심과 사랑을 받으며 TV 리얼리티 쇼에 등장한다. 유명인사가 된 델피는 GTX 기업의 후계자인 폴과 운명적인 사랑을 하게 되지만, 결국 사랑은 이루어지지 못하고 죽음을 맞게 된다는 것이 이 소설의 줄거리이다.

팁트리 주니어는 주인공인 버크가 대학에서 언어를 전공한 17세의 여성이지만 너무나 못생겨서 손을 댈 외과의도 없을뿐더러 "뇌하수체 이상이 만들어낸 거대한 기념물"(Tiptree, 2016: 59)로 묘사가 되고 있다는 점은 미래 사회 역시 일상생활의 모든 요소가 성차별적이며 폭력적임을 폭로한다. 가부장제 사회의 여성의 대상화가 자연스럽게 나타나고, 사회화 과정에서 그것을 내재화한 버크는 자신의 외모와 육체를 혐오하고 부정한다. 팁트리 주니어는 강제된 아름다움이 남성 지배문화에서 여성 혐오가 작동하는 방식이며 여성을 억압하는 도구가 됨을 이야기하고 있는 것이다. 이후 버크는 '시스템 매트릭스'라는 테크놀로지적 장치를 통해 델피로 만들어진다. 감금과 유배되어 있는 버크와는 달리 델피는 자유롭게 활동하면서 전 세계 통신네트워크로 방영되는 쇼프로그램을 통하여 자유로운 주체의 모습을 보여준다. 하지만 델피 역시 끊임없이 감시와 훈련을 받으면서 완벽한 여성으로 프로그램화되고 있다. 걷는 행위부터 먹고 말하는, 심지어 소변보는 행위까지도 '상큼하게' 보이도록 훈련을 수행한다. 거대 정보미디어기업인 GTX는 전 세계의 아름다운 사람들을 뒤따라 다니는 쇼를 방영하지만 진짜 목적은 상품을 판매하기 위한 리얼리티 광고를 하는 것이다. 작품 속 미래 세계는 광고가 금지되어 있어 '아름다운 아기'로 묘사되는 델피가 바로 걸어다니는 광고판으로 이용된다. 버크와 델피는 사실상 가부장적 자본주의의 피해자인 것이다. "자본주의는 매체로 구축된 델피의 공적 세계와 연구 센터의 지배를 받는 버크의 은밀한 존재 양쪽에 다 개입"한다(Hayles, 2016: 128).

이 작품의 또 다른 주제는 테크놀로지 시대의 사랑의 의미이다. 델피를 사랑하는 남성 폴 이샴(Paul Isham)은 "영민하고 조리 있고 섬세한 영혼의 소유자이며 혈기왕성한"(Tiptree, 2016: 93) 전형적 로맨스 신화의 남성 주인공의 모습을 하고 있다. 폴은 자신을 백마 탄 왕자 역할로, 델피를 가련한 소설 속 여주인공으로 투영시킨다. 폴은 델피를 사랑하는 듯하지만 결국 "당신은 내 것이야. 그들은 당신을 가질 수 없어"(Tiptree, 2016: 99)라고 말함으로써 욕망의 대상으로서 델피를 소유화한다. 폴은 버크와 마주하는 마지막 순간에, 그녀가 곧 델피임을 알아차리지 못하고 흉측한 모습인 버크/델피를 죽이게 된다. 팁트리 주니어는 사랑의 실재가 그의 연인에 의해 부정당하는 모습을 통해 결국 사랑이 가부장제 이데올로기가 심어준 낭만적 환상이자 피상적 허구라는 점을 상기시킨다.

작품의 결말에서 서술자는 델피의 이름에 자유와 미래를 이야기하는 신화 속 신탁의 장소와 미국 자유주의 고향인 필라델피아를 상징하는 양가적인 의미가 있음을 밝힌다. 하지만 델피의 주체는 감금되었으며 교환되고 판매되었다. 버크는 "자신의 의식을 델피의 아름다운 몸에 투사할 수 있게 되는 대가"로 자신의 몸을 그들에게 내어주면서 더 이상 개인이 아니라 "사이버 시스템의 한 구성 요소"가 된다(Hayles, 2016: 134). N. 캐서린 헤일스(N. Katherine Hayles)는 이 소설에서 젠더위계질서가 남성과 여성에게 다르게 작용한다고 언급한다. 그녀는 "두 젠더가 소유주의적 개인주의의 붕괴로 위협받는다 해도 남성들은 여성보다 더 많은 힘과 자율성, 개인적 선택권을 행사"한다고 비판한다(Hayles, 2016: 134). 이 작품에서 버크와 델피는 죽음을 맞이하지만 폴과 연구실의 남성 기술자와 서술자는 새로운 델피를 만들며 미래에도 그들의 삶을 이어간다. 팁트리 주니어는 자본주의와 과학기술이 여성의 몸과 정신을 어떻게 통제하고 관리하는지를 비판하면서 가부장적 과학기술과 사랑의 이데올로기를 해체한다.

팁트리 주니어는 앞서 이야기한 르 귄이나 러스와는 다른 면모를 가진 작가인데, 그것은 그녀의 작가적 정체성과 관련이 있다. 팁트리 주니어는 앨리스 셸던(Alice Sheldon)이라는 자신의 본명을 숨기고 '제임스 팁트리 주니어'라는 남성 필명을 사용하여 과학소설계에서 활동하였다. 그녀는 데뷔작품부터 강렬하고 견고한 문체의 남성 작가라고 인정을 받는데 이는 그녀의 작품이 완벽하게 남성적 스타일이라고 평가받았기 때문이다. 팁트리 주니어의 단편집에 서문을 써준 로버트 실버버그(Robert Silverberg)는 그녀가 여성일지 모른다는 당시의 소문은 틀렸다고 말하면서 팁트리 글쓰기에는 '남성적인 면이 존재'한다고 말한다. 그러나 결국 그녀의 정체가 밝혀지면서 과학소설계는 혼란에 빠졌으며 과연 '여성/남성 글쓰기'라는 젠더화된 양식은 존재하는가에 대한 질문을 던지기 시작했다. 팁트리는 "말하기 위한 권위를 위해서 뿐 아니라, 게임을 할 용기를 위해서도 남자이름이 필요했다"(Phillips, 2015: 247)고 말하면서 당시의 폐쇄적인 과학출판계를 언급하였다. 실제로 과학소설계를 지배했던 유명 편집자 존 캠벨(John W. Campbell)의 "여성에게 과학소설을 쓸 수 있는 능력이 있다고 믿지 않는다. 그리고 찬성하지도 않는다"(Vint, 2019: 202에서 재인용)라는 말처럼 과학소설계는 여성들에게 단절된 곳이며 불가침의 영역이었다. 팁트리는 그저 쓰기 위해서 다른 이름을 사용했을 뿐이며 그녀의 글쓰기가 '남성적'이라는 평가는 과학소설이 '남성적 특징'을 가진 젠더화된 결과물로 구축된 것임을 알 수 있다. 해러웨이에 따르면 글쓰기는 "사이보그의 기술"이다(Haraway, 2002: 315). 그것은 "언어에 대한 투쟁이며, 완전한 의사 소통에 대항하는 투쟁이고, 모든 의미를 완전하게 번역하는 유일한 코드, 즉 남근중심주의의 중심적 교리에 대항하는 투쟁"이다(Haraway, 2002: 315). 즉, 글쓰기는 질문하며 전복시키는 방법인 것이다.

팁트리 주니어는 그녀의 작품은 물론 자신의 삶을 통하여 가부장제 질서와 사회규범은 본질적인 것이 아닌 문화적인 것이며 언제든지 변형되고 해체될 수 있는 것임을 증명한다.

5. 나와 타자, 혼종의 시대

옥타비아 버틀러는 과학소설계에서 여성주의적 관점과 인종주의적 관점을 도입한 최초의 흑인 여성 작가이다. 대부분의 아프리카계 미국인들이 그렇듯 그녀 역시 어린 시절 가난과 인종 차별을 겪으며 성장하였다. 대학에 입학 후에도 학비와 생활비를 벌기 위해 고된 직업들을 경험하였는데 후에 이러한 그녀의 경험은 대표작인 『킨』(1979)을 비롯하여 『와일드 시드』(1980), 『릴리스의 아이들(Lilith's brood)』(2000) 등에 재현되었다.

1976년 본격적으로 작가로서 삶을 시작한 버틀러는 1985년 『블러드차일드』(1995)로 휴고상과 네뷸러상을 받으며 페미니스트 과학소설가로 인정받는다. 『블러드차일드』는 과학소설의 전형적 특징인 지구인과 외계인의 조우를 모티프로 하고 있다. 하지만 버틀러가 작품 후기에서 밝혔듯이 이 작품은 지구인이 우주를 탐험하고 개척하는 제국주의적 관점이나 인간의 문명을 전파하는 인간중심의 이야기가 아닌 "원래 거주민이 있는 태양계 밖 행성에 존재하는 고립된 인류 식민지에 대한 이야기"(Butler, 2016: 56)이다. 즉 지구인이 '외계인'이자 '피식민지인'으로 '타자'로 역전되는 이야기이다. 버틀러는 노예 서사의 이야기에 과학소설적 장치를 삽입하여 외계여성 트가토이(T'Gatoi)가 자신의 알을 지구 소년 간(Gan)이 키우고 출산하게 하는 남성 임신의 주제를 통해 남성과 여성의 성 역할 문제뿐만 아니라 자아와 타자, 인간과 외계인, 문화와 자연 등의 서구의 이분법적 가치를 모두 해체한다. 이 소설은 남성이지만 여성의 역할을 하는 간과 여성이지만 남성과 아버지의 역할을 하는 트가토이의 모습을 통해 서로 다른 존재의 차이를 어떻게 인정할 것인지를 이야기하고 있다.

버틀러는 권력관계 내에서 정체성과 타자의 문제에 관심을 가져왔으며 인종과 젠더에 대한 문제의식을 '외계인'과 '타자'의 존재로 탐구한다(Wolmark, 1994: 29). 이러한 특징은 『릴리스의 아이들』에서 나타나는데 『완전변이 세대』(1989)로 알려진 이 시리즈는 『새벽』(1987), 『성인식』(1988),

『이마고』(1989)의 3부작으로 인간과 외계 종족의 만남과 이종 결합을 인간과 비인간, 트랜스휴머니즘과 포스트휴머니즘 등의 관점으로 재현한다. 핵전쟁으로 지구가 멸망하자 외계생명체 오안칼리(OanKali)는 주인공 릴리스(Lilith Iyapo)를 비롯한 인간 생존자들을 구조하여 오안칼리와 인간을 결합하여 새로운 종족으로 진화시키려고 한다. 인간들이 이러한 결합을 거부하면서 빚어지는 갈등과 그러한 갈등을 통해 새로운 공동체의 탄생이 주요 서사이다.

3부작의 첫 번째 작품인 『새벽』은 오안칼리에 의해 지구인들의 리더로 선택된 흑인 여성 릴리스의 시점으로 진행된다. 릴리스는 성서의 창세기에 등장하는 아담의 전설적인 첫 번째 부인의 이름으로, 그녀는 성서적 규범과 가부장제에 도전하는 인물로 그려진다. 릴리스는 황폐화된 지구에서 외계 종족에 의해 구출되어 인간이자 기계로 새롭게 태어난다. 인간의 지도자로 선택된 그녀는 오안칼리의 방식으로 새 정착지에서 인간들을 훈련시킨다. 하지만 그녀는 인간들끼리의 결합으로 아이를 출산하지 못하도록 유전자를 조작하는 외계인들과 그들을 혐오하는 인간들 사이에서 갈등을 겪게 되면서 인류의 미래를 고민한다. 결국 함께 공감하던 인간 조셉의 죽음으로 인간들은 오안칼리의 방법에 순응하고 릴리스 역시 그들과의 이종 결합을 받아들이게 된다(Butler, 2000).

릴리스와 외계인과의 만남은 독자들에게 타자성에 대한 사유를 제공한다. 릴리스가 처음부터 외계인 오안칼리를 인정하고 수용한 것은 아니였다. 릴리스가 오안칼리를 만났을 때 느낀 감정은 공포와 혐오의 감정이었다. 회색 피부와 소름끼치는 촉수의 괴물 메두사와 같은 모습은 끔찍함 그 자체였다. 혐오의 대상인 그들은 이야기가 전개되면서 폭력적이고 이기적인 인간들과 대비되며 지적이고 평등한 존재로 위계적 질서를 갖지 않는 모습으로 재현된다. 릴리스는 오안칼리들과 함께 지내는 동안 최초의 공포와 혐오감에서 벗어나 그들을 있는 그대로 받아들이며 인간들보다 더 강한 유대감을 느끼게 된다. 결국 릴리스는 외계인들과 서로 상호 작용하며 공존의 방식을 취하며 살아간다. 릴리스는 완벽히 다른 이질적인 존재와 직면함으로 인간 세계를 더 명확하게 보고 이해할 수 있게 된 것이다.

　과학소설에서 외계인 은유는 인간과는 다른 '종'의 존재로 분리되고 구별되는 타자의 위치로 그려진다. 타자로서 외계인의 개념은 영화 〈스타쉽 트루퍼스〉(1997)에서 볼 수 있듯이 1950년대 냉전 시기에는 적에 대한 은유로 그려졌으며 이후 에이즈나 동성애 등 당시 사회의 기저에 깔린 불안감과 혐오, 공포의 감정을 반영하는 타자로서 작용했다. 리들리 스콧(Ridley Scott) 감독의 〈에일리언〉(1979)에서는 검은 피부를 가진 괴물로서 외계인을 재현하는데 이것은 산업사회에서 백인 중산층 계급의 하층 계급 흑인들에 대한 잠재적 공포로 해석될 수 있다(Scholes·Rabkin, 1977: 119). 여성 작가들에게 외계인은 훨씬 더 복합적 의미를 담고 있다. 여성 작가들에게 외계인은 먼 행성의 괴물스러운 존재가 아니라 인간 사회의 "보이지 않는 외계인"(Barr, 1987: 31)이다. 즉 그들은 "흑인 여성이나 맥시코계 여성, 주부, 레즈비언, 불임 여성 혹은 미혼 여성들"(Barr, 1993: 98)로 현재의 가부장적 사회에서 소외되고 배제된 여성들이다. 하지만 버틀러는 이 보이지 않는 타자적 존재인 외계인을 이야기의 핵심으로 가져왔다. 외계인을 향한 두려움과 혐오감은 본질주의적 정체성에 대한 질문이며, 이러한 표현을 통해 버틀러는 성차와 인종, 계급에 대한 해체를 시도하고 있는 것이다. 버틀러 자신이 아프리카인이면서 미국인으로 살아야 하는 디아스포라적 정체성을 가지고 있다는 점이 이것을 가능하게 한다.

인간과 오안칼리 사이에서 태어난 아킨(Akin)은 주체와 타자와의 경계의 해체는 물론 인간 너머의 인간, 인간 이후의 인간을 넘어선 새로운 존재로 이해될 수 있다. 릴리스는 아킨에게 인간들은 '차이를 두려워'하고 외계인들은 '차이를 갈망한다'고 말하면서 마음속에서 갈등을 느낄 때 오안칼리의 방식으로 "차이를 포용"(Butler, 1997: 80)해야 함을 역설한다. 결국 버틀러는 자아와 타자의 관계를 새롭게 해석하면서 기존의 이분법적 위계질서를 벗어나게 할 뿐만 아니라 혼종의 시대에 다양한 주체들을 서로 연대하게 하는 '공존'이라는 새로운 삶의 방식을 제안한다.

앞서 언급한 『안드로이드들은 전기양을 꿈꾸는가』의 작가 필립 K. 딕은 단편소설 「마이너리티 리포트」(1956)를 통해 빅데이터를 통한 범죄예측시스템, 홍채인식, 투명 디스플레이 등을 상상했다. 허무맹랑한 소설 속 상상이라고 여겼던 기술들은 지금은 이미 실현 가능한 기술이 되었을 뿐만 아니라 일상생활 속에서 누구나 쉽게 접할 수 있는 것이 되었다. 가상과 실제의 경계가 희미한 현대사회에서 과학소설의 상상력은 단순히 공상을 넘어 '상상적 현실'이 되었다. 그러나 소설 속 마냥 먼 미래로만 꿈꾸어온 2020년이 현재가 된 오늘날, 인류는 많은 분야에서 변화와 발전을 이루었지만 안타깝게도 인종, 계급, 성별, 장애 등에 대한 편견과 차별, 빈곤과 질병, 기후, 환경 등 많은 부분에서 여전히 해결해야 할 문제를 남겨놓고 있다.

과학소설은 "자연에 대한 인간의 힘의 역사를 추적하고 그 힘이 어떻게 작동하는지를 탐구하기 위한 특별한 비전과 지식을 사용"(Scholes·Rabkin, 1977: 191)하는 장르이다. 과학소설을 읽는 것은 단순히 미래를 예측하기 위한 것이 아니다. 과학소설은 현대사회를 이해하고 분석하며 나와 타자, 공동체를 다른 시선과 관점으로 볼 수 있게 하는 것이다. 페미니스트 과학소설은 시대적 배경과 작가적 정체성에 따라 내용과 구조가 다르긴 하지만 여성과 젠더에 관한 상상력을 통해 현실 사회가 갖고 있는 편견과 제약을 과감히 해체하고 새로운 세계를 가능하게 한다. 러스는 「그것이 변했을 때」에서 "우리에게 시간이 필요했다. 삶의 질을 희생하면서까지 미친 듯이 산업화로 돌진할 필요는 없었다. 우리는 우리 호흡에 맞는 속도로 나가야 한다"(Russ, 2016: 81)라고 말하며 급속한 발전보다 더 가치있는 것은 인간다운 삶임을 피력한다. 초고도의 과학기술은 여성의 해방을 담보하지 않는다. 하지만 여성은 과학기술을 통해 인간과 사회의 관계를 변화시킬 수 있다. 그런 의미에서 페미니스트 과학소설은 상상을 통해 가능한 세상을 질문하고 변화시키는 거대한 힘을 가지고 있다.

더 생각할 거리

· 페미니스트 과학소설의 등장에 영향을 준 제2물결 페미니즘에 대해서 알아보기
· 과학소설과 SF영화에 나타난 여성 인물과 남성인물의 묘사와 재현의 차이에 대해 이야기해보기
· 문학작품이나 대중문화에 등장하는 외계인, 괴물, 좀비, 흡혈귀, 뱀파이어, 사이보그는 무엇에 대한 비유적 표현인지 생각하고 작품 속 의미를 찾아보기
· 우리나라 과학소설의 역사와 작품들을 찾아보고 감상하기

더 읽어볼 거리

· 김보영(2020), 『얼마나 닮았는가』, 서울: 아작.
· 김주영(2017), 『시간 망명자』, 서울: 인디페이퍼.
· 김초엽(2019), 『우리가 빛의 속도로 갈 수 없다면』, 서울: 허블.
· 마거릿 애트우드(2019), 『미친 아담』, 이소영(역), 서울: 민음사.
· 마거릿 애트우드(2019), 『홍수의 해』, 이소영(역), 서울: 민음사.
· 마거릿 애트우드(2019), 『오릭스와 크레이크』, 차은정(역), 서울: 민음사.
· 마지 피어시(2010), 『시간의 경계에 선 여자』, 변용란(역), 서울: 민음사.
· 메리 셸리(2012), 『프랑켄슈타인』, 김선형(역), 파주: 문학동네.
· 어슐러 K. 르 귄(2005), 『유배 행성』, 이수현(역), 서울: 황금가지.
· 옥타비아 버틀러(2020), 『쇼리』, 박설영(역), 파주: 프시케의숲.
· 옥타비아 버틀러(2019), 『와일드 시드』, 조호근(역), 파주: 김영사.
· 옥타비아 버틀러(2016), 『블러드 차일드』, 이수현(역), 파주: 비채.
· 옥타비아 버틀러(2016), 『킨』, 이수현(역), 파주: 비채.
· 은네디 오코라포르 외(2020), 『야자나무 도적: 세계 여성 작가 페미니즘 SF 걸작선』, 신해경(역), 서울: 아작.
· 정세랑(2020), 『목소리를 드릴게요』, 서울: 아작.

· 천선란(2019), 『무너진 다리』, 서울: 그래비티북스.

· 천선란(2020), 『어떤 물질의 사랑』, 서울: 아작.

· 테드 창(2020), 『당신 인생의 이야기』, 김상훈(역), 서울: 엘리.

· N.K. 제미신(2019), 『다섯 번째 계절』, 박슬라(역), 서울: 황금가지.

추천 영상

· <2001 스페이스 오디세이(2001: A Space Odyssey)>, 스탠리 큐브릭, 1968

· <그녀(Her)>, 스파이크 존스, 2013

· <노 그래비티(No Gravity)>, 실비아 카살리노, 2011

· <다나 해러웨이: 지구생존가이드(Donna Haraway: Story Telling for Earthly Survival)>, 파브리지오 테라노바, 2016

· <마리퀴리: 지식의 용기(Marie Curie: The Courage)>, 마리 노엘, 2016

· <매드맥스: 분노의 도로(Mad Max: Fury Road)>, 조리 밀러, 2015

· <시녀이야기(Handmaid's Tale)>, 폴커 슐렌도르프, 1990

  <시녀이야기(Handmaid's Tale)>(미국 TV 드라마), 2017

· <에이다 러블레이스(Conceiving Ada)>, 린 허쉬만-리슨, 1997

· <에이리언(Alien)>, 리들리 스콧, 1979

· <엑스 마키나(Ex Machina)>, 알렉스 가랜드, 2015

· <컨택트(Arrival)>, 드니 빌뇌브, 2016

1 해러웨이는 통일적이고 본질적인 여성주체성이 아닌 잡종, 다양성, 괴물성의 '젠더-이후의 피조물'을 상상하면서 '사이보그'라는 메타포를 사용하였다. '사이보그'는 젠더와 계급, 인종 등의 이분법적 구조에서 억압받는 모든 타자를 의미하며 이것을 해체하기 위한 페미니스트적 존재이다.
2 페미니스트 과학소설에 관련된 내용은 김경옥(2016)에서 인용함.

기후위기 시대,
페미니즘과 생태를 사유하기

김신효정

"많은 연구에서 남성이 여성보다 평균적으로 더 많은 온실가스를 배출한다고 한다. 여성은 기후위기로 인해 가장 큰 영향을 받게 될 존재이다. 어떠한 성별을 가졌든 평등하게 존중받지 못한다면 우리는 지속가능한 세계에서 살아갈 수 없을 것이다."

- 그레타 툰베리, 2019년 3월 8일 세계여성의 날

1. 왜 젠더와 환경인가?

전 세계는 기후위기로 몸살을 앓고 있다. 기후위기로 인해 불타는 열대우림, 사라지는 빙하, 이상폭염, 계속되는 가뭄과 물 부족, 긴 장마와 홍수는 사람들의 일상을 위협하고 있다. 과연 기후위기는 모두에게 동등하고 평등하게 영향을 미치고 있는 것일까? 사실은 그렇지 않다. 특히 기후위기는 성별에 따라 다른 결과를 초래한다.

'기후위기는 성차별적이다'는 명제를 말하면 대부분의 사람들은 고개

를 갸우뚱한다. 기나긴 장마로 쏟아지는 비가 여성과 남성을 구별하여 내리지 않기 때문이다. 당연히 비는 모두에게 차별 없이 내린다. 그러나 장마로 인한 영향은 성별에 따라 다르게 작용한다.

기후위기로 인한 자연재난이 발생할 때 제일 먼저 위협을 받는 집단은 여성과 어린이, 소수자들이다. 유엔개발계획은 자연재난으로 인한 여성과 아동의 사망률이 남성보다 14배 높게 발생한다고 보고했다(UNDP, 2013). 여성에 대한 성역할 고정관념, 교육기회의 박탈과 같은 기존의 사회에 내재된 성불평등한 문화와 구조가 재난 상황에서도 동일하게 나타나기 때문이다.

유엔여성기구는 2015년에 발생한 네팔 지진 이후에 네팔 여성과 아동 대상 인신매매와 조혼이 증가했다고 밝혔다(UN Women, 2016). 지진은 모두에게 동일하게 발생했지만 지진 이후 취약해진 경제 상황 속에서 여성과 아동이 젠더폭력의 주요 대상이 된 것이다. 최근 한 연구보고서에서도 환경파괴가 늘어날수록 젠더폭력이 증가한다는 주장이 제기되었다(IUCN, 2020). 보고서에는 기후변화로 인한 물 부족으로 물을 얻기 위해 수십 킬로가 넘는 길을 나섰다가 성폭행을 당한 솔로몬제도의 10대 여성, 불법채굴 현장에서 일하는 콩고민주공화국의 여성들이 경험한 강간과 성폭력 피해, 세네갈 금광산업 노동자들에게 성매매를 제공하기 위해 인신매매된 1,000명이 넘는 여성과 어린이 등의 사례가 분석되어 있다. 전 세계적으로 급격하게 악화되고 있는 환경파괴, 종의 멸종, 기후위기의 문제는 결과적으로 성차별과 성불평등을 더욱 심화시킬 것이다.

한편 재난이 발생했을 때 가족 돌봄을 도맡는 여성들은 대개 집에 머물고 있어서 대피 경보를 듣지 못하고 피해를 입는 경우가 많다. 특정 국가의 여성들은 종교적, 문화적 관습으로 인해 항상 긴 치마를 입어야 하고, 수영이나 나무 오르기를 배우지 못해 이동에 제약을 받는다. 이러한 사회문화적 구조로 인해 기후위기와 같은 환경문제가 발생했을 때 특히 젠더에 따라서 각기 다른 영향을 받게 되는 것이다.

우리 사회는 앞으로 젠더와 환경의 교차성으로 나타나는 새로운 문제들에 직면하고 도전할 필요가 있다. 이에 본 장에서는 젠더와 환경 관련 페미니즘 주요개념과 이론적 흐름을 개관하고, 국내의 여성과 환경 관련 주요 이슈를 살펴보고자 한다.

2. 젠더와 환경에 관한 페미니즘 연구

젠더란 무엇이고 환경이란 무엇인가? 젠더가 사회문화적인 성 또는 성별을 지칭하기 위해 고안된 개념이듯이, 환경이란 개념도 인간사회와 구별되는 것으로 자연 또는 비인간 자연환경을 지칭하기 위해 발명된 개념이다. 페미니즘에서 젠더를 정의함에 있어 젠더가 사회적인가, 문화적인가, 수행적인가를 둘러싼 논쟁과 마찬가지로 환경에 대한 정의에 있어서도 환경이란 무언인가에 대한 논의가 첨예하다.[1]

환경은 생물환경, 인간환경 등 경계 범위가 다양하다. 먼저 미생물, 식물, 동물 등을 포함하는 생물환경은 환경을 자연중심으로 바라보는데. 자연중심 환경 접근은 인간, 장소, 실천을 배제하는 한계가 존재한다. 한편으로 인간환경 접근처럼 인간의 경험을 앞세우는 인간중심 접근의 경우에는 자연과 비인간주체를 비가시화시키는 문제가 있다. 그런데 인간환경에서 설명하는 인간은 과연 누구를 지칭하는 것일까? 여성인가, 남성인가? 흑인인가, 백인인가? 어린이인가, 노인인가? 페미니스트들은 기존의 지식들이 인간으로 일반화해온 관점이 대개 서구 백인 남성이었음을 비판한다(Harding, 1991). 그렇다면 인간환경 논의를 젠더라는 렌즈로 본다면 어떻게 될까? 인간이 조성한 수많은 환경들은 젠더에 따라 어떻게 다르게 작동하고 있는 것일까?

본 절에서는 환경이라는 분야를 젠더라는 렌즈를 통해서 새롭게 이해하기 위해서 젠더와 환경에 관한 대표적인 페미니즘 이론들을 살펴보고자 한다. 먼저 젠더와 환경에 관한 대표적인 이론이자 실천인 '생태여성주의(ecofeminism)'의 흐름을 개관하고 국제사회를 중심으로 논의되어 온 '여성과 환경 그리고 지속가능한 발전(women, environment and sustainable development)'을 살펴본 후 최근 활발하게 논의되고 있는 '여성주의 정치생태학(feminist political ecology)'을 살펴보고자 한다.

1) 생태여성주의

환경에 관한 페미니즘 담론의 대표적인 이론으로는 생태여성주의가 있다. 생태여성주의는 젠더와 환경에 관한 통합적이고 복합적인 하나의 커다란 페미니즘 이론이자 여성환경운동에 토대한 실천의 역사로서 시대적으로 다양한 논의를 제기해왔다. 한국사회에서도 생태여성주의에 대한 논의는 단일하지 않은데, 먼저 이상화(2016)는 생태여성주의란 단일한 틀을 공유하기보다 실천 측면에서 열려 있는 유연한 정치적·윤리적 연대이자 대안 패러다임으로서 경쟁과 성장제일주의를 넘어서 새로운 문명을 탐구하는 과정의 페미니즘이라고 본다. 장우주(2016)는 생태여성주의를 인간이 자연을 포함해 타자화 된 소수들을 의미 있는 타자로 여기면서 관계성을 재구성하는 공존과 상호관계성의 페미니즘으로 설명한다. 한편 생태여성주의는 가부장제 사회가 만든 낡고 위험한 경쟁과 발전의 사다리를 타고 올라가는 길을 벗어나 자연과 인간 모두가 삶의 능력을 회복해가는 다른 문명의 길로 전환하는 대안 담론으로 정의되기도 한다(윤정숙, 2016). 문순홍(1995)은 생태여성주의란 자연과의 관계에서 인간과 자연을 재발견해내는 운동이자 인간으로서의 여성과 남성을 재발견하는 운동이라고 설명한다. 따라서 이러한 인간과 자연에 대한 다시보기는 이론으로서만 존재하는 것이 아니라 실천의 영역이자 제도화된 공간으로서 일상의 정치, 제도, 경제 영역의 실제적인 변화를 추구한다.

초기 생태여성주의 논의는 서구를 중심으로 1970년대 발전주의, 산업주의에 대한 비판과 함께 군사주의, 성차별, 인종차별, 계급 및 환경파괴 사이의 상호 연관성을 주장하면서 등장했다. 생태여성주의란 용어는 1974년 프랑스 작가 프랑소아즈 드본느(Francoise d'Eaubonne)의 책 『페미니즘이냐 아니면 죽음이냐』에서 처음 사용되었다. 드본느는 자본주의를 지지하는 가부장제 시스템이야말로 현재의 생태적 파괴에 책임이 있고, 여성을 사회적으로 낮은 지위에 있게 만드는 원인으로 설명한다(Roth-Johnson, 2013: 54). 드본느는 생태학적 혁명이란 인간과 자연의 관계뿐만 아니라 여성과 남성 사이의 성별관계를 재구성하는 것이라고 말한다. 생태여성주의는 페미니즘의 시대적 조류에 따라 다양한 논의를 발전시켜왔다. 생태여성주의 역시 어떠한 페미니즘의 입장과 관점을 갖느냐에 따라서 다른 목소리를 내어왔다. 생태여성주의가 어떠한 흐름 속에서 젠더와 환경에 관한 논의를 이어왔는지 이해하기 위해서 먼저 1970년대 초기 자유주의 관점과 문화적 관점에서 본 생태여성주의 논의를 살펴볼 필요가 있다. 그 다음으로 제2물결 페미니즘 조류에 따른 사회구성주의 관점과 사회주의적 관점에서 본 생태여성주의 논의를 살펴보고, 최근까지 논의되고 있는 후기구조주의 관점에서 본 생태여성주의를 톺아보고자 한다.

　1970년대 자유주의 페미니즘의 영향을 받았던 자유주의 생태여성주의는 여성도 남성과 동등하게 환경을 개선하고 자연자원을 보존하고 더 나은 인간의 삶에 기여할 수 있도록 동일한 교육기회가 제공되어야 한다고 주장했다. 특히 환경 보존을 위한 문화적 사업들에 성별이나 생물학적 낙인을 넘어서는 조건을 만들어야 한다고 주장하는데, 자유주의 생태여성주의는 기존의 자본주의 경제와 교육 시스템 자체에 문제를 제기하기보다는 기존 시스템 구조 안에서 성평등을 모색하고자 한다 (Merchant, 2001).

　문화적 생태여성주의는 남성과 달리 여성에게 자연과 연결된 특성이 있다고 본다. 특히 문화적 생태여성주의는 월경, 임신, 출산, 모유수유와 같은 행위를 자연과 친밀한 연결성으로 설명하면서 여성의 신체와 체화된 실천에 근거한 여성과 자연의 관계 재구성을 주장해왔다(Buckingham, 2020: 46). 또한 어머니 지구(mother earth) 또는 어머니 대지라는 비유를 통해 지구나 땅을 여성성과 연결시키는 것이 대표적인 예이다. 문화적 생태여성주의가 신체에 기반한 여성의 공통적인 경험을 정치적으로 주장하는 것에 대해 본질주의적이라는 비판이 존재하지만, 이는 여타의 생물학적 본질주의와는 다르다.

　　자연을 인류의 어머니로 복권시키거나, 혹은 여성은 그 역사적 정체성에 의해 지목된 양육자 역할을 다시 떠맡아야 한다고 주장하는 것이 본 분석의 목적은 결코 아니다. […] 어떤 여성적인 지각 형태나 감수성의 행위들이 존재한다고 주장하려는 것이 아니다. 근대 세계의 형성과 관계 맺고 있는 여성 및 자연의 이미지가 대체 어떠한 가치들과 결부되었는지, 그리고 그런 것들이 오늘날 우리의 삶에 어떤 함의를 지니는지 조사해보고자 한다(Merchant, 2005: 18).

문화적 생태여성주의는 여성과 자연을 열등하고 개발되어야 하는 존재로 바라보는 기존의 가부장적 은유를 바꾸어내고자 노력했다. 문화적 생태여성주의 관점은 역사적으로 소외당하고 가부장제 사회에서 가치가 없는 것으로 다루어져온 모성이나 여성의 체화된 실천을 강력한 여성성의 상징으로 재해석하고자 했다(Buckingham, 2020: 46).

사회구성주의 관점에서 본 생태여성주의는 여성과 자연을 사회적 구성물로 정의내리며, 여성과 자연의 특별한 연관성을 본질적으로 바라보는 입장을 비판한다. 사회구성주의 관점에 따르면 여성과 남성은 모두 자연과 본성적으로 관련이 없는 것이다. 오히려 사회구성주의 관점은 여성과 자연의 연결성을 여성억압의 바탕으로 본다. 특히 여성과 자연이 연결되어 있다는 입장에는 여성과 자연은 열등하고 남성과 문화는 우월하다는 이원론과 차별적 위계가 내재되어 있는데, 여성과 자연은 사회적 구성물이라는 관점에서 이러한 이원론을 비판적으로 고찰함으로써 성차별주의를 함께 종식시킬 수 있다고 본다(Warren, 1994).

사회주의 생태여성주의는 여성과 자연, 제3세계에 대한 세계적인 자본축적의 역사이자 과정으로서 자본주의 가부장제가 여성억압과 자연파괴를 불러일으킨다고 본다. 따라서 여성해방과 생태회복은 자본주의 가부장제를 넘어설 때 비로소 가능한 것이다. 미즈와 시바(Mies·Shiva, 2020)는 소위 발전 또는 진보라고 명명되어온 제1세계 서구 백인 중심의 개발 프로젝트가 아닌 지속가능한 자급적 관점의 대안 모색을 통해 여성과 자연에 대한 억압과 착취를 극복할 수 있다고 주장한다.

점점 더 심해지는 여성의 저개발은 '개발'에 '참여'가 부족하거나 부적절해서가 아니라, 비용은 감당하되 혜택은 받지 못하는 강제적이고도 불균형적인 참여에 기인하는 것이었다. 개발과 박탈은 환경파괴적인 식민과정을 증폭시키고 자연의 지속가능한 토대에 대한 정치적 통제의 상실을 가속화했다. 경제성장은 자원이 가장 필요한 사람에게서 자원을 빼앗아가는 새로운 식민주의였다(Mies·Shiva, 2020: 152).

한편 제3물결 페미니즘의 등장과 후기구조주의(poststructuralism) 흐름 속에서 생태여성주의는 환경문제가 젠더뿐만 아니라 민족, 연령, 빈곤, 장애, 동물 등과 어떻게 교차 연결되어 있는지를 분석해야 한다고 주장한다(Gaard, 2011). 이러한 새로운 물결 속에서 생태여성주의는 인간이 생태계와 서로 의존하는 존재라는 것을 강조하면서 인간과 비인간 사이의 부정의, 억압, 위계를 해소하기 위한 새로운 기획들을 제안해왔다. 예를 들어 비건(vegan)페미니스트와 에코페미니스트들은 인간해방과 삶의 질이 근본적으로 다른 동물종의 삶과 상호연결되어있으므로 함께 나아가야 한다고 주장한다(Harper, 2010). 실제로 동물권을 위한 페미니스트(feminists for animal rights) 단체 활동가들은 가정폭력 피해여성들이 자신들의 아이와 반려동물을 함께 데리고 갈 수 있는 쉼터가 없어서 집에 남는 경우가 많다는 것을 알게 되면서 동물구호단체와 여성쉼터가 연대를 시작할 수 있도록 도왔던 사례가 있다(Donovan·Adams, 1996).

이 밖에도 생태여성주의 연구는 후기인본주의, 신유물론, 후기식민주의와 같은 교차성의 논의 속에서 여성의 몸, 돌봄, 장애, 퀴어, 노동, 기본소득 등과 같은 주제별로 다양한 연구가 진행되고 있다.

2) 여성과 환경, 그리고 지속가능한 발전

생태적 지속가능성을 담고 있는 개념인 지속가능한 발전에 대한 논의에서도 페미니스트들은 다양한 목소리를 내어왔다. 먼저 지속가능한 발전 개념이 무엇인지 이해하기 위해 지속가능한 발전 개념이 어떻게 사용되기 시작했는지를 살펴볼 필요가 있다. 지속가능한 발전 개념이 처음 등장한 것은 환경보호와 경제성장의 양립가능성을 논의하기 위해 1972년 로마클럽이 발간한 '성장의 한계(the limits to growth)' 보고서를 통해서이다. 이후 1987년 유엔에서 출간한 '우리 공동의 미래(our common future)' 보고서를 통해서 본격적으로 사용되기 시작한 지속가능한 발전은 미래 세대가 그들의 필요(needs)를 충족할 수 있는 능력을 저해하지 않으면서 현재 세대의 필요를 충족하는 발전으로 정의된다(WCED, 1987). 그러나 지속가능한 발전을 위해선 제3세계 국가들의 빈곤으로 인한 환경파괴 문제 해결을 위해 제1세계의 원조기반 환경적 개발이 요구되며, 특히 국가 간 부의 재분배가 이루어져야 하는 모순이 있다.

1992년 리우 정상회의[2] 이후 페미니스트들은 '여성과 환경 그리고 지속가능한 발전(women, environment and sustainable development)' 개념을 통해 여성을 피해자나 희생자가 아닌 구체적 지식과 기술을 가진 환경관리의 주체로서 새로운 발전 패러다임을 모색하고자 했다. 인도의 칩코운동이나 케냐의 그린벨트운동과 같은 글로벌 사우스(global south)의 풀뿌리 환경운동에서 출발한 '여성과 환경, 그리고 지속가능한 발전' 논의는 생태여성주의의 발전주의 비판에 근거한다. 생태여성주의는 발전주의에 기저하고 있는 자본주의 경제 일원주의가 지역의 맥락에서 시장과 경제의 다원성을 포괄하지 못하고 특히 여성의 노동과 경제적 행위를 발전에 도움이 되지 않는 것으로 다루어왔다고 비판한다(Mies, 2014).

농민으로서 여성들은 그들의 기여에도 불구하고 눈에 띄지 않는다. 경제학자들은 이른바 '생산의 범위' 밖에 있다는 이유로 여성노동을 '생산'으로 계산하지 않는 경향을 보인다. […] 무엇이 노동이고 무엇이 노동이 아닌가에 대한 인식이 여성들이 하는 엄청난 양의 다양한 노동을 수용하지 못하는 것이다. 이는 여성들이 가족과 공동체를 부양하기 위해 일하지만 그들이 하는 노동의 대부분이 '임금'으로 측정되는 않는다는 사실과도 관련된다. 또한 그들의 노동은 주로 시장에 관련되거나 보수를 받는 일이 아니며 대부분 복합적인 작업을 병행하기 때문에 더욱 눈에 드러나지 않는다(Mies·Shiva, 2020: 287).

'여성과 환경, 그리고 지속가능한 발전' 접근은 기존의 젠더와 발전(gender and development) 논의에서 더 나아가 개발도상국 대상 서구중심 발전주의에 문제를 제기했다. 브라이도티 외(Braidotti et al., 1995)는 '여성과 환경, 그리고 지속가능한 발전' 논의가 산림, 농업, 수자원체계 등과 같은 다양한 전문적 분야를 포괄하는데 환경 악화가 여성의 삶에 미치는 영향뿐 아니라 경제개발 과정 속에서 여성과 환경 사이에 맺어지는 모든 관계를 포함한다고 설명한다. 즉 현재의 환경문제는 여성, 환경, 인종, 민족, 계급의 문제가 복합적으로 작용한 결과이므로 이에 대한 해결 방안도 복합적인 관계 속에서 찾아야 한다는 것이다.

다른 한편 국제사회는 초국적이고 지구적인 환경문제를 해결하기 위해 환경을 보호 및 관리 대상으로 바라보는 기존 인식을 넘어서, 2000년대 이후 유엔의 새천년개발목표(MDGs)를 통해 지속가능 환경보장을 세부목표로 설정하였다. 2015년 이후로는 지속가능한 발전목표(SDGs)를 통해 환경문제에 적극 대응하는 동시에 지속가능한 발전을 위한 동력이자 잠재력으로서 환경문제를 다루기 시작했다. 그러나 지속가능한 발전목표는 성별에 따른 접근성의 문제를 충분히 설명하지 못하는데, 지속가능한 발전목표와 젠더를 함께 논의하기 위해서는 지속가능성이라는 개념 자체에 대한 질문과 함께 지속가능한 발전에 대한 통합적인 젠더 관점의 논의가 활발하게 전개될 필요가 있다.

> ## 여성과 환경, 그리고 지속가능한 발전 사례
>
> ### 1. 케냐 그린벨트운동
>
> 국제적인 여성환경운동의 대표적인 사례 중 하나인 그린벨트(green Belt)운동
> 은 1977년 케냐에서 시작되었다. 2004년 노벨평화상을 수상한 환경운동가
> 인 왕가리 마타이 교수에 의해 시작된 그린벨트운동은 숲이 황폐해지면서
> 피해를 받는 지역민이 스스로 토착 나무의 모종을 키워 심는 운동이다. 여성
> 들을 중심으로 시작된 그린벨트운동은 나무 한 그루당 0.1달러의 보상금을
> 주는 제도를 통해 지역민들에게 경제적 동기를 부여했다. 보상금의 재원은
> 국제구호단체와 일반 기업의 후원으로 충당해왔다. 그린벨트운동은 2020년
> 까지 5,100만 그루 이상의 나무를 심으면서 여성들의 빈곤 해소와 함께 지
> 역의 산림이 회복되고 홍수와 같은 재난이 예방될 수 있도록 노력해왔다.
> 자료: 그린벨트운동 홈페이지 (http://www.greenbeltmovement.org/)
>
> ### 2. 인도 칩코운동
>
> 인도의 산림은 영국 식민지 시대부터 파괴되기 시작해 1960년대에 이르러
> 난개발로 인해 산림 황폐화가 가속화되었다. 1970년대 국가적인 산림파괴
> 에 대한 저항이 칩코(chipko) 운동으로 전개되었는데, 인도 우타르 프라데시
> 산간지역의 마을 여성들을 중심으로 기업의 벌목에 저항하며 힌디어로 나무
> 껴안기란 의미의 칩코 안돌란(chipko andolan) 운동이 시작되었다. 당시 칩코
> 운동은 급속도로 인도의 산악 마을 곳곳으로 확산되면서 1976년 정부로부
> 터 36만 헥타르에 해당하는 산림에 대해 10년간 벌목금지 명령을 이끌어낸
> 대표적인 여성환경운동으로 자리매김했다(Shiva, 1986).

3) 여성주의 정치생태학

1990년대 이후 등장한 여성주의 정치생태학(feminist political ecology)은 여
성주의, 정치생태학, 여성주의 경제학 및 지리학 등의 논의를 이론화
한 담론으로 성별화된 환경적 불평등에 대한 다학제적이고 다층적인 관
점을 제시해왔다. 여성주의 정치생태학은 젠더를 환경과 관련된 행위

성, 지식, 정치학으로 간주하며 주요한 사회적 범주로 분석한다. 여성주의 정치생태학의 대표적인 페미니스트 지리학자인 로체로(Rocheleau et al, 1996: 4)는 여성주의 정치생태학을 환경 정책과 실천을 형성하는 사회적, 정치적, 경제적 맥락과 의사결정 과정을 분석하는 이론으로 정의내린다.

여성과 환경, 지속가능한 발전 논의가 환경파괴로 인한 여성문제 해결을 강조한 것과 달리 여성주의 정치생태학은 젠더를 자원 관리, 환경 변화, 환경 권리 및 지식에 있어 가장 중요한 요인으로 적용해야 한다고 주장한다(Elmhirst, 2011). 여성주의 정치생태학은 지속가능한 발전을 위한 공동체의 전망과 함께 생태적 일상을 유지하려는 남성과 여성의 투쟁이자 생태적 변화 과정을 만들어내는 권력 관계를 강조하는데, 특히 생태 문제를 둘러싼 계급, 연령, 인종 및 민족의 문제와 상호작용해온 자원 접근과 통제를 성별화된 몸과 환경 간의 관계를 통해 분석한다(Rocheleau et al., 1996).

여성주의 정치생태학 연구에 큰 영향을 끼친 페미니스트 후기구조주의 과학 비판으로서 해러웨이(Haraway, 2002)의 논의는 지식의 완전한 객관성이나 완전히 객관적인 과학은 존재하지 않으며 부분적인 객관성과 부분적인 지식만이 존재한다고 주장했다. 해러웨이(Haraway, 2002)는 지식이 특정한 위치에서 바라보는 부분적 시각이자 제한된 목소리를 내는 상황적 지식(situated knowledge)임을 주장하며 그동안 자원화, 대상화되어온 자연과 여성, 몸이 행위자로서 새로운 지식의 경계를 생산한다고 설명한다. 여성주의 정치생태학 담론은 이러한 해러웨이의 비판에 기반해 성별화된 권리만이 아니라 지식과 존재에 있어 다면적으로 성별화되는 방식에 관심을 가져 왔다.

2010년 이후 여성주의 정치생태학은 후기구조주의 영향 아래 기후변화, 재난, 신자유주의 경제 성장의 문제에 있어서 복합적 집합체, 자원 탈취, 저항 운동 및 탈식민화와 같은 새로운 도전 과제들을 수행적 젠더 정체성 개념(Butler, 2008)을 비롯한 다면적이고 복합적인 정체성의 맥락에서 분석하기 시작했다.

인도네시아 오일팜 농장에서 소외받는 여성과 청년의 목소리

최근 페미니스트 지리학자 엘름허스트(Elmhirst)는 여성주의 정치생태학의 관점을 통해 인도네시아 오일팜 농장의 생태자원과 젠더 교차성의 상호관계를 연구했다. 엘름허스트와 동료연구자들은 인도네시아 동칼리만탄(east kalimantan) 지역의 오일팜(oil palm) 농장에서 일하는 노동자의 행위성을 성별, 생애주기, 민족 정체성의 상호작용을 통해 분석한다. 특히 오일팜 농장이라는 생태자원이 어떻게 역사적으로 전통적인 성별규범을 만들어 왔는지 설명한다. 오일팜 농장산업은 식민지 시기와 독립 이후 그리고 근대화 과정에서 시대적으로 변화해왔지만 농장 노동과정에는 여전히 젠더와 가족 규범이 강하게 작용함에 따라 관습적 토지소유와 생계자원 접근성 및 의사결정구조에 여성과 청년들이 참여하기 어려운 남성중심적인 권력 네트워크의 문제가 발생한다. 결국 생태 자원과 연관된 권력 구조는 성중립적이거나 평등하지 않고 젠더를 비롯한 다양한 교차적 차이에 따라서 권력 관계가 달라진다는 것이다(Elmhirst et al., 2017).

호킨스와 오제다(Hawkins·Ojeda, 2011: 243-244)는 젠더와 환경에 관한 기존 연구들을 분석하면서 젠더는 이분법적인 남녀 개념이 아닌 유동적인 것으로 봐야 하고, 젠더와 환경에 관한 분석은 권력 역동성을 통한 사회적 차이의 다른 측면들을 함께 연결시켜야 한다고 설명한다. 기존에 젠더와 환경에 관한 연구가 주로 지역, 국가, 지구와 같은 스케일, 장소, 저항 간의 연결이었다면 가정, 몸을 포함한 다차원적 생태를 통해 수행되고

체현되는 성별화된 주체성과 정체성을 분석해야 한다는 것이다. 다시 말하자면 환경이란 자연 자원을 넘어서 인간과 환경의 관계 및 생태적 변화를 만드는 모든 정치적, 경제적 변화의 역사적 과정으로 볼 수 있고, 젠더 수행성은 변화하는 환경과 일상 속에서 그 실천과 행위, 제도 속에서 재생산되고 구성된다는 것이다.

이처럼 여성주의 정치생태학은 초국적 환경정책에서부터 국가발전 프로젝트와 개인의 일상적인 투쟁에 이르기까지 환경에 대한 접근과 통제, 권리를 위한 동원, 환경 지식에 대한 인식이 어떻게 성별화되고 위계화되어 왔는지를 인간과 비인간 행위자들의 권력 관계를 중심으로 분석하고 있다.

3. 여성과 환경 관련 주요 쟁점과 실천방안

앞선 절에서는 생태와 환경에 관한 문제를 왜 젠더라는 렌즈로 다시 봐야 하는지에 대한 답을 찾기 위해, 지난 반세기 동안 초국적으로 논의되어온 젠더와 환경에 관한 다양한 페미니즘 연구의 흐름을 개괄적으로 살펴보았다. 한국사회에서도 여성과 환경에 관한 논의와 정책의 제도화는 1992년 리우선언과 1995년 북경행동강령 이후 본격적으로 전개되었다. 리우선언 이후 한국정부는 '새천년 국가환경비전' 수립 및 지속가능한 발전정책을 총괄하는 대통령자문 지속가능발전위원회를 설치했고, 국내 최초의 경제·사회·환경 분야 통합관리 전략 및 실천계획인 '제1차 국가지속가능발전 전략 및 이행계획('06-'10)'을 수립했으며 '지속가능발전기본법'을 제정했음에도 불구하고 여전히 환경 및 지속가능발전 관련 정책결정 과정의 여성참여는 매우 낮은 상황이다(김양희 외, 2014).

한편 한국의 여성환경운동이 가시적으로 등장하고 형성되는 시기로는 1980년대 중반 이후로 본다(문순홍, 2001). 1980년대와 1990년대 여성들은 공해, 환경호르몬, GMO 먹거리 문제를 다룬 환경건강운동, 생협, 아나바다운동, 쓰레기 재활용 문제를 다룬 녹색소비운동, 지역사회 중심의 생활정치 실천과 같은 녹색자치운동 등을 펼쳐왔다. 1999년 독자적인 여성환경단체인 '여성환경연대'가 설립되고 2000년대 이후 여성환경운동은 생리대, 화장품 속 유해화학물질, 대사증후군 캠페인과 같은 여성건강운동, 지속가능한 마을 만들기, 도시텃밭 등의 공동체운동, 여성생태안내자, 학교텃밭교육강사, 환경건강안내자, 에코페미니즘학교, 몸다양성 교육과 같은 환경교육운동, 4대강, 밀양송전탑, 제주공항 건설 반대와 같은 개발반대운동, 탈핵과 대안에너지운동 및 기후위기운동과 같은 다양한 실천을 전개해왔다.

본 절에서는 한국사회의 다양한 여성환경운동 흐름속에서 환경건강운동을 살펴보고자 한다. 특히 모두를 위한 월경권과 대안먹거리운동 및 플라스틱프리운동을 중심으로 이러한 문제들이 어떻게 우리의 일상에 영향을 끼치고 젠더 문제와는 어떻게 연결되는지 이해하고자 한다. 동시에 이러한 문제를 해결할 수 있는 실천방안은 무엇이 있을지 고민을 모색해보고자 한다.

1) 여성 환경건강운동과 모두를 위한 월경권

여성들의 환경건강운동은 2000년대 초반 환경정의 '다음을 지키는 엄마 모임'에서 아동건강권을 중심으로 아토피, 천식 등을 유발하는 유해화학물질과 안전한 먹거리를 알리고 규제하는 활동으로 시작되었다(김양희 외, 2014). 또한 2000년대 중반 황우석 사건을 계기로 한국여성민우회,

한국YWCA연합회, 여성환경연대 등 35개 여성단체가 난자채취 피해여성 소송을 진행하며 생명공학기술에서의 여성의 몸 권리와 건강권을 제기하였고, 이외에도 비타민 음료 내 발암성 원료 금지, 화장품 전성분표시제 시행, 야간근무 및 24시간 영업 반대 등이 정책으로 연결되었다(김양희외, 2014).

최근 대표적인 여성 환경건강운동으로는 '모두를 위한 월경권' 운동이 있다. '모두를 위한 월경권'은 세대, 계급, 장애, 지역, 종교 등에 관계없이 모두가 자유롭고 안전하게 월경을 할 권리를 말한다. 1971년 한국에서 처음 일회용 생리대가 생산된 이래 생리대 안전성 측면에서 위해성 검사가 제대로 이루어진 제품은 2017년의 '생리대 사태'가 발생하기 전까지 한 번도 없었다고 한다(여성환경연대, 2018). 여성환경연대가 2017년 3월 일회용 생리대 10종에 대한 검출 실험에서 총 200여 개의 화학물질이 발견되었고 그중에서도 국제암연구소(IARC)의 발암성 물질, 유럽 연합의 생식독성·피부 자극성 물질 등 유해물질로 확인된 것만 22종으로 발표되었다. 여전히 일회용 생리대의 안전성은 명확하게 밝혀지지 않은 상태이다. 2020년 국회 청문회에서 한 국회의원에 의해 2014년 이후 한국에서 유통 중인 생리대의 97% 이상에서 발암 물질이 검출되었다는 질의가 제기되었으나 정부는 위해성이 미미하다고 발표했다(식약처, 2018). 생리대 위해성이 사회적 문제로 등장하면서 여성들은 어떤 생리대를 써야 하는지, 값비싼 유기농 생리대를 쓰면 되는 것인지, 대안 면생리대나 생리컵을 쓰면 되는 것인지 다양한 질문이 제기되었다. 한편으로 여성건강을 위한 대안월경용품들은 장시간 노동을 해야 하거나 장애가 있거나 단체 생활을 하는 경우 개인이 대안용품을 사용하고 관리할 수 있는 시간이나 공간을 누릴 수 없어 접근조차 하기 어렵다.

<그림 1> 2017년 생리대 모든 유해성분 규명 및 역학조사 촉구 기자회견 ⓒ여성환경연대

월경은 여성의 성과 재생산 능력과 연결되는 젠더적 몸 경험으로 피 흘리는 여성들의 월경을 터부시하는 월경문화는 가부장제 사회의 젠더 위계 관계와 여성의 몸과 섹슈얼리티를 억압하는 성차별적 성문화를 재생산해왔다(노지은, 2016). 전 세계의 다양한 문화에서 월경에 대한 금기는 여성의 성과 재생산을 통제하려는 금기와 연결됨에 따라 월경은 공개적으로 이야기하기 어려운 민감한 문제로 간주되고, 월경에 관한 지식은 추상적인 수준에서만 제공되어 여성들의 월경 경험에 대한 지식은 사회적으로 축적되지 못했다(노지은, 2016). 네팔의 일부 지역에서는 여성이 월경을 하면 따로 마련된 공간에 격리되어 학교에 가지도 못하고 먹지도 못하고 씻지도 못한 채 지내야 한다. 이 과정에서 여성에 대한 젠더폭력이 발생하기도 한다(Pashupati, 2015).

한국에서는 2000년대 초반 급진적 월경 액티비즘으로 '피자매연대' 활동과 여성환경연대의 면생리대 만들기 운동이 전개되었다. 피자매연대는 일회용 생리대의 문제점을 알리는 것과 함께 면생리대를 비롯한 대안 생리대 교육과 보급을 주요한 활동으로 삼아왔다. 피자매연대는 여성의 월경권리를 남성중심적 자본주의 산업으로부터 여성의 인권과 평화운동, 생태계를 지키는 환경운동으로 확장하면서 대안적 삶을 고민하는 문제와 연결시켜왔다(노지은, 2016: 148).

2016년 생리대 살 돈이 없어 신발 깔창을 사용했다는 10대 소녀의 '깔창 생리대' 문제가 제기되면서 한국사회에서도 공공생리대 보편 지급 논의가 시작되었다. 같은 시기 2016년 미국 뉴욕시는 월경은 여성의 기본 인권이자 건강권이므로 공립 중·고교를 비롯해 교도소, 쉼터 등에 무료 생리대 자판기를 설치하는 '생리 동등(period equity)' 법안을 통과시켰다. 2017년 영국에서도 모든 중고교 및 대학생에게 생리대를 무상 지급하고 있고 한국도 서울시 공공기관 무상생리대 비치사업 등을 운영하고 있다(BBC코리아, 2019). 결국 생리대와 월경 문제는 여성의 건강 권리이자 재생산 권리로서 개인을 넘어서 사회적 문제로 보아야 할 것이다.

한국 최초 생리 탐구 다큐멘터리 <피의 연대기>

2018년 개봉된 김보람 감독의 다큐멘터리 피의 연대기는 생리대와 생리컵의 역사, 사용 방법 및 여성들이 다양한 생리 경험을 담아내고 있다. 다음은 김보람 감독이 쓴 책 『생리공감』 중에 한 부분이다.

"왜 아무도 다른 방법이 있다고 알려주지 않았을까? 왜 단 한 번도 다른 방법에 대해 질문하지 않았을까? 나도 탐폰을 쓸 수 있을까? 아프지 않게 넣을 수 있을까? 혹시 탐폰 말고 다른 방법도 있을까? 자궁 내 장치를 삽입하면 불임이 되지 않을까? 생리를 안 하면 몸에 해롭지 않을까? 사람들과 헤어져 집으로 돌아오는 내내 당장은 답을 내릴 수 없는 질문이 꼬리를 물었다. 하지만 한 가지는 분명히 알고 있었다. 지금까지 해 온 방법, 그대로 살아가기는 싫었다는 것이다(김보람, 2018: 24)."

<그림 2>
피의 연대기 포스터
ⓒ김보람

2) 먹거리와 젠더

여성환경운동은 1980년대 이후 소비자 생활협동조합을 중심으로 생명가치 복원 및 지역사회 내 먹거리 소비문화를 변화시키기 위해 노력해왔다. 1989년 여성단체인 민우회에서 설립한 행복중심생협(한국여성민우회생협)을 비롯해 한살림, ICOOP생협, 두레생협연합 등이 친환경농산물 생산지와 친환경 생활재를 매개로 연합하고 녹색소비운동과 대안생활운동을 펼쳐왔다. 생협은 먹거리 안전과 생명살림을 기반으로 풀뿌리여성활동가들을 대거 양성하고 이들을 사회참여의 장으로 이끄는 매우 중요한 운동이다(김양희 외, 2014).

한편 먹거리 문제에 있어서 농업생산에도 주목할 필요가 있다. 먹거리의 생산, 가공, 소비의 과정은 대개 성별화되고 산업화되어있다. 세계무역기구는 낮은 관세와 보조금을 통해 수입농산물을 저렴하게 공급한다. 이러한 가격 낮추기는 농업노동을 도맡고 있는 대다수 여성소농의 생계를 위협한다. 전통적 성별분업으로 인해 여성들은 매일 밥상을 차리는 것뿐만 아니라 농업노동도 도맡아 왔다. 먼저 농업 생산과정을 살펴보면 한국사회 농촌인구의 절반 이상을 여성이 차지하고 있고(통계청, 2019), 농업노동에 있어서 아시아는 60%, 아프리카는 60-80%를 여성이 차지하고 있다(FAO, 2011). 한국도 절반 이상의 농업노동을 여성이 담당하고 있는 상황이다. 그러나 농업과 먹거리의 산업화로 인해 기업 중심의 대량 식량생산과 단일경작 농업 및 유전자변형식품(GMO)생산이 확대되면서 여성농민의 권리가 약해지고 있다.

대개 여성들은 세계적으로 종자 전문가, 육종가로서 생물다양성을 지켜왔으나 이러한 여성의 일과 여성의 지식은 중요한 것으로 인식되지 않아 왔다. 더욱이 농업의 산업화 과정에서 종자권리가 기업으로 독점화되면서 여성농민들이 주로 도맡아왔던 씨앗 관리와 같은 토착적인 식량재배기술은 사라지고 말았다(김신효정, 2018). 예를 들어 현재 독일의 바이엘과 미국 코르테바, 중국의 중국화공 등 3대 기업이 전세계 종자시장의 50%를 차지하고 있다. 따라서 농민들은 기업으로부터 매년 돈을 주고 씨앗을 사야 한다. 그러나 원래 씨앗의 주인은 누구였을까? 씨앗은 기존의 성별분업체계로 인해 주로 여성들이 채종(採種)하고 관리해왔고, 좋은 씨앗은 이웃들과 나누면서 마을의 공공재이자 공동 자산으로 함께 보전해오던 것이다.

기존에 농민이 실천해온 권리가 기업의 재산권으로 독점화되고 산업화되면서 이러한 문제에 저항하는 움직임이 커지기 시작했다. 대표적으로 전 세계 소농연대조직인 비아 깜페시나(la via campesina)는 먹거리 민주주의와 성평등을 보장하기 위해 식량주권 개념을 주장한다(Desmarais, 2007). 식량주권이란 생산자가 지속가능하게 식량을 생산할 수 있도록 하는 동시에 소비자가 안전하게 식량을 소비할 수 있도록 하는 권리를 말하는데, 식량주권은 민주적인 방식으로 스스로의 식량 체계를 만들어 낼 수 있도록 결정하거나 통제할 수 있는 민중의 권리이다(Desmarais, 2007).

한국에서 식량주권과 성평등의 대안 사례로는 '언니네 텃밭' 여성농민생산자협동조합이 있다. 2009년 설립된 '언니네 텃밭'은 사회적 기업을 거쳐 현재는 협동조합으로 운영되고 있다. '언니네 텃밭'은 2020년 현

<그림 3> 언니네 텃밭 제철꾸러미 사진
ⓒ언니네 텃밭

재 전국 12개 지역에서 여성농민 생산자들이 소규모 공동체를 이루어 매주 생태적으로 생산된 제철 먹거리를 가족, 1인 가구, 채식 꾸러미를 통해 직접 소비자들에게 발송한다. '언니네 텃밭'은 유기농이나 무농약과 같은 친환경 먹거리뿐만 아니라 토종씨앗 먹거리도 생산한다. 언니네 텃밭은 소비자와 생산자의 직거래를 통한 관계 회복, 식량주권 및 지속 가능한 생태농업을 추구한다.

현재 한국의 농업생산은 기후변화로 인한 농산물 생산량 감소 및 농촌인력 부족으로 인해 어려움을 겪고 있다. 특히 농촌의 노동력 부족 문제는 농업생산에 있어 이주농업노동자의 유입을 증가시키고 있는데, 무엇보다도 이주여성 농업노동자들의 열악한 인권문제가 심각한 상황이다. 이주여성 농업노동자들은 노동조건, 주거, 성차별, 성희롱, 성폭력, 건강, 모성보호 및 가족구성에 있어서 보호받지 못하고 다중적인 차별을 경험하고 있다(김영혜 외, 2019). 따라서 이주여성 농업노동자들에 대한 인권보호 및 지원정책이 필요한 상황이다.

3) 플라스틱프리운동

모든 결정은 거대 자본에 방만히 맡긴 채 1년에 한 번씩 스마트폰을 바꾸고, 15분 동안 식사를 하기 위해 4백년이 지나도 썩지 않을 플라스틱 용기들을 쓰고, 매년 5천마리의 오랑우탄을 죽여가며 팜유로 가짜 초콜릿과 라면을 만들었다(정세랑, 2020: 44).

지난 100년 동안 전 세계에서 약 90억 톤의 플라스틱이 사용되었고 이중 단 9퍼센트만이 재활용되었다고 한다(고금숙, 2019: 65). 한국인은 일인당

플라스틱 소비량이 98.2kg로, 영국 56.3kg과 미국 97.7kg보다 높다고 한다(건국대 인류세인문학단, 2020). 또한 연간 일회용 컵 사용량 257억 개, 하루 일회용 빨대 사용량 7000만 개의 현실 속에서 정작 일회용 컵 재활용률은 5%에 그치고 있다(여성환경연대, 2018). 플라스틱은 일회용품에만 해당되지 않는다. 주로 화장품과 치약 등 세정용으로 사용되는 작은 알갱이 형태의 미세 플라스틱이나 합성섬유의 옷을 세탁할 때 나오는 플라스틱 천 조각, 분쇄된 플라스틱 폐기물 등과 같은 미세 플라스틱은 더욱 심각한 생태계 위기를 초래한다. 우리가 화장품을 사용할 때마다, 세탁기로 빨래를 돌릴 때마다 미세 플라스틱은 강과 바다로 흘러 들어간다. 폴리에틸렌, 폴리프로필렌 등의 독성을 띠는 미세 플라스틱 알갱이는 물을 오염시키고 인간, 특히 여성과 유아들의 내분비계를 교란하며 건강에 악영향을 미친다(류지현·조충연, 2019). 미세 플라스틱은 결국 마시는 물과 다양한 먹거리를 통해 우리의 몸속으로 다시 들어오고 만다.

현재 전 세계 47개국이 국가 차원에서, 64개국이 지역 차원에서 비닐봉투와 스티로폼 제품의 플라스틱 사용을 금지하고 있다(장현숙, 2019). 특히 아프리카에서만 케냐, 잠비아, 모잠비크 등 28개국이 금지하고 있는데, 2017년 8월 케냐에서는 전면적으로 '비닐봉투 사용 금지법'이 시행되었다[3]. 아프리카 국가들이 비닐 사용에 민감한 이유는 버려진 비닐이 배수를 막거나 물웅덩이를 만들게 되고, 이는 모기 서식지가 되면서 말라리아 위험성을 증가시키기 때문이다(UNEP, 2018). 말라리아는 특히 여성과 임산부, 아동에 더 큰 악영향을 미친다. 대량의 비닐 폐기물이 아프리카 지역의 하수구를 막음으로써 가축들이 오염된 물을 마시게 되거나 비닐이 토양과 식물의 공기 흡수를 방해하는 경우도 있다(UNEP, 2018).

플라스틱을 줄이기 위한 문화적 실천

#플라스틱 프리 챌린지는 2018년 세계자연기금(WWF)과 제주패스가 플라스틱 쓰레기를 줄이기 위해 기획한 캠페인으로 플라스틱이 아닌 친환경 제품 사용 사진을 찍어서 SNS에 게시하는 동시에 다음 참여자를 지목하는 방식으로 진행된다.

<그림 4> 2020년 플라스틱어택 캠페인 ⓒ녹색연합

#플로깅은 2016년 스웨덴에서 처음 사용되었는데 스웨덴어로 줍다라는 의미의 플로카업(ploka upp)과 조깅(jogging)의 합성어이다. 이는 달리기를 하면서 에코백에 페트병이나 쓰레기를 주워 담는 운동이다.

#플라스틱 어택 캠페인은 2018년 영국 소도시 케인샴(keynsham)에서 시작되어 전세계로 확산된 캠페인으로 과도한 일회용 플라스틱 포장지를 매장이나 마트에 버리고 오는 운동이다. 이를 통해 우리가 일상 속에서 얼마나 과도하게 불필요한 플라스틱 포장재를 많이 사용하는지 보여준다. 2020년 현재 1만 명이 넘는 팔로워를 보유한 플라스틱 어택 페이스북(@Plastic Attack Global)에는 전 세계에서 벌어지는 플라스틱 어택 캠페인을 볼 수 있다.

여성의 건강에 더욱 악영향을 미치는 플라스틱을 어떻게 줄일 수 있을까? 김현미(2016)는 생태여성주의를 소비적인 삶을 벗어나 감각, 실천, 정치성을 통합하면서 소비중심의 도시를 생활정치의 현장으로 바꾸는 방법론으로 설명한다. 즉 생태여성주의에 기초한 다양한 생활정치의 실천을 통해 생태환경의 변화가 가능하다고 본다. 대표적인 운동 사례로는 여성환경연대를 중심으로 진행된 2010년 일회용 컵 사용을 줄이는 'With a cup' 캠페인, 2016년 화장품 속 미세플라스틱 사용금지 캠페인, 2017년 일회용컵 보증금 제도 부활 서명운동 등이 있다. 이로 인해 2018년 8월 환경부의 매장 내 일회용품 사용 금지 제도가 시작되었다(여성환경연대, 2018).

플라스틱을 줄이기 위한 운동은 일상 속에서 다양한 실험을 이어가고 있다. 전통시장에서 재활용 장바구니를 빌려주는 알맹@망원시장, 플라스틱을 사용하지 않는 플라스틱 프리 카페, 농산물을 포장하지 않고 벌크 판매하는 가게, 제로웨이스트 문화운동, 플라스틱 프리 온라인 플랫폼 피프리미 등이 있다. 한편으로 공공정책의 변화도 시급하다. 실제 정책사례로는 미세플라스틱 사용 금지법, 플라스틱 컵 보증금 제도, 세제와 샴푸 등을 비닐이나 플라스틱 포장 없이 개인 용기에 덜어서 판매하는 벌크 판매 금지 제도 개정 등이 있다.

일회용 플라스틱의 반대는 서로의 삶에 말을 걸고 시간을 들이고 관계를 만들어가는 운동이다. 그저 쓰레기를 줄이는 데서 그치지 않고 삶의 속도를 늦춰 보통의 일상과 다른 사람의 안녕과 지구의 건강을 챙기는 여정이기도 하다. 근본적으로는 빨리빨리와 효율성에 잠식된 우리 사회의 시간을 늦추고, 다른 삶의 방식이 가능한 사회를 요구하며 따르고 싶은 라이프스타일을 보여준다. 이제 우리는 다른 삶의 방식과 속도를 원한다. 그리고 그 길은 세상의 어떤 물건도, 어느 누구도 쓰레기로 취급하지 않는 삶에 있다(고금숙, 2019: 47).

사람들은 플라스틱 속에서 태어나서 평생 플라스틱과 함께 생활하고 플라스틱으로 오염된 생태계로 돌아간다. 플라스틱은 더 많이 더 값싸게 생산하고 더 많이 소비하기를 조장하는 자본주의 가부장제와 소비주의 시대에 발전의 상징이었다. 결국 플라스틱프리운동은 '지금 이대로 괜찮은가'하는 우리 사회의 구조에 대한 질문으로부터 시작할 수 있을 것이다.

4. 페미니즘과 생태적 장의 새로운 모색

본 장에서는 생태와 환경을 젠더라는 렌즈로 다시 바라보기 위해 시대적으로 다양하게 논의되어온 페미니즘 연구의 흐름을 크게 '생태여성주의', '여성과 환경, 그리고 지속가능한 발전', '여성주의 정치생태학'을 중심으로 개관하여 살펴보았다. 각각의 논의는 제1물결, 제2물결, 제3물결의 페미니즘 조류와 함께 등장하고 발전해왔는데 특히 생태와 환경에 관한 페미니즘 연구는 여성환경운동의 실천 영역과 연결되어 논의를 확장시켜왔다. 한국사회에서도 생태여성주의를 비롯한 페미니즘 연구는 여성과 환경에 관한 대안적 운동과 실천에 토대하여 발전해왔다.

생태와 환경문제는 대다수 사람들의 일상과 연결되어 있으며, 특히 성별에 따라서 각기 다른 사회·정치·경제적 영향을 미친다. 앞서 살펴본 것처럼 생태와 환경문제는 기존의 불평등한 사회구조로 인해 대개 여성들에게 더욱 부정적인 영향을 끼쳐왔다. 그러나 여성들은 피해자로만 존재하지 않는다. 여성들은 한국에서, 케냐에서, 인도에서 국경과 시대를 넘나들면서 환경운동을 통해 주체적으로 변화를 실천하고, 환경문제를 개인의 일상을 넘어서 시민의 영역으로 정책화하는 등 새로운 대안과 연대를 모색해왔다. 앞으로도 생태와 환경에 대한 페미니즘의 사유와 실천을 통해 인간이 생태계와 서로 의존하는 존재라는 것을 인식하면서 가부장제와 자본주의, 인간과 비인간 사이의 부정의, 억압과 위계를 재배치할 수 있는 새로운 기획들을 기대해본다.

더 생각할 거리

· 개인 실천에서부터 공동체 실천까지 내가 할 수 있는 에코페미니즘 실천은 어떤 것이 있을지 함께 고민해보자.

· 도시텃밭, 공동체 부엌 등 도시에서 일상을 자급적으로 살기위해서 어떠한 조건들이 필요할지 제도적, 문화적, 경제적, 정치적으로 어떠한 변화가 필요한지 토론해보자.

· 쓰레기를 만들지 않고 하루라도 살 수 있을까? 제로웨이스트 일기를 써보자.

· 흑인 페미니스트 작가이자 운동가인 앨리스 워커는 "흑인이 백인을 위해 창조된 게 아닌 것처럼, 여자가 남자를 위해 창조된 게 아닌 것처럼, 동물도 인간을 위해 창조된 게 아니다"고 말했다. 이러한 차원에서 공장식 축산시스템과 육식주의는 어떻게 성차별의 문제와 연결되어 있을지 생각해보자.

더 읽어볼 거리

· 고금숙(2019), 『우린 일회용이 아니니까: 쓰레기 사회에서 살아남는 플라스틱 프리 실천법』, 서울: 슬로비.

· 그레타 툰베리 외(2019), 『그레타 툰베리의 금요일: 지구를 살리는 어느 가족이야기』, 서울: 책담.

· 글로리아 스타이넘(2002), 『남자가 월경을 한다면』, 이현정(역), 서울: 현실문화연구.

· 김신효정(2018), 『씨앗, 할머니의 비밀: 할머니가 차린 토종씨앗 밥상과 달큰한 삶의 이야기』, 서울: 소나무.

· 김현미 외(2016), 『덜 소비하고 더 존재하라: 에코페미니스트의 행복혁명』, 서울: 시금치.

· 마리아 미즈(2014), 『가부장제와 자본주의: 여성, 자연, 식민지와 세계적 규모의 자본축적』, 최재인(역), 서울: 갈무리.

- 마리아 미즈·베로니카 벤홀트톰젠(2013), 『자급의 삶은 가능한가: 힐러리에게 암소를』, 꿈꾸는 지렁이들의 모임(역), 서울: 동연.
- 멜라니 조이(2011), 『우리는 왜 개는 사랑하고 돼지는 먹고 소는 신을까: 육식주의를 해부한다』, 노순옥(역), 서울: 모멘토.
- 밀양구술프로젝트(2014), 『밀양을 살다: 밀양이 전하는 열다섯 편의 아리랑』, 파주: 오월의봄.
- 반다나 시바·마리아 미즈(2000), 『에코페미니즘』, 손덕수·이난아(역), 파주: 창작과비평사.
- 실비아 페데리치(2011), 『캘리번과 마녀: 여성, 신체 그리고 시초축적』, 황성원·김민철(역), 서울: 갈무리.
- 안현진 외(2020), 『이렇게 하루하루 살다보면 세상도 바뀌겠지: 2030 에코페미니스트 다이어리』, 서울: 이매진.
- 여성환경연대·네모의꿈(2010), 『핸드메이드 생리대』, 서울: 북센스.
- 정세랑(2020), 『목소리를 드릴게요』, 서울: 아작.
- 캐럴 J. 아담스(2006), 『육식의 성정치: 페미니즘과 채식주의 역사의 재구성』, 이현(역), 서울: 미토.
- 크리스티안 노스럽(2000), 『여성의 몸 여성의 지혜』, 강현주(역), 서울: 한문화.
- 한나 아렌트(2019), 『인간의 조건』, 이진우(역), 파주: 한길사.
- 황윤(2018), 『사랑할까, 먹을까: 어느 잡식가족의 돼지 관찰기』, 서울: 휴.

1 1970년대 이후 생물학적인 성 개념인 섹스(sex)에 대비되는 사회문화적 개념으로서 젠더는 성이 사회적이고 문화적으로 구성된다고 주장해왔다. 사회문화적 성으로서 젠더 개념은 더 넓게는 자연과 사회, 그리고 차이와 차별의 구분으로 연결된다(배은경, 2004: 62). 1980년대 후반 이후 페미니스트들은 섹스와 젠더 구분 자체에 문제를 제기했는데, 특히 젠더는 여성성, 남성성으로 고정된 것이 아니라 본질적으로 수행적인 것이라고 강조한다(Butler, 2008).

2 리우에서 개최된 '환경과 개발에 관한 정상회의'는 환경과 개발의 통합을 위한 구체적인 행동강령인 의제 21(agenda 21)을 채택하고 국제연합의 3대 환경협약인 기후변화협약, 생물다양성협약, 사막화방지협약을 체결했다.

3 비닐봉투를 사용, 제작, 판매하는 경우 최대 징역 4년형 또는 벌금 약 4300만 원으로 가장 낮은 형량이 징역 1년이나 약 2000만 원의 벌금형이다(장현숙, 2019).

참고문헌

젠더 관점에서 본 역사와 사회

오혜진 (2020). "선언하는 여성, 선언되는 여성". 『내일을 여는 역사』 79(겨울), 79-101.

Beauvoir, S. (1949). *The second sex*. 조홍식 역 (1993). 『제2의 성』. 서울: 을유문화사.

Butler, J. (1990). *Gender trouble: Feminism and the subversion of identity*. 조현준 역 (2008). 『젠더 트러블: 페미니즘과 정체성의 전복』. 파주: 문학동네.

Donovan, J. (1985). *Feminist theory: The intellectual traditions of american feminism*. 김익두·이월영 역 (1993). 『페미니즘 이론』. 서울: 문예출판사.

Engels, F. (1884). *Der ursprung der familie, des privateigenthums und des staats*. 김대웅 역 (2012). 『가족, 사유재산, 국가의 기원』. 서울: 두레.

Freedman, J. (1981). *Feminism*. (이)박혜경 역 (2002). 『페미니즘』. 서울: 이후.

Groult, B. (2013). *Ainsi soit olympe de gouges*. 백선희 역 (2014). 『올랭프 드 구주가 있었다』. 서울: 마음산책.

Jaggar, A. M., & Rothenberg, P. S. (1978). *Feminist frameworks: Alternative theoretical accounts of the relations between women and men*. 신인령 역 (1983). 『여성해방의 이론체계』. 서울: 풀빛.

Laqueur, T. W. (1990). *Making sex: Body and gender from the greeks to freud*. 이현정 역 (2000). 『섹스의 역사: 고대에서 현대에 이르는 남성과 여성의 변천사』. 서울: 황금가지.

Lerner, G. (1986). *The creation of patriarchy*. 강세영 역 (2004). 『가부장제의 창조』. 서울: 당대.

Marx, K., & Engels, F. (1970). *Ausgewählte werke in sechs bänden(Bd. 1)*. 최

인호 역 (1991). 『칼 맑스 프리드리히 엥겔스 저작 선집(제1권)』. 서울: 박종철출판사.

Pateman, C. (1988). *The sexual contract.* 이충훈·유영근 역 (2001). 『남과 여, 은폐된 성적 계약』. 서울: 이후.

Schiebinger, L. L. (1989). *The mind has no sex?: Women in the origins of modern science.* 조성숙 역 (2007). 『두뇌는 평등하다』. 파주: 서해문집.

Scott, J. W. (1986). Gender: A useful category of historical analysis. *The American Historical Review*, 91(5), 1053-1075.

Tong, R. P. (1998). *Feminist thought: A more comprehensive introduction 2nd ed.* 이소영 역 (2000). 『페미니즘 사상: 종합적 접근』. 고양: 한신문화사.

젠더를 경유하여 법을 바라보기

박은정 (1996a). "양성 평등의 법철학적 접근". 조형 엮음. 『양성평등과 한국 법체계』. 서울: 이화여자대학 출판부.

박은정 (1996b). "여성주의와 비판적 법이론". 한국법철학학회 엮음. 『현대법 철학의 흐름』 271-322. 서울: 법문사.

박주영 (2006). "성별에 근거한 차별 개념의 재고찰: 고용상 직접차별과 간접 차별을 중심으로". 서울대학교 석사학위논문.

양현아 (2004). "여성의 '목소리'와 법여성학 방법론". 양현아 엮음. 『가지 않 은 길, 법여성학을 향하여』. 서울: 사람생각.

통계청 (2020). "2020 통계로 보는 여성의 삶". (9월 2일), http://kostat.go.kr/portal/korea/kor_nw/1/1/index.board?bmode=read&aSeq=384858

Barnett, H. (1998). *Introduction to feminist jurisprudence.* London, UK: Cavendis Publishing Limited.

Bartlett, K. (1990). "페미니즘 법학 방법론". 양현아 편역(2019). 『평등, 차이, 정의를 그리다』. 서울: 서울대학교출판문화원.

Becker, M., Bowman, C. G., & Torrey, M. (2001). *Feminist jurisprudence: Taking women seriously.* Chicago, IL: National Association of Women

Lawyers.

Colker, R. (1986). Anti-subordination above all: Sex, race, and equal protection. *New York University Law Review*, 61(6), 1003-1066.

Gilligan, C. (1982). *In a different voice: Psychological theory and women's development*. 서란주 역 (1997). 『다른 목소리로』. 서울: 동녘.

Heidensohn, F. (1986). Models of justice: Portia or persephone? Some thoughts on equality, fairness and gender in the field of criminal justice. *International Journal of the Sociology of Law*, 14(3-4), 287-298.

Irigaray, L. (1993). *An ethics of sexual difference*. Ithaca, NY: Cornell University Press.

Kay, H. H. (1985). "평등과 차이: 임신의 경우에 있어서". 양현아 편역 (2019). 『평등, 차이, 정의를 그리다』. 서울: 서울대학교출판문화원.

MacKinnon, C. A. (1989). *Toward a feminist theory of the state*. Cambridge, MA: Harvard University Press.

Mill, J. S. (1859). *On liberty*. 서병훈 역 (2006). 『자유론』. 서울: 책세상.

O'Donovan, K. (1985). *Sexual divisions in law*. London, UK: Weidenfield and Nicholson.

Pateman, C. (1988). 이충훈·유영근 역 (2001). 『남과 여, 은폐된 성적 계약』. 서울: 이후.

Scales, A. C. (1981). Toward a feminist jurisprudence. *Indiana Law Journal*, 56, 393-408.

Williams, W. (1984). "평등의 수수께끼: 임신과 동등대우/특별대우 논쟁". 양현아 편역 (2019). 『평등, 차이, 정의를 그리다』. 서울: 서울대학교출판문화원.

Wolgast, E. (1980). *Equality and the rights of women*. Ithaca, NY: Cornell University Press.

Wollstonecraft, M. (1792). *A vindication of the rights of woman: With strictures on political and moral subjects*. Boston, MA: Peter Edes for Thomas and Andrews.

공중화장실에 갈 때 긴장한다면, 당신은 누구인가?

변혜정 (2019). "직장 내 성희롱 '피해자'에 대해 궁금해하는 자들에게". 『월간 한국노총』(555), 24-25.

변혜정 (2020). 『누구나 다 아는 비밀은 비밀이 아니다: 성희롱에 관한 열한 가지 오해와 진실』. 서울: HadA.

변혜정 (2021). "미나리와 삼계탕". 물결 편집부 엮음. 『물결 3호』. 서울: 두루미 출판사.

부산여성신문 (2019). "최근 10년간 친밀한 남성에 의해 살해된 여성 '887명'" (12월 12일), http://www.wnews.or.kr/bbs/board.php?bo_table=nw02&wr_id=995

한국여성의전화 홈페이지 (no date). http://www.hotline.or.kr/

몸/건강과 여성의 인권

건강과 대안 젠더건강팀 (2016). 『우리가 만드는 피임사전』. 서울: 연구공동체 건강과 대안.

경향신문 (2019). "생리와 '이별'한 여성들... 출산 안할 건데 생리는 왜?". (4월 6일), http://h2.khan.co.kr/201904061043001

권인숙·류호정·심상정·양이원영·용혜인·유정주·윤미향·이수진(비)·이은주·장혜영·정춘숙 (2020. 10. 12). 형법 일부개정법률안. 권인숙 의원실.

김승섭 (2018). 『우리 몸이 세계라면: 분투하고 경합하며 전복되는 우리 몸을 둘러싼 지식의 사회사』. 서울: 동아시아.

대한민국청와대 (2017). "친절한 청와대: 낙태죄 폐지 청원에 답하다_조국 수석". https://www.youtube.com/watch?v=kaq9_yTSEso

박이은실 (2015). 『월경의 정치학』. 파주: 동녘.

박진희 (2014). "페미니즘으로 보는 과학과 기술". 한국과학기술학회 엮음. 『과학기술학의 세계』. 서울: Human Science.

송해나 (2019). 『나는 아기캐리어가 아닙니다』. 서울: 문예출판사.

쇼쇼 (2018). 『아기 낳는 만화』. 고양: 위즈덤 하우스.

여성신문 (2019). "'낙태죄 폐지' 찬성 58% vs 반대 30%…폐지 여론 증가". (4월 11일), http://www.womennews.co.kr/news/articleView.html?idxno=188162

일다 (2019). "금기를 깨고 여성의 '몸'을 이야기하자, 페미의학수다!". (9월 15일), https://www.ildaro.com/8550

조영미 (2007). "여성은 자기 몸의 주인이고 싶다". 이재경·조영미·민가영·박홍주·이혜경·이은아 지음. 『여성학』. 서울: 미래 M&B.

조은주 (2018). 『가족과 통치: 인구는 어떻게 정치의 문제가 되었나』. 파주: 창비.

중앙일보 (2020). "'미안한데 나도 생명이거든요' 낙태죄 폐지 외치는 종교 신도들". (10월 25일), https://news.joins.com/article/23902695

지승경 (2019). "대한가족계획협회의 초기 임신중절로서의 월경조절술 (Menstrual Regulation) 제공에 대한 연구(1974-1990)". 『여성학논집』 36(1), 121-158.

한겨레 신문 (2018). "여성-남성 모두 건강 위해선 성차 이해 '젠더의학' 필요". (9월 21일), http://www.hani.co.kr/arti/science/science_general/863123.html

행정안전부 국가기록원 홈페이지 (1983). "가족계획 안내 둘도 많다!". https://theme.archives.go.kr/viewer/common/archWebViewer.do?singleData=Y&archiveEventId=0049322750&themeFlag=Y&singleData=Y

Dusenbery, M. (2018). *Doing harm*. 김보은·이유림 역 (2019). 『의사는 왜 여자의 말을 믿지 않는가』. 서울: 한문화.

Epstein, S. (2000). "Democracy, expertise, and AIDS treatment activism", In Kleinman, D. L. (ed.), *Science, technology, and democracy*. 김명진 역 (2012). 『과학 기술 민주주의』, 서울: 갈무리.

Hubbard, R. (1990). *The politics of women's biology*. 김미숙 역 (1994). 『생명과학에 대한 여성학적 비판』. 서울: 이화여자대학교 출판부.

JTBC (2018). "[소셜스토리] 자궁경부암 예방주사, 남자도 맞아야 한다고?".

(3월 13일), https://news.jtbc.joins.com/article/article.aspx?news_id=NB 11602034

Martin, E. (1991). The egg and the sperm: How science has constructed a romance based on stereotypical male-female roles. *Signs*, 16(3), 485–501.

Martin, E. (1997). "Medical metaphors of women's bodies: Menstruation and menopause". In Conboy, K., Nadia M., & Sarah, S. (eds.), *Writing on the body: Female embodiment and feminist theory*. 고경하 외 역 (2001). 『여성의 몸 어떻게 읽을 것인가?』. 서울: 한울.

MBN (2021). "[포커스M] '월 1천 건' 입법 폭주…'필요한 법은 나 몰라라'". (1월 11일), https://www.mbn.co.kr/news/politics/4396139

Merchant, C. (1990). *The death of nature: Women ecology, and the scientific revolution*. 전규찬·전우경·이윤숙 역 (2005). 『자연의 죽음』. 서울: 미토.

Millar, E. (2017). *Happy abortions: Our bodies in the era of choice*. 이민경 역 (2019). 『임신중지: 재생산을 둘러싼 감정의 정치사』. 파주: 아르테.

Shulman, K., Berlin, J. A., Harless, W., Kerner, J. F., Sistrunk, S., Gersh, B. J., Dube, R., Taleghani, C. K., Burke, J. E., Williams, S., Eisenberg, J. M., & Escarce, J. J. (1999). The effect of race and sex on physicians' recommendations for cardiac catheterization. *The New England Journal of Medicine* 340(14), 618–626.

Tavris, C. (1993). *The mismeasure of woman*. 히스테리아 역 (1999). 『여성과 남성이 다르지도 똑같지도 않은 이유』. 서울: 또하나의문화.

University College London News (2017, June 26). Sex differences important for medical research. Retrieved from https://www.ucl.ac.uk/news/2017/jun/sex-differences-important-medical-research

Veil, S. (1974, November 26). *Simone veil: Son discours historique en faveur de l'IVG* (déclarait Simone Veil le à l'Assemblée nationale. Retrieved from https://www.youtube.com/watch?v=cTAmCUgoSZ4

Wajcman, J. (1991). *Feminism confronts technology*. 조주현 역 (2001). 『페미니

즘과 기술』. 서울: 당대.

미디어와 젠더 재현

고찬희 (1984). "텔레비젼 드라마의 성차별에 따른 고정관념에 대한 연구". 서강대학교 석사학위논문.

김명혜 (2006). "드라마 〈내 이름은 김삼순〉에 대한 여성 수용자의 해독과 일상적 실천에 관한 연구". 『언론과학연구』 6(2), 76-112.

김명혜·김훈순 (1996). "여성 이미지의 정치적 함의: 텔레비전 드라마를 중심으로". 『한국언론학보』 (38), 203-248.

김미라 (2019). "포스트페미니즘 드라마의 서사와 정치적 함의 -TV드라마 〈검색어를 입력하세요 WWW〉를 중심으로-". 『한국극예술연구』 65, 305-348.

김선남 (1997). 『매스미디어와 여성』. 서울: 범우사.

김수아 (2018). "국내 페미니스트 미디어 연구에 대한 비판적 검토". 『언론정보연구』 55(3), 5-46.

김순기·홍종배 (2014). "2000년대 한국 텔레비전 드라마에 나타난 여성상 연구". 『지역과 커뮤니케이션』 18(2), 25-55.

김환희·이소윤·김훈순 (2015). "TV드라마와 젠더담론의 균열과 포섭: 이혼녀와 미혼모의 재현". 『미디어, 젠더 & 문화』 30(3), 5-40.

김훈순 (2013). "텔레비전 드라마 속 여성들의 일상: 사랑, 가족, 일". 이나영·김명혜·최이숙·나미수·김세은·김훈순·이경숙·한희정·정영희·김수아. 『다시 보는 미디어와 젠더』. 서울: 이화여자대학교출판부.

김훈순·김미선 (2008). "여성 담론 생산의 장(場)으로써 텔레비전 드라마: 30대 미혼 여성의 일과 사랑을 중심으로". 『한국언론학보』 52(1), 244-270.

나미수 (2011). "텔레비젼 드라마의 생산자 연구". 『사회과학연구』 50(1), 159-199.

남명자 (1984). "텔레비전 드라마에 비친 한국여성상에 관한 분석". 『방송연구』여름호, 71-117.

백선기 (2004). 『대중문화: 그 기호학적 해석의 즐거움』. 서울: 커뮤니케이션 북스.

신원선 (2009). "한국 드라마를 통해 본 '신데렐라 콤플렉스'비평의 문제점: 〈꽃보다 남자〉를 중심으로". 『한민족문화연구』 31, 493-524.

오혜란 (1991). "TV 드라마에 나타난 여성의 역할에 관한 연구". 서강대학교 석사학위논문.

이나영 (2013). "페미니즘과 미디어 이론". 이나영·김명혜·최이숙·나미수·김세은·김훈순·이경숙·한희정·정영희·김수아. 『다시 보는 미디어와 젠더』. 서울: 이화여자대학교출판부.

이은진 (1991). "드라마를 통한 의미생산에 대한 연구". 서울대학교 석사학위 논문.

이해년 (2006). "한국방송드라마의 남성성보기". 『문학과영상학회 학술대회 발표논문집』. 13-22.

이화정 (2013a). "멜로장르 TV드라마에 나타나는 여성 주인공의 전형성(1992년부터 2012년까지)". 『한국콘텐츠학회 논문지』 13(12), 604-613.

이화정 (2013b). "멜로드라마에 나타난 남성상 유형의 변화". 『한국콘텐츠학회논문지』 13(7), 62-69.

이희승 (2008). "최근 TV 가정드라마 텍스트의 젠더 폴리틱과 여성 수용자 연구". 『언론과학연구』 8(2), 349-387.

정지은 (2014). "TV 드라마의 젠더 관계 재현 방식". 『미디어, 젠더 & 문화』 29(4), 85-125.

최윤정·권상희 (2013). "텔레비전 드라마 연구 메타 분석". 『언론학 연구』 17(1), 305-328.

하윤금 (1999). "멜로드라마의 이성애적 서사구조에 대한 해석: 〈청춘의 덫〉을 중심으로". 『한국언론학연구』 창간호, 307-335.

한희정 (2013). "스크린을 통해 본 여성". 이나영·김명혜·최이숙·나미수·김세은·김훈순·이경숙·한희정·정영희·김수아. 『다시 보는 미디어와 젠더』 서

울: 이화여자대학교출판부.

Beltrán, M. (2018). "Representation". In Kackman, M., & Kearney, M. C. (eds.), *The craft of criticism: Critical media studies in practice.* New York, NY: Routledge.

Dworkin, A. (1981). *Pornography: Men possessing women.* New York, NY: Perigee.

Friedan, B. (1963). *The feminine mystique.* London, UK: Victor Gollancz.

Gill, R. (2007). *Gender and the media.* Cambridge, UK: Polity Press..

Hall, S. (1997). *Representation: Cultural representations and signifying practices.* Thousand Oaks, CA: Sage Publications.

Mulvey, L. (1975). Visual pleasure and narrative cinema. *Screen,* 16(3), 6–18.

PD Journal (2018). "드라마 과잉시대, 시청자의 선택은". (10월 30일), http://www.pdjournal.com/news/articleView.html?idxno=62545

Steeves, H. L. (1987). Feminist theories and media studies. *Critical Studies in Mass Communication,* 4(2), 95–135.

Strinati, D. (2001). *An introduction to theories of popular culture* (2nd ed). New York, NY: Routledge.

Tuchman, G. (1978). *Hearth and home: Images of women in the mass media.* New York, NY: Oxford University Press.

van Zoonen, L. (1994). *Feminist media studies.* London, UK: Sage Publication Ltd.

여성의 삶과 글쓰기

강경애 (1934). "인간문제". 이상경 편 (1999). 『강경애 전집』. 서울: 소명출판.

강신재 (1957). "해방촌 가는 길". 김은하 엮음 (2013). 『강신재 소설 선집』. 서울: 현대문학.

고갑희 (2016). 『페미니즘은 전환이다: 이론과 문학 다시쓰기』. 서울: 북코리아.

권영민 (1990). 『韓國 近代文人大事典』. 서울: 아세아문화사.

김명순 (1924). "탄실이와 주영이". 서정자·남은혜 편 (2010). 『김명순 문학전집』. 파주: 푸른사상.

김미현 (2008). 『젠더 프리즘: 김미현 비평집』. 서울: 민음사.

김은경 (2014). 『박경리 문학 연구 움직임動과 멈춤靜의 상상력』. 서울: 소명출판.

김일엽 (1924). "우리의 이상(理想)". 김우영 엮음 (2012). 『김일엽 선집』. 서울: 현대문학사.

김재인 (2015). "여성-생성, n개의 성 또는 생성의 정치학". 『철학사상』 56, 215-237.

김팔봉 (1935). "구각에서의 탈출-조선의 여성작가 제씨에게". 『신여성』 1월호.

나혜석 (1918). "경희". 이상경 편 (2000). 『나혜석 전집』. 파주: 태학사.

나혜석 (1935). "신생활에 들면서". 이상경 편 (2000). 『나혜석 전집』. 파주: 태학사.

박경리 (1956). "흑흑백백". (1987). 『박경리문학전집 19』. 서울: 지식산업사.

박완서 (1989). 『그대 아직 꿈꾸고 있는가』. 서울: 삼진기획.

박완서 (1993). "수상소감: 반성의 기회". 『93현대문학상수상소설집』. 서울: 현대문학사.

박화성 (1925). "추석전야". 서정자 편 (2004). 『박화성 문학 전집』. 파주: 푸른사상.

방민호 (2006). "김일엽 문학의 사상적 변모 과정과 불교 선택의 의미". 『한국현대문학연구』 20, 357-403.

백수진 (2005). "여성 작가들의 텍스트에 드러난 여성의 삶과 의식 양상". 『여성연구논집』 16, 97-125.

서정자·김열규·유남옥 (1990). "한국 여성문학과 페미니즘". 『아시아여성연구』 29, 171-195.

서정자·야마다 요시코·송명희 (2013). 『박화성 한국 문학사를 관통하다』. 파

주: 푸른사상.

손소희 (1948). "리라기". (1990). 『손소희 문학전집 4권』. 파주: 나남출판사.

손희정 (2015). "페미니즘 리부트". 『문화과학』 83집, 14-47.

심진경 (2004). "문단의 '여류'와 '여류문단'-식민지 시대 여성작가의 형성과정". 『상허학보』 13, 277-316.

연합신문 (2020). "[신간] 절반의 실패". (8월 15일), https://www.yna.co.kr/view/AKR20200814155700005

이경자 (1989). 『절반의 실패』. 서울: 동광사.

이경하 (2004). "여성문학사 서술의 필요성에 관하여". 『여성문학연구』 11, 377-400.

이무영 (1934). "여류작가개평". 『신가정』 2.

이상경 (2010). "1930년대의 새로운 여성들을 만나는 창". 『여/성이론』 23호, 198-218.

이선옥 (2018). "페미니즘 소설의 감정지도 그리기". 『창작과비평』 46(4), 324-343.

이은주 (2012). "1930년대 여류문사와 여성작가". 『인문학연구』 17, 145-162.

이정선 (2018). "1920~1930년대 식민지 조선의 여성개념과 젠더". 『개념과 소통』, 5-39.

임순득 (1940). "불효기에 처한 조선여류작가론". 『여성』.

장미영 (2018). "전쟁, 생의 주체로서 모가장(母家長)-되기: 박화성의 『바람 뉘』와 박경리의 초기 단편소설을 중심으로". 『여성문학연구』 45, 482-505.

조미숙 (2008). "현대문학사의 복원-문학사 밖의 문인들: 손소희 초기 소설 연구". 『한국문예비평연구』 26, 109-133.

조형·고정희·김숙희·박완서·엄인희·조옥라·조혜정·정진경 (1987). "좌담: 페미니즘 문학과 여성운동". 『여성해방의 문학 [또 하나의 문화 3호]』 서울: 평민사.

최정희 (1938). "정적기". 최정희 (1977). 『신한국문학전집24』. 서울: 어문각.

한강 (2007).『채식주의자』. 서울: 창비.

Butler, J. (1999). *Gender trouble: Feminism and subversion of identity*. 조현준 역 (2008).『젠더 트러블-페미니즘과 정체성의 전복』. 서울: 문학동네.

Deleuze, G., & Guattari, F. (1980). Mille plateaux: Capitalisme et schizophrérie 2. 김재인 역 (2001).『천개의 고원: 자본주의와 분열증 2』. 서울: 새물결.

Ellmann, M. (1968). *Thinking about women*. Basingstoke, UK: Palgrave MacMillan.

Harding, S. (1991). *Whose science? Whose knowledge?: Thinking from women's lives*. 조주현 역 (2009).『누구의 과학이며 누구의 지식인가』. 파주: 나남.

Morris, P. (1993). *Literature and feminism*. 강희원 역 (1997).『문학과 페미니즘』. 서울: 문예출판사.

젠더 관점으로 살피는 나이 듦과 돌봄

전희경 (2020). "시민으로서 돌보고 돌봄 받기". 메이 엮음.『새벽 세 시의 몸들에게 - 질병, 돌봄, 노년에 대한 다른 이야기』. 서울: 봄날의 책.

지은숙 (2017). "비혼여성의 딸노릇과 비혼됨의 변화: 일본의 부모를 돌보는 딸들의 사례를 중심으로".『한국문화인류학』50(2), 189-235.

Aronson, L. (2019). *Elderhood: Redefining aging, transforming medicine, reimagining life*. 최가영 역 (2020).『나이듦에 관하여』. 서울: 비잉.

Bateson, M. C. (2010). *Composing a further life: The age of active wisdom*. 안진이 역 (2013).『죽을 때까지 삶에서 놓지 말아야 할 것들』. 서울: 청림출판.

Beauvoir, S. D. (1970). *La vieillesse*. 홍상희·박혜영 역 (1994).『노년』. 서울: 책세상.

Cruikshank, M. (1963). *Learning to be old: Gender, culture, and aging*. 이경미 역 (2016).『나이듦을 배우다: 젠더, 문화, 노화』. 파주: 동녘.

Engster, D. (2007). *The heart of justice*. 김희강·나상원 역 (2017). 『돌봄: 정의의 심장』. 서울: 박영사.

Folbre, N. (2000). *The invisible heart: Economics and family values*. 윤자영 역 (2007). 『보이지 않는 가슴』. 서울: 또하나의문화.

Fraser, N., Arruzza, C., & Bhattacharya, T. (2019). *Feminism for the 99%: A manifesto*. 박지니 역 (2020). 『99% 페미니즘 선언』. 고양: 움직씨.

Held, V. (2005). *The ethics of care: Personal, political, and global*. 김희강·나상원 역 (2017). 『돌봄: 돌봄윤리』. 서울: 박영사.

Kittay, E. F. (1999). *Love's labor*. 김희강·나상원 역 (2016). 『돌봄: 사랑의 노동』. 서울: 박영사.

Le Guin, U. K. (2017). *No time to spare*. 진서희 역 (2019). 『남겨둘 시간이 없답니다』. 서울: 황금가지.

Lessing, D. (1998). *Walking in the shade*. New York, NY: Harper Perennial.

Mol, A., Moser, I., & Pols, J. (eds.), (2010). *Care in practice: On tinkering in clinics, homes and farms*, transcript Verlag, Bielefeld, Germany.

Rowe, J. W., & Kahn, R. L. (1997). Successful aging. *Gerontologist*, 37, 433−440.

Simplican, S. C. (2015). Care, disability, and violence: Theorizing complex dependency in Eva Kittay and Judith Butler, *Hypatia*, 30(1), 217−233.

Tronto, J. (2013). *Caring democracy*. 나상원 역 (2014). 『돌봄 민주주의』. 서울: 아포리아.

Winker, G. (2015). *Care revolution: Schritte in eine solidarische Gesellschaft*, transcript Verlag, Bielefeld, Germany.

가족구성권과 존엄하게 살아갈 권리

가족구성권연구소 (2019). "가족을 구성할 권리, 가족을 넘어선 가족". 『가족구성권연구소 개소식 자료집』.

경향신문 (2019). "'가난하냐' 죽고 싶을만큼 묻고 또 묻고는...죽지 않을 만큼

쥐요". (4월 1일), http://news.khan.co.kr/kh_news/khan_art_view.htm
l?artid=201904010600025&code=940601

공선영·박건·정진주 (2019). 『의료현장에서의 보호자 개념은 다양한 가족을
포함하고 있는가?』. 서울: 사회건강연구소.

김도현 (2019). 『장애학의 도전』. 서울: 오월의 봄.

김순남 (2019). "소수자의 가족구성권: 정상가족 모델을 넘어서". 한국성소수
자연구회 지음. 『무지개는 더 많은 빛깔을 원한다』. 서울: 창비.

김순남·성정숙·김소형·이종걸·류민희·장서연 (2019). 『서울시 사회적 가족의
지위 보장 및 지원방안연구』. 서울: 가족구성권연구소.

김영정·기나휘 (2020). 『다양한 가족의 권리 보장 방안 연구: 비혼·비혈연가구
의 생활 경험과 제도 개선 요구』. 서울: 서울시여성가족재단.

나영정 (2019). "정치적 논쟁의 장으로서의 가족: 가족관계등록법에서 생활동
반자까지". 『가족구성권연구소 창립 기념발간 자료집: 2006-2018』.

노컷뉴스 (2014). "'애 아빠'라는 이유만으로...전 남편과의 질긴 악연". (9월
24일), https://www.nocutnews.co.kr/news/4093547

대학내일 (2019). "룸메이트는 왜 가족이 될 수 없나요?". (4월 18일), https://
univ20.com/98149

배은경 (2012). 『현대한국의 인간 재생산』. 서울: 시간여행.

비마이너 (2019). "성소수자 1056명 '동성부부 권리'요구하며 인권위에 집단
진정". (11월 13일), https://beminor.com/detail.php?number=14047

송다영·정선영 (2013). "통합적 가족정책으로의 패러다임 전환을 위한 과제".
『비판사회정책』 39, 145-189.

송제숙 (2016). 『복지의 배신』. 서울: 이후.

오마이뉴스 (2018). "20년 함께 산 아내를 무연고 사망자로 보낸 까닭". (12월
10일), http://www.ohmynews.com/NWS_Web/View/at_pg.aspx?CNTN
_CD=A0002494436

윤홍식 (2019). 『한국복지국가의 기원과 궤적(2권): 반공개발국가 복지체제의
형성-1945년부터 1980년대까지』. 서울: 사회평론아카데미.

이소영·김은정·박종서·변수정·오미애·이상림·이지혜 (2018). 『2018년 전국 출산력 및 가족보건·복지 실태조사』. 서울: 한국보건사회연구원.

장경섭 (2009). 『가족·생애·정치경제: 압축적 근대성의 미시적 기초』. 서울: 창비.

장경섭 (2019). 『내일의 종언? 가족자유주의와 사회재생산 위기』. 서울: 집문당.

장혜경·김은지·김영란·김소영·선보영·김수완 (2013). 『가족의 미래와 여성가족정책전망(Ⅲ)』. 서울: 한국여성정책연구원.

최현숙 (2018). "그 가족은 노인에게도 답이 아니다". 『황해문화』 (봄), 93-108.

친구사이·가구넷 (2018). 『신가족의 탄생: 유별난 성소수자 가족공동체 이야기』. 서울: 시대의 창.

트위터 Ah@_inbetweeener (2019). 비공개 트윗. (2월 18일).

핀치클럽 (2019). "집에서 육아하는 남자는 남자답지 못하다고 생각하는 비율 세계 1위는? 한국(76%)이 1위이다. 인도(39%)의 두배에 가깝다". (11월 21일), https://thepin.ch/numbers/a-man-whostays-home-to-look-after-his-children-is-less-of-a-man

Beck-Gernsheim, E. (2000). *Was kommt nach der Familie? Einblicke in neue Lebensformen.* 박은주 역 (2005). 『가족 이후에 무엇이 오는가?』. 서울: 새물결.

Creed, G. W. (2000). "Family values" and domestic economies. *Annual Reviews*, 29, 329-355.

여성 노동의 현실과 평등노동권

강이수·신경아·박기남 (2015). 『여성과 일』. 파주: 동녘.

경향신문 (2019). "별 하나에 돈도 일도 '하늘과 땅' 가사노동자의 웃픈 '별점노동'". (9월 26일), http://news.khan.co.kr/kh_news/khan_art_view.html?artid=201909262153005&code=940702

국가인권위원회 (2017). 『남녀 임금격차 실태조사』.

김민정 (2016). "미래사회와 성 평등". 『호모 컨버전스: 제4차 산업혁명과 미래사회』. 파주: 아시아.

김성혁 (2019). "플랫폼경제 분석과 플렛폼노동의 대안". 『플랫폼노동연대 출범 선언 및 플랫폼 영역에 대한 노동기본권 확대를 위한 정책토론회 1월 자료집』.

김유선 (2019). "비정규직 규모와 실태-통계청, '경제활동인구조사 부가조사'(2019.8.) 결과-". 서울: 한국노동사회연구소 이슈페이퍼 제118호.

김종진 (2019). "디지털 플랫폼노동 논의와 쟁점 검토-기술혁신과 노동위험성 사이 사회갈등". 서울: 한국노동사회연구소 이슈페이퍼 제112호.

김준영 (2019). "우리나라 플랫폼경제 종사자 규모 추정". 『고용동향브리프』 2, 한국고용정보원.

김태홍·양인숙·배호중·금재호·이상준 (2012). 『경제성장 전략과 여성일자리 (III)』. 서울: 한국여성정책연구원.

뉴스포스트 (2016). "금복주 퇴사 강요 논란 '결혼이 퇴직 사유?' 사과내용 없는 사과문". (3월 17일), http://www.newspost.kr/news/articleView.html?idxno=46844

박홍주 (2009). "이주여성 가사노동의 경험을 통해 본 돌봄노동의 의미구성과 변화". 이화여자대학교 박사학위논문.

배진경 (2020). "존중받는 노동, 성평등 실현을 위한 제언". 『21대 총선기획 21대 국회에 바란다. 성평등노동정책 토론회: 여성, 노동을 말하다 토론회 자료집』.

여성가족부 (2019). 『2019년 경력단절 여성 등의 경제활동실태조사』.

여성신문 (2018). "'펜스룰'과 '결남출'에 사라진 여성들". (3월 19일), http://www.womennews.co.kr/news/articleView.html?idxno =130527

연합뉴스 (2017). "한국 여성 경제활동, 33개국 중 32위...임금격차 가장 커". (2월 21일), https://www.yna.co.kr/view/AKR20170221068800008?input=1195m

오마이뉴스 (2018). "여성에만 결·남·출 묻는 면접관, 고용에 평등은 없다". (3월 9일), http://www.ohmynews.com/NWS_Web/View/at_pg.aspx?CNT N_CD=A0002411999&CMPT_CD=P0010&utm_source=naver&utm_ medium=newsearch&utm_campaign=naver_news

오은진 (2010). "여성의 경력단절과 향후 과제". 『서울경제』 10(2), 13-17.

이데일리 (2019). "'52시간제+워라밸'… 작년 연간 근로시간 28.2시간 줄어". (2월 27일), https://www.edaily.co.kr/news/read?newsId=02 8601666223 94784

이영수 (2011). "여성노동의 현실: 막힘과 트임". 『왜 아직도 젠더인가?: 현대 사회와 젠더』. 부산: 부산대학교 출판부.

이택면 (2010). "한국 노동시장의 성불평등과 청년층 여성의 경력단절". 『청년연구』 1, 159-175.

정영애·장화경 (2010). 『가족과 젠더』. 서울: 교문사.

정형옥 (2019). "'플랫폼 노동'과 가사서비스, 현황과 과제". 『이슈분석』 제142호(19-15), (재)경기도 가족여성연구원.

통계청 (1980). 『경제활동인구조사』.

통계청 (1990). 『경제활동인구조사』.

통계청 (1998). 『사회조사』.

통계청 (2000). 『경제활동인구조사』.

통계청 (2005). 『경제활동인구조사』.

통계청 (2006). 『사회조사』.

통계청 (2009). 『사회조사』.

통계청 (2010). 『경제활동인구조사』.

통계청 (2013). 『사회조사』.

통계청 (2015). 『경제활동인구조사』.

통계청 (2017). 『사회조사』.

통계청 (2018). 『2018 일·가정 양립 지표』.

통계청 (2019a). 『사회조사』.

통계청 (2019b). 『경제활동인구조사』.

통계청 (2019c). 『2019 통계로 보는 여성의 삶』.

통계청 (2020). 『2020 통계로 보는 여성의 삶』.

한국교육개발원 (2018). 『취업통계연보』.

한국여성정책연구원 (2011). 『저출산 극복을 위한 공생발전 현안과 대책』. 서울: 고용노동부.

한국여성노동자회 (2009). "증가하는 돌봄 일자리, 은폐되는 성희롱". 『돌봄노동자 성희롱 대안모색 토론회 자료집』.

한국여성정책연구원 (2018). 『성인지통계』.

한희선·김영주·이경하·임우연·태희원 (2018). 『여성·젠더·사회』. 서울: 공동체.

Hartmann, H. (1976). Capitalism, patriarchy and job segregation by sex. *Signs*, 1(3), 137-169.

Hochschild, A. R. (1983). *The managed heart: Commercialization of human feeling*. 이가람 역 (2003). 『감정노동』. 서울: 이매진.

OECD (2017). 2017 OECD Employment outlook.

여성의 리더십, 그 가능성에 대한 탐색

강이수·신경아·박기남 (2015). 『여성과 일』. 파주: 동녘.

강혜원·이정윤 (2020). "미묘한 성차별(Gender Microaggression)에 대한 개념도 연구: 20대 여성을 중심으로". 『여성연구』 106(3), 63-92.

고용노동부 (2019). 『2019 AA 남녀근로자 현황분석보고서 』.

김수아 (2015). "온라인상의 여성 혐오 표현". 『페미니즘 연구』 5(2), 279-317.

김승섭 (2018). 『우리 몸이 세계라면: 분투하고 경합하며 전복되는 우리 몸을 둘러싼 지식의 사회사』. 서울: 동아시아.

김양희 (2017). 『성공하는 조직의 리더십 모델』. 서울: 이새.

여성가족부 (2020). 『통계로 보는 여성의 삶』.

원숙연 (2004). "여성주의 조직연구: 지향과 쟁점". 『한국행정학회보』 38(6), 287-304.

원숙연 (2009). "공직내 여성 관리자에 대한 고정관념적 평가의 역학: 성차를 중심으로 한 탐색적 접근".『한국여성학』 25(1), 73-94.

유석춘·장미혜·정병은·배영 (2003).『사회자본』. 서울: 그린.

유정미 (2017). "청년세대 노동시장 진입단계의 성별 임금격차 분석".『한국 여성학』 33(1), 107-155.

이순미 (2015). "외환위기 이후 노동시장의 성불평등: 노동경력 및 임금 궤적의 성별차이를 중심으로".『한국여성학』 31(2), 91-129.

이정우 (2005).『개념-뿌리들』. 서울: 철학아카데미, 377-381.

이주희·조혜원·인정 (2006). "여성의 생산성에 대한 기업의 평가 및 영향 요인".『한국여성학』 22(3), 61-94.

이화영 (2008). "한국 정당조직 내 여성의 네트워크 유형화 연구". 숙명여자대학교 박사학위논문.

최윤희·원숙연 (2014). "공직에서 여성상관과 남성상관에 대한 젠더지형 분석: 동일-성 선호(same-gender preference)의 한국적 타당성을 중심으로".『한국여성학』 30(3), 86-121.

한국여성정책연구원 (2019).『한국의 성인지 통계』.

Butler, J., & Spivak, G. (2007). *Who sings the nation?*. 주해연 역 (2008).『누가 민족국가를 노래하는가?』. 서울: 산책자.

Jaggar, A. M., & Rothenberg, P. S. (1993). *Feminist frameworks: Alternative theoretical accounts of the relations between women and men.* New York, NY: McGrawhill.

Mckinsey & Company (2008). *Women matters 2-Female leadership, a competitive edge for the future.* Retrieved from https://www.mckinsey.com/~/media/McKinsey/Business%20Functions/Organization/Our%20Insights/Women%20matter/Women_matter_oct2008_english.ashx

Valian, V. (1998). *Why so slow?*. 김영신 역 (2000).『여성의 성공 왜 느릴까?』. 서울: 여성신문사.

Yukl, G. A. (1981). *Leadership in organizations*. 이상욱 역 (2014).『현대조직

의 리더십 이론』. 서울: 시그마프레스.

젠더와 과학기술, 무엇이 문제인가?

이은경 (2012). "한국 여성과학기술인 지원정책의 성과와 한계". 『젠더와 문화』 5(2), 7–35.

이희은 (2018). "AI는 왜 여성의 목소리인가?: 음성인식장치 테크놀로지와 젠더화된 목소리". 『한국언론정보학보』 90, 126–153.

젠더혁신연구센터 홈페이지 (no date). http://gister.re.kr

젠더혁신프로젝트 홈페이지 (no date). http://genderedinnovations.stanford.edu

한국여성과학기술인지원센터 (2019). 『2009–2018 젠더기반 과학기술인력 현황』. 서울: 한국여성과학기술인지원센터.

Buolamwini, J., & Gebru, T. (2018). Gender shades: Intersectional accuracy disparities in commercial gender classification. *Proceedings of the 1st Conference on Fairness, Accountability and Transparency, Proceedings of Machine Learning Research*, 81, 77–91.

Hall, R. M., & Sandler, B. R. (1982). *The classroom climate: A chilly one for women?. Project on the status and education of women.* Washington D.C. : Association of American College.

Haraway, D. (1991). *Simians, cyborgs, and women: The reinvention of nature.* 민경숙 역 (2002). 『유인원, 사이보그, 그리고 여자 – 자연의 재발명』. 서울: 동문선.

Haraway, D. (1997). *Modest witness@Second_Millenium.FemaleMan©_Meets_OncoMouse™: Feminism and technoscience.* 민경숙 역 (2007). 『겸손한_목격자@제2의_천년.여성인간©_앙코마우스™를_만나다–페미니즘과 기술과학』. 서울: 갈무리.

Harding, S. (1986). *The science question in feminism.* 이박혜경·이재경 역 (2002). 『페미니즘과 과학』. 서울: 이화여자대학교출판문화원.

Harding, S. (1991). *Whose science? Whose knowledge?: Thinking from women's lives*. 조주현 역 (2009). 『누구의 과학이며 누구의 지식인가-여성들의 삶에서 생각하기』. 서울: 나남출판.

Hicks, M. (2017). *Programmed inequality: How Britain discarded women technologists and lost its edge in computing*. 권혜정 역 (2019). 『계획된 불평등-여성 기술인의 배제가 불러온 20세기 영국 컴퓨터 산업의 몰락』. 서울: 이김.

Keller, E. F. (1983). *A feeling for the organism: The life and work of Barbara McClintock*. 김재희 역 (2001). 『생명의 느낌-유전학자 바바라 매클린톡의 전기』. 서울: 양문.

Keller, E. F. (1985). *Reflections on gender and science*. 이현주 역 (1996). 『과학과 젠더』. 서울: 동문선.

Martin, E. (1991). The egg and the sperm: How science has constructed a romance based on stereotypical male–female roles. *Signs*, 16(3), 485–501.

Merton, R. K. (1973). *The sociology of science: Theoretical and empirical investigations*. Thousand Oaks, CA: University of Chicago press.

Potter, E. (2001). *Gender and Boyle's law of gases*. Bloomington, IN: Indiana University Press.

Schiebinger, L. (1991). *The mind has no sex?: Women in the origins of modern science*. 조성숙 역 (2007). 『두뇌는 평등하다: 과학은 왜 여성을 배척했는가?』. 서울: 서해문집.

Schiebinger, L. (2000). Has feminism changed science?. *Signs*, 25(4), 1171–1175.

Schiebinger, L. (ed.), (2008). *Gendered innovations in science and engineering*. 김혜련 역 (2010). 서울: 연세대학교 출판부.

Wajcman, J. (1991). *Feminism confronts technology*. 조주현 역 (2001). 『페미니즘과 기술』. 서울: 당대.

Wajcman, J. (2004). *Technofeminism*. 박진희·이현숙 역 (2009). 『테크노페미니즘』. 서울: 궁리.

페미니스트 과학소설의 젠더상상력

김경옥 (2016). "페미니스트 과학소설과 젠더: 조안나 러스의 『여성남자』와 어슐러 르 귄의 『어둠의 왼손』을 중심으로". 『영어영문학연구』 58(2), 1-21.

Barr, M. S. (1987). *Alien to femininity: Speculative fiction and feminist theory.* Wesport, CT: Greenwood Press.

Barr, M. S. (1993). *Lost in space: Probing feminist science fiction and beyond.* Chapel Hill, NC: University of North Carolina Press.

Braidotti, R. (1994). *Nomadic subjects.* 박미선 역 (2004). 『유목적 주체-우리 시대 페미니즘 이론에서 체현과 성차의 문제』. 서울: 여성문화이론연구소.

Butler, J. (1990). *Gender trouble: Feminism and the subversion of the identity.* 조현준 역 (2008). 『젠더트러블』. 서울: 문학동네.

Butler, O. E. (1996). *Bloodchild and other stories.* 이수현 역 (2016). 『블러드차일드』. 파주: 비채.

Butler, O. E. (1997). *Dawn.* New York, NY: Warner Aspect.

Butler, O. E. (2000). *Lilith's brood.* New York, NY: Grand Central Publishing.

Calvin, R. (2010). This shapeless book: Reception and Joanna Russ's the female man. *Femspec*, 10(2), 24-34.

Firestone, S. (2003). *The dialectic of sex: The case for feminist revolution.* 김민예·유숙열 역 (2016). 『성의 변증법』. 서울: 꾸리에.

Haraway, D. (1991). *Simians, cyborgs, and women: The reinvention of nature.* 민경숙 역 (2002). 『유인원, 사이보그, 그리고 여자: 자연의 재발명』. 서울: 동문선.

Hayles, N. K. (2005). *My mother was a computer: Digital subjects and literary texts.* 이경란·송은주 역 (2016). 『나의 어머니는 컴퓨터였다』. 서울: 아카넷.

Le Guin, U. K. (1975). *The left hand of darkness.* 최용준 역 (2014). 『어둠의

왼손』. 서울: 시공사.

Merrick, H. (2009). The female 'Atlas' of science fiction. In Fara Mendelsohn (Ed.), *On Joanna Russ* (pp.48-61). Middletown, CT: Wesleyan university press.

Millett, K. (1970). *Sexual politics*. 김유경 역 (2020). 『성 정치학』. 서울: 쌤앤파커스.

Perry, M. D. (1993). Joanna Russ. In Donna Perry (Ed.), *Backtalk: Women writers speak out* (pp.287-311), New Brunswick, NJ: Rutgers university press.

Phillips, J. (2015). *James Tiptree, JR: The double life of Alice B. Sheldon*. Manhattan, NY: St. Martin's Press.

Russ, J. (1986). *The female man*. Boston, MA: Beacon.

Russ, J. (1995). *To write like a woman: Essays in feminism and science fiction*. 나현영 역 (2020). 『SF는 어떻게 여자들의 놀이터가 되었나』. 옥천: 포도밭출판사.

Russ, J. (2000). The images of women in science fiction. *Science Fiction*. New York, NY: Routledge, 3-20.

Russ, J. (2015). *Sisters of the revolution*. 신혜경 역 (2016). 『혁명하는 여자들』. 서울: 아작.

Sargent, P. (1975). *Women of wonder*. New York, NY: Vantage Books.

Scholes, R., & Rabkin, E. S. (1977). *Science fiction: History, science, vision*. New York, NY: Oxford UP.

Tiptree, J. J. (2004). *Her smoke rose up forever*. 이수현 역 (2016). 『팁트리 주니어 걸작선: 체체파리의 비법』. 서울: 아작.

Vint, S. (1969). *Science fiction: A guide for the perplexed*. 전행선 역 (2019). 『에스에프 에스프리: SF를 읽을 때 우리가 생각하는 것들』. 서울: 아르테.

Wolmark, J. (1994). *Aliens and others: Science fiction, feminism and postmodernism*. Iowa City, IA: University Of Iowa Press.

기후위기 시대, 페미니즘과 생태를 사유하기

건국대 인류세인문학단 (2020). 『우리는 가장 빠르고 확실하게 죽어가고 있다 1: 인간이 만든 절망의 시대, 인류세』. 경기: 들녘.

고금숙 (2019). 『우린 일회용이 아니니까』. 서울: 슬로비.

그린벨트운동 홈페이지 (no date). http://www.greenbeltmovement.org/

김보람 (2018). 『생리 공감-우리가 나누지 못한 빨간 날 이야기』. 서울: 행성 B.

김신효정 (2018). 『씨앗, 할머니의 비밀』. 고양: 소나무.

김양희·장이정수·이안소영 (2014). "여성과 환경". 『베이징+20, post-2015 젠 더관점에서 본 한국사회의 변화 심포지엄 자료집』.

김영혜·최영미·이지선 (2019). 『이주여성 농업노동자의 한국생활 연구』. 경기: 경기도가족여성연구원.

김현미 (2016). "소비에서 자급으로 좌표 이동: 도시 에코페미니스트로 살아 가기". 『덜 소비하고 더 존재하라』. 서울: 시금치.

노지은 (2016). "아시아 지역 월경 액티비즘과 성재생산건강권(SRHR)에 관한 연구". 이화여자대학교 박사학위논문.

류지현·조충연 (2019). "미세플라스틱 현황과 인체에 미치는 영향". 『공업화 학전망』 22(2), 1-12.

문순홍 (1995). "에코페미니즘이란 무엇인가". 『여성과 사회』 6, 316-327.

문순홍 (2001). 『한국의 여성환경운동』. 서울: 아르케.

배은경 (2004). "사회 분석 범주로서의 '젠더' 개념과 페미니스트 문화 연구". 『페미니즘 연구』 4(1), 55-100.

식약처 (2018). 『생리대 휘발성유기화합물(VOCs) 모니터링 및 프탈레이트류 위해평가 결과』.

안현진·진은선·황주영·배보람·용윤신·김주온·유비·김신효정 (2020). 『이렇게 하루하루 살다보면 세상도 바뀌겠지』. 서울: 이매진.

여성환경연대 (2018). 『2018년 한해살이 보고서』 서울: 녹인이디컴.

윤정숙 (2016). "다른 삶, 다른 길을 묻는다". 『녹색평론』 150.

이상화 (2016). "에코페미니즘을 삶의 철학으로". 『덜 소비하고 더 존재하라』. 서울: 시금치.

장우주 (2016). "타자를 향한 따뜻한 시선, 에코페미니즘". 『덜 소비하고 더 존재하라』. 서울: 시금치.

장현숙 (2019). 『주요국 플라스틱 규제 동향과 혁신 비즈니스 모델 연구』. 서울: 국제무역통상연구원.

정세랑 (2020). 『목소리를 드릴께요』. 부산: 아작.

통계청 (2019). 『2019 통계로 보는 여성의 삶』 http://kostat.go.kr/portal/korea/kor_nw/1/1/index.board?bmode=read&aSeq=375629.

BBC 코리아. (2019). "'깔창 생리대' 그로부터 3년...생리를 둘러싼 논란은 현재진행형" (5월 21일), https://www.bbc.com/korean/news-48250073?xtor=AL-[73]-[partner]-[naver]-[headline]-[korean]-[bizdev]-[isapi]

Braidotti, R., Charkiewicz, E., Häusler, S., & Wieringa, S. (1994). *Women, the environment and sustainable development: Towards a theoretical synthesis.* 한국여성NGO위원회 여성과환경분과 역 (1995). 『여성과 환경 그리고 지속가능한 개발』. 서울: 나라사랑.

Buckingham, S. (2020). *Gender and environment.* London, UK: Routledge.

Butler, J. (1990). *Gender trouble: Feminism and the subversion of the identity.* 조현준 역 (2008). 『젠더 트러블–페미니즘과 정체성의 전복』. 파주: 문학동네.

Desmarais, A. A. (2007). *La via campesina: Globalization and the power of peasants.* 박신규 외 역 (2007). 『비아캄페시나–세계화에 맞서는 소농의 힘』. 대구: 한티재.

Donovan, J., & Adams, C. J. (1996). *Beyond animal rights: A feminist caring ethic for the treatment of animals.* New York, NY: Continuum.

Elmhirst, R. (2011). Introducing new feminist political ecologies. *Geoforum*, 42(2), 129–132.

Elmhirst, R., Siscawati, M., Basnett, B., & Ekowati, D. (2017). Gender and

generation in engagements with oil palm in East Kalimantan, Indonesia:
Insights from feminist political ecology. *The Journal of Peasant Studies*,
44, 1135-1157.

FAO (2011). *The role of women in agriculture*. Retrieved from http://www.fao.
org/docrep/013/am307e/am307e00.pdf

Gaard, G. (2011). Ecofeminism revisited: Rejecting essentialism and re-placing
species in a material feminist environmentalism. *Feminist Formations*,
23(2), 26-53.

Haraway, D. (1991). *Simians, cyborgs, and women: The reinvention of nature*.
민경숙 역 (2002). 『유인원, 사이보그, 그리고 여자: 자연의 재발명』. 서
울: 동문선.

Harding, S. (1991). *Whose science? Whose knowledge?: Thinking from women's
lives*. New York, NY: Cornell University Press.

Harper, A. B. (2010). *Sistah vegan: Black female vegans speak on food,
identity, health, and society*. New York, NY: Lantern Books.

Hawkins, R., & Ojeda, D. (2011). Gender and environment: Critical tradition
and new challenges. *Society and Space*, 29(2), 237-253.

IUCN (2020). *Gender-based violence and environment linkages*. Retrieved from
https://portals.iucn.org/library/node/48969

Merchant, C. (1980). *The death of nature: Women, ecology and the scientific
revolution*. 전규찬 역 (2005). 『자연의 죽음 여성과 생태학, 그리고 과학
혁명』. 서울: 미토.

Merchant, C. (Ed.), (1992). *Radical ecology: The search for a livable world*. 허
남혁 역 (2001). 『래디컬 에콜로지』. 서울: 이후.

Mies, M., & Shiva, V. (1993). *Ecofeminism*. 손덕주 역 (2020). 『에코페미니
즘』. 파주: 창비.

Mies. M. (1986). *Patriarchy and accumulation on a world scale: Women in the
international division of labour*. 최재인 역 (2014). 『가부장제와 자본주

의-여성, 자연, 식민지와 세계적 규모의 자본축적』. 서울: 갈무리.

Pashupati, K. (2015). Coming out of the traditional trap, *Voices from Asian feminis activism*. 장필화·이명선 역 (2015). "전통의 굴레에 맞서는 네팔 여성들", 『우리들의 목소리 1: 아시아 페미니즘과 여성운동의 현장』. 서울: 이화여자대학교출판부.

Rocheleau, D. E., Thomas-Slayter, B., & Wangari, E. (1996). *Feminist political ecology: Global issues and local experiences*. London, UK: Psychology Press.

Roth-Johnson, D. (2013). Back to the future: Françoise d'Eaubonne, ecofeminism and ecological crisis. *The International Journal of Literary Humanities*, 10(3), 51-61

Shiva, V. (1986). Ecology movements in India. *Alternatives: Global, Local, Political*, 11(2), 255-273.

UN Women (2016). *Nepal: A year after the earthquakes*. Retrieved from https://www.unwomen.org/en/news/stories/2016/4/nepal-a-year-after-the-earthquakes

UNDP (2013). *Gender and disaster risk reduction*. Retrieved from file:///C:/Users/User/Downloads/PB3-AP-Gender-and-disaster-risk-reduction.pdf

UNEP (2018). *Single-use plastics: A roadmap for sustainability*. Retrieved from https://www.unenvironment.org/resources/report/single-use-plastics-roadmap-sustainability

Warren, K. J. (1994). Introduction. *Ecological Feminism*, (pp. 1-7) London, UK: Routledge.

WCED (1987). *Our common future*. Retrieved from https://sustainabledevelopment.un.org/content/documents/5987our-common-future.pdf

찾아보기

ㄱ

가부장제__15, 21, 25, 26, 30, 86, 87,
90, 94, 102, 104, 105, 107, 109,
128, 131, 135, 137, 141, 142, 146,
155, 163, 166, 277, 279, 282, 288,
293, 294, 296, 298, 308, 311, 322,
330, 331
가사노동__25, 40, 190, 209, 212, 214,
215, 219, 238
가정 영역__21, 39
가정폭력__175, 187, 312
가족__15, 27, 31, 36, 38, 39, 45, 69,
81, 87, 88, 110, 118, 139, 140,
161, 163, 169, 171, 173, 174, 176,
178, 179, 180, 181, 183, 184, 189,
190, 193, 196, 205, 212, 214, 218,
234, 235, 280, 306, 313, 314, 318,
326
가족구성권__169, 172, 174, 176, 178,
184
가족모델__172, 179
가족의 정상성__174, 176
가족제도__31, 141, 171, 174, 176
가해자__60, 61, 65, 66, 71, 72, 77
감정노동__189, 216
강경애__134
강남역 살해사건__57
강신재__139

거버너, 조지__106
경력단절__190, 192, 193, 194, 195,
196, 197, 198, 215, 218, 234, 269
계급__25, 26, 29, 100, 108, 109, 118,
119, 133, 134, 154, 162, 209, 227,
263, 278, 282, 283, 287, 299, 300,
309, 315, 317, 321
고정관념__47, 48, 50, 68, 84, 101,
105, 111, 113, 116, 143, 145, 159,
200, 214, 220, 229, 236, 255, 257,
266, 289, 306
공적 영역__21, 24, 27, 35, 38, 45, 46,
102, 118, 190, 313
공정성__43
과소대표__229
과학기술지식__84
과학기술학__250, 262, 266, 271, 272
과학소설__277, 278, 280, 283, 284,
288, 290, 293, 295, 296, 297, 300
관계성__69, 162, 165, 170, 178, 180,
185, 308
구주, 올랭프 드__18, 39
권리를 갖기 위한 권리__243
권리의 주체__184
규범__35, 43, 51, 77, 81, 82, 89, 102,
105, 111, 116, 138, 144, 153, 162,
170, 174, 176, 257, 258, 279, 282,
290, 292, 296, 298, 318

362

그린벨트운동__314, 316
급진주의__23, 26, 104, 265
급진주의 페미니즘__25, 26, 45, 51, 265
기후위기__305, 306, 320
길, 로잘린드__108
길리건, 캐롤__41, 42, 50
김명순__128
김미라__118
김미현__132
김일엽__128, 129
김종진__207
김팔봉__132

ㄴ

나이 듦__153, 154, 159, 165
나혜석__128, 130
낙태죄 위헌__92
남성 권력__44, 52
남성성__74, 77, 105, 107, 109, 117,
132, 262, 264, 266, 268, 285, 334
남성적__40, 50, 132, 145, 147, 236,
260, 263, 264, 266, 285, 288, 291,
295
남성중심적__18, 23, 24, 26, 41, 42,
63, 82, 109, 112, 116, 126, 131,
138, 143, 230, 235, 236, 249, 269,
280, 318, 323
네트워크 자본__238
노년__120, 153, 154, 156, 159, 163,
165, 167
노동시장과 가정 영역__21
노인담론__160
농촌__134, 324, 326

ㄷ

다양한 가족__171, 172, 174, 176, 178
다울링, 콜레트__113
델 레이, 레스터__288
도노번, 조세핀__26
돌봄__40, 43, 112, 155, 158, 159,
161, 170, 174, 177, 185, 190, 196,
200, 306, 312, 313
돌봄노동__161, 162, 193, 201, 211,
212, 213, 219
돌봄의 공백__153, 163
돌봄의 사회화__163, 164
돌봄의 위기__153, 163
돌봄의 윤리__42, 162
돌봄의 정의__51, 161
동등대우__45, 48
동의__40, 44, 52, 70, 71, 75, 76, 183,
286
동일가치노동 동일임금__202, 218
드본느, 프랑소아즈__309
딕, 필립 킨리드__300
딜레니, 새뮤얼 레이__278

ㄹ

라마르, 헤디__261
라커, 토머스__21
러너, 거다__15
러브레이스, 에이다__261
러스, 조안나__278, 280, 284, 288, 290,
292, 301
레싱, 도리스__157
로렌스, 데이비드 허버트__282
로체로, 다이앤__317

롤즈, 존__39
르 귄, 어슐러__157, 284
리더십 레벨의 불균형__229
리더십 타임__238

ㅁ

마르크스주의__23, 25, 26, 233
마르크스주의 페미니즘__25, 56, 105
마르크스, 칼__25
마틴, 에밀리__84
말년성__158
맥클린톡, 바바라__263
맥키논, 캐서린__36, 51, 52, 53, 54
머천트, 캐롤린__82, 98, 310
머튼, 로버트__258
먹거리__320, 324, 326
멀비, 로라__104
메일러, 노만__282
모자보건법__88, 92, 98
문순홍__309
문학적 재현__124
문학 텍스트__123, 133, 139, 144, 146
문화적 생태여성주의__310, 311
미디어__99, 101, 103, 105, 106, 108,
    112, 118
미묘한 성차별__231, 247
미즈, 마리아__311, 314, 332, 333
미프진__90, 91, 92, 93
밀레트, 케이트__27, 281, 282
밀, 존 스튜어트__38

ㅂ

바틀렛, 캐더린__44

박경리__137
박완서__140
박화성__132
발리, 존__278
배은경__175
버로우즈, 에드가 라이스__279
버틀러, 옥타비아__278, 284, 296, 302
버틀러, 주디스__29, 33, 144, 248, 286
베유, 시몬__98
베이컨, 프랜시스__259
베커, 메리__51
벡-게른스하임, 엘리자베트__169, 178
벨리언, 버지니아__230, 245, 247
보부아르, 시몬 드__27, 168
보일, 로버트__259
본질주의__43, 299, 310
불평등__22, 25, 28, 40, 42, 45, 47, 49,
    51, 52, 100, 140, 163, 170, 174,
    180, 184, 190, 203, 209, 227, 234,
    240, 245, 255, 274
브라이도티, 로지__292, 315
비건페미니스트__313
비혼__117, 121, 164, 172, 176, 182

ㅅ

사이보그__264, 265, 278, 296
사적 영역__21, 22, 24, 27, 38, 39, 40,
    45, 313
사전트, 파멜라__283
사회구성주의__27, 28, 309
사회구성주의 생태여성주의__311
사회주의__23, 25, 26
사회주의 생태여성주의__311

사회주의 페미니즘__25, 26, 33, 56, 105
사회화__27, 46, 101, 102, 111, 163,
　164, 236, 242, 293
삶의 안전망__176, 177, 178, 184
상징적 소멸__103, 106, 280
새로운 친밀한 유대__178
생물학__21, 22, 27, 37, 45, 46, 48, 49,
　58, 62, 64, 67, 77, 81, 84, 109,
　125, 127
생산__21, 25, 28, 41, 43, 82, 100,
　109, 115, 119, 144, 155, 160, 162,
　189, 200, 201, 202, 213, 227, 233,
　237, 241, 247, 249, 258, 261, 263,
　267, 321, 324, 326
생애동반자__176, 183, 184
생태여성주의__308, 309, 310, 311,
　313, 314, 328, 329, 330
생활동반자법__171, 185
성과 재생산__322
성도식__230, 247
성별분업__22, 163, 189, 190, 200,
　213, 218, 219, 220, 324, 325
성별위계__43, 51, 52
성별위계구조__51, 52
성별 임금 격차__198, 199, 200, 201,
　202, 218
성별 직종·직무 분리__198, 200, 201
성비불균형__250, 255, 257, 268, 270
성소수자__100, 118, 121, 172, 176,
　184
성역할 고정관념__48, 84, 101, 102,
　105, 113, 116, 121
성인지 감수성__69

성인지적 관점__29
성적 결정권__65, 74
성적 자기결정권__36, 65
성적 차이__21, 49, 52
성차__17, 21, 30, 46, 81
성차별__23, 26, 28, 32, 33, 46, 47, 48,
　51, 52, 55, 85, 102, 106, 108, 112,
　119, 120, 121, 122, 156, 193, 194,
　202, 218, 231, 247, 258, 275, 289,
　293, 305, 306, 309, 311, 322, 326,
　332
성평등__37, 39, 42, 45, 46, 48, 49, 51,
　55, 85, 156, 172, 201, 218, 310,
　325
성폭력__52, 53, 60, 61, 62, 63, 64, 65,
　66, 67, 68, 70, 73, 77, 78, 92, 104,
　156, 306, 326
성희롱__53, 61, 65, 66, 67, 68, 70, 79,
　194, 215, 221, 236, 326
섹슈얼리티__27, 54, 60, 65, 74, 81,
　97, 112, 117, 119, 128, 130, 136,
　236, 247, 322
섹스__27, 28, 29, 286, 287, 334
셸던, 앨리스__295
소수자__63, 64, 155, 175, 177, 180,
　184, 202, 238, 247, 306
손소희__136
쉬빈저, 론다__21, 266
스케일스, 앤__51
스콧, 리들리__278, 299
스콧, 조운__29
스토리텔링__124
시민적 돌봄__164

시바, 밴다나__311, 312, 333, 334
식량주권__325, 326
신여성__128, 130
실버버그, 로버트__295
심플리칸, 스테이시 클리포드__214

ㅇ

애트우드, 마가렛__284
에코페미니즘__313, 320, 332, 333
엘름허스트, 레베카
__318
엘만, 메리__145
엥겔스, 프리드리히__25
엥스터, 다니엘__161
여류작가__125, 126, 145
여성 과학자__269, 274, 280
여성 노동__189, 203, 205, 211, 221
여성 노동의 비정규직화__203
여성노동자__133, 134, 197, 198, 204,
    205, 218, 219, 221, 224, 238
여성 독자__124, 144
여성문학__124, 125, 126, 127, 128,
    133, 144, 147
여성성__27, 50, 59, 105, 106, 107,
    109, 116, 137, 144, 235, 264, 281,
    285, 310
여성역사의 변증법__16
여성의 경제활동 참가율__192, 196
여성인권__39
여성 인물__104, 112, 116, 124, 127,
    131, 134, 136, 137, 138, 280, 281,
    290, 302
여성 작가__124, 125, 126, 128, 129,

130, 132, 136, 140, 143, 280, 283,
    296, 299, 302
여성적__40, 43, 49, 50
여성주의__18, 23, 86, 98, 100, 105,
    127, 140, 141, 155, 156, 158, 159,
    162, 166, 167, 209, 221, 227, 228,
    244, 281, 296
여성주의 법학__37, 55
여성주의 정치생태학__308, 316, 317,
    318, 330
여성 주체__138, 146, 284, 292
여성환경연대__320, 321, 322, 327,
    329, 333
여성환경운동__308, 316, 320, 324, 330
역사 유물론__25
오도노반, 캐서린__40
오제다, 다이애나__318
와이츠먼, 주디__262, 265, 277
외계인__279, 287, 297, 298, 299, 302
울스턴크래프트, 메리__39
월개스트, 엘리자베스__49
월경권__320, 321, 323
위치성__44, 240, 241
윌리암스, 웬디__46
윌리엄즈, 레이먼드__110
유리벽__231, 232
유리천장__201, 202, 230, 231, 232,
    243, 245, 251
유엔여성기구__63, 306
의미화 과정__16, 101
이경자__141
이데올로기__23, 40, 45, 100, 105, 107,
    109, 110, 112, 115, 117, 118, 139,

143, 145, 146, 155, 163, 191, 200, 219, 282, 283, 294

이리가레, 뤼스__50

이무영__132

이상화__308

이성애결혼__171, 172, 177, 183, 184

이성애규범__174, 176

이성애주의__27

이은주__126

이화정__116

인권__30, 39, 53, 64, 77, 81, 92, 95, 172, 200, 202, 323, 326

인식론__23, 37, 40, 41, 108, 227, 228, 249, 260, 263, 264, 268, 275

인종__26, 28, 29, 42, 53, 54, 56, 64, 84, 100, 108, 109, 118, 119, 158, 172, 202, 227, 245, 256, 259, 263, 274, 278, 282, 283, 287, 296, 297, 299, 309, 315, 317

인종주의__28, 296

일-가족 양립__196, 197, 221

일회용품__313, 327, 329

임금__25, 32, 46, 50, 53, 73, 134, 155, 163, 190, 193, 196, 197, 198, 199, 200, 201, 202, 203, 204, 205, 206, 208, 212, 213, 214, 217, 221

임순득__126

임신중단__81, 88, 90, 91, 92, 93, 94, 97

임파워먼트__119

ㅈ

자기성찰__241

자본주의__17, 21, 25, 26, 85, 87, 104, 105, 145, 277, 294, 295, 309, 310, 311, 314, 323, 330, 331, 332

자연재난__306

자유주의 법이론__37, 38, 39

자유주의 페미니즘__45, 46, 48, 49, 310

장시간 노동__196, 197, 219, 321

장우주__308

재생산__25, 43, 64, 82, 88, 95, 96, 97, 156, 160, 161, 162, 165, 176, 190, 212, 226, 257, 319, 322, 323

재생산권__53, 81, 82, 86, 87, 88, 92, 93, 94, 95, 96

재현__99, 102, 103, 105, 108, 110, 112, 116, 118, 120, 123, 125, 127, 131, 133, 134, 135, 136, 138, 141, 142, 143, 145, 264, 279, 280, 287, 292, 297, 298, 299, 302

저항__17, 19, 60, 64, 66, 67, 68, 71, 72, 75, 85, 93, 109, 120, 129, 131, 138, 143, 145, 155, 229, 281, 316, 318, 325

정상성__142, 153, 155, 173, 174, 176, 181, 313

정의__17, 19, 24, 27, 36, 39, 42, 43, 50, 51, 54, 63, 81, 92, 124, 127, 144, 156, 158, 159, 161, 164, 169, 173, 178, 203, 206, 207, 213, 241, 244, 307, 309, 311, 312, 314, 317, 331

정체성__33, 42, 44, 54, 64, 100, 103, 109, 119, 129, 136, 137, 139, 144, 145, 154, 156, 158, 168, 172, 226,

227, 236, 241, 278, 282, 285, 289, 290, 291, 292, 295, 297, 299, 301, 310, 318, 319
제1물결 페미니즘__24, 330
제2물결 페미니즘__26, 281, 282, 302, 309, 330
제도적 가족주의__177
젠더__15, 16, 17, 22, 23, 24, 25, 26, 27, 35, 42, 45, 60, 63, 64, 70, 74, 76, 77, 82, 84, 85, 98, 100, 102, 103, 105, 108, 109, 110, 115, 118, 125, 127, 128, 139, 143, 144, 147, 154, 156, 159, 163, 174, 180, 204, 221, 225, 226, 229, 231, 233, 235, 240, 241, 249, 250, 255, 256, 257, 259, 262, 265, 268, 272, 275, 277, 285, 289, 295, 297, 304, 305, 307, 308, 315, 316, 319, 322, 324, 330, 334
젠더구조__62, 63, 64, 67, 102
젠더기반 폭력__63
젠더담론__115
젠더되기__174
젠더법학__37, 55
젠더불평등__47, 81, 100, 101, 180, 251, 255, 274
젠더상상력__279
젠더수행성__29
젠더위계질서__15, 17, 21, 23
젠더 재현__101, 103, 104, 108, 110, 115, 118, 120
젠더 편향__44, 82, 232, 250, 255, 256, 265, 268

젠더폭력__62, 63, 64, 74, 77, 306, 322
젠더혁신__29, 250, 265, 266, 267, 268, 270, 275
젠더화된 사회자본__233
조직 정치__237
존엄성__50, 133
주넨, 반__104
지배구조__43, 54
지배/종속__45, 51, 53
지속가능한 발전__308, 313, 314, 315, 316, 317, 319, 330
지식__18, 21, 28, 30, 41, 76, 82, 84, 85, 87, 96, 97, 226, 228, 245, 249, 255, 257, 259, 262, 264, 270, 272, 275, 300, 307, 314, 317, 322, 324
직장 내 성희롱__61, 68, 194, 221

ㅊ

차별__17, 18, 24, 27, 30, 37, 43, 45, 47, 51, 52, 58, 61, 73, 85, 126, 131, 133, 145, 154, 172, 174, 177, 178, 184, 187, 190, 194, 198, 200, 204, 206, 218, 229, 247, 249, 258, 272, 277, 287, 289, 296, 306, 309, 326, 334
차이 페미니즘__45, 49, 50
채용 성차별__194
초고령사회__153, 154, 166
최정희__132, 135, 136
출산억제정책__89
친밀한 관계__75, 79, 184, 219
칩코운동__314

ㅋ

캐디건, 팻__284
캠벨, 존__296
켈러, 이블릭 팍스__260
켈러, 이블린 팍스__262
콜커, 루스__53
쿤, 토마스__82
퀴어__312
큐브릭, 스텐리__280
크리드, 제럴드__180
클라크, 아서 찰스__280

ㅌ

타자__27, 44, 50, 52, 104, 157, 168,
 287, 289, 290, 292, 296, 297, 299,
 308
터크만, 게이__102, 106
텍스트__99, 101, 110, 123, 124, 127,
 133, 135, 139, 144, 267
톰슨, 에이미__284
통, 로즈마리__23
특별대우__45, 49, 50, 51, 52
팁트리, 제임스 주니어__278, 284, 293,
 295

ㅍ

파이어스톤, 슐라미스__27, 281, 282
페미니스트 객관성__264
페미니스트 과학__250, 262, 271, 272
페미니스트 과학소설__277, 284, 288,
 297, 302, 304
페미니스트 입장론__263, 275
페미니즘__23, 24, 25, 26, 37, 100,
 101, 105, 106, 108, 124, 125, 127,
 140, 141, 143, 144, 147, 149, 175,
 221, 264, 265, 268, 272, 277, 284,
 288, 302, 307, 308, 313, 319, 330
페미니즘 리부트__144
페미니즘 법학__37, 42, 45, 46, 49, 51
페이트먼, 캐럴__22, 33, 39
펜스룰__62, 68, 194
포르노그래피__103, 104
포스트페미니즘__108
폭력__40, 41, 52, 53, 58, 60, 61, 63,
 64, 68, 71, 76, 77, 91, 103, 135,
 142, 162, 175, 187, 236, 237, 247,
 277, 282, 289, 293, 298, 306, 312,
 322
푸코, 미셸__82
프랑스 혁명__18, 39
프리단, 베티__106, 281, 282
플라스틱프리운동__320, 326, 330
플랫폼 노동__206, 208, 209, 219
피어시, 마지__284
피임__76, 81, 83, 86, 88, 96, 97
피해__16, 17, 58, 61, 62, 63, 64, 67,
 69, 79, 92, 215, 236, 306, 316,
 321
피해자__16, 26, 44, 54, 58, 60, 61, 62,
 63, 64, 65, 68, 74, 79, 133, 231,
 236, 314, 330
필수 노동__159

ㅎ

하딩, 샌드라__144, 262, 263
하윤금__112

하이덴손, 프란시스__43
하트만, 하이디__201
한강__142
해러웨이, 다나__262, 263, 264, 265, 277, 278, 296, 303, 317
허바드, 루스__82
헤일스, 낸시 캐서린__294, 295
현업 마인드__243
혐오__27, 74, 104, 155, 156, 277, 282, 293, 298, 299
호주제__173
호킨스, 로버타__318
호퍼, 그레이스__261
혹실드, 앨리 러셀__216, 221

환경__46, 53, 73, 100, 110, 155, 207, 208, 210, 215, 224, 226, 228, 237, 240, 245, 275, 278, 283, 291, 300, 305, 306, 307, 308, 313, 314, 316, 317, 319, 320, 324, 328, 329, 330, 334

1-0 / A-Z

2001 스페이스 오디세이__280, 303
HPV 백신__83, 84
SF영화__278, 280, 302
TV 드라마와 젠더 재현__110

저자소개

장민선＿＿＿숙명여자대학교에서 약학과 학사 및 석사학위를 마쳤다. 미국 일리노이주립대학교 시카고캠퍼스 약학대학에서 약화학 박사학위를 취득하고 LG생명과학(현, LG화학)에서 연구원으로서 근무하며 LG의 신약개발에 참여하였다. 현재 숙명여자대학교 생명시스템학부 교수 및 아시아여성연구원 원장으로 일하고 있다. 폐경후호르몬대체요법의 부작용, 여성호르몬의 대사체에 의한 독성발현기작 등 여성호르몬대체소재 및 유방암치료제 개발 등 여성건강에 기여할 수 있는 연구를 주로 수행해왔다. 저서로는 『제약산업학』(공저)가 있고, 주요 논문(교신저자)으로는 "Estrogen Receptor-Mediated Transcriptional Activities of Spent Coffee Grounds and Spent Coffee Grounds Compost, and Their Phenolic Acid Constituents"(2019), "Characterization of Soybean Germinated Embryo Extract as an Estrogen Receptor Subtype-Selective and Tissue-Specific Modulator"(2018), "Inhibitory and Inductive Effects of Opuntia ficus indica Extract and Its Flavonoid Constituents on Cytochrome P450s and UDP-Glucuronosyltransferases"(2018) 등이 있다.

강인화＿＿＿연세대학교 교육학과를 졸업하고, 이화여자대학교에서 여성학 석사학위를 마쳤다. 서울대학교에서 사회학 박사학위를 취득하였으며, 현재 숙명여자대학교 아시아여성연구원에서 연구교수로 있다. 역사·사회적 변동 속에서 형성된 젠더질서 및 시민자격과 남성성, 기억의 정치, 공간/경관의 구성에 관심을 두고 연구 작업을 진행해왔다. 주요 논문으로 「1960-70년대 접경지역 전략촌의 형성과 냉전경관」(2020), 「1950년대 징병제와 한국전쟁의 '전후(戰後)처리'」(2019), 「식민지 조선과 병역 의무의 정치학」(2016), 「한국사회의 베트남전쟁 기억과 참전군인의 기억투쟁」(2013) 등이 있으며, 저서는 『기억과 표상으로 보는 동아시아의 20세기』(2013, 공저) 등이 있다.

장다혜　　연세대학교 법학과를 졸업하고, 이화여자대학교에서 여성학 석사학위를 마쳤다. 서울대학교에서 법여성학으로 법학 박사학위를 취득하였으며, 현재 한국형사정책연구원에서 연구위원으로 일하고 있다. 여성의 관점에서 법이론 및 법실무를 재구성하는 데에 관심을 두고 있으며, 성폭력, 성매매 등 젠더기반폭력에 대한 대응과 법률이 아닌 공동체 내 규범을 통한 갈등 및 분쟁해결방식과 절차에 대한 고민을 하고 있다. 주요 논문으로는 「형법상 성폭력법체계의 개선방안」, 「혼인취소를 둘러싼 젠더 폭력의 중측적 구성」 등이 있으며, 공저로는 『미투가 있다/잇다』, 『성폭력에 맞서다: 사례, 담론, 전망』이 있다.

변혜정　　고려대학교 심리학과를 졸업하고, 이화여자대학교에서 여성학 석사, 박사학위를 마쳤다. 한국성폭력상담소 발기인, 이사를 거쳐 평생회원으로 반성폭력운동을 지지하며 한국여성학회 총무위원장, 연구위원, 편집위원, 이사 등의 활동, 그리고 서강대학교 성평등상담실 상담교수, 충청북도 여성정책관, 여성가족부 산하기관 한국여성인권진흥원 원장 그 외 다수 정부기관, 기업 등의 자문경험 등을 통해 민관학 젠더 거버넌스를 고민하고 있다. 최근 비건음식점 천년식향 sex&steak 연구소 소장으로 먹거리와 관계, 욕망 등 주제로 글쓰기를 하고 있다. 주요 공저로 『섹슈얼리티 강의, 두 번째』, 『10대의 섹스와 유쾌한 섹슈얼리티』, 『몸, 태곳적부터의 이모티콘』, 2020년 단독으로 『누구나 아는 비밀은 비밀이 아니다: 성희롱에 대한 11가지 오해와 진실』을 썼다. 요즘 『천년식향 x 엉뚱모녀』, 『피해, 범죄, 섹슈얼리티』 출간을 준비하고 있다.

박민주　　한국항공대학교에서 항공재료공학을 전공하면서 과학기술과 젠더에 관심을 갖기 시작했다. 이후 이화여자대학교 여성학과에서 석사학위를 받고 동대학원에서 북한의 과학기술과 젠더에 관한 연구로 북한학 박사학위를 받았다. 2021년 현재 한국연구재단 학술연구교수 사업의 지원을 받아 숙명여자대학교 학술연구교수로 봉직 중이다. 최근 논문으로는 「북한 내 의학지식의 구성과 젠더」, 「북한 여성 과학기술인의 지위: 북한 과학기술 부문 여성 과소대표성의 구조적 요인」, 「김정은 시기 "조선옷 전통"의 재구성: 한복 정책을 중심으로」, 저서(공저)로는 『"북조선 여성", 장마당 뷰티로 잠자던 욕망을 분출하다!』 등이 있다.

김필애 　 숙명여자대학교 영어영문학과를 졸업하고, 신시내티 주립대에서 여성학 석사학위와 인디애나 대학교(블루밍턴 소재)에서 영문학으로 석사학위를 받았다. 고려대학교에서 문학과 영어교육을 세부전공으로 하여 박사학위를 취득하였다. 숙명여자대학교 아시아여성연구원 연구교수로 일했으며, 현재 고려대학교에 출강하고 있다. 젠더와 재현, 크리티컬페다고지, 다문화와문식성교육, 세계시민교육과 영어교육의 융합이 주요 연구 관심사이다. 주요 논문으로는 "Learning Korean and Imagined Gendered Identities in the Autobiographical Narratives of Marriage Migrant Women in South Korea"(2019), "Pre-service Teachers' Engagement in Multiliteracies in the L2 Literature Classroom"(2020), "Digital Storytelling in an EFL College Classroom and Students' Writing Development"(2018), "Teaching Multimodal Literacy in an EFL College Children's Literature Classroom"(2017) 등이 있다.

장미영 　 숙명여자대학교 한국어문학부에서 한국 현대문학 소설 전공으로 석·박사학위를 취득하였다. 현재 숙명여자대학교 아시아여성연구원에서 연구교수로 일하고 있다. 박경리의 문학을 비롯한 여성작가의 작품 연구와 다문화 이해 교육, 젠더 교육 등에도 관심이 많다. 주요 논문으로는 「반응형 수업모델 개발과 적용사례 연구」, 「전쟁, 여성주체로서 모가장-되기」, 「박경리 단편소설 여성인물 원형 연구: 초기 단편소설을 중심으로」, 「박경리 소설에 나타난 사랑의 의미와 섹슈얼리티 연구」, 「다중매체를 활용한 글쓰기 지도방법 연구」 등이 있고, 『대학생을 위한 삶과 글쓰기』 등 공동 저서가 있다.

김영옥 　 〈생애문화연구소 옥희살롱〉의 상임대표로 활동하고 있다. 문예학과 문화이론 분야에서 박사를 마친 이후 이화여대와 연세대학교 등 여러 대학에서 강의를 했으며, 현재는 숙명여자대학교에서 여성학 분야 강의를 맡고 있다.

문화예술 텍스트 생산과 향유를 여성주의 관점에서 비판·재구성하고 실천하는 일을 꾸준히 이어왔다. 〈이주여성인권포럼〉에서 지구지역시대 아시아 여성들의 이주실천과 시민권을 연구하는 일에서 시작해, 〈인권연구소 창〉의 연구 활동가로 다양한 인권현장의 의제들을 젠더 관점에서 성찰하며 변화하는 시대의 새로운 인권 논의 지점들을 고민해왔다. 〈생애문화연구소 옥희살롱〉에서 노년과 질병, 아픈 몸, 돌봄 등에 대한 여성주의 담론과 이론화를 모색하고 있다. 『새벽 세 시의 몸들에게: 질병, 돌봄, 노년에 대한 다른 이야기』 (2020, 공저), 『이미지 페미니즘』(2018), 『노년은 아름다워』(2017), 『밀양을 살다』(2014, 공저), 『우리 모두 조금 낯선 사람들: 공존을 위한 다문화』(2013, 공저) 등의 저술을 출간했다.

김순남 현재 가족구성권연구소 대표로 활동 중이다. 여성학 박사를 마친 이후에 여러 대학에서 강의했으며, 현재는 성공회대학교에서 강의하며 민주주의 연구소의 연구교수로 일하고 있다. 한국여성정책연구원 정책자문위원, 가족학회 섭외 이사와 셰어의 연구위원 등 여러 단체와 함께 활동하고 있으며, 오류동 퀴어세미나 모임을 오랜시간 함께 하고 있다. 주요 연구 관심사는 퀴어/페미니즘 이론, 불평등해소와 소수자 관점으로서의 가족, 새로운 친밀성과 연결성에 대한 이론적, 실천적인 작업들이다. 주요 논문으로 「이성애결혼/가족규범을 해체/(재)구성하는 동성애 친밀성: 사회적 배제와 '독립적'삶의 모델 사이에서」, 「이성애 비혼여성으로 살아가기: 지속가능한 비혼, 젠더, 친밀성」, 「세계만들기로서의 퀴어정치학:'우리'의 이야기들, '우리'를 변형시켜온 과정들」, 「성별화된 이혼의 서사」 등이 있고, 책(공저)은 『무지개는 더 많은 빛깔을 원한다』, 『시설사회』, 『가족과 젠더』 등의 저술에 참여하였다.

박옥주 서울대학교 지리학과를 졸업하고, 숙명여자대학교에서 여성학 석사학위를 마쳤다. 동덕여자대학교에서 여성학 박사학위를 취득하였으며, 현재 동덕여자대학교에서 강사로 일하고 있다. 관심 분야는 비정규직 여성노동, 일-가족 양립정책과 워라밸(Work and Life Balance), 가부장적 결혼과 가족이다. 주요 논문으로는 「무기계약직 전환 여성의 '중규직' 경험: 사무직과 판매서비스직을 중심으로」(공동연구), 「비정규직법 시행 이후 기업의 대응방식과 성 차별적 관행」(공동연구), 「청소용역 여성노동자의 노동조건과 일 경험」 등이 있다. 또한 저서로는 『여성노동과 페미니즘: 보호라는 이름의 차별과 배체의 논리』(2021, 공저)가 있다.

이화영　　숙명여자대학교 정치외교학과를 졸업하고 서강대학교에서 사회복지정책으로 석사학위를, 숙명여자대학교에서 정치학 박사학위를 취득했다. 현재는 숙명여자대학교 기초교양학부 초빙교수로 재직하면서 리더십, 정치, 역량개발 등의 과목을 젠더 관점에서 강의하고 있다. 삶의 전반부는 주로 공적 영역에서 여성정책 수립을 위한 실무를 담당하였고, 현장에서 여성 연대를 도모하면서 조직화하는 활동을 수행하였다. 최근에는 비영리단체인 〈연구센터 사람과사회〉에 참여하여 다양한 분야의 전문가들과 함께 통합예술적인 방법을 활용한 교육 및 치유 프로그램을 운영하고 있다. 2014년부터 정부의 '공공기관 여성 중간관리자 역량강화' 사업에 참여해 프로그램 개발과 강의를 수행해 오면서 다양한 분야의 여성들과 만나 소통하고 있다. 주요 공저로는 『세상을 바꾸는 여성리더십』, 『변화를 주도하는 브랜드 역량: 전문직여성 역량강화 교육 매뉴얼』, 『21세기 한국정치 디자인』, 『여성친화적 조직문화 만들기』 등이 있다.

임소연　　숙명여자대학교 인문학연구소에서 HK연구교수로 재직 중이다. 서울대학교 자연과학부를 졸업하고 미국 Texas Tech University에서 박물관학 석사학위를, 서울대학교 과학사 및 과학철학 협동과정에서 과학기술학 전공으로 박사학위를 받았다. 이공계 여성, 페미니스트 과학, 인간향상기술과 몸, 신유물론 등을 주제로 페미니스트 과학기술학 전반에 관심을 두고 강의와 연구를 해오고 있다. 「페미니즘은 과학을 바꾸는가? 페미니스트 과학, 젠더혁신, 페미니스트 과학학」(2020)과 「과학기술과 여성 연구하기: 신유물론 페미니즘과 과학기술학 안-사이에서 "몸과 함께"」(2019) 등의 논문 그리고 『21세기 사상의 최전선』(2020, 공저), 『포스트휴머니즘과 문명의 전환: 새로운 인간은 가능한가?』(2017, 공저), 『과학기술의 시대 사이보그로 살아가기』(2014) 등의 책을 썼다. 한겨레 신문에 〈여성, 과학과 만나다〉라는 제목의 글을 연재 중이다.

김경옥　숙명여자대학교 영어영문학과를 졸업한 후 동대학원에서 현대미국소설로 석사, 박사학위를 받았다. 숙명여자대학교 아시아여성연구원 초빙교수로 근무하였으며, 현재 숙명여자대학교 인문학연구소 HK연구교수로 재직 중이다. 과학소설(Science Fiction)과 페미니즘 비평, 소수자문학, 포스트휴머니즘 등의 주제에 관심을 가지고 강의와 연구를 하고 있다. 주요 논문으로는 「조안나 러스의 『여성남자』에 나타난 여성주체의 포스트모던 서사」, 「SF적 상상력과 종교적 스토리텔링: 『안드로이들은 전기양을 꿈꾸는가』와 『유빅』을 중심으로」, 「우리의 캐피톨은 누구인가: 『헝거게임』에 나타난 개인과 사회」 등이 있다.

김신효정　이화여자대학교에서 한국과 인도네시아 농촌개발의 생태지역화와 여성농민의 생태시민화에 대한 여성학 박사논문을 쓰고 있고, 현재 여성환경연대 에코페미니즘연구센터 연구위원으로 활동하고 있다. 주요 논문으로는 「여성농민의 토착지식에 기반한 토종씨앗 지키기운동의 특성과 과제」, 「비혼 여성 활동가들의 공동체 농사를 통해 본 도시농업의 여성주의적 실천 가능성」, 「아시아 지역 여성 역량강화를 위한 한국 공적개발원조(ODA) 방안」, 「여성주의 임파워먼트를 위한 시론」 등이 있고, 책으로는 『씨앗, 할머니의 비밀』, 『덜 소비하고 더 존재하라』, 『이렇게 하루 하루 살다보면 세상도 바뀌겠지』 등이 있다.